北京大学"双一流"建设成果
方李邦琴北京大学人文学科文库出版基金赞助

| 北京大学 | 北大人文学古今融通 |
| 人文学科文库 | 研究丛书 |

追寻诗道
中国诗歌本体论的发展历史

Pursuing the Dao of Poetry: The Historical Development of Ontology in Chinese Poems

钱志熙 著

图书在版编目（CIP）数据

追寻诗道：中国诗歌本体论的发展历史／钱志熙著. 北京：北京大学出版社，2025.9. ——（北京大学人文学科文库）（北大人文学古今融通研究丛书）. —— ISBN 978-7-301-36604-2

Ⅰ. I207.22

中国国家版本馆 CIP 数据核字第 2025887LE0 号

书　　　　名	追寻诗道：中国诗歌本体论的发展历史 ZHUIXUN SHIDAO：ZHONGGUO SHIGE BENTILUN DE FAZHAN LISHI
著作责任者	钱志熙　著
责 任 编 辑	郑子欣
标 准 书 号	ISBN 978-7-301-36604-2
出 版 发 行	北京大学出版社
地　　　　址	北京市海淀区成府路 205 号　100871
网　　　　址	http://www.pup.cn　　新浪微博：@北京大学出版社
电 子 邮 箱	编辑部 wsz@pup.cn　　总编室 zpup@pup.cn
电　　　　话	邮购部 010-62752015　　发行部 010-62750672 编辑部 010-62752022
印 　刷　 者	北京中科印刷有限公司
经 　销　 者	新华书店
	650 毫米 × 965 毫米　16 开本　24.5 印张　339 千字 2025 年 9 月第 1 版　2025 年 9 月第 1 次印刷
定　　　　价	118.00 元

未经许可，不得以任何方式复制或抄袭本书之部分或全部内容。
版权所有，侵权必究
举报电话：010-62752024　电子邮箱：fd@pup.cn
图书如有印装质量问题，请与出版部联系，电话：010-62756370

总　序

袁行霈

　　人文学科是北京大学的传统优势学科。早在京师大学堂建立之初，就设立了经学科、文学科，预科学生必须在5种外语中选修一种。京师大学堂于1912年改为现名，1917年，蔡元培先生出任北京大学校长，他"循思想自由原则，取兼容并包主义"，促进了思想解放和学术繁荣。1921年北大成立了四个全校性的研究所，下设自然科学、社会科学、国学和外国文学四门，人文学科仍然居于重要地位，广受社会的关注。这个传统一直沿袭下来，中华人民共和国成立后，1952年北京大学与清华大学、燕京大学三校的文、理科合并为现在的北京大学，大师云集，人文荟萃，成果斐然。改革开放后，北京大学的历史翻开了新的一页。

　　近十几年来，人文学科在学科建设、人才培养、师资队伍建设、教学科研等各方面改善了条件，取得了显著成绩。北大的人文学科门类齐全，在国内整体上居于优势地位，在世界上也占有引人瞩目的地位，相继出版了《中华文明史》《世界文明史》《世界现代化历程》《中国儒学史》《中国美学通史》《欧洲文学史》等高水平的著作，并主持了许多重大的考古项目，这些成果发挥着引领学术前进的作用。目前北大还承担着《儒藏》《中华文明探源》《北京大学藏西汉竹书》的整理与研究工作，以及《新编新注十三经》等重要项目。

与此同时，我们也清醒地看到，北大人文学科整体的绝对优势正在减弱，有的学科只具备相对优势了；有的成果规模优势明显，高度优势还有待提升。北大出了许多成果，但还要出思想，要产生影响人类命运和前途的思想理论。我们距离理想的目标还有相当长的距离，需要人文学科的老师和同学们加倍努力。

我曾经说过：与自然科学或社会科学相比，人文学科的成果，难以直接转化为生产力，给社会带来财富，人们或以为无用。其实，人文学科力求揭示人生的意义和价值、塑造理想的人格，指点人生趋向完美的境地。它能丰富人的精神，美化人的心灵，提升人的品德，协调人和自然的关系以及人和人的关系，促使人把自己掌握的知识和技术用到造福于人类的正道上来，这是人文无用之大用！试想，如果我们的心灵中没有诗意，我们的记忆中没有历史，我们的思考中没有哲理，我们的生活将成为什么样子？国家的强盛与否，将来不仅要看经济实力、国防实力，也要看国民的精神世界是否丰富，活得充实不充实，愉快不愉快，自在不自在，美不美。

一个民族，如果从根本上丧失了对人文学科的热情，丧失了对人文精神的追求和坚守，这个民族就丧失了进步的精神源泉。文化是一个民族的标志，是一个民族的根，在经济全球化的大趋势中，拥有几千年文化传统的中华民族，必须自觉维护自己的根，并以开放的态度吸取世界上其他民族的优秀文化，以跟上世界的潮流。站在这样的高度看待人文学科，我们深感责任之重大与紧迫。

北大人文学科的老师们蕴藏着巨大的潜力和创造性。我相信，只要使老师们的潜力充分发挥出来，北大人文学科便能克服种种障碍，在国内外开辟出一片新天地。

人文学科的研究主要是著书立说，以个体撰写著作为一大特点。除了需要协同研究的集体大项目外，我们还希望为教师独立探索，撰写、出版专著搭建平台,形成既具个体思想,又汇聚集体智慧的系列研究成果。为此,北京大学人文学部决定编辑出版"北京大学人文学科文库",旨在汇集新时代北大人文学科的优秀成果,弘扬北大人文学科的学术传统,展示北大人文学科的整体实力和研究特色,为推动北大世界一流大学建设、促进人文学术发展做出贡献。

我们需要努力营造宽松的学术环境、浓厚的研究气氛。既要提倡教师根据国家的需要选择研究课题,集中人力物力进行研究,也鼓励教师按照自己的兴趣自由地选择课题。鼓励自由选题是"北京大学人文学科文库"的一个特点。

我们不可满足于泛泛的议论,也不可追求热闹,而应沉潜下来,认真钻研,将切实的成果贡献给社会。学术质量是"北京大学人文学科文库"的一大追求。文库的撰稿者会力求通过自己潜心研究、多年积累而成的优秀成果,来展示自己的学术水平。

我们要保持优良的学风,进一步突出北大的个性与特色。北大人要有大志气、大眼光、大手笔、大格局、大气象,做一些符合北大地位的事,做一些开风气之先的事。北大不能随波逐流,不能甘于平庸,不能跟在别人后面小打小闹。北大的学者要有与北大相称的气质、气节、气派、气势、气宇、气度、气韵和气象。北大的学者要致力于弘扬民族精神和时代精神,以提升国民的人文素质为己任。而承担这样的使命,首先要有谦逊的态度,向人民群众学习,向兄弟院校学习。切不可妄自尊大,目空一切。这也是"北京大学人文学科文库"力求展现的北大的人文素质。

这个文库目前有以下17套丛书:

"北大中国文学研究丛书" (陈平原 主编)
"北大中国语言学研究丛书" (王洪君 郭锐 主编)
"北大比较文学与世界文学研究丛书" (张辉 主编)
"北大中国史研究丛书" (荣新江 张帆 主编)

"北大世界史研究丛书" （高毅 主编）
"北大考古学研究丛书" （沈睿文 主编）
"北大马克思主义哲学研究丛书" （丰子义 主编）
"北大中国哲学研究丛书" （王博 主编）
"北大外国哲学研究丛书" （韩水法 主编）
"北大东方文学研究丛书" （王邦维 主编）
"北大欧美文学研究丛书" （申丹 主编）
"北大外国语言学研究丛书" （宁琦 高一虹 主编）
"北大艺术学研究丛书" （彭锋 主编）
"北大对外汉语研究丛书" （赵杨 主编）
"北大古典学研究丛书" （李四龙 彭小瑜 主编）
"北大人文学古今融通研究丛书" （陈晓明 彭锋 主编）
"北大人文跨学科研究丛书" （申丹 李四龙 王立新 吴晓东 主编）

这 17 套丛书仅收入学术新作，涵盖了北大人文学科的多个领域，它们的推出有利于读者整体了解当下北大人文学者的科研动态、学术实力和研究特色。这一文库将持续编辑出版，我们相信通过老中青学者的不断努力，其影响会越来越大，并将对北大人文学科的建设和北大创建世界一流大学起到积极作用，进而引起国际学术界的瞩目。

"北大人文学古今融通研究丛书"序

北京大学人文学科源远流长,博大精深。自1898年京师大学堂创办之初,先后就设立有文学门、哲学门、史学堂、译学馆。人文学一直是北京大学的根基,因基础深厚广博,故有百年历史传承创新,生生不息,愈老弥坚,青春常在。百年人文学术发展至今,感念历史之辉煌,尤觉责任之艰巨。探索当今学术大势,寻求通变之路在所难免。是故,我们提出北大人文学的"古今融通"之道,有意探讨在更宽广的视野中来处理人文学的问题;也是有感于人文学古今分置,中外偏离之建制日久成习,在今天则能有更加自然自由的学术方法出现,以求学术研究能够跨时代、跨专业融通,拓宽领域,提出问题,解决难题,学子们因此而能视野开阔,纵横驰骋;或潜心探究,溯古通今;或中外兼修,立意高远……如此等等,不一而足。

北大人文学是现代人文学的变革发轫之地,现代新文学运动以断裂古今为其历史契机。时代之迫,先驱们突显古今矛盾,张扬时代新精神,以期完成千年变局之伟业。实际上,时代变革的手段策略,也难统领人文学之真实历史和现实情势。北京大学的现代人文学依照现代大学建制规模,建立起最初的格局,古今中外,不偏不倚,包罗全面。古今观念之论争,并不影响"兼容并包"的北京大学容纳各方学术，相得益彰。新思想引领时代砥砺前行；老学问融会传统大气磅礴。那时的北大人文学，如长风出谷，敢与日月争辉，不惮与现实较量。岁月悠悠，逝者如斯，半个世纪之后，中国的现代大学体制完备，各学科专业分工细密明确，无疑使专业更精，学术更细。然"隔行如隔山"却愈演愈烈，变得理所当然，牢不可破。这句话不只是一句专业壁垒的口令，也是自我封存的遁辞。当今的全球化时代，人们的交往越来越容易，不同地域、不同领域、不同专业的人都可能随时相遇。而在互联网时代，信息爆炸，信息难免穿越碰撞，穿越时空，穿越领域，穿越专业。随着信息的高速且无序的流通随时可能发生，各种樊篱壁垒也因此可能被拆除。自然科学的交叉和跨学科已然成为一种大趋势，人文学科的交叉和跨越也并非不可能。也正是在此背景下，我们设想最直接的融合贯通——古今融通，虽然有穿越专业壁垒之嫌，但也可能只是视野的谨慎拓展。在如此学科专业交叉跨越已经蔚然成风的情势下，我们以"古今融通"为方向，做个先行探索。

实际上，早有尊长思考同样的问题。早在40多年前，即1978年9月，袁行霈先生就在《光明日报》发表了一篇文章《横通与纵通》，那时袁先生正值盛年，"文革"后他们这辈学者劫后归来，正在探寻自己这代人的学术道路。袁先生高瞻远瞩，看到学术的宽广前景。他所提出的"横通"与"纵通"的学术方法，我们也可以引申为"通古今之变"，"融众学之长"。尤其是袁先生强调"研究一个个时代和作家的成就，及其承上的作用和启下的影响；力求将上下三千年文学发展的来龙去脉整理清楚"。这一思想在今天理解起来，就是"古今融通"之义。那时袁先生就坚信："一定会有许多新的发现，甚至开拓出一些新的学科领域。"袁先生40年前的思想，今天看来依然熠熠闪光，不仅给"古今融通"提示了充足的学理依据，也让我们有了紧迫感。

北大人文学涵盖了众多一级和二级学科。这些学科门类往往都有或隐或显的古代、现代和/或当代之分。"古今融通"之说，实则是一种鼓励,一种召唤,希望个体学者通过"纵通",能获得更深更广的学术视野,也希望学科专业能够展开跨时代的对话。如古人所言:"取法乎上,仅得其中。"固然,"古今融通"未必是"上法",尤其就从事不同时代研究的学者之间的对话而言,可能是在较短的时期内比较难以达到的要求,但用在今天来鼓励学科交叉,则也不失为一种理念。

固然,这只是我们的理念或曰理想,学术之事,尤其是人文学术,实乃个人之作业,受每个人的学术积累、训练、兴趣、天分、才情之所限,显然不可能随心所欲,异想天开。所有这些倡导,都只是一种方位性的探寻,每个人必然是以其自己的学术兴趣,去做现有之事,完成自己的学术宿愿。我们提出的"古今融通",作为一种学术视野也好,一种理念也好,一种方法也好,都是一个十分具有包容性的概念,或在一个较大的时间跨度内来处理同一主题,同一题材;或以现代理论去通释古典命题;或以跨文化对话为"纵通"的学术语境……凡此种种,都可以作为思想背景,作为学理资源,以期更好地彰显学术个性。

我们期待这一理念能成为北大人文学研究跨越不同时代的一个平台,这套丛书能汇集最初探索的成果,为百年北大人文学走向新的历史阶段推波助力。

是以为序。

目 录

引论：经典文论的三个基本体系及其在后世的流变……………1
  一、经典乐论……………………………………………………1
  二、经典诗论……………………………………………………7
  三、经典"文"论………………………………………………13

第一章　中国早期诗学的性质、分野及与西方早期诗学的比较……21
  一、早期诗学与文人诗学………………………………………22
  二、早期诗学的几种类型………………………………………25
  三、作为作者自叙型开端的《诗经》《楚辞》的诗论…………28
  四、早期诗学理论体系的形成及其与西方诗学的比较………33
  五、"乐"作为中西印诗学的共同概念与其不同的展开途径……37
  六、中西早期诗学在学术形态上的同异………………………40

第二章　早期诗学的发展进程：从王官诗学、行人诗学到诸子诗学……42
  一、王官诗学……………………………………………………43
  二、行人诗学……………………………………………………56
  三、诸子诗学……………………………………………………61

第三章　先秦"诗言志"说的绵延及其不同层面的含义 …… 68

  一、"虞庭言乐"与第一个诗歌本体论的产生 …… 69

  二、春秋行人赋诗言志说诠解 …… 74

  三、诸子各家对言志说的各自发展 …… 84

  四、言志与"六义" …… 88

  五、经典序列中的"诗言志" …… 91

  六、《礼记·乐记》与《毛诗大序》对"诗言志"的总结与发展 …… 93

第四章　汉儒经学、纬学诗论 …… 98

  一、四家《诗》的渊源及传授情况 …… 98

  二、四家《诗》论的大概 …… 112

  三、四家《诗》的言志及美刺之说 …… 115

  四、纬书诗说 …… 122

第五章　《毛诗大序》的经典价值及其成因 …… 126

  一、《毛诗》序传承传诗教时代以来的诗学 …… 127

  二、《大序》六义新说 …… 136

  三、《大序》所揭示的群体诗学原则与个体诗学原则 …… 142

第六章　诗歌史的早期建构 …… 147

  一、早期关于"先王之乐"及"音乐之所由来"的叙述 …… 148

  二、孟子和郑玄等人以"正道"为核心概念的诗史观 …… 150

  三、班固横亘着经典与非经典的诗歌史建构 …… 156

    四、司马迁、王逸以抒情为中心的《楚辞》诗歌史建构 ········ 158
    五、班固的乐府诗史建构 ································ 164
    小　结 ·· 165

第七章　两汉至魏晋的诗赋理论 ································ 167
    一、汉代辞赋的基本理论 ································ 167
    二、"诗赋"整体论抉发 ································ 172
    三、"赋出于古诗"论 ·································· 174
    四、汉赋源出《诗经》的具体表现 ························ 180
    五、文人诗出于赋及汉魏"诗赋整体论" ···················· 183
    六、赋论与诗论先后相互影响的关系 ························ 189
    七、文人诗创作诗歌本体论发展的基本逻辑 ···················· 191

第八章　南朝至唐代"人文化成"文学观的流行历史 ················ 198
    一、《周易》文说、人文说 ······························ 199
    二、《周易》文说在汉魏晋时代的采用情况 ·················· 202
    三、齐梁时期《周易》"人文化成"说成为一种文学原理 ········ 206
    四、唐初诸史对"人文化成"说的弘扬 ······················ 213
    五、"人文化成"说在唐代文学理论中的流行与变化 ············ 220

第九章　唐初史家与诗家对南北朝诗歌史的建构 ···················· 228
    一、隋代李谔、王通对南北朝诗风的批评 ···················· 228
    二、初唐史家对齐梁诗风基本上持肯定的观点 ·················· 229

第十章　唐代儒家诗论及其基本范畴 ························· 233

　　一、唐人继承并发展儒家诗论 ····························· 233

　　二、唐人正变之说 ······································· 236

　　三、唐人风雅之说 ······································· 239

　　四、唐人采诗采风之说 ··································· 242

　　五、复古与格式两派的"六义"说 ························· 245

　　六、唐人以"比兴"为诗之高格 ··························· 249

第十一章　唐人诗道说：由伦理本体论向艺术本质论的转化 ······ 255

　　一、从儒家到钟、刘等人关于诗道的阐述 ··················· 255

　　二、孔颖达等《毛诗正义》对诗道的阐述 ··················· 261

　　三、初盛唐复古派对诗道的提倡的论述 ····················· 270

　　四、皎然对复古诗道的质疑 ······························· 278

　　五、白居易、刘禹锡两家对诗道的不同把握方式 ············· 282

　　六、晚唐诗道说与"诗道"一词的流行 ····················· 286

第十二章　"吟咏情性"说在诗学中的主轴地位（上） ·········· 289

　　一、"吟咏情性"之说的产生背景与其在先秦两汉

　　　　诗学中的位置 ······································· 291

　　二、南北朝时期情性本体诗学观念的确立 ··················· 296

　　三、南朝性灵说的实质 ··································· 306

第十三章 "吟咏情性"说在诗学中的主轴地位（下） ………… 313
- 一、唐代诗人：吟咏情性与裨补教化并举 …………………… 313
- 二、唐人的"情性""性灵"之说 ……………………………… 320
- 三、宋代《诗经》学继承《毛诗》一派情性说：
  二程与永嘉学派 ……………………………………………… 324
- 四、宋代《诗经》学质疑《毛诗》一派的情性说：
  欧阳修、朱熹 ………………………………………………… 332
- 五、宋代诗歌创作与批评中的情性论 ………………………… 340
- 六、元明清诗学中性情、性灵的理论与实践 ………………… 348
- 结　论 …………………………………………………………… 351

第十四章　风雅正变的诗歌史 ……………………………… 353
- 一、雅颂的理论及其后世延续 ………………………………… 354
- 二、《毛诗》系统的变风变雅说 ……………………………… 355
- 三、汉代王朝雅颂兴起于文人个体创作之前 ………………… 360
- 四、汉魏文人诗对风雅传统的继承：崇正而实变 …………… 366
- 五、历代王朝政治的循环规律与诗风的正变 ………………… 370

后　记 …………………………………………………………… 374

引论：
经典文论的三个基本体系及其在后世的流变

中国早期的文艺理论，是围绕着乐、诗、文三个基本的范畴展开的，形成了分别以乐、诗、文为阐述对象的三个体系。虽然它们之间有着许多交叉，尤其是在乐论与诗论之间，早期的状态基本上是叠合的；但在后来，诗论还是从乐论中独立出来，成为中国古代文论中最为活跃的一个体系。

整个中国古代文学理论的发展史的突出特点，就是后来以文人为主体的理论建构者，不断地演绎、传承经典文论的范畴与基本的理论体系。中国古代的文学史，就其自觉、理性的部分来说，也可以说是文人在经典文学观念的规范下所展开的文学实践。在文学批评的层面，经典文论更是中国文学史中最基本的批评工具。虽然有些理论原本属于特定的文体，如《毛诗》的一系列理论是对《诗经》的阐释，但一些艺术的原则，却跨越文体甚至艺术类型的界限发生影响，比如《毛诗》的教化、风刺之说，就成了整个中国文学乃至所有中国艺术的基本原则。

一、经典乐论

最早产生的文艺理论，应该是乐论。乐论就其早期的状态来说，其实就是一种艺术总论。西方艺术论中最早成熟的是诗学，诗学常常作为一般的艺术理论的总称。如果在中国古代寻找与之相对的一种现象,那就是乐论,乐论不但涵括诗论在内,而且具有一般的艺术理论的性质。但古希腊的亚里士多德的《诗学》与印度婆罗多的《舞论》等,都是个人的著作。中国早期的艺术理论如《尚书·舜典》《礼记·乐论》则多是一种集体知识。这种集体知识,在中国古代被称为"经",后来的学者也称之为王官之学。春秋战国时期诸子的著作,带有学派与个人著述的性质,但就诗学的一种来说,是紧承着王官的诗学而来的,而后来如汉儒传诗,是以派为主而非以人为主,本质上仍属章学诚所说的"言公"之学术(论见后)。"言公"最能揭示中国早期学术的特点,亦为中国早期诗学的特点。中国早期诗学的形成有两个重要的背景,一是古代国家政教制度的发展与成熟,二是从上古到周汉诗乐舞一体艺术形态的发展与成熟。这两者都突出地显示了中国古代诗歌创作及诗学理论的群体性。

如果与古希腊的柏拉图、亚里士多德的诗学以及古印度婆罗多的《舞论》比较,中国早期诗学与古希腊诗学都属于理论型、政教型,而古印度诗学是更侧重实践、感性的类型。但是三方诗学有一个共同特点,它们都是从"乐"的整体概念出发,并且都面对娱乐与教化关系的问题。所以,中国经典理论的"乐"这一概念,实可作为贯通中西艺术理论之共同概念,其作用亦如西方的"诗"这一概念。

《尚书·舜典》[1]就是对上古国家的艺术教育体制的一种总论:

> 帝曰:"夔!命汝典乐,教胄子,直而温,宽而栗,刚而无虐,简而无傲。诗言志,歌永言,声依永,律和声。八音克谐,无相夺伦,神人以和。"
>
> 夔曰:"於!予击石拊石,百兽率舞。"[2]

---

[1] 按,通常亦作《尚书·尧典》,本书依《十三经注疏》本,一律引作《尚书·舜典》。
[2] 《尚书正义》卷三,《十三经注疏》上册,中华书局1980年,第131页。本书所引《十三经注疏》均为这一版本。

这个艺术系统是用于教育的，但从"神人以和"来看，也是用于祭祀的。舜在命夔典乐之前，有命伯夷作秩宗而典礼之事。按照历史的事实，礼、乐是联在一起的。在古代，乐具有娱乐、祭祀与教养三种功能。娱乐功能是自然具有的，祭祀功能是有目的地生成的，教养功能则应该是最后明确并赋予的。

在《舜典》叙述的这个诗、歌、声、律、舞体系中，诗是最受重视的一种因素。诗之所以最受重视，也是因为这是一个用来教养胄子的艺术体系。众所周知，这个整体艺术论中关于诗歌的部分，成为后来中国古代诗学的基本原则。至少在中国古代的诗学家们的意识中，这是诗道的开端，同时也是亘古不移的诗歌艺术原则。后世的各种诗道论，都是以它为原则而演绎的。就后来发生的文人诗学来说，我们看到基本的事实，是文人诗学从经典中接受的最早的原则就是"诗言志"，从诗歌史的分段来说，这相当于汉魏之际。也就是说，文人诗学一开始就接受了"诗言志"的观念，并且将其作为创作诗歌的合理依据。其后六朝缘情重辞风气愈来愈盛，言志的原则有所沉沦，而当初盛唐陈子昂、李白等人提倡风骨之时，无论是理论上还是实践上，"诗言志"的观念又得到了强调，将其作为复古诗学的基本原则。文人诗人虽然在言志说之后有更多的关于诗歌本质与功能的阐述，但就整个文人诗史而言，自觉地体认言志的原则，构成诗史的基本事实。张戒《岁寒堂诗话》：

> 建安陶、阮以前诗，专以言志；潘、陆以后诗，专以咏物。兼而有之者，李、杜也。言志乃诗人本意，咏物特诗人余事。古诗苏、李、曹、刘、陶、阮本不期于咏物，而咏物之工，卓然天成，不可复及。其情真，其味长，其气胜，视三百篇几于无愧，凡以得诗人之本意也。潘、陆以后，专意咏物，雕镌刻镂之工日以增，而

诗人之本旨扫地尽矣。[1]

通常当出现一种过于或重情，或重娱乐，或重修辞的创作现象时，经典的言志说，往往会被一再地提出来。一个突出的例子，就是当曲子词的娱乐性过于突出的时候，宋代的词论家再次回顾《舜典》的言志之说。赵令畤《侯鲭录》卷七载王安石论词之语云："古之歌者，皆先有词，后有声。故曰：'诗言志，歌永言，声依永，律和声。'如今先撰腔子，后填词，却是永依声也。"[2] 王灼《碧鸡漫志》做了更详尽的阐述：

> 《舜典》曰："诗言志，歌永言，声依永，律和声。"《诗序》曰："在心为志，发言为诗。情动于中而形于言，言之不足，故嗟叹之；嗟叹之不足，故永歌之；永歌之不足，不知手之舞之，足之蹈之。"《乐记》曰："诗言其志，歌咏其声，舞动其容：三者本于心，然后乐器从之。"故有心则有诗，有诗则有歌，有歌则有声律，有声律则有乐歌。永言即诗也，非于诗外求歌也。今先定音节，乃制词从之，倒置甚矣！[3]

王安石、王灼之论，代表了当时词学批评的重要的一派。事实上，通常称之豪放的苏、辛一派对词体创作的发展，正是自觉地体现"诗言志"的原则，并且运用了对此原则已经有过丰富的实践的诗的创作经验。在这个最高的诗歌创作原则上，诗与词的传统界限自然打破了。但是，我们又不能以言志来概括整个中国古代的诗道，其后发生

---

[1] 张戒《岁寒堂诗话》卷上，丁福保辑《历代诗话续编》，中华书局1983年，第450页。
[2] 赵令畤《侯鲭录》卷七，中华书局1985年，第70页。
[3] 王灼《碧鸡漫志》卷一，中国戏曲研究院编《中国古典戏曲论著集成（一）》，中国戏剧出版社1959年，第105页。

的吟咏情性、缘情，恐怕更加贴切于中国古代文人诗歌的创作经验。

乐是先秦诸子重点讨论的问题之一，战国晚期荀子的《乐论》与《吕氏春秋》中《音初》《大乐》《侈乐》《适音》《古乐》诸篇，都是围绕着抒发、娱乐与教化等核心问题，展开对乐的讨论，其实具有广义的艺术理论的性质。他们所针对及解决的主要就是战国时代古乐、雅乐衰微，新乐、侈乐兴盛的问题。古乐、雅乐代表了一种正统的、伦理的立场，而新乐、侈乐则是纯粹娱乐的立场。这样的讨论，从战国时代开端，其实贯穿了整个中国古代的乐论，也影响了整个中国古代的诗论。雅俗古今的问题，也构成后来诗论的一个重要主题。

《礼记·乐记》是早期乐论之集大成，同时也更具系统性的艺术理论的性质：

> 音之起，由人心生也。人心之动，物使之然也。感于物而动，故形于声。声相应，故生变。变成方，谓之音。比音而乐之，及干戚羽旄，谓之乐。乐者，音之所由生也，其本在人心之感于物也。是故其哀心感者，其声噍以杀，其乐心感者，其声啴以缓，其喜心感者，其声发以散，其怒心感者，其声粗以厉，其敬心感者，其声直以廉，其爱心感者，其声和以柔，六者非也，感于物而后动。是故先王慎所以感之者。故礼以道其志，乐以和其声，政以一其行。刑以防其奸，礼乐刑政，其极一也。所以同民心而出治道也。
>
> 凡音者，生人心者也。情动于中，故形于声。声成文，谓之音。是故治世之音，安以乐，其政和；乱世之音，怨以怒，其政乖；亡国之音，哀以思，其民困；声音之道，与政通矣！[1]

---

[1] 《礼记正义》卷三十七，《十三经注疏》下册，第1527页。

人心感物而产生音乐的这个理论，也是后世诗学的基本的观点，可以说是中国早期艺术发生论的系统阐述，但其基本的思想，与《尚书·舜典》是一脉相承的。其中如"声相应，故生变。变成方，谓之音"，和"声依永，律和声"的意思也是比较相近的，都是有关于声律的。后面的"声成文，谓之音"与"律和声"的意思更接近。

《礼记》的感物之说，在魏晋时代为诗人所广泛接受，陆机《文赋》就全面地接受了这个感物之说，加上玄学背景的玄览之说和注重典雅的修辞之说：

> 伫中区以玄览，颐情志于典坟，遵四时以叹逝，瞻万物而思纷，悲落叶于劲秋，喜柔条于芳春。[1]

事实上，这个感物说，也是构成中国古代乃至整个东亚诗歌创作的一种基本主题，如魏晋时代的表现物色、节序的生命主题，以及日本俳句中的"季语"。可以说，感物是东方艺术的重要特征。"感物诗学"是东方美学的重要部分。这与《礼记》感物说的影响是有关系的。

《乐记》对后世的音乐与诗歌理论影响最大的，当然还是"声音之道与政通"，以及先王据此而行教化的理论。虽然魏晋玄学贵无论曾对此观念加以消解，如嵇康的《声无哀乐论》——此种"声无哀乐"的玄学音乐观，其实与后来诗学中的平淡自然乃至神韵三昧之论，实亦有一种思想上的渊源关系——但中国音乐与诗歌批评的主流观点，还是全面地接受了《礼记》关于音乐与政治关系的基本思想。

乐论涵摄诗论，或说诗论依附于乐论，并非只存在于早期的文艺理论中。在整个中国古代，从基本观念与实践的事实上说，诗歌一直

---

[1] 严可均校辑《全上古三代秦汉三国六朝文·全晋文》卷九十七，中华书局1958年，第2013页。

没有完全脱离音乐，即诗歌一直是属于乐的。所以后世的论诗，仍与论乐相合，或者说将诗作为一种乐来论述。

二、经典诗论

上述我简单梳理了早期乐论及其贯穿到后世的巨大影响。下面我着重于早期诗论的问题。

中国古代文学理论发展的一个特点，是狭义的诗学与诗论的发达。在西方，虽然有古希腊时期亚里士多德的《诗学》，但他处理的对象主要是戏剧。而中国古代，诗的范畴很早就明确（这与早期诗论依附于乐论并不矛盾）。《尚书·舜典》虽然是叙乐，但是其中的"诗"即歌辞，不仅是构成乐的主要因素，而且其在内涵与形式上都是独立的。《舜典》所说的那些"诗"，今已无法考见。今所见舜时歌曲数种，如载于《尚书》之《赓歌》、见《礼记》《乐记》而载于《家语》《尸子》之《南风歌》、载于《尚书大传》之《大唐歌》《卿云歌》，今之学者皆疑其伪，或以为战国秦汉之际儒者因见《尚书》所载虞廷论乐而拟作。[1]

《诗》三百篇的结集，使诗的范畴完全独立。三百篇虽然性质是周乐的歌辞，所谓《诗》三百篇，实际类似于我们今天的歌词集，即《舜典》所说的"诗言志"的"诗"。其他"歌永言，声依永，律和声"的部分即声歌及入乐状态，都没有保留下来，可见《诗经》的文本化是很早的。这对中国古代后来纯粹诗学的发达，可能是极其重要的，也是《诗》与《书》并称，成为先秦时代最重要的经典的关键。中国

---

[1] 今人周笃文著有《〈南风歌〉〈卿云歌〉，上古诗空的双子星座》一文，仍按古人之说，认为这些诗歌是舜时之作。周氏文中述及民国时两度用卿云歌为国歌，并录时人国歌推荐词"帝舜始于侧陋，终于揖让，为平民政治之极则。遗制流传，俾吾人永远诵习，借以兴起景行慨慕之心，似于国民教育大有裨益"云云，可见至民国时，仍多认为这些舜时诗歌确是上古之作（见《周笃文诗词论丛》，人民出版社2014年，第416页）。

古代狭义诗学很早就发达，于此事实有重要的关系。孔子有若干论《诗》之语，其中"思无邪"说，"兴观群怨"说，都构成后来诗学的重要原则，《礼记·经解》的"温柔敦厚，诗之教也"，不但提出"诗教"，而且提出"温柔敦厚"的原则。但经典诗论最重要的文本还是《毛诗》，尤其是其载于篇首《关雎》篇序，即传统称为《诗大序》的一篇。从汉魏到唐代，不就经学而单就诗学来说，《毛诗》的影响是越来越大的。《毛诗》的作品及其大小《序》，是唐人诗学的基本教材。唐诗的成就，某种意义上也可以说对《诗大序》的思想的第一次全面的实践。对于这样一个事实，我们其实还很缺乏研究。宋代对经典诗论的接受方式，比唐人更趋于范畴化，专就言志、情性来发挥。这与理学的发展形式是接近的。理学实际上是传统经学的概念化，即专就概念来讨论儒家思想。

中国古代的诗学，大体可分为以儒家的经典诗学为核心的早期诗学，与以文人诗创作系统为中心的后期的文人诗学两大部分。前者确立了诗之道，其中言志、六义、吟咏情性、美刺等是核心范畴。文人诗学在诗道亦即诗歌本体论方面，完全是沿承儒家诗学的，其重要发展是在"术"的方面的展开，以及对诗歌艺术本质探讨的深入。

如果仅仅从范畴的使用来说，中国诗学自从儒家诗道论确立之后，好像就没有很大的发展。一个言志论，讲了两千来年，而"吟咏情性"之说，从《毛诗大序》提出之后，一直为历代文人所承用。虽演绎变化，而宗旨不离。钟嵘《诗品序》：

> 气之动物，物之感人，故摇荡性情，形诸舞咏。照烛三才，辉丽万有；灵祇待之以致飨，幽微借之以昭告；动天地，感鬼神，莫近于诗。[1]

---

[1] 钟嵘著，陈延杰注《诗品注》，人民文学出版社1961年，第1页。

其感物之说，即本于《礼记》，而性情之说出于《大序》。其他如所谓灵祇致飨、幽微昭告，无不本于经典。许文雨《钟嵘诗品讲疏》："飨灵祇，告幽微之制，以颂体为多，《诗大序》所谓颂者，美盛德之形容，以其成功告于神明是也。"刘勰《文心雕龙·明诗》：

> 大舜云：诗言志，歌永言。圣谟所析，义已明矣！是以在心为志，发言为诗，舒文载实，其在兹乎？诗者，持也，持人情性；三百之蔽，义归无邪，持之为训，有符焉尔。[1]

此段首承《尚书·舜典》"诗言志，歌永言"，并称为"圣谟所析，义已明矣"（古人不怀疑这是舜说），举为千古不变的诗歌本体之义。接下"在心为志，发言为诗"出于《大序》，至"诗者，持也，持人情性"，则用《齐诗》之说，纬书《诗含神雾》："诗者，持也。"范文澜解说此段云："郑玄《诗谱序·正义》：'名为诗者，《内则》说负子之礼云"诗负之"。注云"诗之言承也"。《春秋说题辞》云"诗之为言志也"。《诗纬含神雾》云，"诗者，持也"。然则诗有三训：承也，志也，持也。作者承君政之善恶，述己志而作诗，为诗所以持人之行，使不失队，故一名而三训也。'彦和训诗为持，用《含神雾》说。"[2]

唐人以《诗大序》为基本教义，以言志为最高宗旨，讽喻教化为基本功能，吟咏情性为及身之用。亦如佛教之有大小乘，吟咏情性者，小乘也；言志、讽喻教化者，大乘也。唐人诗题、诗语中，仍多言志之述。但唐人亦多不以言志自负，也多不以言志许其一代之诗。此义白居易《与元九书》等文论已详。杜甫作《偶题》论述历代"诗学源流"（仇注语），自称"法自儒家有"，而自伤"心从弱岁疲"，并

---

[1] 刘勰著，范文澜注《文心雕龙注》卷二，人民文学出版社1958年，第65页。
[2] 《文心雕龙注》卷二，第68—69页。

称"缘情慰漂荡",这是说自己作诗,不能达到六义之旨,不能言志,而止于缘情。王嗣奭《杜臆》:"缘情用陆机语,谓作诗也。诗缘情生,止以自慰其漂荡。"[1]

宋人论诗,有时自出新意,但基本所遵,仍是经典之论,以言志与情性为基本宗旨。然唐人将言志教化与吟咏情性区别为两等,而宋人则多以情性释志,言志与吟咏情性合为一体,不再做严格的区别。这可能是唐宋诗学的最大不同之点。魏了翁《毛诗要义》:

> 《诗》之正变,皆志所之。包管万虑,其曰为心,感物而动,乃呼为志。志之所适,外物感焉。言悦豫之志,则和乐兴而颂声作;忧愁之志,则哀伤起而怨刺生。《艺文志》云:"哀乐之情感,歌咏之声发,此之谓也。正经与变,同名曰《诗》,以其俱是志之所之故也。"[2]

以此而言,则凡为诗咏,不论正变,皆是言志。情性、言志两说,至宋代归于情性为主。所以黄山谷论诗,直接说"诗者,人之情性"。山谷对情性论有特殊之阐发(详《黄庭坚诗学体系研究》),但其所持"诗者,人之情性"的观点,则是宋代诗学之通论。

明清人论文学,常常力求自铸新理,但基本的理论,仍然不离《舜典》《礼记·乐记》《毛诗大序》的说法。大抵是情性之说较盛,并且不区分言志与情性为两事。如清代阳湖张琦《古诗录序》:

> 诗者,思也,夫民有喜怒哀乐爱恶之情,有君臣朋友家国身世升沉新故盛衰暌合之感,苟撄其心,必动乎情。情动则思,思久而

---

[1] 王嗣奭《杜臆》,上海古籍出版社1983年,第263页。
[2] 《魏了翁诗话》,吴文治主编《宋诗话全编》第8册,江苏古籍出版社1998年,第7921页。

情益深，缠绵郁积、烦冤悱恻、咄嗟而不能自已，一旦身之所接、目之所见，风飘云浮、日晶月幽、露零霜肃、霆击电流、崇山重湖、泱濴嵚岖、草木荣枯、蠕蠕动趋，鸟决而飞，兽骇而伏，春秋代故，寒暑回复，忽若与吾相感触而有以寓其不能言之情。故诗有六义，一曰兴。兴者，情与辞比者也。情辞既比，而神理具焉。神以浃其情，理以条其辞也。情辞比、神理具，于是铿锵以为音，顿挫以为节，务有以宣其缠绵郁积、烦冤悱恻、咄嗟不能已之情，则诗之道毕矣。汉氏以来诗之工者，未有不由此也。[1]

像这样一种诗论，作者似乎力求阐述出一种新颖而贴切的诗歌原理，并提出"思"作为新说，但基本的理论与范畴，来自《礼记·乐记》的感物说与《毛诗大序》抒情说，也借鉴了钟嵘《诗品》诗歌创作本质的论述。像这样的情况，在明清时代的"诗歌总论"中并非个别，而是相当普遍的。

同基本原理与范畴变化不大形成鲜明对照的是，中国古代文人诗，自魏晋确立传统，齐梁趋于普及，唐宋达到高峰而明清集其大成，可以说千流万汇、波委云谲，诗歌艺术的体制与风格都在不断地嬗变。近两千年间，中国古代文人对于诗的体验，是在不断地发展的。虽然他们总是提倡风骚、宗法汉魏、体格唐宋，但客观上说，对于诗的经验是在不断变化的，诗的方法也一直在发展。仅就创作的形态来说，汉魏、晋宋、齐梁、唐宋、明清，"诗理"（诗道）虽同，"诗迹"（诗事）实异。[2] 这种情况，强烈地启示我们不能纯粹从理论与范畴的形式上阐述中国古代诗歌理论的发展历史，要重视其与具体诗歌创作实践、诗歌史特定发展阶段结合的特点。但这是上述所说的中

---

[1] 张琦《宛邻书屋古诗录》卷首目录附，同治八年重刊本。
[2] 孔颖达《毛诗正义》序："诗理之先，同夫开辟，诗迹所用，随运而移。"（《十三经注疏》上册，第261页）

国古代诗歌理论两个阶段中后一阶段，即文人诗学阶段的特点。如果从早期儒家诗学来讲，恰恰是与创作结合不紧密，甚至可以说与创作不相关。先秦到汉代的儒家这个群体，并不创作诗歌，他们只是诗歌的解释者与阐述者，当然也是评论者。汉魏之际开始形成的文人诗群体，从思想的传统来说，正是儒家思想的继承者，他们将儒家的诗学与儒家的整个经典一起接受。但是他们与儒家经典作家不同，已经由单纯的解释者转变为创作者。从此，诗歌的创作者与诗歌的解释者，合为一个群体。由此才规定了文人诗学以儒学诗学经典加上实践的阐述的基本特点。如果我们为文人诗学纂述一部诗学原理，这部诗学原理的基本范畴都来自儒家诗学。但这些范畴并非静止不变的，而是与创作实践紧密结合、无穷生发的。所以，我们研究中国古代的诗学范畴，尤其是其中具有本体论性质的范畴的发展、演变，不应该纯从概念到概念，而是应该重视其实践的历史。这是一个基本上未曾被系统探讨的课题。我们在研究具体诗人的诗学思想时，往往会强调这类概念、范畴、观点，但也很少联系其实践的成果进行有效的探讨。

事实上，从《诗经》《楚辞》到后来历代的文人诗歌，诗歌的表现对象、体制风格等在不断变化与发展，艺术的审美习惯与标准也在不断变化，如"情性"这一范畴，在六朝、唐、宋各时期，具体的内涵很不相同，所导引的诗歌艺术风格也有巨大的差异。六朝的情性论与绮靡炫采的文笔说之"文"联系在一起，唐代的情性论则是作为复古诗学与范畴之一产生作用，与风骨联系在一起，宋代的情性论则与性理之说联系在一起。唐诗情性说近于变风，宋诗情性说近于变雅。

中国古代诗学的范畴是十分丰富的，由于贴近实践，所以有不少范畴十分感性，如肌理、筋骨、血脉停匀等等，直接用身体的语言来比喻，从理论上说，显得十分不科学（如果科学的一部分意义是指概念的统一、固定而言的话），但实践上的效果，却比那些纯粹抽象的概念要好得多。从这个意义上说，中国古代诗学中的范畴，也可以说是不断地变化，而且层出不穷。但这绝不是说中国古代缺少稳定的、有条贯的诗学理论与范畴。恰恰相反，中国古代诗学在一些基本的理论与范畴上，具有一种超越时间与空间的稳定性。

诗歌史内在地呈现为一种诗学史。一部诗歌史，如果少了诗歌理论与批评的部分，就不能说是完整的。同样，一部诗歌理论与批评史，如不与历代诗歌创作发展情况结合在一起，而是一个一个地简单地叙述诗论中的理论与范畴，恐怕更不能视为有机的理论批评史。正是在这样的思考下，我自己这几年喜欢运用中国古代传统的"诗学"这个范畴，因为在古代，这个范畴是结合着创作实践和理论批评两方面的，是一个融然一体的文学概念。

早期诗学是论诗之学，文人诗学则是作诗之学。本书主要阐述产生于论诗之学时期的诗歌本体论在作诗之学时期的发展。

三、经典"文"论

经典的"文"论，可以分为文章论与文质论两大类型，它们之间有关联，但也有区分。

（一）文章论

先秦的"文""文章"都是广义的。这典型地反映在孔门对"文"与"文章"的使用上：

> 子以四教，文、行、忠、信。（《论语·述而》）

> 子贡曰：夫子之文章，可得而闻也；夫子之言性与天道，不可得而闻也。（《论语·公冶长》）

四教中的"文"之教，当然是有具体内容的。这种具体内容包括了礼仪、诗书、言辞等等，其中诗书、言辞两者，都与后世所说的文学有关系。因此儒家所说的"文""文章"虽然非后世狭义的文学创作品，但包括了这种文学创作品在内的。也因此，经典的中文论、文章论直接成为后世文学理论与批评的观点。古代文人批评家也常常直接运用这种经典文论来进行狭义的文学批评。

文论的发展史中，《周易》具有很重要的位置。狭义的"文论"即文学论（以文学的整体为论述对象，相当于我们今天说的"文学理论"）可以说发源于《周易》。《周易》的"文"论，被齐梁文学家发展为一种文学论。《周易》是周代筮书，传为文王所作。《周易》"文"的概念及其阐述，出现在"十翼"的《彖》《文言》等篇中。古经据相关学者研究成于周初[1]，"十翼"传统认为是孔子所作，可知成于春秋或稍后的时代。即就广义的文论来说，文论体系的出现，较乐论、诗论要晚许多。

六十四卦之贲卦，其彖辞云：

> 贲，亨，柔来而文刚，故亨。分刚上而文柔，故小利有攸往，天文也。文明以止，人文也。观乎天文，以察时变；观乎人文，以化成天下。[2]

"贲"的原义，据高亨说，是取有色之贝以为颈饰。[3] 古人也都以贲为饰之义，如孔颖达《周易正义》："贲，饰也，以刚柔二象，交相文饰。"[4] 这是根据贲卦的阴阳爻象来演绎的，并由此而演绎出天文、人

---

[1] 参高亨《周易古经今注》（重订本），中华书局1984年。
[2] 《周义正义》卷三，《十三经注疏》上册，第37页。
[3] 《周易古经今注》（重订本），第224页。
[4] 《周义正义》卷三，《十三经注疏》上册，第37页。

文的意思来。因贲有饰义，故用"文"来说贲卦的爻象，可见以象辞产生时期，"文"的概念已经很成熟，并且"文"的基本意义为饰，即外在的美的形式，这一种美学思想也已经成熟。而观察"天文""人文"及其在治化方面的意义，尤其是"人文化成"之说，更是一种成熟的文化意识，已经超越了原始的"文饰"的形式之义。在文学理论方面，贲卦象辞对"文"的论定与推崇，奠定了后来纯文学观的一种文学价值论，这便是从齐梁到初唐文说、"人文化成"说流行的事实。

十翼中的《文言》，是用一种骈俪文体写作的。文言，即文饰其言的意思，亦即修辞之意。孔颖达《正义》："文言者，是夫子第七翼也。以乾坤其易之门户邪，其余诸卦及爻，皆从乾坤而出，义理深奥，故特作《文言》以开释之。庄氏云：文谓文饰，以乾坤德大，故特文饰以为文言。"[1]《文言》体现了一种重视修辞的语言艺术观念，与《左传》所说的"言之无文，行而不远"，以及"子所雅言，诗书执礼皆雅言"的雅言思想，有一种相通之处。《文言》及其体现的尚文的观念，对齐梁时代的文笔说中"文"的观念的形成，有直接影响。其骈俪的文体，对于东汉以降文体的骈俪化，更是一种资启。这一系列思想，构成了中国古代修辞观的基础。清代扬州学派学者阮元为了在古文与骈文的对立中维护骈文的正统地位，绍述齐梁文笔说，认为"文"的基本特征在于骈偶、有韵及"沉思翰藻"诸点，并将此上溯到《文言》，认为它是"千古文章之祖"。其《文言说》云：

> 孔子于《乾》《坤》之言，自名曰文，此千古文章之祖也。为文章者，不务协音以成韵，修词以达远，使人易诵易记，而惟以单行之语，纵横恣肆，动辄千言万字，不知此乃古人所谓直言之言，论难之语，非言之有文者也，非孔子之所谓文也，《文言》数百字，

---

[1] 《毛诗正义》，《十三经注疏》上册，第15页。

几于句句用韵……不但多用韵,抑且多用偶。[1]

其《书梁昭明太子文选序后》继续畅发此说:

> 或曰:昭明必以沉思翰藻为文,于古有征乎?曰:事当求其始。凡以言语著之简策,不必以文为本者,皆经也,子也,史也。言必有文,专名之曰文者,自孔子《易》《文言》始。《传》曰:"言之无文,行之不远。"故古人言贵有文。孔子《文言》实为万世文章之祖。此篇奇偶相生,音韵相和,如青白之成文,如咸韶之合节,非清言质说者比也,非振笔纵书者比也,非佶屈涩语者比也……自齐梁以后,溺于声律,彦和雕龙,渐开四六之体,至唐而四六更卑。然文体不可谓之不卑,而文统不得谓之不正。[2]

阮元对文学的这种看法,当然是片面的,也不符合儒家对于"文"的基本理解,但他侧重文学的审美价值,可以是说中国古代文学独立论、文学自觉论的一种学说。中国古代的文人文学,本质是一种辞章艺术,不仅诗古文辞是一种辞章艺术,就是小说、戏曲,虽摆脱篇翰之体,但仍是文人辞章艺术的演化。小说、戏剧虽以人物与情节为重,并以"冲突""矛盾""传奇"等造成其文学性,但构成其文本的主体的,仍是一种辞章艺术。辞章艺术可以说是中国传统戏曲的基本特征,为其有别西方及现代戏剧者。这在典型的文人戏剧明清人的传奇中表现得尤其突出。

经典的"文"与"文章",到了齐梁之后,重心被移位到文学艺术之上。这是中国古代文学理论发展的一个基本事实。重心的移位,

---

[1] 阮元《研经室集》三集卷二,中华书局1993年,第605页。
[2] 《研经室集》三集卷二,第608页。

虽然促使文学独立，但也造成文学片面向形式之美的发展。所以，经典的"文""文章"的原义，即广义的"文"及文质彬彬的原则，又被反对形式之美的一派所遵循。

值得注意的是，经典的广义的"文""文章"，虽在齐梁之后集中到文学创作的对象上，但其原有的广义用法，一直贯穿在整个中国古代。典型的例子，如《世说新语》的"文章门"，包括了经术、玄谈及诗赋。但并非三者淆然不分，而是前后分别类聚的。

（二）文质论

文质论发源于孔子，是一种广义文化论，也是一种修养论，但却成为中古文学批评的最重要的范畴。在唐宋文道观流行之前，文质论是文学批评的基本的、核心的观念与批评方法。先秦的"文"的含义接近于我们现在所说的"形式""美"。"文"指一切事物固有的形式之美价值，其价值在于这种形式之美即"文"是其内容即质的必要体现，并且是一种内在价值的外化。这种观念，典型地反映在儒家的文质观上：

> 棘子成曰："君子质而已矣，何以文为？"子贡曰："惜乎，夫子之说君子也！驷不及舌。文犹质也，质犹文也。虎豹之鞟，犹犬羊之鞟。"[1]

由这样一种文质观出发，儒家的孔门属于重文派，与道家的重自然、墨家的重质不同，这也是儒家崇尚礼乐的必然逻辑。但这种文质论还不是狭义的文学批评范畴，而是一种广义的文化批评的范畴，适用于政治、人物批评等方面。

---

[1] 《论语·颜渊》，《论语注疏》卷十二，《十三经注疏》下册，第2503页。

文质论是汉魏时期文化与人物批评最基本的思想之一，也是汉魏纯粹的文学论的基本思想基础。从相关文献考察，我们可以看到这样一种事实：汉魏的文学，仍然包括在广义的文章论与文质论之中，其基本的思想仍来自孔门的文质论。王充《论衡·书解篇》是将《论语》文质说较全面地引进广义的文学批评的重要的论文。其论云：

> 或曰：士之论高，何必以文？答曰：夫人有文质乃成。物有华而不实，有实而不华者。《易》曰：圣人之情见乎辞。出口为言，集札为文。文辞施设，实情敷烈。夫文德，世服也，空书为文，实行为德，著之于衣为服。故曰：德弥盛者文弥缛，德弥彰者文弥明。大人德扩其文炳，小人德炽其文斑，官尊而文繁，德高而文积。
>
> 物以文以表，人以文为基。棘子成欲弥文，子贡讥之。谓文不足奇者，子成之徒也。[1]

王充仍然从广义的天文、地文、人文的意义来运用文，但他用这种广义的"文"及儒家文质论，主要是为了阐述圣贤著述及文人辞赋的创作现象，从一种有实自然有文、有德自然有文的观点出发，为文章、文采来辩护，批评《论语》中棘子文的"弥文"，即否定文的意义与价值。

汉魏晋人明确地将文质论用于文学批评。《三国志·蜀书》卷三十八《秦宓传》载：

> 或谓宓曰："足下欲自比于巢、许、四皓，何故扬文藻见瑰颖乎？"宓答曰："仆文不能尽言，言不能尽意，何文藻之有扬乎！昔孔子三见哀公，言成七卷，事盖有不可嘿嘿也。接舆行且歌，论家

---

[1] 黄晖《论衡校释》卷二十八，中华书局 2018 年，第 1002 页。

以光篇；渔父咏沧浪，贤者以耀章。此二人者，非有欲于时者也。夫虎生而文炳，凤生而五色，岂以五采自饰画哉？天性自然也。盖《河》《洛》由文兴，六经由文起，君子懿文德，采藻其何伤！以仆之愚，犹耻革子成之误。（裴注：臣松之案：今《论语》作棘子成。子成曰："君子质而已矣，何以文为！"屈于子贡之言，故谓之误也。）况贤于己者乎！

这或人与秦宓的一番对话，能够代表汉魏时代人们运用主"文"之范畴的一般情况。秦宓在言谈之外，常作奏记、书论，多饰文藻以动人，受到或人的质疑，于是引孔门文质彬彬之论来解之。至于其认为文藻发生于自然，则远取义于孔门，近亦承王充之说（详后第八章"人文化成"的相关论述）。

由秦宓之论文，可见儒家文质论是汉魏论文的基本依据。其基本的理论宗旨，是运用文质论来强调文章与辞章的必要性，即文学的价值。随着文学创作的发达，频繁出现论者以传统文章论与文质论来论述文学创作的现象，这促使独立的文学概念产生。其最突出的例证，就是曹丕《典论·论文》的出现。

齐梁文笔论中的"文"，以诗赋为主。故自齐梁至唐代，"文"及"文章"，有时是指诗，其例甚多。杜甫《偶题》述诗学，其开篇即云："文章千古事，得失寸心知。"中唐以后，"文"这一概念才逐渐转向古文，形成所谓"诗文"合称的情况。在此之间，只有"诗赋""诗书"等组合词，没有"诗文"这样的组合词。因为"诗"就包括在"文"中。

从经典到诸子、汉儒的一系列关于文艺的论述，都是围绕"乐""诗""文"这三个范畴来展开。就经典代表性文本来说，就是《尚书·舜典》《礼记·乐记》论的乐说，《尚书·舜典》《毛诗大序》的诗说，以及《周易》的文说。这三种经典文本的产生时期与先后虽然难以考定，但从文化和艺术发展的逻辑来说，如果三者之间存在着先后的话，它们的逻辑上的次序应该是乐、诗、文。就其关系来说，乐与诗两个范畴是紧密联系着。乐论与诗论之间的关系，是乐论含有诗论，在许多时候，乐论即是诗论，《尚书·舜典》就是合乐与诗两个范畴为一体的经典文本。但中国文学中，诗具有特殊重要地位的事实，促使中国古代作为诗歌文本的狭义的诗论，很快地从乐论中独立出来，并且成为上述乐、诗、文三个文艺理论体系中最为活跃也最富建树的一部分。

第一章
中国早期诗学的性质、分野及与西方早期诗学的比较

中国古代的诗学与诗论，暂以汉唐为中心，我将它分为两个大的历史时段，也可以说是两种不同的形态。第一个大的段落是从先秦到两汉，我称之为早期诗学。这个时期的诗学与诗论，它的主体不是诗歌创作者，而是政教家、思想家与史家。第二个大段落为魏晋以降。这个时期的诗学的主体是文人诗作者。由于早期诗学突出的政教性质，近代以来强调纯文学观念的作者，将之称为儒家的诗教，而不以纯粹的诗歌理论待之。这与中国古代诗人、诗论家的实际观点大相径庭。中国古代文人，尤其是唐宋以来的文人，普遍地奉儒家一系的诗歌理论为经典，无论其创作与批评，都深受儒家诗论的影响。我们后面要论述到，唐代诗论的主体就是儒家诗论，都是从儒家的诗论中演绎出来的。甚至我们可以说，中国古代诗学的基本原则，是在早期诗学中确定的，一直延续至清代。早期诗学是中国诗学的源头，它从最原始的诗学与诗论开始，经过周汉两大时期的发展，到了汉儒这里集其大成。这是中国古代诗学的源头，也可以说中国古代的经典诗论。这一早期诗学的观照对象，是从原始时代开始，到周汉时代得以发展的群体的诗歌创作活动。在这个时期，后来成为中国古代诗歌创作的主体的文人，其个体诗学尚未成熟，所以早期的诗学，也可称为群体诗学。

魏晋以降，文人诗创作传统开始确立，文人诗以表现个体为基本特征，诗歌创作与诗学评论，也从前一时段的以群体为核心，转为以个体为核心。我将它称为个体诗学。如果不将中国古代诗学区分为上述两大段落与两大形态，中国古代诗学发生的真相及其特征就无法真正清楚。当然，从先秦到两汉的早期诗学，具有多种不同的发生形态。而从魏晋到唐宋元明清的文人诗学与诗论，也经过几个发展阶段。这些问题，我们在后面都会有具体的展开。

中国早期诗学，即从先秦到两汉经学繁盛时代的诗学，虽然一直以来受到重视，但对其发生形态与具体的发展进程，向来缺乏深入的研究。笔者认为，上述中国早期诗学是魏晋以降发展出来的文人诗学的思想渊源，是中国诗学发展史上的"轴心"；但从形态上看，早期诗学与文人诗学属于两种不同的形态。另外，中西的早期诗学，在发生形态、创作主体等方面存在着不少可以比较的地方。比之后来的文人诗学，早期诗学更适合作为比较诗学的对象。经典诗论的发生，在全世界范围内都有一些共同性。所以，中国早期诗学与古希腊、古印度的诗学，具有一种可比较性。

一、早期诗学与文人诗学

中国古代诗学究竟何时发生，这与寻找中国古代诗歌史的起点一样，是无法完全究明的问题。根据《尚书·舜典》记载，那个被称为中国古代诗论开山大纲的"诗言志"说，如果我们相信作者的话，那就是舜对其乐官夔的一番训诲，也可以说是舜的诗歌思想。现代学者一般认为是周代乐官的思想，至于其记载，或者在更后的时代。但这至少是周代传述的关于舜帝的多种政教施设的一种，似乎也未可完全抹去其渊源于上古的影迹。事实上，被后人称为诗乐舞一体的中国古代艺术体系[1]，其发源也可以追溯到原始部落的祭祀乐舞。从原始部落的祭祀乐舞发展到周代合政教祭祀为一体的国家的乐政、乐教体系，其间的经历是十分漫长的。其间自然也会有对这一诗乐舞体系的传述与评论[2]。所以，中国古代的诗学思想的发生，也应该是很久远的事实。当然，我们现在只能按照文献记载来寻找中国古代诗学思想的发生起点，即后世诗学的直接渊源，是以诗教观念为核心的周代诗学。

我们所说的中国早期诗学，主要是指从周代乐教诗学的成立到汉儒对上古以来诗学的集成这样一个阶段。从理论上说，《毛诗大序》可以说是早期诗学的一个总结。借用雅斯贝尔斯"轴心时代"的说法，上述时代也可以说是中国古代诗学的"轴心时代"。[3]《毛诗大序》对诗歌的发生、功能、方法展开全面的讨论，其中又包括两部分：一是理想的王道政治下的"经夫妇，成孝敬，厚人伦，美教化，移风俗"的全面发挥政教功能的诗学，一是王道政治衰落后"国史明乎得失之迹，伤

---

[1] 诗乐舞一体的事实，《尚书·舜典》《毛诗大序》即已指出，中国古代诗论家也多有阐发。现代的学者，则多结合西方艺术史家之论，对此进行较系统的阐发，如朱光潜《诗论》第一章《诗的起源》第三节"诗歌与音乐、舞蹈同源"，就依据德国艺术史家格罗塞《艺术的起源》的相关观点，并广泛引证中国古代及世界上原始民族诗歌的事实，比较明确地提出，最早的诗歌是与音乐、舞蹈结合在一起（朱光潜《诗论》，生活、读书、新知三联书店1984年，第8—24页、第137页）。朱氏1933年在北京大学中文系讲述"诗论"一课，1943年出版此书。

[2] 参看顾颉刚、刘起釪《尚书校释译论》第1册，中华书局2005年，第358—368页。

[3] 雅斯尔尔斯认为存在着一个"世界历史的轴心"，并将这一轴心衡定于公元前500年左右，存在于前800年（周宣王二十八年）到前200年（汉高祖七年）之间所发生的精神历程中（卡尔·雅斯贝斯著，李夏菲译《历史的起源与目标》，漓江出版社2019年）。参照雅斯贝尔斯的理论，董平认为："中国的'轴心时代'是西周（公元前1046—公元前771年），而不是所谓公元前800年—公元前200年的春秋战国时代。西周的礼乐文明，确乎代表了自尧、舜以来某种积古流传之价值体系的制度显性化。西周解体之后，中国文化经历了思想上与制度上的多重突破，至公元前2世纪中叶的汉武帝时代，方始重置了时代思想与西周'轴心文明'的相互关系。经过'后轴心时代'思想与制度之多重突破，儒学终究凸现为古代社会公开的政治意识形态，成为'轴心文明'价值的坚守者与看护者，也因此而成为现实政治的监督者与批判者。正是在儒学展开其自身的历史绵延之中，中国文化的主体性遂得以清晰显现，并为其筑就了独特的'价值屏障'。"（《中国的"轴心文明"及其突破》，《孔学堂》2023年第1期）

人伦之废，哀刑政之苛，吟咏情性，以风其上"的以个体表现为主要功能的诗学。这两种诗学及其所展示的原则，构成整个中国古代诗歌思想的核心。后来魏晋以降的文人诗学的每一步，都是在回顾、阐释这个轴心时代的诗学中展开的。从这个意义说，我们就应该知道这样一个重要的事实，即上述早期诗学，并非中国诗学的草创期，而是远古以来自然形成的诗学进入周汉政教国家时代后的一种成熟形态。

相对于周汉时代的早期诗学，魏晋以降随着文人的诗歌创作活动而展开的后世的诗学，可以称之为文人诗学。前者为源，后者为流。正如从诗歌史本身来看，后世的文人诗是从早期的诗乐舞一体的乐诗中蜕化出来的，以前者为母体。在诗学方面，同样是以前者为经典而展开的。但是，这两种诗学在形态上有很大的不同。笔者在相关的论文中，曾提出群体诗学与个体诗学这两个范畴，认为中国古代的诗歌史，实际上经历了从上古歌谣到《诗经》、汉乐府的群体诗学的发展形态到魏晋之后随着文人诗史展开的个体诗学两个不同的系统。同时，笔者还提出这样的看法，即中国古代的诗歌史和与之相随的诗歌理论发展，经历了两次成熟，即群体诗学与个体诗学在各自的形态中都达到了成熟，而后者又是前者的基础上发展的。[1]这也许可以作为中西诗学比较的一个基本的着眼点。

早期诗学与文人诗学，在发生的背景、形态与功能等方面，有很大的不同。早期诗学的形成有两个重要的背景，一是古代国家政教制度的发展与成熟，二是从上古到周汉诗乐舞一体艺术形态的发展与成熟。这两者都突出地显示了中国古代诗歌创作及诗学理论的群体性。而另外一些次要的背景，如周代诗教的兴盛及春秋诸子思想的成熟、儒家一系的《诗经》传承及儒家诗学的成熟，则是直接促成早期的诗歌理论与批评

---

[1] 相关论文如《从群体诗学到个体诗学——前期诗史发展的一种基本规律》(《文学遗产》2005年第2期)、《论汉代诗学的群体诗学特征及其分野》(香港中文大学中文系、北京大学中文系《中文学刊》第4辑，2005年)。

发生的基本机制。着眼于这些要素，我们不仅可以将早期诗学与后来的文人诗学进行纵向的比较，也可以将其与西方诗学做横向的比较。

与后世诗学主要着眼于诗歌创作的内部问题不同，早期诗学主要着眼于诗歌的外部背景与社会功能。同时，从作者方面来看，早期诗学的发表主体却并非诗歌创作者，而是负有诗歌创作之外的其他文化与思想职能的群体。并非具有诗歌创作实践体验的主观经验者的表达，而是对诗歌负有教育、传播与评论职能的教诗者、论诗者、解诗者的研究性经验的客观表达。仅就其客观性这一点来说，中国早期诗学与西方的古希腊诗学在形态上是比较接近的。尤其是诸子的诗学与汉儒的诗学，在作者的主体方面，与西方古希腊的诗学很接近。作为西方诗学奠基的以柏拉图、亚里士多德为代表的古希腊思想家的诗学，也是从纯粹的理论的兴趣出发的一种诗学建树。两者都较多地着眼于诗歌（文学）的外在的社会教化功能与内在的伦理价值。这似乎是轴心时代艺术理论的共同特点。与之相比，中国古代的文人诗学，主要是在文人诗的系统中展开的，与创作同调共生。诗歌创作与理论批评的主体都是同一个群体，作者群与论者群基本上没有分化。但从理论的展开方式来看，我们看到文人诗学的一个真相，它是依据早期儒家诗学的一些基本原则，结合具体创作来展开讨论的。在有关诗歌的基本定义与原则方面，他们没有创新的需要，他们所创新的主要是与具体的创作相关的许多问题，而在对诗歌的情志（或情性）本体及诗歌的伦理功能的认识方面，却是沿承早期的群体诗学时代的基本原则，未曾有根本的革命。

二、早期诗学的几种类型

为了进一步了解早期诗学的发生、发展的形态，我们尝试从发表主体与诗歌的不同关系，对早期诗学内部的不同构成进行分类。

诗歌理论与批评，从其发表的主体来看，有作诗者与论诗者之不同，或者还可以加入用诗者。从这方面来看早期诗学的发表者，我们可以分为以下几种类型：

第一种是作诗者类型，如《诗经》《楚辞》等作品中的诗论，是作者对其创作本身进行的反思与评论。这是诗学发生的一种最自然的形态。我们看到，即使在最朴素、原始的歌谣中，也有一种对其创作本身进行反思与评论的内容。所以，这一种诗学也是最永恒的，只要存在诗歌创作，就会有一种自然发生的诗学理论与批评出现。在文人诗学的时代，这种作者型的诗论尤其发达，构成了后来中国古代诗学的主要形态。

第二种是教诗型，即从周代的乐官到孔子等春秋大师在以诗为教过程中发生的有关诗歌的理论与批评。当然，这里面仍然存在着诗教的形态的不同，即周代礼乐兴盛时期的乐官诗教，是直接继承诗乐舞一体的远古诗教传统的，所以诗教亦即乐教，诗歌理论完全寄寓在音乐理论的大系统中。或者说中国古代诗学发源于乐学。到了孔门诗教，虽然仍然有乐教的成分，但文本教育成了主要的形式。其他春秋战国教育家的诗教如墨家之流，可能也是属于这种形态。这是诗学脱离乐学而开始独立发展的重要环节。

第三种是论诗型的，亦即将诗歌作为思想对象的思想家的诗论。诸子诗学与儒家诗学都属此类。这一种，其实是从教诗者的诗学，即周代乐教诗学中发展出来的。从王官之学的诗教，到私家之学的诸子学诗、论诗，其间的渊源关系十分清晰。而且诸子对诗歌问题的思考，也主要是以《诗经》及周代诗教为对象，当然也会涉及此外的更广阔的诗歌文化背景，例如对春秋战国音乐与诗歌方面出现的一些新问题的批评与思考。但是他们与教诗者、作诗者都不同，他们是将诗歌作为一种纯粹的理论思考的对象，就如古希腊的思想家思考诗歌一样。这一部分分散存在于诸子百家的著述之中，但却没有出现古希腊那种专门讨论文学问题、艺术问题的著述。当然，也不完全是这样，事实上到了战国后期，公孙尼子的《乐记》、荀子的《礼论》《乐论》，《吕氏春秋·仲夏纪》中的《大乐》《侈乐》《适音》《古乐》及《季夏纪》中的《音律》《音初》《制乐》诸篇，都反映了春秋战国诸子研究音乐问题的成果，都属于乐学方面的专著，也可以纳入广义的诗学的范畴中。这一部分著述的性质，与古希腊先哲的诗学著述最为相近，成就上也毫不逊色。

第四种形态是汉儒的学究式的诗学，广义上看仍属论诗者的诗学。它是以《诗经》为主要的研究对象而形成的。从理论的实质来看，汉儒诗学并无明显的创新，而是对此前各种诗学的总结与更加系统、细密的阐述，但却成为后来文人诗学主要的接受对象或者说经典的诗学教材。

第五种形态为史家的诗学，也属于论诗型。它以司马迁、班固为代表，其最重要的意义在于初步建立诗史的概念，并且突破了以《诗经》为核心的诗学，将诸如歌谣、《楚辞》、乐府纳入其论述的对象中。从迁、固至魏晋至唐宋史家之诗论，为诗学批评的重要一脉。

第六种形态以王逸《楚辞章句》为代表的注家的诗学，也属于论诗型，但却是一个新类型。它虽然仍然依傍儒学立论，但却已将重心转到个体与艺术本身，对后来个体诗学的建立有直接的启发作用。

第七种赋家的理论，在广义上可以进入诗学的范畴，尤其是当我们建立中西诗学的比较范畴时，赋论自然应该容纳进来的。这是一种创作型的理论与批评。后面的第五、第六、第七种诗学，在形态上对后世的文人诗学有直接开启性。尤其是汉代辞家的赋论，为后来文人诗创作者诗论同形态的嬗承。诗赋一体，后来文人的诗论，亦多渊源于赋论。[1]

---

[1] 参见钱志熙《汉魏六朝诗赋整体论抉隐》，《文学遗产》2019年第4期。

除了上面七种之外，我们还应该注意到，先秦时期的诗学中有一种很特殊的形态，即春秋时期的行人赋诗。它是一种用诗型的诗学。春秋行人赋诗、引诗问题，虽然在学术方面是作为《春秋左传》学的一个重要课题受到关注。但是对于其在诗学史上的位置，却从未有过定位。我想至少有这样几个方面可以确定其在诗学上的地位：一是春秋行人赋诗、君臣引诗，其实是周代诗教、诗乐制度在春秋时代的延续与变化，也是证明周代的确存在兴盛的诗乐与诗教的一个基本证据；二是春秋赋《诗》、引《诗》连接周代诗教与诸子诗学、儒家诗学之间的一个中间环节；三是春秋赋《诗》、引诗开启了一种解释诗学，其中的断章取义、引《诗》以证等方法，对后世的诗学影响很大。因此，我们在重新建构早期诗学的历史时，必须重视春秋赋《诗》、引《诗》这一种类型。

以上并非严格意义的分类，只是从作诗者、教诗者、论诗者、用诗者这些不同的发表主体出发，尝试探索早期诗学的不同形态，并且试图突破传统的仅从范畴与基本理论出发来把握早期诗学的局限，揭示中国早期诗学形态上的丰富性及其广阔的文化背景。

三、作为作者自叙型开端的《诗经》《楚辞》的诗论

《诗经》《楚辞》的诗论，虽然朴素不成体系，但却已经显现出中国古代诗学具有实践性与直观性特点。罗根泽《中国文学批评史》在"诗说"一章中首列"诗人的意见"，叙述《诗经》作者对诗的朴素认识。[1] 萧华荣将此类作者在作品中直接陈述其创作目的、情状等的"诗论"称为"诗人的创作自诉"，他引美国卫姆塞特、布鲁克斯《西洋文学批评史》（台湾志文出版社颜元叔译本）中的一段话："自始以

---

[1] 罗根泽《中国文学批评史（一）》，上海古籍出版社1984年，第35页。

来的诗人，多喜欢谈论自己的作品，把文学见解写入自己的诗篇。所以，人类自有了诗歌，雏形的文学理论便相偕出现。荷马在他的史诗卷首，向缪斯女神呼求灵感。这种行为便暗示一种诗的创作理论——即是诗篇的形式乃是神赐灵感的结果。这种看法对于后世诗歌理论史，有其重大的影响。"[1]对诗歌创作的反思，甚至是对诗歌艺术这一创造事物的整体性的陈述，是伴随着诗歌创作出现的，创作本身就含有理论与批评的事实。《伊利亚特》把史诗中所叙述的希腊联军战争悲剧的事实，归因于猛将阿基琉斯与国王阿伽门农的矛盾。所以从阿基琉斯之怒开始，这其实是整部史诗的核心，也是史诗作者创作这部史诗的动机。史诗一开头是这样写的：

> 女神啊，请歌唱佩琉斯之子阿基琉斯的
> 致命的忿怒，那一怒给阿开奥斯人带来
> 无数的苦难，把战士的许多健壮英魂
> 送往冥府，使他们的尸体成为野狗
> 和各种飞禽的肉食，从阿特柔斯之子、
> 人民的国王同神样的阿基琉斯最初在争吵中
> 分离时开始吧，就这样实现了宙斯的意愿。[2]

这里完整的叙述，其实是这样：请女神歌唱这整个事件，而这个事件是从阿基琉斯的发怒开始的（参考原书译者注）。这不仅仅是向缪斯女神乞求灵感，而且是直接请缪斯女神来歌唱。也就是说，在作者的逻辑里，史诗是缪斯女神的创作，或者作者只是代神来作诗。这可以说是一种神话式的创作观念，或者说是神话时代的人们对于文学创

---

[1] 萧华荣《中国古典诗学理论史》，华东师范大学出版社2005年，第7页。
[2] 荷马著，罗念生、王焕生译《荷马史诗·伊利亚特》，人民文学出版社1994年，第1页。

作的一种认识。古代印度的诗学理论也有这样一种以神灵为艺术创造的主体的看法，如婆罗多《舞论》一开头，就是这样表述的："向祖宗（梵天）和大自在天（湿婆）两位大神鞠躬致敬，我现在开始讲述梵天阐明的舞论。"[1] 又如这样的说法："婆罗多牟尼听了众牟尼的话，开始讲述戏剧吠陀：'你们身心纯洁，凝思静虑，请听梵天怎样创造戏剧吠陀！'"[2] 他们认为这种戏剧的创作原理与方法，是梵天规定或实践过的，婆罗多的讲述，只是对梵天戏剧吠陀的追忆。中国古代的祭祀神灵的诗歌，如《诗经》的三颂、大雅，以及《楚辞》中富有神话色彩的《离骚》《九章》这样的作品，当然也以神灵为诗歌的奉诵对象。所以中国古代诗歌观念中，有一种感格神灵的观念，所谓"动天地，感鬼神，莫近于诗"（《毛诗大序》），就是这种观念的典型的表述。但这与古希腊、古印度的神灵创作艺术、神示艺术规范这样的观念，还是有根本的差别。从现存的中国古代的文艺理论的表述中，我们还没有看到过这种以神灵为艺术创造之主体，艺术原理来自神示的观念。中国古代的文艺理论，从一开头就已明确人类自身作为艺术创作主体的事实（《河图》《洛书》的性质有点接近）。这也可能与古希腊史诗、周代的《诗经》处于不同历史发展阶段。前者属于更古老的神话时代，而后者则是进入人文时代的创作。作为后者创作的意识背景，是一种世俗理想的生命观。[3] 如果我们将《诗经》说诗片段作为中国古代作者型诗论的重要开端，了解这一点似乎并非不重要。

中国古代文论中有一个系统，即作家自叙的系统，它的载体就是具体的作品，作家在创作时，会对创作活动有所反思，这种反思反复地出现在其意识中，形成自觉的认识。这种反思就是创作理论的萌

---

[1] 黄宝生译《梵语诗学论著汇编》上册，昆仑出版社2007年，第35页。
[2] 《梵语诗学论著汇编》，第36页。
[3] 参考钱志熙《唐前生命观和文学生命主题》第二章《〈诗经〉的生命观和生命主题》第三节《世俗理性生命观及其艺术表现》，东方出版社1997年，第30页。

芽，其中最重要的就是对文体、功能（创作动机与目的）、风格及创作方法的反思。如在《诗经》作品中，关于诗歌的文体，已提出"歌"（《陈风·墓门》"夫也不良，歌以讯之"，《小雅·何人斯》"作此好歌，以极反侧"，《小雅·四月》"君子作歌，维以告哀"，《大雅·桑柔》"虽曰匪予，既作尔歌"）、"谣"（《魏风·园有桃》"心之忧矣，我歌且谣"）、"诗"（《小雅·巷伯》"寺人孟子，作为此诗。凡百君子，敬而听之"）、"诵"（《小雅·节南山》"家父作诵，以究王讻"）。诗人们不仅对其创作诗歌文体有自觉的认识，尤其是他们对诗歌的抒情与讽喻等功能的认识，其中贯穿了对后来诗学影响深远的美刺观念。美的观念，如《大雅·崧高》："吉甫作诵，其诗孔硕，其风肆好，以赠申伯。"刺的观念如《魏风·葛屦》"维以偏心，是以为刺"。同时，上述诗论对歌、诵、诗等文体之间的关系也有所展现。如从"吉甫作诵，其诗孔硕，其风肆好"一例中可知，"诵"（颂）指内容，"诗"即文辞，"风"指歌调，也接近于"歌"即歌唱。"风"的原义应该就指歌唱。《大雅·卷阿》中也说"矢诗不多，维以遂歌"，由此例也可看出，"诗"指文辞，"歌"指歌唱。这与《尚书·舜典》"诗言志，歌永言，声依永，律和声"是完全相符的。诗与歌并非两物，诗为歌之辞，歌为诗之歌唱状态。在《诗经》中，也有直接以歌唱的方式创作的，如"君子作歌，维以告哀"等例。这相当于原生态的歌谣与小唱，所以诗人直接称为"歌"。虽然不举"诗"之名，其"诗"即在歌中。但也有一种情况，是先作文辞，后扬为声歌，甚至加以声律，如"矢诗不多，维以遂歌"之例。从上述的讨论我们可以看出，《诗经》的创作，伴随着虽然简单却有着自觉认识的诗学体系，它是后世诗学之祖。

《楚辞》里也存在着这样一些反思性的诗学理论，如《离骚》中的"陈辞"（一曰"济沅湘以南征兮，就重华而陈辞"，一曰"跪敷衽以陈辞兮，耿吾既得此中正"），对于我们认识《楚辞》的体制有重要的意义。这种向神陈辞的表述形式，带有浓厚的神话色彩。虽然《离骚》产生的时代晚于《诗经》，但从意识的历史来看，此时期楚国仍未完全从神话时代走出。这或许是我们在评论《楚辞》的抒情理论时所应注意的，即由《楚辞》所发生的诗歌抒情观念，与以《诗经》为主要的阐述对象的《毛诗》一派的抒情理论，可能存在着一种差异。

《离骚》之外，《九章》更近于一种成熟的抒情观念，尤其就其脱离了神话色彩而言。《九章·惜诵》："惜诵以致愍兮，发愤以抒情。""抒情"即渫情、舒情，略同于后来的抒情。其语虽简，却是诗歌抒情功能的直接指揭。《九章·抽思》不仅以"抽思"名题，反映作者抒情上的自觉，而且作品开头极状作者内心忧郁之状，并将创作活动作为内以消忧自镇，外可传夫美人、以告衷怀的必要手段。于是有"结微情以陈词兮，矫以遗夫美人"的自述。从这里可见《楚辞》创作者对传统抒情理论建树的重要性，与《诗经》偏重理性、偏重教化的言志、美刺，正好构成中国传统诗学的两个重要部分，不能不视为两大诗学理论体系的发端，但却都还没有正式的理论表述与理论文体。我们姑且称这类文论为"作家自叙"，它有点像《山海经》中形容鸟的名字与其鸣声一致那样，叫作"其鸣自詨"。或者可称为"自詨"式理论。这是一种最接近自然状态的诗论，也是古代诗论中唯一在形式上持续不变的诗论。当然，后世文人诗作者的"自詨"式诗论，也都及时地吸收了同时期诗歌理论的思想与范畴，如后世论诗绝句一体，即此种"自詨"式诗论之独特形态。

继诗骚之后的辞赋，其创作过程中的自觉性与反思性更加突出，直接形成汉代赋论，其中包括了赋出于古诗、"诗人之赋丽以则，辞人之赋丽以淫"、讽喻之义等重要的文学思想。不仅影响汉赋及后世辞赋，而且直接启迪了后世的文人诗学。魏晋以后，出现了文学专论、专著、序跋等多种成熟的文论文体，但作家在作品中自叙其创作思想、经验甚至在具体作品中施展批评的利器，是一直延续下来的，并且有许多的发展。尤其是唐宋诗人，是很自觉地将其理论与批评意见通过具体的作品发表出来。

但是，在早期诗学的发展时代，作诗者的诗学虽然初步揭示中国古代诗学抒情言志及讽喻美刺等根干，但却并非自觉的理论建树，并且也缺乏理论上的系统性。

四、早期诗学理论体系的形成及其与西方诗学的比较

早期诗学之重心，尤其是相对独立的诗歌理论与批评体系的形成，还在于教诗者与论诗者的诗学，尤其是以前者为中国早期诗学的重心。这也是中国早期诗学与西方诗学区别最大的地方。中国早期诗学理论，其实是作为一种群体的知识而存在的。西方诗学之最初理论体系，则是由思想家个人建构的，属于个人的理论创造。而周代至汉代的诗教理论，发源于王官之学，是周代礼乐教化制度的产物。最早的成体系的《尚书·舜典》中托言舜帝的诗论，其内容已众所周知，不烦赘引。现在分析其发表的外廓情形，有两点值得重视：它是舜帝整顿政治、设官分职这一国家政教体系中的一部分，直接以"官守"方式出现。其后《周礼·春官·大司乐》中对于诗乐的一系列论述，具体到春官少宗伯所司的"大司乐""乐师""大师"诸条所论，也是作为朝廷政教体系之一部分，与《尚书·舜典》中舜之命夔，可谓一脉相承。两者虽有繁简之不同，但其将诗歌作为教育与祭祀的乐舞体系的一部分，同时关注天与人，个体的情志与群体的伦理这样一种中国古代诗学的基本原则，是完全相同的。当然，在具体的诗歌理论方面，《舜典》仅有言志之说，以揭示其原则，而到了《周礼·春官·大司乐》中，则提出"教六诗：曰风、曰赋、曰比、曰兴、曰雅、曰颂"[1]。此为周代诗学理论之主核，也是从周代到汉代中国早期群体诗学之根

---

[1] 《周礼注疏》卷二十三，《十三经注疏》上册，第796页。

干。其系统地提出的时间应该是周代或者更早,而对之进行系统之阐述的,则是成于春秋至两汉时代的《毛诗大序》。整篇《诗序》,就是继承《尚书·舜典》的言志风教之说,而发挥成文的主要范畴就是"风、赋、比、兴、雅、颂"六义[1]。尽管在关于言志与六义的具体阐发上,从周代乐官到春秋思想家、汉儒的阐发,有个性的差异与个体的思想创造,但是在根干上,言志、六义作为早期诗学的基本宗旨,作为集体的知识与认识,是相当统一与稳定的。这大概是中国古代诗学的一个特征,即它是群体共同认识的成果,作为一种不变之"诗道"存在着,甚至一直贯穿到后世的文人诗学之中。此后,每当文人诗创作的个体或群体在创作上遇到问题,需要对诗歌创作的宗旨与方法进行思辨时,就会回顾上述以言志、吟咏情性、六义为基本原则的"诗道"。如唐人反复地强调情性为诗,也经常提出"风雅比兴"的问题,深受汉儒诗学的影响;尤其在中晚唐时代,"诗道""雅道""风骚"等范畴,一再被作者和论者强调。当然,在这种回顾中,"诗道"的具体内涵,尤其是感性的体认方式,是一直在发展、变化着的。从这里我们可以看出,中国古代的诗学家,并不刻意追求个人的理论的创新,而是重视对经典诗学理论的重新体认与实践上的展开。

与中国古代诗学尤其是早期诗学作为群体创造成果出现不同,古希腊将其与真理的关系作为主要思考角度而形成柏拉图与亚里士多德的诗学[2],却是作为思想家个人的创造与思辨的成果而出现的。柏拉图完整的诗学思想,是作为构设合理的城邦制度即"理想国"的一部分而阐述的。这种情形与《舜典》和《周礼》中的诗学有令人惊讶的相似处。事实上《毛诗大序》也是在王道政治的理念下展开对"诗"

---

[1] 详见钱志熙《论〈毛诗·大序〉在诗歌理论方面的经典价值及其成因》,《北京大学学报》2012年第4期。

[2] 参看蔡宗齐著,刘青海译《比较诗学的结构:中西文论研究的三种视角》第一章《西方诗学趋向——从真理的角度论文学》,北京大学出版社2012年,第3—25页。

及"诗六义"的论述的。这是中西早期诗学的又一会通点。但是，正如上述所论，从《舜典》到《周礼》《诗大序》这个体系是王官之学的产物，是民族的、群体的悠久的诗歌思想的总结、阐述，而柏拉图的"理想国"及其诗学思想则是个体思想家的创造成果，是个人爱智的成果结晶。并且在其阐述方式上，后者是通过古希腊式的对话与辩论的形式展开的。柏拉图通过讨论僭主（暴君）型人物产生的人性根源，提出了心灵的三种性质，即追求真实的爱智者、以虚伪的好胜心的满足为目标的爱胜者、以低级的物质性欲望的满足为目标的爱利者。他从这样的人性论出发讨论诗歌，认为诗人是事物的模仿者，是对真实的模仿的再模仿。因而其所激发的是心灵中的虚荣心与低级欲望，从而否定了诗歌对于建立理想国的积极作用。[1]柏拉图这一理论对后世的最大影响在于论定诗歌（艺术）的基本性质是模仿，亚里士多德在他的模仿说的基础上继续讨论这一问题。亚里士多德也认为诗歌起源于模仿的天性及由此带来的快感，但他认为模仿本身也有高尚与卑下之分。诗人不仅能够模仿真实，而且由于理念的作用，比起完全着眼于个别的、已然事件的记录的历史学家，诗人更加能够显示出事物应有的样子。"诗人的职责不在于描述已发生的事，而在于描述可能发生的事，即按照可然律或必然律可能发生的事。"[2]从理论的实质来看，亚氏的这一思想，与《毛诗大序》中所说国士之作"发乎情，止乎礼"，"发乎情，民之性也；止乎礼义，先王之泽也"的思想，[3]有一种相似性，都认为真正的艺术创作指向一类理想状态。只是《毛诗大序》的作者将这个高于现实、体现事物的可然律与必然律的艺术价值，归结为"先王之泽"，即对已经过去的理想社会的回顾。仅从艺术

---

[1] 柏拉图著，郭斌和、张竹明译《理想国》第九、十卷，商务印书馆1986年。

[2] 亚理斯多德著，罗念生译《诗学》，人民文学出版社1962年（与《诗艺》合刊），第28页。

[3] 《毛诗正义》卷一，《十三经注疏》上册，第272页。

体现理想这一点来说,两者之间是有共同点的。

仅从发表的形态来看,早期诗学中诸子诗学的一部分与西方思想家系统的诗学比较接近,都是由个体的纯粹的理论兴趣促发的。当然,诸子之学是从王官之学分化而来的,所以其阐述虽然属于个体,但其前提却是对于从遥古到周代所形成的政教核心的群体诗学的思辨,可以称之为群体诗学范畴内的个体建树,可以说是诸子个体对于群体诗学的共同原则与知识的一种阐述。从基本的渊源或论述对象来看,诸子诗学是对上述周代诗教体系以及春秋用诗之学的继承与发展。以孔子诗学为例,如孔子所说的"《诗》三百,一言以蔽之,曰思无邪"(《论语·为政》)就是对言志说的一个发挥。又从"子曰:兴于诗,立于礼,成于乐"(《论语·泰伯》),"师挚之始,《关雎》之乱,洋洋乎盈耳哉"(《论语·泰伯》),"吾自卫反鲁,然后乐正,雅颂各得其所"(《论语·子罕》)等可以看到,孔氏诗学,兼有乐学的背景,是继承周代太师之诗学的。又从"诵诗三百,授之以政,不达;使于四方,不能专对,虽多亦奚以为"(《论语·子路》),可以明显地看到春秋君臣用《诗》以论政、以《诗》为外交修辞之具的春秋诗学的影响。但是,孔门诗学相对前面的诗学传统,有一个明显的变化,即从教乐到教诗的变化。在理论上也有许多创新,如"兴观群怨"之说,显然是孔子个人在诗学方面的最大创造,是对群体诗学原则的一个重要发展。又如春秋诸子都有"诗言志"之说,自然是承自《尚书·舜典》的"诗言志"说(由此可见《舜典》文本之成立虽然较晚,但其基本的诗学思想却是在诸子之前),但孟子又提出"以意逆志"之说,作为对言志诗学的一种个人的发展。由此可见,诸子诗学,其实是在政教体系所形成的共同的诗学认识背景下的个人阐述。这个共同形成的诗学体系,却似乎是西方早期诗学所没有的,可谓诸子诗学与柏拉图、亚里士多德诗学的同中之异。与西方诗学主要是在几个重要的思想家之间创新、递嬗的情形不同,中国古代的思想家是共同的周代政教诗学的原则下的个人的发展。

由上面的比较可以看出，中西早期诗学在理论内核方面存在着一些相通的地方，但在发表的主体及文化的背景上，存在重大的差异。中国古代诗学出于王官之学，重在阐述公理，理论的体系前后相承，个体诗学家并不着重于建立个人的诗学体系，西方诗学重视个体的理论创造，重视建立新的理论体系。这两种不同的理论特点，正是根源于中西诗学发端之处。

诗学理论作为群体知识的特点，在后来文人诗学的发展时期仍然保持着。中国古代诗人总是从儒家的诗学出发来阐述、认识诗歌，就反映了这一事实。群体诗学发生的时代及其性质，相当于章学诚"言公"的时代。《文史通义·言公》："古人之言，所以为公也，未尝矜于文辞，而私据为己有也。志期于道，言以明志，文以足言，其道果明于天下，而所志无不申，不必其言之果为我有也。"[1]中国古典学术发源并确立于"言公"时代。后来的文学与学术虽以个体创造为主，但遵循经典，即为"言公"之义的继续。所以中国学术不同于西方学术，只求其异，中国学术更注重求其是。而求是的标准、遵依则为经典。此亦可解释本篇所揭示的经典诗论一直被后世文人诗学所遵用的原因。

五、"乐"作为中西印诗学的共同概念与其不同的展开途径

中西早期诗学的一个共同点，是从人性人情与娱乐艺术的关系出发来讨论艺术的主体、功能及局限。中国古代诗学是在礼乐制度的整体中发生的，诗教寄存于乐教。其思考的对象是诗乐舞一体的综合艺术。西方以古希腊的悲喜剧与抒情诗为主要思考对象。两者之间，其实有共同性。这个共同性如果用中国的范畴来概括，就是"乐"，正如

---

[1] 章学诚著，叶瑛校注《文史通义校注》，中华书局1985年，第169页。

后来西方的各种戏剧如莎士比亚的戏剧。早期中国学者曾经用"乐府"来称谓,古希腊的悲喜剧,当然也是中国古代学者所说的"乐"的一种。从这一点看,中西方早期学者所讨论的对象,其实是一致的。印度古梵文诗学也是开端于戏剧论,或者说诗论包含在戏剧论中。婆罗多的《舞论》讨论戏剧的发生及其综合艺术形态的各个方面。如果空间可以跨越,东西方的先哲们是能够寻找到共同的主题的。这个共同的主题,就是中国古代所谓的"乐"。而且,他们都讨论到乐的合理性与必要性的问题,柏拉图与亚里士多德都是由娱乐问题导入对艺术的思辨,虽然他们得出的结论迥异。柏拉图在区分心灵所具有的三种性质即爱智、爱胜、爱利后,认为包括绘画诗歌在内的模仿艺术,"在进行自己的工作时是在创造远离真实的作品,是在和我们心灵里的那个远离理性的部分交往,不以健康与真理为目的地在向它学习"[1]。亚里士多德认为模仿出于人类的天性,模仿本身不能以善恶论。"比较严肃的人摹仿高尚的行动,即高尚的人的行动,比较轻浮的人则摹仿下劣的人的行动。"[2]他尤其推崇悲剧的模仿,认为:"悲剧是对于一个严肃、完整、有一定长度的行动的摹仿;它的媒介是语言,具有各种悦耳之音,分别在剧的各部分使用;摹仿方式是借人物的动作来表达,而不是采用叙述法;借引起怜悯与恐惧来使这种情感得到陶冶。"[3]同样,中国古代乐论,主要就是围绕着乐的必要性与合理性而展开。墨子的非乐思想,与柏拉图接近;而荀子的重乐思想,则与亚里士多德有颇为相契之处。《荀子·乐论》开篇即云:"夫乐者,乐也,人情之所必不免也,故人不能无乐。乐则必发于声音,形于动静,而人之道,声音、动静、性术之变尽是矣。故人不能不乐,乐则不能无形,形而不为道,则不能无乱。先王恶其乱也,故制《雅》《颂》之声以道

---

[1] 《理想国》第十卷,第401页。
[2] 《诗学》第12页。
[3] 《诗学》第19页。

之，使其声足以乐而不流，使其文足以辨而不諰，使其曲直、繁省、廉肉、节奏足以感动人之善心，使夫邪污之气无由得接焉。是先王立乐之方也，而墨子非之，奈何！"[1]其基本原则是认为乐的发生本于人情与人性，所以乐是必要的，但乐又是需要规范、节制的，先王作乐就是本着这种原则而进行的。由此可见，中西早期诗学，都是以讨论"乐"（音乐）与"乐"（娱乐）的问题为出发点的。

但是在古希腊，由于叙事性的戏剧艺术的发达，乐的特性很早就被概括为"模仿"的问题，也由此开启了西方艺术重视再现的传统。西方的艺术理论，尤其是古代的时期，最核心的问题都是围绕模仿与再现的问题而展开的。罗念生在《诗学》后记中说：亚里士多德的《诗学》主要只讨论史诗与悲剧，"至于抒情诗，古希腊人认为属于音乐；大概因为其中没有布局，所以亚里士多德在《诗学》中没有论及抒情诗"[2]。与此不同，中国古代的"乐"论与诗论，主要是围绕歌乐舞的抒情艺术而展开的，强调了艺术活动中的情感本质与如何对其进行规范的问题。从《舜典》的"诗言志"，到《毛诗大序》的"诗者，志之所之也。在心为志，发言为诗"，都重视情感的表达，并且由情感的表现而创造一种艺术，达到乐的境界，由此而达到高度的和谐，即"大乐与天地同和，大礼与天地同节"[3]。蔡宗齐《比较诗学的结构》曾概括中西诗学之不同趋向为：西方诗学由模仿出发，引出真理的问题，是"从真理的角度论文学"，而中国诗学是从宗教功能出发，强调和谐的问题，是"从和谐过程的角度论文学"。[4]在特定的角度上，这样的概括揭示了中西诗学差异的实质。

总而言之，中西早期诗学之同，在于"乐"（音乐）及"乐"（快

---

[1] 王先谦撰，沈啸寰、王星贤点校《荀子集解》卷十四，中华书局1988年，第379页。
[2] 《诗学》，第110—111页。
[3] 《礼记正义》卷十九，《十三经注疏》下册，第1530页。
[4] 参见《比较诗学的结构：中西文论研究的三种视角》第一、二章。

乐)的问题,它们都是以此为思考对象来展开的。其不同之处,则是中国诗学的"乐"(音乐)及"乐"(快乐)的问题在于抒情问题,而西方诗学则在模仿问题。两者差不多可以称为中西诗学发展历史中各自的基因。

六、中西早期诗学在学术形态上的同异

西方诗学的原始发展情况,我们现在不能考见。现在可见各种西方诗学史或比较诗学史,如让·贝西埃等主编的《诗学史》[1],大都以古希腊的柏拉图、亚里士多德和古罗马时期的贺拉斯等人的诗学著作为起点。上面对其与中国早期诗学做了一些比较。两者的一个共同点,在于从主体的构成来看,都属于论诗派的诗学,即以特定的诗歌艺术为对象,对诗歌(文学)进行客观性的研究与论述。中西早期诗学在形态上,相对中国古代文人诗学来说,甚至可以说都具有一种现代性,它们与现在的独立于文学创作之外的、专业化的文学理论和文学批评有一种相似性。这也许正是今天的中西学者都最爱将诗学史作为重要的研究对象,并且不厌其烦地进行阐述与比较的原因所在。它们在形态上,比中国古代的文人诗学更接近现代的诗学。

但是,在指出这种相同点后,我们仍然要重视中国早期诗学与西方诗学的重大差异。一是上面论述过的,中国早期诗学基本上作为群体的共同认识而存在,其间各个诗学形态的作者之间,并不以相互否定、转变为前提,如柏拉图、亚里士多德、贺拉斯他们之间存在一种主题上的相互继承与否定的关系。中国古代诗学家,即使是最具个人理论创造性质的诸子的诗学,其在诗学上所遵循的也是群体诗学的共同的原则,在关于乐、诗的本体及功能的认识上,并没有根本的差

---

[1] 让·贝西埃等主编,史忠义译《诗学史》,百花文艺出版 2002 年。

异。二是由上述形态不同所派生的其他的中西诗学的不同特征，如中国古代的诗学是经验型、直观型的，或者也可以说是独断型。西方的诗学则是知识型、思辨型的，或者也可以说是论辩型的。在经院哲学的时代，西方诗学一度依附于逻辑学，并与语言学、修辞学关系密切。[1] 中国早期诗学则基本上依附于经典与经学的传统。中国古代诗学是从上古到周汉时代民族诗歌经验与思想的集体积累，并非个人独创型的知识生产。而西方诗学，从一开始就是作为思想家的理论创造而产生的。正因为这个起点上的不同，西方一直流行的专家诗学，如《诗学史》一书在论述中世纪诗学的特点时说，诗学艺术在中世纪是以教程的形式展开的，"某些教程只不过是附有形式目录或韵脚技巧目录的格律教材；其他则是由法国、英国和德国作家（热尔韦·德·梅尔克莱、埃夫拉尔·阿勒芒）写成的，是当时强烈的文学艺术知识化和理性化的产物"[2]。教程类的诗学著作，在中国古代则是齐梁至唐代出现的讨论声律与格调的著作，这方面的情况我们也是熟悉的。我们关注的是后一点，即"强烈的文学艺术知识化和理性化的产物"这一类诗学。它其实体现了西方诗学不同于中国古代诗学的特征，即知识化与理论自觉化。与之相对，中国古代诗学，即使在不那么主观化的早期的教诗者、论诗者、释诗者那里，也是呈现出经验性与直观性。虽然这一时期的诗学，主体不是由作诗者建构的，但是他们依据的是民族共同的诗歌经验，这种诗歌经验是超越个体的。因此，中国早期的诗学，尽管不是创作者诗学，但却仍然是经验型的，并且是以一种无可置疑的诗道论的方式出现的。而事实上，在整个中国诗学的发展过程中，言志、六义等原则，也一直未被质疑与思辨过。它们以一种先在原则的权威性，迎来一代代人的无穷阐释，并且不断地被后来诗歌经验所印证与充实。

---

[1] 参见《诗学史》第62—65页《文学艺术在七种自由艺术中的地位》一节的相关论述。
[2] 《诗学史》，第59—60页。

第二章
早期诗学的发展进程：
从王官诗学、行人诗学到诸子诗学

在中国古代诗学的发展史上，先秦无疑是十分重要的发展时期，它的前端的发展情形虽然模糊不清，但从西周到春秋战国时期，诗学的发展的轮廓却是清晰可见的。这个基本的轮廓就是周代盛时的王官诗学、春秋时期的行人诗学，以及春秋战国思想家们的诸子诗学。[1] 这三种形态，或称三个时期的诗学，前后嬗连、发生与演变之迹十分明显。历来治中国古代诗学史及一般的批评史者，虽然也注意到先秦诗学的发展情形、重要范畴及诸子诗学的重要观点，但多是分散之论，孤立地看问题，比如言志说这样的重要问题，多只是用诠释学的方法来简单地解释它的内涵，做简单的价值方面的评价，而没有将其放在先秦诗学的整体背景中考察其在历史上的存在情况，以及在当时语境中的完整的内涵。事实上，"诗言志"代表了先秦时代人们对诗歌的基本认识，可以说是先秦诗学的一个基本原则，贯穿在作诗、赋诗、用诗、解诗的一切诗歌活动中，而非如后世诗学家所理解的一种单纯的创作观念。并且，从王官诗学到行人诗学，再到诸子诗学，言志是最重要的传承要义与观念维

---

[1] 参见黄节著，韩嘉祥整理《黄节诗学诗律讲义》，天津古籍出版社 2007 年。

系。[1] 所以，在批评史的研究中，仅仅凭内涵诠释和价值评判来把握诸如此类的命题是远远不够的。亟须建立一种立足于诗学之上的历史学的、发生发展学的方法。本研究提出王官诗学、行人诗学、诸子诗学这三个概念，就是为了重新构建先秦诗学的相对完整的发展历史，同时通过对这种历史脉络的把握，呈现其盛衰之迹，重新认识其作为中国古代诗学的开创期的重要性，以补充以往批评史叙述中的认识不足。

一、王官诗学

先秦时代的诗学，一般的研究都是笼统地叙述，比较缺乏分期的意识。近人黄节曾经尝试对先秦诗学做溯源与分期的工作：

> 《汉书·艺文志》于《六艺略》叙《诗》六家，又别为《诗赋略》。此歌诗与三百篇分流之证也。班孟坚曰"哀乐之心感而歌咏之声发"，古者民俗歌谣，皆谓之诗。十五国风所采是也。《击壤》《卿云》，亦皆可歌，不尽比于琴瑟，是故古无所谓诗学也。诗之兴其始于"颂"乎？欧阳庐陵曰："古者登歌《清庙》，大师掌之。"是故四始之体，惟"颂"专为郊庙颂述功德而作。其他率因触物比类，宣其性情，恍惚游衍，往往无定。未若"颂"之立为专体也。诗之有学，此其初期也。《传》曰："登高能赋，可为大夫。"班孟坚曰："言感物造耑，材知深美，可与图事也。降及春秋，诸侯卿大夫，交接

---

[1] 关于《汉书·艺文志》诸子之学出于王官之学，以及王官之学是否存在等问题，学者多有争议。近人如胡适之曾否定此事实，但并未为学者所接受。学者论先秦学术，仍然承认此种历史观点。沈文倬《略论宗周王官之学》，是迄今为止阐述王官之学最为详尽的一篇论文（载沈文倬《菿闇文存》，商务印书馆 2006 年）。事实上，就诗学而言，自古以来学者对于周官掌诗一事俱未质疑。

邻国,当揖让之时,必论诗以称其志。"故孔子曰"不学诗,无以言"也。诗之有学,此其中期也。班孟坚曰:"春秋之后,周道浸微,聘问歌咏,不行于列国。学诗之士,逸在布衣,而贤人失志之赋作矣。大儒孙卿及楚臣屈原,离逸忧国,皆作赋以风,咸有恻隐古诗之义。"是故诗学之兴也,其后期则成于赋乎?姑舍义而言其学,则其流虽分,而其源则合。学诗者可以深观矣。[1]

黄节以"颂"体的兴起为诗学的起源。这是因为他认为风诗属于歌谣,是一种比较自然的抒情行为,还不属于完全自觉的艺术行为。而颂则为比较自觉的修辞艺术,体现了更多的学理因素。这与黄节《诗学》的整体指向是相关的,诗学即诗之为学,是指作为一种学问形式的诗歌理论与知识、技能等等,与一般的诗歌史不同。这样一种诗学的概念,侧重以文人为创作主体的一种自觉的诗歌艺术,即文人诗学。也可以说,黄节这里所叙先秦三期诗学,正是文人诗学的开端。黄节将颂体的创作看成是诗学的开端,只能代表他个人的一种判断方式。事实上,歌谣、风诗与颂在修辞艺术上自觉性的差别,只是一种程度的不同,并非根本性质的不同。歌谣与风诗也有它的体制与修辞方面的自觉反思,比如风诗里面就有诸多对美、刺、颂的表述,也有对诗歌艺术的反思,这是批评史研究者反复指出过的,毋庸赘述。可见以颂体为自觉的诗学行为之开始,只能算是判断"诗学"的一种标准。但是黄节第一次对先秦诗学进行分期,以及他的分期方式,仍然堪称卓见。

中国古代诗学究竟何时发生,这与寻找中国古代诗歌史的起点一样,是无法完全究明的问题。《吕氏春秋》中的《古乐》篇曾讨论上古三代的诗乐,《音初》篇也曾探讨四方歌曲的起源,显示古人建构艺

---

[1] 《黄节诗学诗律讲义》,第5—6页。

术史（乐史）的自觉意识。根据《尚书·舜典》记载，那个被称为中国古代诗论开山大纲的"诗言志"说，如果我们相信作者的话，那就是舜对其乐官夔的一番训诲，也可以说是舜的诗歌思想。郑玄《诗谱序》云："《虞书》曰：'诗言志，歌永言，声依永，律和声。'然则诗之道，放于此乎？"[1] 即是认为《尚书·舜典》中的这十二个字，是成形的诗歌思想的开端，也就是诗学史的开端。古代学者对此抱有深信者不在少数，《宋史·乐志》即称："虞庭言乐，以诗为本。"[2] 当然，现代学者一般认为是周代乐官的思想，至于其记载，或者在更后的时代。[3] 但这至少是周代传述的关于舜帝的多种政教施设的一种，似乎也未可完全抹去其渊源于上古的影迹，而且像"诗言志，歌永言，声依永，律和声"这样具有体系的诗歌思想，不会是最原始的诗歌思想，而是一种相对来说比较成熟形态的诗学思想，这里阐述了诗歌艺术的几种因素及其相互关系，尤其是陈述了早期诗乐舞一体的艺术表现状态。事实上，被后人称为诗乐舞一体的中国古代艺术体系，其发源也可以追溯到原始部落的祭祀乐舞。从原始部落的祭祀乐舞发展到周代合政教祭祀为一体的国家的乐政、乐教体系，其间的经历是十分漫长的。其间自然也会有对这一诗乐舞体系的传述与评论。而《舜典》诗学思想的阐述，其要点在于对诗教的伦理功能的强调。正是这一种诗教观念的自觉，促进了对漫长的时代中自然存在着的诗乐舞一体的艺术反思，腾升为一种观念式的存在。而在其中，"诗"这一因素第一次获得特殊的重视，所以不能不说是中国诗学的一个开端。如果追溯中国古代的诗学思想的发生，与诗歌本身的发生一样，从逻辑上说应该是很久远的事实。

古人称之为"虞庭言乐"的《尚书·舜典》中的诗论，至少给了

---

[1] 《毛诗正义》卷首，《十三经注疏》上册，第262页。
[2] 脱脱等《宋史》卷一百四十二，中华书局1977年，第3339页。
[3] 参看《尚书校释译论》第1册，第358—368页。

我们这样一个重要的启示，就是古代相对成熟形态的诗学思想，发端于国家的礼乐制度的建立，始于上古时代的乐官典乐制度的建立。这当然不是原始的诗歌产生与传播的状态，但却是对诗歌进行理性省思的开端，亦即我们所说的诗歌理论的开端。沈文倬先生在论述王官之学的学术思想时说："我认为一切幽微之思无一不是从具体事务中升华出来的。"[1] 中国古代的诗学思想开端，正是对王官掌乐中诗歌活动的事实的体认与升华。《史记·周本纪》："居二年，闻纣昏乱暴虐滋甚，杀王子比干，囚箕子。太师疵、少师强抱其乐器而奔周。"[2] 据此，则《周礼》所载的太师、少师等乐官制度，商代已经具备。当然，我们现在能够确定的，中国古代完整的乐官制度在周代，而后世诗学的直接渊源，也是以诗教观念为核心的周代诗学，因此我们以周代为王官诗学的系统化时期。班固《汉书·礼乐志》：

> 周道始缺，怨刺之诗起。王泽既竭，而诗不能作。王官失业，《雅》《颂》相错，孔子论而定之，故曰："吾自卫反鲁，然后乐正，《雅》《颂》各得其所。"[3]

从"王官失业，《雅》《颂》相错"可见，周室盛时职掌诗乐、诗教者为王官。那么，周代诗学之重镇，当然在于王官诗学。古代学者普遍认可周代存在着王官掌诗的制度，唐代诗人尤其如此。如白居易等写作新乐府，也是援用周代采诗制度，期待朝廷采诗入乐。其他如杨巨源"周官正采诗"（《春日奉献圣寿无疆词》其六），陆龟蒙"谩欲陈

---

[1] 沈文倬《略论宗周的王官之学》，载沈文倬《菿暗文存》，商务印书馆 2006 年，第 436 页。

[2] 司马迁撰，裴骃集解，司马贞索隐，张守节正义《史记》卷四，中华书局 1982 年，第 121 页。

[3] 班固撰，颜师古注《汉书》卷二十二，中华书局 1962 年，第 1042 页。

风俗，周官未采诗"（《袭美见题郊居十首因次韵酬之以伸荣谢》其四），说明唐代诗人普遍相信存在周官采诗之事。

我们现在所见关于"王官"职执诗乐、诗教的最早事实，是《尚书·舜典》所记载的舜命夔典乐：

> 帝曰："咨！四岳，有能典朕三礼？"佥曰："伯夷！"帝曰："俞，咨！伯，汝作秩宗。夙夜惟寅，直哉惟清。"伯拜稽首，让于夔、龙。帝曰："俞，往，钦哉！"
>
> 帝曰："夔！命汝典乐，教胄子，直而温，宽而栗，刚而无虐，简而无傲。诗言志，歌永言，声依永，律和声。八音克谐，无相夺伦，神人以和。"
>
> 夔曰："於！予击石拊石，百兽率舞。"[1]

《尚书·舜典》记载了舜在即位之初对"十二牧"的官守的任命。叶适认为，舜命"十二牧"与后来周官制度的关系是：

> 舜命司徒止数语，而《周官》谆悉至此，然亦无在数语之外者。尧舜三代教治皆出于一，但记叙广略不同耳。[2]

舜命四岳典"三礼"，又命夔典乐，这是周代礼乐之治的制度的由来。这种理想的乐政，也许是周代士大夫的理想化的叙述，但是从原始部落开始，承担着祭祀、兵戎、娱乐等多种功能的歌乐舞一体的综合艺术系统就已经存在。到了国家建立之后，这个综合艺术系统，作为国家政治的一部分被继续发展。所以，《舜典》所叙的夔典乐，仍

---

[1] 《尚书正义》，《十三经注疏》上册，第131页。
[2] 叶适《习学记言序目》卷七，中华书局1977年，第84页。

然可视周代王官掌乐的来源,也就是王官诗学的渊源。

关于周代王官职掌诗乐的记载,比较详细地记载在《周礼》一书中。《周礼》又称《周官》书,一般认为是周代官制的系统记载,但也有人认为它并非实际存在的官制的记载,而是一种理想化的王官制度设置。但王官掌乐这个基本事实,应该是存在的。《周礼·春官·宗伯》记载春官大宗伯执掌礼乐的制度,其前叙云:"惟王建国,辨方正位,体国经野,设官分职,以为民极。乃立春官宗伯,使帅其属而掌邦礼,以佐王和邦国。"[1]具体掌乐人员如下:

> 大司乐,中大夫二人;乐师,下大夫四人,上士八人,下士十有六人,府四人,史八人,胥八人,徒八十人。
>
> 大胥,中士四人;小胥,下士八人,府二人,史四人,徒四十人。
>
> 大师,下大夫二人。小师,上士四人。瞽矇,上瞽四十人,中瞽百人,下瞽百有六十人。视瞭三百人,府四人,史八人,胥十有二人,徒百有二十人。
>
> 典同,中士二人,府一人,史一人,胥二人,徒二十人。
>
> 磬师,中士四人,下士八人,府四人,史二人,胥四人,徒四十人。
>
> 钟师,中士四人,下士八人,府二人,史二人,胥六人,徒六十人。
>
> 笙师,中士二人,下士四人,府二人,史二人,胥一人,徒十人。
>
> 镈师,中士二人,下士四人,府二人,史二人,胥二人,徒二十人。
>
> 韎师,下士二人,府一人,史一人,舞者十有六人,徒四十人。
>
> 旄人,下士四人,舞者众寡无数,府二人,史二人,胥二人,

---

[1] 《周礼注疏》卷十七,《十三经注疏》上册,第752页。

徒二十人。

钟师，中士四人，府二人，史二人，胥二人，徒二十人。

磬师，中士二人，下士四人，府一人，史一人，胥二人，徒二十人。

鞮鞻氏，下士四人，府一人，史一人，胥二人，徒二十人。[1]

以上乐工人员，各有职掌。论其身份，主要由士大夫和胥徒这两个阶层的人员构成。胥徒属于一般的乐工，而士大夫属于知识阶层。其中大司乐为中大夫二人，大师为下大夫二人。他们是乐官里面地位最高的，不是一般的演乐人员，而是具有很高的文化水平。尤其是大司乐，不但负责整个乐政，同时"掌成均之法"，"治建国之学政"：

> 大司乐掌成均之法，以治建国之学政，而合国之子弟焉。凡有道者，有德者，使教焉。死则以为乐祖，祭于瞽宗。以乐德教国子，中、和、祗、庸、孝、友；以乐语教国子，兴、道、讽、诵、言、语；以乐舞教国子，舞《云门》《大卷》《大咸》《大磬》《大夏》《大濩》《大武》。以六律、六同、五声、八音、六舞大合乐，以致鬼、神、示，以和邦国，以谐万民，以安宾客，以说远人，以作动物。[2]

《周礼》将音乐教育的内容分为乐德、乐语、乐舞三部分。其中乐德以"中、和、祗、庸、孝、友"为内容，属于伦理的目标，它与《舜典》中所说的"教胄子，直而温，宽而栗，刚而无虐，简而无傲"这一部分相当。而"以乐语教国子，兴、道、讽、诵、言、语"，则是关于歌诗的部分，与"诗言志，歌永言，声依永，律和声"的内容相类，可以说

---

[1] 《周礼注疏》卷十七，《十三经注疏》上册，第754页。
[2] 《周礼注疏》卷二十二，《十三经注疏》上册，第787—788页。

是对言志方法的展开论述。可见所谓"乐语",其实就是综合艺术中的歌诗、诵诗等内容。所谓"乐语",即歌诗与相关文辞,或者说"乐语"就是诗歌的另一种说法。"兴、道、讽、诵、言、语",沈文倬有这样的解释:"以乐语教国子兴(托语于微而达意于著)、道(直言无隐,陈古以比今)、讽(朗读善言,比类以正众所未喻)、诵(有音节地背诵名篇)、言(应对无文)、语(倾吐积愫)。"[1] 上述部分,讲的就是早期的诗歌教学的内容。这个真相,在大师所掌的部分展示得更清楚:

> 大师掌六律、六同以合阴阳之声。阳声:黄钟、大蔟、姑洗、蕤宾、夷则、无射。阴声:大吕、应钟、南吕、函钟、小吕、夹钟。皆文之以五声:宫、商、角、徵、羽。皆播之以八音:金、石、土、革、丝、木、匏、竹。教六诗:曰风、曰赋、曰比、曰兴、曰雅、曰颂。以六德为之本,以六律为之音。[2]

所谓"六诗",并非六种诗歌,而诗的六种要素,即后来所说的"诗六义"。乐语中的"兴、道、讽、诵、言、语"与六诗"风、赋、比、兴、雅、颂"两者之间,应该有着对应、类似的关系。乐语中的"兴""讽""诵"与六诗中的"兴""风""颂"也极为相似。从这里我们可以发现,早期王官诗学在探讨分析诗歌艺术的要素时,曾经有过不同的说法,其中重要范畴的发生与最后确定是有一定过程的。而"六诗"(后来的"六义")的产生,绝非孤立的,而是在六律、六德相配合的过程中确定的。"六德"为本,是对言志的伦理功能的规范,是对"诗言志"的进一步解释,"六律"为音是对"律和声"的具体化。教乐语、教六诗其实是性质相同的教学内容,主要是分析诗歌

---

[1] 沈文倬《略论宗周王官之学》,《菿闇文存》,第466页。

[2] 《周礼注疏》卷二十三,《十三经注疏》上册,第795—796页。

的艺术要素，甚至是创作诗歌的方法。其中包括了丰富的作诗、赋诗（引诗言志）的内容，当然也包括歌唱、吟诵的各种艺术。我们不能不说这些构成了王官诗学的体系。而留传到后世的最重要的诗学范畴，就是言志与六诗。后来《毛诗大序》改称"六义"，其实是内容的缩小。"六诗"为诗教的六大部分，"六义"则只是儒者对诗歌的六种解读方法。另外，到了《毛诗大序》的撰写时代，"六义"已是一个独立的诗学系统，不再与"六德""六律"相依存，此点尤其值得注意。这种变化在诗学发展的历史中具有阶段性标志的意义。

成均之法由大司乐掌握，可见上古教育隶属于音乐。这与《舜典》中舜命夔典乐教胄子可谓一脉相承。为什么国家教育始于音乐呢？我想最主要的可能还是上古歌乐舞一体的综合艺术，包含了多种艺术形式，而乐语中的"兴、道、讽、诵、言、语"中，六诗中的"风、赋、比、兴、雅、颂"包含了修辞表达的能力。我们知道，韵文是最早成熟的文体，早于散文（这是近世以来东西方文学史家都论证过的一种文学史的事实）。所以最早成熟的一种教育形式，主要是凭借诗歌即乐语来进行的。这就是大司乐"掌成均之法"的由来。可以说，古代教育是从乐教、诗教发端的。这样一个事实，有助于我们了解为何中国古代以礼乐为治，而诗歌在后来的儒家教育中一直占有很重要的位置。但是我们也看到，从最早舜帝任命的"十二牧"之一的夔典乐，到只是中大夫职位的大司乐"掌成均之法"，乐政与乐教在整个王官体系中的位置其实在下降。可以说，音乐、舞蹈、歌诗，在上古的政治中具有远比后来为高的地位。[1]

---

[1] 关于大师教六诗的问题，近来有学者认为《毛诗小序》即是采诗的史官或乐官所作，即国史所作（按此说宋人程颐、严粲等已发）。如王小盾、马银琴认为："其中一部分序例以说解诗歌的仪式功能为内容，它们直接关联于周代的礼乐仪典；另一部序用'美□□''刺□□'格式，它们直接关联于当时的采诗、献诗制度。"（王小盾、马银琴《从〈诗论〉与〈诗序〉的关系看〈诗论〉的性质与功能》，《文艺研究》2002年第2期）说虽新颖，然并无确据。

《诗经》一部，为《周官》中的"大师"所掌，孔颖达《毛诗正义》论"毛诗国风"一题曰："《诗·国风》，旧题也。毛字汉世加之。"又其详论十五国风之排次，并云："《郑谱》：'王'在'豳'后者，退就'雅''颂'，并言王世故耳。诸国之次，当是大师所弟，孔子删定。或亦改张。《左传》襄公二十九年，鲁为季札遍歌周乐，齐之下即歌豳歌，秦然后歌魏。杜预云：于《诗》，《豳》第十五，《秦》第十一，后仲尼删定故不同。杜以为今所第，皆孔子之制，孔子之前，则如《左传》之次，郑意或亦然也。"[1]郑玄著《诗谱序》，据《毛诗》以正变论诗，指出"正诗"与变风、变雅之分。其以商周为诗之"正经"：

> 迄及商王，不风不雅。何者？论功颂德，所以将顺其美；刺过讥失，所以匡救其恶。各于其党，则为法者彰显，为戒者著明。周自后稷，播种百谷，黎民阻饥，兹时乃粒，自传于此名也。陶唐之末，中叶公刘亦世修其业，以明民共财。至于大王、王季，克堪顾天，文武之德，光熙前绪，以集大命于厥身，遂为天下父母，使民有政有居。其时诗，风有《周南》《召南》，雅有《鹿鸣》《文王》之属。及成王、周公致大平，制礼作乐，而有颂声兴焉，盛之至也。本之由此风雅而来，故皆录之，谓之诗之正经。

孔颖达《毛诗正义》解郑氏之意云：

> 此解周诗，并录风雅之意，以《周南》《召南》之风，是王化之基本。《鹿鸣》《文王》之雅，初兴之政教。今有颂之成功，由彼风雅而就，据成功之颂，本而原之。其颂乃由此风雅而来。故皆录之，谓之诗之正经，以道衰乃作者名之为变，此诗谓之为正。此等

---

[1] 《毛诗正义》卷一，第269页。以下用《毛诗》序传及正文，皆据此本。

正诗，昔武王采得之，后乃成王即政之初，于时国史自定其篇，属之大师，以为常乐，非孔子有去取也。[1]

按此言《诗经》中颂及正风、正雅，非孔子所定，而是周之"国史自定其篇，属之大师"。至于孔子所编，据郑氏之言，乃懿、厉之后的"变风、变雅"（详本书后面论变风、变雅）。

是则大师掌乐，其所掌者正是《诗经》。孔氏《毛诗正义》又据《周官》《左传》等书详论大师掌《诗》的情况：

《仪礼·乡饮酒》工歌《鹿鸣》《四牡》《皇皇者华》，笙入奏《南陔》《白华》《华黍》，间歌《鱼丽》，笙《由庚》，歌《南有嘉鱼》，笙《崇丘》，歌《南山有台》，笙《由仪》，合乐《周南·关雎》《葛覃》《卷耳》，《召南·鹊巢》《采蘩》《采蘋》，燕礼用乐，与《乡饮酒》文同。唯《采蘋》越《草虫》之篇，其余在于今诗，悉皆次比。又《左传》及《国语》称鲁叔孙穆子聘于晋，晋人为之歌《文王》《大明》《绵》，又歌《鹿鸣》《四牡》《皇皇者华》，亦各取三篇……又为之歌小雅、大雅，又为之歌颂。《论语》曰：吾自卫反鲁，然后乐正，雅颂各得其所。时礼乐自诸侯出，颇有谬乱不正者，孔子正之耳。是司农之意，亦与郑同。以为风雅先定，非孔子为之。襄二十九年《左传》服虔注云：哀公十一年孔子自卫反鲁，然后乐正，雅颂各得其所，距此六十二岁。当时雅颂未定，而云为之歌小雅、大雅、颂者，传家据已定录之，此说非也。六诗之目，见于《周礼》，岂由孔子始定其名乎。《仪礼》歌《召南》三篇，越《草虫》而取《采蘋》。盖《采蘋》旧在《草虫》之前，孔子

---

[1] 《毛诗正义》卷首，第263页。

以后，简札始倒，或者《草虫》有忧心之言，故不用为常乐耳。[1]

凡此，皆是论周大师掌乐之情形，而《诗经》为周代诗教之基本内容，由此可见。故《周官》论乐，主体为风雅颂之乐。

王官诗学以"兴、道、讽、诵、言、语"传授乐语，又以"风、赋、比、兴、雅、颂"六诗教《诗》，其间的相应关系如何，我们不得而知。它的主要功能是进行诗教，但同时也在传授诗歌创作的方法。皮锡瑞云："就《诗》而论，有作《诗》之意，有赋《诗》之意。郑君云：'赋者或造篇，或述古。'"[2]《诗经》作品，现代学者普遍强调其采自歌谣的性质，但也不能不承认其中的三颂与大雅中的作品为上层之作，只是很少将它们与《周礼》中所说的大司乐教乐语、大师教六诗联系起来。如果考虑到《舜典》所说的夔教胄子的诗教，并不完全是后人的假托，则贵族学诗的历史，其实远早于周代。则《诗经》中的雅颂之类作品，应该是王官诗教的成果。而在周代的贵族与士大夫阶层中，作诗也应该是他们必要具备的一种能力，虽然无法想象有后世文人诗创作的那种风气。《小雅·巷伯》记载"寺人孟子，作为此诗。凡百君子，敬而听之"，《小雅·节南山》也有"家父作诵，以究王讻"，《大雅·崧高》："吉甫作诵，其诗孔硕，其风肆好，以赠申伯。"这种创作所秉承的正是"诗言志"与美刺的原则，而"家父作诵"之"诵"，正是大司乐所教的乐语中的"诵"，"吉甫作诵"的"诵"，当然也是六诗中的"颂"。这是诗人的自叙，其作者的身份可以说是确凿无疑。寺人孟子、家父、吉甫的诗艺，他们所作的大雅与小雅，并非民间歌谣之体，而是上层流行的雅颂之体，正是王官诗教的成果。另外，据《毛诗小序》之说，大雅中的许多作品，都是周代王公卿士所作，如召康公作《公刘》

---

[1] 《毛诗正义》卷首，第263页。
[2] 皮锡瑞《经学通论》"二、诗经"，中华书局1954年，第1页。

《泂酌》《卷阿》等诗以戒成王，召穆公作《民劳》《荡》以刺厉王，武卫公作《抑》刺厉王亦以自警，凡伯作《板》《瞻卬》刺厉王，凡伯作《召旻》刺幽王，芮伯作《桑柔》刺厉王，这是属于刺的作品。至于美的作品，则有尹吉甫作《烝民》《韩奕》《江汉》等诗以美宣王，召穆公作《常武》以美宣王也。又《吕氏春秋·古乐》记载："周文王处岐，诸侯去殷三淫而翼文王。散宜生曰：'殷可伐也。'文王弗许。周公旦乃作诗曰：'文王在上，於昭于天。周虽旧邦，其命维新。'"[1]据此，则《文王》一篇，古人传说为周公之作。周公能作诗，可见贵族习诗，其来久矣！

　　风诗中的作品，我们现在一般认为主要采自歌谣，这在先秦有"采诗"之说可证，宋代朱熹的《诗集传》也强调风诗作为里巷歌谣的性质。但如果依照《毛传》，十五国风中的许多作品，其中也有不少属于上层人物之作。但据《毛诗小序》所记，也有不少是王公卿士所作，如《豳风》的《七月》，序称："陈王业也。周公遭变故，陈后稷先公风化之所由，致王业之艰难也。"[2]《鸱鸮》序称："周公救乱也。成王未知周公之志，公乃为诗以遗王。名之曰《鸱鸮》焉。"[3]《东山》则为大夫所作以慰东征将士。后来曹丕作《燕歌行》以抒思妇之怀，其实仍然秉承《东山》的遗意。另外，诗中有明确记载的，还有许穆夫人赋《载驰》，也是上层人物之作。另外，在《春秋左传》等文献中，我们也看到王公卿士大夫作诗的若干记载。由此可见，王官的诗教，不仅培养歌诗、诵诗、舞诗等能力，同时也培养诗歌创作的能力。古人俗语云："熟读唐诗三百首，不会作诗也会吟。"据此，我们难道真的相信，周代诗教只有教诗、用诗的功能，而不会产生诗歌创作的事实吗？

　　如果我们承认王官诗学实际存在，则我们对《诗经》与周代诗歌创作的真相就有重新认识的必要。而对儒家一系所说的王泽竭而诗亡

---

[1]　许维遹《吕氏春秋集释》卷五，中华书局2009年，第127页。
[2]　《毛诗正义》卷八，第388页。
[3]　《毛诗正义》卷八，第394页。

（孟子）的说法，当然也会有新认识。这种说法即认为王泽竭、王官失职正是诗歌创作衰落的原因。

王官诗学奠定了中国古代诗学的最重要的基因，那就是注重伦理，以教化为主要的目的。而诗属于乐，诗教属于乐教，也一直构成了中国古代最基本的诗学思想。后世的诗学不断地演绎王官诗学的原则，《毛诗大序》就是其中最重要一个文本。

二、行人诗学

王官诗学是先秦诗学的基础，后两个阶段的诗学即春秋行人诗学和诸子诗学，都是在王官诗学的泽润下产生的，而后来《诗经》学的三大家，其渊源亦应追溯到王官诗学。这一点，清人陈奂之说最得要领。其《诗毛氏传疏·叙》曰：

> 昔者周公制礼作乐，诗为乐章，用诸宗庙朝廷，达诸乡党邦国，当时贤士大夫皆能通于诗教。孔子以《诗》授群弟子，曰："小子何莫学夫《诗》。"又曰："不学《诗》，无以言。"诚以诗教之入人者深，而声音之道与政通也。卜子子夏亲受业于孔子之门，遂檃括诗人本志，为三百十一篇作序。数传至六国时，鲁人毛公依序作传，其序意有不尽者，传乃补缀之，而于诂训特详，授赵人小毛公。诗当秦燔锢禁之际，犹有齐、鲁、韩三家诗，萌芽间出。三家多采杂说，与《仪礼》《论语》《孟子》、《春秋》内外传论《诗》，往往或不合。三家虽自出于七十子之徒，然而孔子既没，微言已绝，大道多歧，异端共作，又或僭以讽动时君，以正诗为刺诗，违诗人之本志。故齐、鲁、韩可废，毛不可废。[1]

---

[1] 陈奂《诗毛氏传疏》，中国书店1984年（据漱芳斋1851年版影印），叙录第1—2页。

陈氏之论，虽然独宗毛传，贬低三家，但叙述先秦至后世的诗学源流，莫此为详。从以大司乐、大师为主体的王官诗学到以孔子为代表的诸子诗学，再到齐鲁韩毛四家《诗》的经学诗学，其间有一个早期诗学发展的重要环节，即春秋贤士大夫的诗学，即所谓"贤士大夫皆能通于诗教"。上文已经论述过，贤士大夫不仅是诗教的传承者，而且其中也有作诗的事实。但到了春秋时期，诗道有所消歇，作诗之事不常经见，但也并非绝迹。其最著名者，为《春秋左氏传》闵公二年所载的许穆夫人赋《载驰》之事。又如《春秋左传》隐公元年载郑庄公与武姜母子所赋："公入而赋：'大隧之中，其乐也融融。'姜出而赋：'大隧之外，其乐也泄泄。'遂为母子如初。"[1]《左传》僖公五年，晋士蒍有感于晋国政治之乱，及晋侯与二公子之间的矛盾，"退而赋"[2]（《史记·晋世家》"赋"作"歌"，"狐裘蒙茸，一国三公，吾谁适从！"[3]）《左传》宣公二年载宋城者讴："睅其目，皤其腹，弃甲而复。于思于思，弃甲复来。"[4]《左传》成公十七年声伯作歌："初，声伯梦涉洹，或与己琼瑰食之，泣而为琼瑰，盈其怀。从而歌之：曰：'济洹之水，赠我以琼瑰。归乎归乎，琼瑰盈吾怀乎！'"[5]以及《国语·晋语》优施所作的《暇豫歌》："暇豫之吾吾，不如鸟乌。人皆集于苑，己独集于枯。"[6]乃至《战国策·齐策》所载冯谖客孟尝君门下，三次弹铗作歌："长铗！归来乎！食无鱼！""长铗！归来乎！出无车！""长铗！归来乎！无以为家！"[7]这些春秋战国时代的贤士大夫所赋，体制与风诗都十分接近。这未尝不是王官诗学盛行时代贤士大

---

[1] 洪亮吉撰，李解民点校《春秋左传诂》卷五，中华书局1987年，第187—188页。
[2] 《春秋左传诂》卷七，第277页。
[3] 《史记》卷三十九，第1646页。
[4] 《春秋左传诂》卷十，第396页。
[5] 《春秋左传诂》卷十一，第485页。
[6] 徐元诰撰，王树民、沈长云点校《国语集解》，中华书局2002年，第276页。
[7] 诸祖耿编撰《战国策集注汇考》（增补本），凤凰出版社2008年，第591页。

夫浸润诗教的成果。[1]这些诗歌，未必都合六义之旨，但其体制多出于风诗，是可以肯定的。《庄子·外物》还记载了一个儒以《诗》《礼》发冢的故事：

> 儒以《诗》《礼》发冢，大儒胪传曰："东方作矣，事之何若？"小儒曰："未解裙襦，口中有珠。《诗》固有之曰：'青青之麦，生于陵陂。生不布施，死何含珠为？'接其鬓，压其顪，儒以金椎控其颐，徐别其颊，无伤口中珠！"[2]

这个故事虽然是虚构的，并且完全是一种调侃，但其中也透露出这样的事实，即熟于《诗经》的儒士，能够运用比兴之法来作诗。

当然，春秋士大夫诗学并没有形成一种诗歌创作的风气。他们主要还是将《诗经》作为一种经典，根据"《诗》《书》，义之府"的原则，将其作为外交及论政的依据，所以春秋诗学又可以称为行人诗学。

《春秋左传》所载诸多行人赋诗事实，虽然备受学者关注，爬梳考证者不少，但对于其在早期诗学发展中的意义，则鲜有中肯之论。我想至少有这样几个方面可以确定其在诗学中的地位。一是春秋行人赋《诗》、君臣引《诗》，其实是周代诗教、诗乐制度在春秋时代的延续与变化，也是证明周代的确存在兴盛的诗乐与诗教的一个基本证据。二是春秋赋《诗》、引《诗》是连接周代诗教与诸子诗学、儒家学诗之间的一个中间环节。三是春秋赋《诗》、引《诗》开启了一种解释诗学，其中的断章取义、引《诗》以证等方法，对后世的诗学影响很大。日本江户时代经学家冈白驹曾论云："春秋大夫，赋诗观志，酬酢

---

[1] 参见钱志熙《从歌谣的体制看"〈风〉诗"的艺术特点——兼论对〈毛诗〉序传解诗系统的正确认识》，《北京大学学报》2005年第2期。

[2] 王先谦《庄子集解》卷七，中华书局1987年（与《庄子集解内篇补正》合刊），第239页。

乎宾荣,吐纳乎身文,各从其所取,触类旁通,谓之断章取义,仲尼没而微言绝,诗分为四,盖断章之渐成家尔。"[1]因此,我们在重新建构早期诗学的历史时,必须重视春秋赋《诗》、引《诗》这一种类型。

春秋行人诗学不但是诗学发展的重要环节,而且是春秋战国诸子文学发生的重要基础。清代学者章学诚著《文史通义》,考镜学术之源,即论战国之文学与六艺及诗教之关系:

> 战国之文,既源于六艺,又谓多出于《诗》教,何谓也?曰:战国者,纵横之世也。纵横之学,本于古者行人之官。观春秋之辞命,列国大夫,聘问诸侯,出使专对,盖欲文其言以达旨而已。至战国而抵掌揣摩,腾说以取富贵,其辞敷张而扬厉,变其本而加恢奇焉,不可谓非行人辞命之极也。孔子曰:"诵《诗》三百,授之以政,不达;使于四方,不能专对,虽多奚为?"是则比兴之旨,讽谕之义,固行人之所肄也。纵横者流,推而衍之,是以能委折而入情,微婉而善讽也。[2]

章氏此论,推衍源流,寻其绝绪,所论正是本章所说的"行人诗学"的内涵。但他的观点,主要是受到了孔子之说的启发,是从行人赋《诗》对士大夫文学修养乃至于诗学技能的养成着眼的。事实上,班固《艺文志·诗赋略》在叙述辞赋的发生时,也将之归于行人诗学的灌养:

> 传曰:"不歌而诵谓之赋,登高能赋可以为大夫。"言感物造耑,材知深美,可与图事,故可以为列大夫也。古者诸侯卿大夫交接邻国,以微言相感,当揖让之时,必称《诗》以谕其志,盖以别贤不肖而观盛衰焉。故孔子曰"不学《诗》,无以言"也。春秋之后,周道浸坏,聘问

---

[1] 冈白驹《毛诗补义》卷首,日本延享乙丑年(1745)刻本。
[2] 《文史通义校注》,第60—61页。

歌咏不行于列国,学《诗》之士逸在布衣,而贤人失志之赋作矣。大儒孙卿及楚臣屈原离谗忧国,皆作赋以风,咸有恻隐古诗之义。[1]

这里强调卿大夫交接邻国"称《诗》以谕其志"这个现象,又联系孔子学《诗》之事。这是认为春秋士大夫中存在着比较兴盛的学《诗》风气,实为后来辞赋兴起的重要的背景。前引黄节分先秦诗学为三期,以颂体之兴为第一期;士大夫交接邻国称《诗》言志为第二期;而以学《诗》之士逸在布衣为第三期,称为后期诗学,转化为赋学。其观点正是对班固之说的一个发展。

现代学者强调屈原创作与楚民族诗歌的关系,在这方面挖掘了丰富的事实。但这只是屈原创作渊源的一部分,从自觉的创作意识之养成,以及艺术方法的提高来看,以屈原为代表的楚廷辞赋家群体,正是将其学习《诗经》的实绩结合到楚国的原始歌曲中来,造成中国文学史第一个文人诗歌创作的实绩。屈、宋等人正是属于春秋战国时代的行人诗学的范围的。《史记·屈原贾生列传》在叙述屈原的教养与作为时说:

屈原者,名平,楚之同姓也。为楚怀王左徒。博闻强志,明于治乱,娴于辞令。入则与王图议国事,以出号令;出则接遇宾客,应对诸侯。王甚任之。[2]

从这样的介绍可见,屈原正是春秋战国时代习《诗》《书》、明礼义的贤士大夫的代表,其娴于辞令并能"接遇宾客,应对诸侯",正是属于行人之流。班固正是从学《诗》之士逸在布衣的背景来解释屈原的辞赋创作,并且明确地指出其有"恻隐古诗之义",将屈辞与《诗经》

---

[1] 《汉书》卷三十,第1755—1756页。
[2] 《史记》卷八十四,第2481页。

联系起来。事实上，这样的看法，司马迁（或淮南王刘安）等人已经提出，"《国风》好色而不淫，《小雅》怨诽而不乱。若《离骚》者，可谓兼之矣"[1]。王逸《楚辞章句》亦云："而屈原履忠被谮，忧悲愁思，独依诗人之义而作《离骚》。"[2] 又云："《离骚》之文，依《诗》取兴，引类譬谕。故善鸟香草，以配忠贞；恶禽臭物，以比谗佞；灵修美人，以媲于君；宓妃佚女，以譬贤臣；虬龙鸾凤，以托君子；飘风云霓，以为小人。"[3] 所谓"诗人之义"，即是《大序》所说的六义，其中比、兴两义，尤其为屈原所重，并且结合楚地原始歌曲的修辞方法，加以发展。由此可见，屈、宋，乃至战国辞赋家群体，其文学的基本教养，正是春秋行人诗学溉养的成果。而章学诚所说的"战国之文""出于《诗》教"，于此可得一更加具体的证明。由此可见，春秋诗学作为周代诗教的一种直接成果，奠定了中国古代发达的文人文学的基础。

行人诗学可以说是王官诗学的衍生，也可以说是王官诗学的直接成果。如果说王官诗学主要属于教诗的范畴，同时也兼有作诗的内容，行人诗学主要是用诗的范畴。从诗学的内涵来讲，即是一种缩小。春秋行人浸润诗教，而没有形成诗歌创作的风气。探讨中国古代文人诗传统的发生，不能不注意这个事实。

三、诸子诗学

诸子诗学继行人诗学之后，正是在周代诗教的背景下产生的，或者说是周代诗教沾溉的结果。诸子作为王官之学的继承者或批判者，普遍地具有诗教的学养，这从其大量地征引《诗》《书》可以得到证

---

[1] 《史记》卷八十四，第 2482 页。
[2] 王逸《离骚经章句叙》，洪兴祖《楚辞补注》，中华书局 1983 年，第 48 页。
[3] 王逸《离骚经章句小序》，《楚辞补注》，第 2—3 页。

明。春秋诸子多称《诗经》为"周诗":

> 且不惟《誓命》与《汤说》为然,《周诗》即亦犹是也。《周诗》曰:"王道荡荡,不偏不党,王道平平,不党不偏。其直若矢,其易若砥,君子之所履,小人之所视。"[1]

但春秋战国也可以说是周代诗教分裂的时代。王官之学衰落后,士阶层的私学兴起,儒、道、名、法、阴阳、纵横诸家蜂起,他们虽然都有六艺之学、王官之学的背景,但是学术上进入百家争鸣时代。所以,在崇尚周代诗教的儒家一派来说,这时候是诗教衰落的时代:儒家一派的诗论中的一个重要观点,是认为周代诗乐之盛,是与王道政治相始终的。但他们也认为存在着一个"王泽竭而诗不作"的时期。从逻辑上讲,诸子时代正属于这个"诗不作"的时代。所以儒家一系将恢复周代诗教作为重要的工作。《孟子·离娄下》:

> 孟子曰:王者之迹熄而《诗》亡,《诗》亡然后《春秋》作。晋之《乘》,楚之《梼杌》,鲁之《春秋》,一也。其事则齐桓晋文,其文则史,孔子曰:其义则丘窃取之矣![2]

后来班固《汉书·礼乐志》:

> 周道始缺,怨刺之诗起。王泽既竭,而诗不能作。王官失业,《雅》《颂》相错,孔子论而定之,故曰:"吾自卫反鲁,然后乐正,《雅》《颂》各得其所。"

---

[1] 孙诒让撰,孙启治点校《墨子间诂》卷四,中华书局2001年,第123页。
[2] 《孟子注疏》卷八,《十三经注疏》下册,第2727—2728页。

依儒家一系的说法，无论是作《春秋》，还是正雅颂，都是为了弥补"王泽竭"，本身就是传统的王官之业。随着诗的"不作"，诗学方面似乎也有所衰落，原来的执掌诗学的王官失业，于诗学方面出现混乱，导致雅颂相错。孔子继起，整理雅颂。从这里可以看到，孔子所代表的儒家一派的诗学，是接着王官诗学而来的。当然，其他诸子各派的诗学，也都是在王官诗学和西周礼乐教化的背景下发生的，原本对诗书有着统一的看法，百家蜂起后，思想界产生很大的分歧，即通常所说的百家争鸣，这当然也反映在对诗书的看法上。如道家一派的《文子》中一段话，是站在道家的返朴归真的立场上批评周室的尚文饰伪的：

> 施及周室，浇醇散朴，离道以为伪，险德以为行，智巧萌生，狙学以拟圣，华诬以胁众，琢饰诗书，以贾名誉，各欲以行其智伪，以容于世，而失大宗之本，故世有丧性命，衰渐，所由来久矣。[1]

上文引到《庄子·外物》中有"儒以《诗》《礼》发冢"之讥，也代表了道家一派对周代以来所传的诗教的不以为然。另外，墨家之非乐，法家之贬斥、禁抑诗书之艺，都是诗教观念分裂的表现。而中国古代艺术观念之分歧与流派之形成，自不能不追溯至诗教观念之分裂这一事实。

然而，诸子诗学之所以成为后来汉儒诗学之渊源，并非只有观念分裂这一消极的成果，更主要的是其绍述周代诗教的观念，从各自的学派立场出发，对《诗》及乐的问题，提出自己的看法。其中一个重要的内容，就是诸子几乎无例外地继承"诗言志"的观点。以孔子诗学为例，如孔子所说的"《诗》三百，一言以蔽之，曰思无邪"（《论

---

[1] 王利器《文子疏义》卷第十二，中华书局 2000 年，第 504—505 页。

语·为政》），就是对言志说的一个发挥。但孟子又提出"以意逆志"之说，作为对言志诗学的一种个人的发展。孟子针对咸丘蒙的误解《诗》意，提出其说诗方法："故说诗者，不以文害辞，不以辞害志，以意逆志，是为得之。"[1] "志"即诗人之志，"意"即读者之意（参考孙奭注说）。又如《庄子·天下》：

<blockquote>《诗》以道志，《书》以道事，《礼》以道行，《乐》以道和，《易》以道阴阳，《春秋》以道名分。[2]</blockquote>

《舜典》里"诗言志"是与"歌永言，声依永，律和声"并提，但到《庄子·天下》，"《诗》以道志"是与《书》道事、《礼》道行等并提。这一条最突出地反映了将诗的属性概括为言志，或者说诗即志，成为春秋战国诸子的共同看法。经过这样一种发展，志作为诗歌的本体的观念得到了强化。而且诸子说"诗言志"，明确地指《诗经》作者的言志即诗人之志。这是对《舜典》"诗言志"说的具体运用。

从《舜典》到《周礼·春官宗伯》，再到《毛诗大序》，中国早期诗学作为政教诗学的特点是十分突出的，诸子诗学尤其是其中的儒家诗学，自然也属于这个大的体系，这里可见早期诗学群体原则的强大。但是正如上面所说，诸子时代是诗教观念分歧的时代，相比上述三种诗学文本，诸子诗学可以说比较多地体现个体的思想创造的特点。但是，由于诸子诗学整体上处于"王泽竭而诗不作"的诗歌艺术衰落的时代，所以诸子诗学的成果，主要不是在对诗歌艺术本身的阐述。《舜典》提出"诗""歌""声""律"四范畴，周官提出"兴、道、讽、诵、言、语"六种乐语，以及"风、赋、比、兴、雅、颂"

---

[1] 《孟子注疏》卷九，《十三经注疏》下册，第2735页。
[2] 《庄子集解》卷八，第288页。

六诗,这都是对诗歌艺术的直接的阐述。可见王官诗学虽然重视政教,但因为在活生生的艺术活动上展开,所以不可能不同时对艺术本身做出阐述。相比之下,对于并不作诗的诸子来说,诗学只是一种知识的教养,《诗》只是经典的一种。所以,诸子谈《诗》,往往将其作为经典的一种来论定,亦即在多种经典之中,来确定《诗》或"乐"之功用。从这个意义上,我们可以说诸子诗学事实上是一种文化诗学。其间对诗的审美功能果然有所阐述,如孔子所论的"兴观群怨",就是对王官诗学的巨大发展,在阐述诗的政教、群体原则的同时,强调诗的艺术特征即"兴",诗的个体抒情原则即"怨"。但在更多的场合,孔子所重视的还是诗的文化功能。从"子曰:兴于《诗》,立于礼,成于乐"(《论语·泰伯》),"诵《诗》三百,授之以政,不达;使于四方,不能专对,虽多亦奚以为"(《论语·子路》),尤其是孔子认为《诗》在"兴观群怨"之外,"迩之事父,远之事君。多识于鸟兽草木之名"(《论语·阳货》),《诗》作为文化教养之经典的价值,昭然可指。其他诸子在这方面的表现,可能更加突出,如《管子》一书,也多次提到诗的功用,无一不是从文化教养方面着眼的:

> 凡人之生也,必以平正。所以失之,必以喜怒忧患。是故止怒莫若诗,去忧莫若乐,节乐莫若礼,守礼莫若敬,守敬莫若静。内静外敬,能反其性,性将大定。[1]

> 桓公曰:"何谓五官技?"管子曰:"诗者,所以记物也。时者,所以记岁也。春秋者,所以记成败也。行者,道民之利害也。易者,所以守凶吉成败也。卜者,卜凶吉利害也。民之能此者,皆一马之田,一金之衣。此使君不迷妄之数也。六家者,即见其时,使

---

[1] 黎翔凤撰,梁运华整理《管子校注》卷十六,中华书局2004年,第947页。

豫先蚤闲之日受之。故君无失时,无失策,万物兴丰无失利。远占得失以为末教,诗记人无失辞,行弹道无失义,易守祸福凶吉不相乱,此谓君柄。"[1]

诗者所以记物,与《论语》孔子命伯鱼学《诗》,多识乎草木虫鱼之名,是同一意思。反映了春秋《诗》学的言志、无邪之外另一种功用。在一种文化诗学的视野中,诸子不仅离开诗之艺术本体,而且也相当程度上摆脱了王官诗学的政教观念与伦理导向,将《诗经》作为文化经典之一,在经典群中寻索、确定其功能。除上述所引诸条外,如荀子之论:

故《书》者,政事之纪也;《诗》者,中声之所止也;《礼》者,法之大分,类之纲纪也,故学至乎《礼》而止矣。夫是之谓道德之极。《礼》之敬文也,《乐》之中和也,《诗》《书》之博也,《春秋》之微也,在天地之间者毕矣。

《礼》《乐》法而不说,《诗》《书》故而不切,《春秋》约而不速。[2]

《礼记》又在"诗教"之外,提出"乐教""易教""书教""春秋教"等多种经典教养功能:

孔子曰:入其国,其教可知也。其为人也温柔敦厚,《诗》教也;疏通知远,《书》教也;广博易良,《乐》教也;洁静精微,《易》教也;恭俭庄敬,《礼》教也;属辞比事,《春秋》教也。[3]

---

[1] 《管子校注》卷二十二,第1310页。
[2] 《荀子集解》卷一,第11—12、14页。
[3] 《礼记正义》卷五十,《十三经注疏》下册,第1609页。

这种在经典体系中论述《诗》之功能的方法，可以视为诸子的一种新创，而为汉代的一些论家所继承。如班固《汉书·艺文志》：

> 六艺之文：《乐》以和神，仁之表也；《诗》以正言，义之用也；《礼》以明体，明者著见，故无训也；《书》以广听，知之术也；《春秋》以断事，信之符也。[1]

这仍然是诸子的论述方式。由此可见，诸子在政教诗学之外，别创一种文化诗学，成为中国古典诗学中的另一派。近时出世的上博简《孔子诗论》："诗亡隐志，乐亡隐情，文亡隐言。"也是属于这种论诗的方法。

诸子时代，私家著述风气兴起。从逻辑上讲，正是文本化的诗歌理论与批评的开端。章学诚《文史通义》论曰："周衰文弊，六艺道息，而诸子争鸣。盖至战国而文章之变尽，至战国而著述之事专，至战国而后世之文体备。"[2] 观乎此，则论《诗》、解《诗》之文本化，也应以战国为开端。《毛诗大序》传为子夏所作，六国时鲁人毛公依序作传。而《鲁诗》的创立者鲁人受学于齐人浮丘公，浮丘公传自荀子。《韩诗》为文帝时诗博士韩婴所作。现存《韩诗外传》的体例，多为前叙某一历史事实，最后引诗以证。这些事件并非所引诗句的本事，但却能阐发诗句的义理。这种作法，当然也与春秋诸子的引《诗》以证是一脉相承的。由此可见，战国正是诗论兴起的时代。在中国古代诗学发展史上，实具有非常重要的地位。

---

[1] 《汉书》卷三十，第1723页。
[2] 《文史通义校注》，第60页。

第三章
先秦"诗言志"说的绵延及其不同层面的含义

《尚书·舜典》的"诗言志"之说，先为春秋行人赋诗所遵引，成为赋诗的原则，后来又经先秦诸子从各自的立场加以阐述，其在先秦时代有着很广阔的绵延，可以说是先秦时代唯一的诗歌定义，并对后世产生深远的影响。朱自清的《诗言志辨》称其为诗学开山纲领，并将先秦的"诗言志"概括为"献诗陈志""赋诗言志""教诗明志""作诗言志"这样四种类型，并对其历史演变有所展示，为后人的研究提供了广阔的视野。[1] 但作为我们现在所见的中国古代第一个关于诗歌的表述，或者说最早的，也是最为权威性的诗歌本体论，它产生的历史文化方面的契机，以及它的原始义与各种后续发生的意义，亦即"诗言志"因叙述者的不同而存在的不同层面的含义，需要做详细的判别。作为先秦时代诗教活动的核心观念，存在着掌乐者、作诗者、用诗者、论诗者等种种不同的叙述者的"诗言志"说或者说"诗志"论，也存在着不同的创作状态中"诗言志"的事实：有倾向于群体伦理原则的群体之"志"，如最早的诗乐舞一体的综合艺术形态中的"诗言志"，《舜典》以及先秦诸子所说的"诗言志"，主要是倾向于表达群体的社会伦理观念的群体性质的言志；但也有倾向于个体的主观感情的，如班固《汉书·艺文志》所说的"贤人失志之赋"之"志"。这些情况，业已存在于被统称为"诗言志"的先秦时代的诗论与诗歌

---

[1]　《朱自清全集》第六卷，江苏教育出版社1990年，第132—158页。

创作中。所以，在很长的历史时期中，"诗言志"不仅是人们认识诗歌本质与功能的一种基本思想，而且是支配人们从事各种诗歌活动的原则与方法。

一、"虞庭言乐"与第一个诗歌本体论的产生

为了全面理解"诗言志"的含义，需要引证一下今文《尚书·舜典》中这一段原文：

> 帝曰："夔！命汝典乐，教胄子，直而温，宽而栗，刚而无虐，简而无傲。诗言志，歌永言，声依永，律和声。八音克谐，无相夺伦，神人以和。"
> 夔曰："於！予击石拊石，百兽率舞。"

对于这一段文字，古代学者普遍相信是舜帝的言论，称之为"虞庭言乐"[1]。它所包含的诗乐舞三位一体的综合艺术理论的性质，也被古今学者所普遍认知。[2] 近现代学者一般认为这是周代乐官的思想，至其记载，或者在更后的时代。[3] 但也有人认为其属尧舜时代的思想[4]。我想，应该将这段文字所依借的文本与其中的思想分别开来，

---

[1] 《宋史》卷一百四十二，第3339页。

[2] 张少康、刘三富《中国文学理论批评发展史（上卷）》第一章第三节《诗、乐、舞三位一体与"诗言志"的提出》中，对先秦诗论、乐论中有关诗舞乐三位一体的艺术形态做了详细的论述（北京大学出版社1995年，第21—24页）。

[3] 参看《尚书校释译论》第1册，第358—368页。

[4] 古风《中国传统文论话语存活论》第五章《言志》："目前学术界有四种观点：其一，尧时说。法国学者卑奥根通过对《尚书·尧典》的星象记载和汉儒解释的研究，认为这确定是尧时的天文记录（高鲁《星象统笺》）；日本学者铃木虎雄《支那诗论史》认为，诗言志是'尧舜时代的诗论'。其二，远古说。范文澜认为，'《尧典》等篇，大概是周朝史官掇拾传闻，组成有系统的记录……其为远古遗留下来的史实，大致可信'。如按范说，那'远古（转下页）

文本的产生年代是一回事，思想的产生年代是另一回事。后者不能完全凭文献考证的方法得到，而是要放在思想的发展史中来讨论。《舜典》中展示了这个著名的"虞庭言乐"的基本背景，即舜继尧即位，设官分职，向包括夔在内的"十二牧"分配各人掌管的政治职责。其中命伯益"典朕三礼"，命夔典乐，可以说是中国古代礼乐之治的开端，也很可能是中国古代王朝设官分职的开始。所以在上古文书中得到郑重的记载，或者说作为重要的事件被不断地追溯。由此可见，中国古代第一个关于诗与乐的理论体系的出现，是古代国家政治形态成熟的成果之一。同时，产生这个诗歌理论体系还有一些重要的前提或条件：一是"诗"这个概念的成熟，它标志着中国古代诗歌艺术的成熟；二是"志"这个概念的确定，并被赋予明确的伦理内涵，它标志着中国古代伦理道德观念的成熟。近人根据文字学的考证，认为早期"诗"即"志"，然而这在逻辑上是说不通的。如果"志"就是"诗"的同义词，"诗言志"这句话就没有意义了。也有学者对"志"的含义进行解释，如闻一多认为："志有三个意义：一，记忆；二，记录；三，怀抱。"[1]也有人认为"志"与"意"相通。从"志"字的本义来讲，这些解释或许有一定依据。但是，在"诗言志"这一阐述中，诗作为一种艺术，志作为其表现的对象，这样一个关系是明确的。而根据本章中对"教胄子"的人格养成目标来看，这里的"志"并非只具有记忆、记录、怀抱等内容的单纯的心理名词，而是具有明确的伦

（接上页）遗留下来的史实'，就不仅是指'禅让'，也应该指'诗言志'。顾易生赞同范说，认为诗言志说'属古已有之，非晚周儒家之徒所创立'。其三，春秋战国说。……其四，秦汉说。""笔者的结论是：'诗言志'产生的大致年代是商前期；《尧典》成篇的年代要晚一些，是商后期；《尚书》成书的年代要更晚一些，是西周早期。"（社会科学文献出版社2013年，第223、227页）关于"诗言志"说出于商代早期，上书作者的主要依据是《尚书·商书》中"言""志"的运用频率较高。可备一说。

[1] 详见朱自清《诗言志辨》引杨树达、闻一多等人之说（《朱自清全集》第六卷，第133—134页）。

理内涵的一个伦理学的范畴。有学者已指出"诗言志"观念产生于理性觉醒初期,标志着巫术礼义活动向政治礼仪活动的转化。[1]究竟这个"虞庭言乐"文本产生于何时,我们现在还无法明确地回答。但是根据我们上面的分析,可以知道,古代国家设官分职的政教体系的确立,及礼乐之治观念的明确化、伦理观念的成熟,以及诗乐舞三位一体的综合艺术系统中"诗"的主导功能的明确化,这些都是中国古代第一个诗歌理论体系产生的条件。从逻辑上说,只要具备上述各种历史文化条件,这个诗歌理论体系就必定产生。所以,我们没有必要纠结于这个文本的具体产生时间,何况这里还存在着思想本身的产生、传述、文本的记录等好几个层面。与其刻意地纠结于《舜典》文本的产生时间,不如将探讨的重点转向能够造成中国古代第一个诗歌理论表述、最早的诗歌本体论产生的具体条件在何时具备,即最早的具有政教功能的国家政治在何时形成。

《周礼·夏官司马·掸人》:"掸人掌诵王志,道国之政事,以巡天下之邦国而语之。使万民和悦而正王面。"郑玄注:"道犹言也,以王之志与政事谕说诸侯,使不迷惑。"贾公彦疏:"诵王志者,在心为志,欲得使天下顺从,若掸取王之此志,又道国之政事,用此二事,以巡国而语之,使不迷惑而向王。"又"使万民和悦而正王面",郑注曰:"面犹乡也,使民之心晓而正乡王。"贾疏曰:"以上二事向诸侯说之,使诸侯化民而万民正向于王。"[2]然则"诗言志"之"志",就

---

[1] 成复旺《中国文学理论史简编》第一章第一节《中国文学理论的萌芽》:"从'神人以和'与'击石拊石,百兽率舞'的说法来看,这里仍然保留着巫术意识和巫术活动的痕迹,但这里所说的已经不是、至少不纯粹是巫术礼仪活动,而主要是一种教育帝王或贵族的子弟的政治礼仪活动了。'直而温,宽而栗,刚而无虐,简而无傲'等等是这种政治礼仪活动应达到的教育目的。从巫术礼仪活动到政治礼仪活动的进步过程,就是理性觉醒的过程。因而可以说,'诗言志'这种中国最古老的文学观念,产生于从巫术礼仪活动向政治礼仪活动转变的过程之中,产生于理性觉醒的初期。于此可见,文学理论的萌芽是与理性的萌芽、礼乐制度的萌芽大体同步的。"(中国人民大学出版社2004年,第7页)

[2] 《周礼注疏》卷三十三,《十三经注疏》下册,第865页。

其最早的意思来讲,也正是指"王志"。舜传夔典乐,在传"王志",其中有王之志,又有政事,两者其实是联系在一起的。"诗言志"之"志",不能说全是指"王志",但"王志"显然是重要的部分。后来《毛诗大序》所说的"风,风也,教也。风以动之,教以化之",又云"先王以是经夫妇,成孝敬,厚人伦,美教化,移风俗"。[1]"撢人掌诵王志,道国之政事,以巡天下之邦国而语之",其"诵""道""语"三字,正合《周礼》"乐语教国子,兴、道、讽、诵、言、语"。诵者,以韵语诵之。则"撢人掌诵王志,道国之政事,以巡天下之邦国而语之",其所用的也是一种韵语的状态。

根据人类学家的研究,我们知道歌乐舞一体,是一种原始的艺术形态。中国古代的学者对这种原始的艺术形态有所记载的,即是最早具备艺术史观念的《吕氏春秋·古乐》:

> 昔葛天氏之乐,三人操牛尾,投足以歌八阕:一曰载民,二曰玄鸟,三曰遂草木,四曰奋五谷,五曰敬天常,六曰建帝功,七曰依地德,八曰总禽兽之极。[2]

"总禽兽之极",《诸子集成》本汉高诱注《吕氏春秋》毕沅等校云:"又旧本作'总万物之极',校云:'一作禽兽之极。'今案《初学记》十五、《史记·司马相如传》索隐及《选》注皆作'总禽兽之极',今据改正。"按"总禽兽之极"即为做禽兽舞。同时《吕氏春秋·古乐》又云:"帝尧立,乃命质为乐。质乃效山林溪谷之音以歌,乃以麋鞈置缶而鼓之,乃拊石击石,以象上帝玉磬之音,以致舞百兽。"[3]又有《尚书·舜典》夔曰:"於!予击石拊石,百兽率舞。"都是同样的事

---

[1]　《毛诗正义》卷一,《十三经注疏》上册,第269、270页。
[2]　《吕氏春秋集释》卷五,第118页。
[3]　《吕氏春秋集释》卷五,第125—126页。

情，即有关于狩猎之舞蹈，作"总万物之极"，是后人不明其理而改。人类的生活方式，在上古时代还是以狩猎和畜牧为主的，经典中的这些记载正是狩猎文化的反映。

这个葛天氏"八阕"之乐，从形态上看，与虞廷之乐是相近的。或者说，此即是虞廷之乐的原始形态。可见，"虞庭言乐"是一种高度发达、建立在成熟的政教制度与自觉的伦理道德观念之上的艺术形态。它所表达的并非原始的艺术意识，而是成熟的诗歌思想。并且这个思想并非单纯地在艺术活动中自发地萌生，而是依据政教与伦理观念的外在赋予。所以，"诗言志"并非如有些学者所理解的那样，只是单纯地体现了诗是心灵、情志的表达这样的思想，[1]而是先天地含有伦理之志内容。由此，我们也就明白这样一个事实，这个观念虽然在后世影响久远，至今仍然活在人们的诗歌观念之中，但是却不断地受到来自更多地立足于诗歌创作本身的缘情说、性灵说、抒情说的补充与挑战。

追溯诗歌思想的发生渊源，尤其是萌芽，大概与追溯诗歌本身起源一样地难以穷究。但是《尚书·舜典》这个文本给了我们一个重要的启示，即问题的重点应该放在最早的、自觉的诗歌本体论发生这个历史事实上。这种本体论，体现了高度概括的范畴运作，并以一种周至、直击而又具有独断论姿态的论述方式出现。这就只能在人类的思维与诗歌艺术发展的一定阶段才能出现。而从《舜典》中我们已经看

---

[1] 杨鸿烈《中国诗学大纲》（1924年作）曾征引早期文献中各种"诗言志"的表述，但认为："这许多多的定义里说：'诗是言志的'，'诗是志的表现'，而这个'志'到底是什么东西呢？按照上文，那么就是'在心为志''思虑为志'的'志'了；要是'诗'只是发表心里的思虑，岂不是诗就是言语，言语就是诗吗？""就退一步说，这个'志'要当做'情志'的'志'字讲，如《关雎·诗序》：'在心为志，发言为诗，情动于中，而形于言'就是发于情感的'志'，但纯文学都是以情感为惟一绝对不可少的原素，这样将何以从'小说''戏曲'里来区别诗呢？所以无论如何这个定义，是没有采用的价值。"（商务印书馆1928年，第35、36页）作者显然忽略了作为第一个诗歌本体论（或如作者所说的"诗歌定义"）发生本身的重要的历史价值，以及言志论所具有的伦理内容，更忽略了言志论对诗歌创作史产生的深刻影响。

到，这个第一次对诗歌进行表述的需要，来自对政教功能的强调与伦理领域对诗歌的责求。一方面是"诗"即"歌辞"，已经从歌乐舞一体的混沌状态中被分析出来，其中对"诗""歌""声""律"等艺术各要素的分析，就其思辨性来讲完全不亚于现代的艺术分析。"诗言志"，即歌辞的性质在于表达内心的思想与情感（这种思想情感是被赋予伦理内容的）。即使在现代的歌唱活动中，人们最主要的关注也是在于音乐的效果，而歌辞的文学性与内容价值，主要是通过音乐的效果来自然达到的。此即宋代郑樵所强调的"诗在于声不在于义"[1]。但是在政教观念的导引下，逼使乐教的掌持者必须对歌辞的文本进行特殊的关注，从而产生了"诗言志"这样一个侧重意义系统的诗歌本体论。这不是一般的音乐活动所能引发的观念，而是以"乐"作为诗歌的本体，或以"情"作为诗歌的本体等其他诗歌本体论，都被这个"诗言志"掩蔽住了。相反，由于诗存在于乐中，所以对诗的言志的本质的体认，很自然地扩展到对乐的言志性质的论定。《礼记·礼器》："礼也者，反其所自生；乐也者，乐其所自成。是故先王之制礼也，以节事，修乐以道志。"[2]这个"修乐以道志"的思想，明显是由"诗言志"说发展过来的，但它已经是诸子时代的思想。对此，下文中还要讨论。

总之，我们在研究"诗言志"这个本体论时，首先需要关注的就是上述发生中国古代第一个诗歌本体论的艺术自身的发展条件与历史文化的契机。

二、春秋行人赋诗言志说诠解

《诗经》作品中包含明确的美、刺观念，但没有关于"诗言志"的直接表达。这似乎也向我们提出这样的暗示，即明确的言志观念，

---

[1] 郑樵《通志》卷四十九，中华书局1987年，志六二六上。
[2] 《礼记正义》卷二十四，《十三经注疏》下册，第1441页。

似乎并非发生于作诗者的直观认识,而是掌乐者即诗教的实践者的一种观念表述。

春秋士大夫赋诗,大多数场合都是指用《诗》、引《诗》之事,但也有少部分有关于作诗之事。皮锡瑞云:"就诗而论,有作诗之意,有赋诗之意。郑君云:'赋者或造篇,或述古。'"[1]在这些赋诗活动中,我们可以说言志,或诗即志,都是一种自觉的观念。《春秋左氏传》襄公二十七年所载赵孟命随从诸人赋诗观志的事情:

> 郑伯享赵孟于垂陇;子展、伯有、子西、子产、子大叔、二子石、从。赵孟曰:"七子从君,以宠武也,请皆赋,以卒君贶;武亦以观七子之志。"(杜预注:诗以言志。)子展赋《草虫》,(杜预注:《草虫》,《诗·召南》,曰:"未见君子,忧心忡忡。亦既见止,亦既觏止,我心则降。"以赵孟为君子。)赵孟曰:"善哉,民之主也,(杜预注:在上不忘降,故可以主民。)抑武也不足以当之。"(杜预注:辞君子。)伯有赋《鹑之贲贲》。(杜预注:《鹑之贲贲》,《诗·鄘风》,卫人刺其君淫乱,鹑鹊之不若。义取"人之无良,我以为兄,我以为君"也。)赵孟曰:"床笫之言不逾阈,况在野乎?非使人之所得闻也。"(杜预注:此诗刺淫乱,故云床笫之言。)子西赋《黍苗》之四章。(杜预注:《黍苗》,《诗·小雅》,四章曰:"肃肃谢功,召伯营之。列列征师,召伯成之。"比赵孟于召伯。)赵孟曰:"寡君在,武何能焉。"(杜预注:推善于其君。)子产赋《隰桑》。(杜预注:《隰桑》,《诗·小雅》,义取思见君子,尽心以事之。曰:"既见君子,其乐如何?")赵孟曰:"武请受其卒章。"(杜预注:卒章曰:"心乎爱矣,遐不谓矣,中心藏之,何日忘之?"赵武欲子产之见规诲。)子大叔赋《野有蔓草》。(杜预注:《野有蔓草》,《诗·郑风》,取其"邂逅相逢,适我愿兮"。)赵孟曰:"吾子之惠也。"(杜预注:大叔喜于相遇,故赵孟受其

---

[1] 皮锡瑞《经学通论》"二、诗经",第1页。

惠。)印段赋《蟋蟀》。(杜预注:《蟋蟀》,《诗·唐风》,曰:"无以大康,职思其居;好乐无荒,良士瞿瞿。"言瞿瞿然顾礼义。)赵孟曰:"善哉,保家之主也;吾有望矣。"(杜预注:能戒惧不荒,所以保家。)公孙段赋《桑扈》。(杜预注:《桑扈》,《诗·小雅》,义取君子有礼文,故能受天之祜。)赵孟曰:"匪交匪敖,福将焉往。(杜预注:此《桑扈》诗卒章,赵孟因以取义。)若保是言也,欲辞福禄得乎?"卒享。文子告叔向曰:"伯有将为戮矣!诗以言志,志诬其上,而公怨之,以为宾荣,(杜预注:言诬,则郑伯未有其实。赵孟倡赋诗以自宠,故言公怨之以为宾荣。)其能久乎?幸而后亡。"叔向曰:"然。已侈!所谓不及五稔者,夫子之谓矣。"文子曰:"其余皆数世之主也。子展其后亡者也,在上不忘降。印氏其次也,乐而不荒。乐以安民,不淫以使之,后亡,不亦可乎?"[1]

叔向所说的"诗以言志",正是引述《舜典》古训,可见此古训在春秋士大夫那里,是一种常识。言志之说,在春秋行人赋诗时代已是一种流行的观点。赵孟要随从他的七人赋诗,并说要从他们的赋诗中观他们的志,也就是要观察他们是否具有礼义之实。这说明在先秦时期,"诗言志"不仅是指作诗之事,同时也是引诗之事。但这种赋诗,不同于我们一般意义的诵诗,而是通过采用合适的诗篇来表达自己的志向,所以称为赋诗言志;其与作诗以言志,虽然事情有所不同,但性质上有接近的地方。同样的,赋、比、兴、风、雅、颂,也不仅是作者之事,同时也可以是赋者之事。事实上,孔子所说的"兴观群怨",其原始的意义,都是指用《诗》之事。这些事实启发我们,《舜典》中的"诗言志",作为以诗教胄子的一种行为,所说的也是诗在教化上的一种功用,即诗具有言志的功用。在一定的观念诱导与方法指导下,胄子们在赋诗、诵诗、歌诗、舞诗的过程中表达自己的意志,砥砺自

---

[1] 《春秋左传正义》卷三十八,《十三经注疏》下册,第1997页。

己的人格。而歌诗的文本是原创的,还是已有的,这在古人那里似乎并没有太多的区别。所以,"诗言志"是包括了作诗者、学诗者、用诗者各个方面的意义,非后世文人诗人所强调的作诗言志这一项。《舜典》的教胄子"诗言志",大多数场合是指胄子诵诗、歌诗以言志,并从中观察其性情品格,预测其政治上的前途。这应该是"诗教"的基本内容,所以上述春秋士大夫的赋诗言志,正是沿用诗教的传统方法。换言之,在诗教活动中,胄子们是经常展开这类赋诗言志的活动的。而春秋时代的士大夫即使在诗教有所衰落的情况下,仍然保持着赋诗言志的传统,并且将其作为贵族的一种基本教养。如果不具备这种教养,就不算合格的贵族,会被人轻视讥笑。如《左传》襄公二十七年载:"齐庆封来聘,其车美。孟孙谓叔孙曰:'庆季之车,不亦美乎?'叔孙曰:'豹闻之:服美不称,必以恶终。美车何为?'叔孙与庆封食,不敬,为赋《相鼠》,亦不知也。"[1]这在当时,应该是很丢人的事。其原因之一,即在于缺乏诗教。诗教在周代贵族士大夫中的重要性,由此可见一端。在这里,我们就为春秋士大夫赋诗言志找到了一种根源,并且得以窥见古老诗教方式在从上古到春秋时代的一种延续。

学界近年有这样一种观点,认为周代诗教重在乐,以义说诗的做法始于儒家一派。其实,从《舜典》所记载的夔典乐教胄子和《周礼》记载的大师教诗可以看出,对《诗》或"诗"的意义系统的重视,是诗教甚至乐教的固有原则。《礼记·乐记》记载子夏为魏文侯说古乐:

> 魏文侯问于子夏曰:"吾端冕而听古乐,则唯恐卧;听郑卫之音,则不知倦。敢问古乐之如彼何也?新乐之如此何也?"子夏对

---

[1] 《春秋左传正义》卷三十八,《十三经注疏》下册,第 1994—1995 页。

曰："今夫古乐，进旅退旅，和正以广，弦匏笙簧，会守拊鼓，始奏以文，复乱以武，治乱以相，讯疾以雅。君子于是语，于是道古，修身及家，平均天下。此古乐之发也。今夫新乐，进俯退俯，奸声以滥，溺而不止，及优侏儒，獶杂子女，不知父子。乐终不可以语，不可以道古。此新乐之发也。今君之所问者乐也，所好者音也。夫乐者，与音相近而不同。"[1]

"古乐"即六代之乐，包括《诗经》在内，所谓"君子于是语，于是道古，修身及家，平均天下"，正是指在正统的乐教活动中对乐的思想内容的阐述，其中当然也包括对诗义的解说。这里子夏又将"乐"与"音"区别开来，后者是指纯粹娱乐性质的音乐。后世如宫廷称演乐者为"音声人"[2]，可见是没有特殊的伦理意义的一种音乐。所谓乐崩礼解，不是说一般意义上的音乐的衰乱，而是指具有伦理功能、具有一种意义系统的音乐的衰落。我们再看班固《汉书·礼乐志》记载：

> 汉兴，乐家有制氏，以雅乐声律世世在大乐官，但能纪其铿锵鼓舞，而不能言其义。[3]

制氏这种情况，虽然乐存，但义亡，同样是一种"乐"之亡。亦可见不仅是歌诗，就是乐舞也有它们的意义系统的解说，类似于我们今天所说"乐曲主题"。所以，以义释《诗》是诗教固有传统，即在乐教时代已是如此。也正是因为这样，春秋士大夫的赋诗言志、引诗论政、外交赋诗言志这样的活动才能产生。诗教除了音乐歌舞的艺术熏陶之

---

[1]《礼记正义》卷三十八、卷三十九，《十三经注疏》下册，第 1538、1540 页。
[2]《新唐书·礼乐志》："唐之盛时，凡乐人、音声人、太常杂户子弟，隶太常及鼓吹署，皆番上，总号音声人，至数万人。"（中华书局 1975 年，第 477 页）
[3]《汉书》卷二十二，第 1043 页。

外，从来就有对于"诗义"，亦即"诗志"的解说。并且在王官诗学的时代，这种解说具有一种统一性与权威性。《春秋左传》僖公二十七年记载赵衰所说的"《诗》《书》，义之府也；礼、乐，德之则也"[1]，就反映了春秋士大夫对《诗》、乐的蕴义功能的认识，这正是广泛的"诗言志"观点。春秋士大夫在外交及论政等场合，采用引诗来表达自己的观点（思想感情等）的方式，正是遵循"诗言志"古训，是承传悠久的用诗言志的文化传统的发扬。皮锡瑞曾论及此："朱子曰：古人之诗，如今之歌曲，虽闾里童稚，皆习闻之而知其说，盖古以《诗》《书》《礼》《乐》造士，人人皆能诵习，《诗》与《乐》相比附，人人皆能弦歌，宾客燕享，赋诗明志，不自陈说，但取讽谕，此为春秋最文明之事，亦惟其在《诗》义大明之日，诗人本旨，无不了然于心，故赋诗断章，无不暗解其意，而引诗以证义者，无不如自己出。其为正义，为旁义（熙按，皮氏前有说，正义指本义，旁义指春秋赋诗明志所生之义），无有淆混而歧误也。《诗》三百五篇遭秦而全者，以其讽诵，不独在竹帛，而《诗》义经燔书之后，未必尽传。《史记》载三家以申培、辕固、韩婴为初祖，而三家传自何人，授受已不能详。三家所以各成一家，异同亦无可考。"[2]然三家之《诗》，必出于诸子，则《诗》义之各异，不待秦燔书之后，大抵在诸子那里，诗义的解说就出现多歧的现象。而郑樵所说的离乐章本体，以义说《诗》者，实不始于四家《诗》，而始于诸子。

根据"诗言志"，"《诗》《书》，义之府也；礼、乐，德之则也"的原则，士大夫引用诗篇来表达自己的主观意志，同时也经常引诗来作为人事的衡鉴，作为评论人事的依据，如《春秋左传》僖公二十七年载时人引《诗》评论郑子臧服用不当：

---

[1] 《春秋左传正义》卷十六，《十三经注疏》下册，第1822页。
[2] 皮锡瑞《经学通论》"二、诗经"，第3页。

郑子华之弟子臧出奔宋，好聚鹬冠。郑伯闻而恶之，使盗诱之。八月，盗杀之于陈、宋之间。君子曰："服之不衷，身之灾也。《诗》曰：'彼己之子，不称其服。'子臧之服，不称也夫。《诗》曰'自诒伊戚'，其子臧之谓矣。"[1]

又如《春秋左传》僖公十九年载引《诗》评论宋公之不修内德：

　　宋人围曹，讨不服也。子鱼言于宋公曰："文王闻崇德乱而伐之，军三旬而不降，退修教而复伐之，因垒而降。《诗》曰：'刑于寡妻，至于兄弟，以御于家邦。'今君德无乃犹有所阙，而以伐人，若之何？盍姑内省德乎？无阙而后动。"[2]

又如《春秋左传》成公九年的"君子曰"引《诗》评论莒国之武备简陋：

　　君子曰："恃陋而不备，罪之大者也；备豫不虞，善之大者也。莒恃其陋，而不修城郭，浃辰之间，而楚克其三都，无备也夫！《诗》曰：'虽有丝、麻，无弃菅、蒯；虽有姬、姜，无弃蕉萃。凡百君子，莫不代匮。'言备之不可以已也。"[3]

以上几条，都是引《诗》中明文来评论时人。有时他们也从一些具体的、浅近的事实中引申出重大的意义，如《春秋左传》襄公八年：

　　晋范宣子来聘，且拜公之辱，告将用师于郑。公享之，宣子赋

---

[1]　《春秋左传正义》卷十五，《十三经注疏》下册，第1818页。
[2]　《春秋左传正义》卷十四，《十三经注疏》下册，第1810页。
[3]　《春秋左传正义》卷二十六，《十三经注疏》下册，第1906页。

《摽有梅》。季武子曰："谁敢哉！今譬于草木，寡君在君，君之臭味也。欢以承命，何时之有？"[1]

所谓"譬于草木"，就是说《摽有梅》中所写的梅子届时而落，收获须得及时，宣子以此来暗示鲁君将用师于郑之事，也是取及时之义。又如《春秋左传》襄公十五年，君子以《卷耳》诗"嗟我怀人，置彼周行"来评价楚国之善于用人：

> 楚公子午为令尹，公子罢戎为右尹，蒍子冯为大司马，公子橐师为右司马，公子成为左司马，屈到为莫敖，公子追舒为箴尹，屈荡为连尹，养由基为宫厩尹，以靖国人。君子谓："楚于是乎能官人。官人，国之急也。能官人，则民无觊心。《诗》云：'嗟我怀人，置彼周行。'能官人也。王及公、侯、伯、子、男、甸、采、卫大夫，各居其列，所谓周行也。"[2]

《卷耳》一诗，现代一般解释，是写女子采卷耳而怀行役之君子。"嗟我怀人，置彼周行"说因怀人而采卷耳不盈顷筐，怀之既深，并将此不盈顷筐之卷耳亦置于大道之旁。这两句是连着上面"采采卷耳，不盈顷筐"而来的，都是赋法。然后下面的情节，都是望大道而怀行役之人。《左传》"君子"摘取这两句，将这个具体事象寄于别种深意。这是典型的"断章取义"之法。后来《毛传》解"嗟我怀人，置彼周行"为"思君子官贤人，置周之列"似即来源于此[3]。《荀子·解蔽》则是说采卷耳因怀人之故，故采采而不盈顷筐："《诗》云：'采采卷

---

[1] 《春秋左传正义》卷三十，《十三经注疏》下册，第1940页。
[2] 《春秋左传正义》卷三十二，《十三经注疏》下册，第1959页。
[3] 《诗毛氏传疏》卷一："《毛传》以怀人为思君子、官贤人。以周行为周之列位，皆本左氏说。"（第13页）

耳，不盈顷筐。嗟我怀人，置彼周行。'顷筐易满也，卷耳易得也，然而不可以贰周行。故曰：心枝则无知，倾则不精，贰则疑惑。"[1] 显然，荀子是解"周行"为普通的道路的。然《左传》解"周"为周备、周全之意，《毛传》直接解为周朝之官列，是明显的增字之解。按照这种说法，"采采卷耳，不盈顷筐"与后面的"嗟我怀人，置彼周行"之间是不相连接的，所以《毛传》言"采采卷耳，不盈顷筐"两句为兴。

像上面这种情况，都是用比较具体的诗歌形象来寄托高远的思想以及重大事情，类似于司马迁《史记·屈原贾生列传》中所说的"其称文小而其指极大，举类迩而见义远"[2]。我们再看《春秋左传》文公三年君子用诗评论秦国君臣的一条材料：

> 秦伯伐晋，济河焚舟，取王官，及郊。晋人不出，遂自茅津济，封殽尸而还。遂霸西戎，用孟明也。君子是以知"秦穆公之为君也，举人之周也，与人之壹也；孟明之臣也，其不解也，能惧思也；子桑之忠也，其知人也，能举善也。《诗》曰'于以采蘩，于沼于沚。于以用之，公侯之事'，秦穆有焉。'夙夜匪解，以事一人'，孟明有焉。'诒厥孙谋，以燕翼子'，子桑有焉"。[3]

其中"于以采蘩，于沼于沚。于以用之，公侯之事"，按照《毛传》的说法，是写君夫人"奉祭祀"之事，现在君子用来评论秦穆公的人君之德，可以说是"举类迩而见义远"。这是因为引诗的君子熟谙比兴之义。由此也可见，六义不仅在论诗、作诗中是重要的，在引诗、赋诗言志中恐怕也是重要的。

《诗》之所以被称为"义之府"，作为评论、衡鉴人事的依据，更

---

[1] 《荀子集解》卷十五，第398页。
[2] 《史记》卷八十四，第2482页。
[3] 《春秋左传正义》卷十八，《十三经注疏》下册，第1840页。

重要的恐怕还是从根本上说，《诗》作为一种经典，昭示着伦理道德的规范。《春秋左传》隐公三年：

> 君子曰："信不由中，质无益也。明恕而行，要之以礼，虽无有质，谁能间之？苟有明信，涧溪沼沚之毛，蘋蘩蕰藻之菜，筐筥錡釜之器，潢污行潦之水，可荐于鬼神，可羞于王公，而况君子结二国之信，行之以礼，又焉用质？风有《采蘩》《采蘋》，雅有《行苇》《泂酌》，昭忠信也。"[1]

这里阐述的是一种守礼重信的道德观念，认为如果有了这种道德观念，没有"质"也可以结两国之信，反之，"信不由中，质无益也"。于是作者举祭祀为例，寻常的溪涧中的野菜，如"蘋蘩蕰藻"之类，放在很普通的器具中，足可荐鬼神而羞王公，物虽微而能用，在于荐者的至诚之意。由此推论，作者得到这样一个结论，风诗中的《采蘩》《采蘋》，雅诗中《行苇》《泂酌》这些作品，所写的是各自的采摘、涤、汲以供祭祀的具体事情，而作者将这些具体事情细致地描写出来，写出祭祀者的一种诚意，其中昭示的正是"祭如在，祭神如神在"的忠信之义。

从上面的分析，我们完全可以得出这样的结论：春秋士大夫用诗者的赋诗以言志的做法，正是《舜典》所举示"诗言志"的原则的具体实践。美国学者倪豪士曾通过对《左传》襄公二十七年京叔孙赋《相鼠》以讽庆封，以及襄公十四年卫献公使大师歌《巧言》之卒章等例子的分析，得出下述结论："诚如孔子所言'《诗》可以兴'，春秋时代的文人可借《诗》去宣泄及激发自己的情感。他们对《诗》的熟悉亦正如孔子所言'诗言志'，可透过《诗》表达自己的志向。这种情

---

[1] 《春秋左传正义》卷三，《十三经注疏》下册，第1723页。

况尤可在《左传》的外交辞令中窥见。"[1] 事实上，这正是"诗言志"的本义之一。

三、诸子各家对言志说的各自发展

从春秋到秦汉之际，应该是"诗言志"的思想被广泛地传述、论证的时代。其中诸子对于诗与志的关系的指说尤其值得注意。比之春秋士大夫的赋诗、引诗，诸子诗学的一个重要特点，是他们对《诗经》或一般诗歌的关注与论证，更趋向于一种整体性。孔子的诗论在这方面就表现得很突出。他关于诗的几乎所有论述，都是指向《诗经》的全体的：

> 子曰：《诗》三百，一言以蔽之，曰思无邪。（《论语·为政》）

> 子曰：《诗》可以兴，可以观，可以群，可以怨。迩之事父，远之事君。多识于鸟兽草木之名。（《论语·阳货》）

> 子曰：兴于《诗》，立于礼，成于乐。（《论语·泰伯》）

> 子曰：诵《诗》三百，授之以政，不达；使于四方，不能专对，虽多亦奚以为。（《论语·子路》）

这种情况，其实是诸子时代诗学的一般情况。从现在所见，我们没有看到孔子对"诗言志"的直接引述。但孔门论《诗》，显然是春秋士大夫引《诗》、用《诗》风气的发展，孔子所说的"兴、观、群、

---

[1] 倪豪士著，林伟龙、吴佩蓉译《公元前六世纪的庆封、卫献公与〈诗经〉——〈左传〉引〈诗〉初探》，载陈致主编《中国诗歌传统及文本研究》，中华书局2013年，第19页。

怨"之"兴",以及六诗"风、赋、比、兴、雅、颂"之"兴",应该是有承传关系的。另外,孔子在教育中重视人格培养与道德砥砺自不待言,还经常根据弟子的言行以观其志。尤其是《论语·先进》"子路、曾晳、冉有、公西华侍坐"一节中,孔子令群弟子各言其志,正来自言志的传统。孔子没有像赵孟一样让群弟子赋诗言志,而是让其直叙其志,这可能是言志的新传统。但其中如曾晳所言:"莫春者,春服既成,冠者五六人,童子六七人,浴乎沂,风乎舞雩,咏而归。"其言语体段,与歌诗已十分接近。

孟子对"志"的阐发最为著名,可以称之为先秦志论铺张扬厉的发展:

"夫志,气之帅也;气,体之充也。夫志至焉,气次焉;故曰:'持其志,无暴其气。'""既曰志至焉,气次焉,又曰持其志,无暴其气者,何也?"曰:"志壹则动气,气壹则动志也。今夫蹶者趋者,是气也,而反动其心。""敢问夫子恶乎长?"曰:"我知言,我善养吾浩然之气。""敢问何谓浩然之气?"曰:"难言也。其为气也,至大至刚,以直养而无害,则塞于天地之间。其为气也,配义与道。无是,馁也。是集义所生者,非义袭而取之也。行有不慊于心,则馁矣。我故曰:告子未尝知义,以其外之也。必有事焉而勿正,心勿忘,勿助长也。无若宋人然:宋人有闵其苗之不长而揠之者,芒芒然归,谓其人曰:'今日病矣!予助苗长矣!'其子趋而往视之,苗则槁矣。天下之不助苗长者寡矣。以为无益而舍之者,不耘苗者也;助之长者,揠苗者也,非徒无益,而又害之。""何谓知言?"曰:"诐辞知其所蔽,淫辞知其所陷,邪辞知其所离,遁辞知其所穷。生于其心,害于其政;发于其政,害于其事。圣人复起,必从吾言矣。"[1]

---

[1] 《孟子注疏》卷三,《十三经注疏》下册,第2685—2686页。

我们知道,"志"的问题,孔子与弟子曾经展开认真讨论,孟子对"志"的讨论,可以说是将这个原本属于日常语言范畴的"志"更加地哲学化。由"志"引出气、言、义、辞等范畴,这就将这个问题立足于言语与文辞的立场上。孟子对"诗言志"说的重要发展在于进一步提出"以意逆志"的观点:

> 咸丘蒙曰:"舜之不臣尧,则吾既得闻命矣。《诗》云:'普天之下,莫非王土。率土之滨,莫非王臣。'而舜既为天子矣,敢问瞽瞍之非臣,如何?"曰:"是诗也,非是之谓也。劳于王事而不得养父母也。曰:'此莫非王事,我独贤劳也。'故说诗者不以文害辞,不以辞害志。以意逆志,是为得之,如以辞而已矣。《云汉》之诗曰:'周余黎民,靡有孑遗。'信斯言也,是周无遗民也。孝子之至,莫大乎尊亲。尊亲之至,莫大乎以天下养。为天子父,尊之至也。以天下养,养之至也。《诗》曰:'永言孝思,孝思惟则。'此之谓也。《书》曰:'祗载见瞽瞍,夔夔斋栗,瞽瞍亦允若。'是为父不得而子也。"[1]

孟子"以意逆志"的观点,正是来自对《诗经》作品的讨论。"说《诗》者不以文害辞,不以辞害志。以意逆志,是为得之","文"是指一种修辞的手法,如比兴、夸张之类,因为能造成文饰的效果,所以称为"文"。所以这个"文"的含义,即同于周易"文言"之"文",亦即孔子所说"言之无文,行而不远"的"文"。"辞"即一般意义上的文辞、言辞,是一个表达意义的单位。

"不以文害辞"即是说不因文饰,比如一些特殊的修辞方法,而影响对言辞意思的准确理解。"不以辞害志",是说不因为诗歌文辞的表现,而影响对其中所表示的"诗人志"的理解。"以意逆志"则是说

---

[1] 《孟子注疏》卷九,《十三经注疏》下册,第2735—2736页。

发挥读者的正确的理解力来领会诗中之志。孟子这几句话的基本内涵并不复杂，其意义在于作为一种阅读与批评的方法，具有丰富的启发性。另外，从认识"诗言志"说的传播与传承的历史来看，孟子关于"诗志"说的论说，透露出当时"诗志"说的普遍性。即"诗"的主要承载就是"志"。辞是言志的工具，而文则是对辞的一种修饰，其目的仍然是更好地言志。

孟子的这个关于"诗志"的新理论，是在读者对诗意发生错误理解的场合提出的，属于自觉的阐释学的范畴。《孟子·告子下》还记载了一个纠正高叟说《诗》的事情，属于与上面所述之事同样性质的问题：

> 公孙丑问曰："高子曰：《小弁》，小人之诗也。"孟子曰："何以言之?"曰："怨。"曰："固哉，高叟之为诗也！有人于此，越人关弓而射之，则己谈笑而道之，无他，疏之也。其兄关弓而射之，则己垂涕泣而道之，无他，戚之也。《小弁》之怨，亲亲也。亲亲，仁也。固矣夫，高叟之为诗也！"曰："《凯风》何以不怨?"曰："《凯风》，亲之过小者也。《小弁》，亲之过大者也。亲之过大而不怨，是愈疏也；亲之过小而怨，是不可矶也。愈疏，不孝也；不可矶，亦不孝也。孔子曰：'舜其至孝矣，五十而慕。'"[1]

孔子就已说过诗"可以怨"，并且说："《诗》三百，一言以蔽之，曰思无邪。"高子却以"怨"来怀疑《小弁》为小人之作。这就引起孟子的不满，以他的辨才又一次引正对于《诗》"志"产生误解的事件。从《孟子》中所记载的上述有关如何正确领会《诗》"志"的事情，可能反映下述事实：在诸子时代，或者说在儒家一派中，关于如何正确理解《诗》"志"，已经成为一个问题，同时在对于具体的《诗

---

[1] 《孟子注疏》卷十二上，《十三经注疏》下册，第2756页。

经》作品的理解上,已经出现分歧。这意味着解诗时代的到来,以及不同解诗流派的出现。虽然在共同维护着《舜典》"诗言志"以及孔子关于《诗经》的权威观点,但落实到对具体作品的主题的认识上,即对《诗》中之"志"的具体的阐释上,却出现了种种不同的说法。这在乐官教诗时代、行人赋诗时代,似乎没有明显地表现出来。行人赋诗之能实现,无疑是赋者与领受者之间存在着对诗意的比较统一的理解。到诸子时代,出现了这种对诗中之"志"如何准确理解的问题,并且开启了解诗风气。在这个意义上,整个的解诗风气,如四家《诗》的存在,正是以"诗志"论为基本的理论前提。所以,"诗志"论最后被落实在汉儒的解诗之上,同时其原始具有的政教功能也自然被汉儒解诗者所接受,形成了诸如《毛诗》的注重风刺之说、《鲁诗》的注重通经之用,《齐诗》的偏向形而上之论,《韩诗外传》的引同类史事以证诗等多种方法。可见,"诗言志"说实是两千多年经学《诗》学大厦之主梁与拱顶。其端底都在先秦时代传承久远,已成为极强的经典观念。真正对它有所突破,还是在后来的文人诗学发生之后。

四、言志与"六义"

从历史发展的脉络来看,《周礼·春官宗伯》等篇所记载的乐教制度,与《舜典》所记载的"虞庭言乐"是一脉相承的,而六种乐语、"六诗"则是对"诗言志"的具体展开,即围绕"言"的方法的一种探讨。

上面我们已经论述过,"诗言志"作为中国古代最经典也最早的诗歌本体论,是在政教国家、伦理道德及乐教制度建立的时代出现的。古代学者普遍认可周代乐教、诗教制度的存在。《礼记·王制》记载:

> 乐正崇四术,立四教,顺先王《诗》《书》《礼》《乐》以造士。春秋教以《礼》《乐》,冬夏教以《诗》《书》。王大子,王子,群后

之大子，卿大夫元士之适子，国之俊选，皆造焉。凡入学以齿。[1]

又《礼记·内则》记载："十有三年，学乐，诵诗，舞勺，成童舞象，学射御。"[2]这与《舜典》舜命夔典乐以教胄子是同样的事实。关于这种制度，在《周礼》里面有更为具体的记载：

> 大司乐掌成均之法，以治建国之学政，而合国之子弟焉。凡有道者，有德者，使教焉。死则以为乐祖，祭于瞽宗。以乐德教国子，中、和、祗、庸、孝、友；以乐语教国子，兴、道、讽、诵、言、语；以乐舞教国子，舞《云门》《大卷》《大咸》《大磬》《大夏》《大濩》《大武》。以六律、六同、五声、八音、六舞、大合乐。以致鬼、神、示，以和邦国，以谐万民，以安宾客，以说远人，以作动物。[3]

又记载：

> 大师掌六律、六同以合阴阳之声。阳声：黄钟、大蔟、姑洗、蕤宾、夷则、无射。阴声：大吕、应钟、南吕、函钟、小吕、夹钟。皆文之以五声：宫、商、角、徵、羽；皆播之以八音：金、石、土、革、丝、木、匏、竹。教六诗：曰风、曰赋、曰比、曰兴、曰雅、曰颂。以六德为之本，以六律为之音。[4]

《周礼》将音乐教育的内容分为乐德、乐语、乐舞三部分。其中乐德以"中、和、祗、庸、孝、友"为内容，属伦理的目标，它

---

[1] 《礼记正义》卷十三，《十三经注疏》下册，第1342页。
[2] 《礼记正义》卷二十八，《十三经注疏》下册，第1471页。
[3] 《周礼注疏》卷二十二，《十三经注疏》上册，第787—788页。
[4] 《周礼注疏》卷二十三，《十三经注疏》上册，第795—796页。

与《舜典》中所说的"教胄子，直而温，宽而栗，刚而无虐，简而无傲"这一部分相当。"六律""六同""五声""八音"等则是对"律和声"的具体展开，其对中国后来音乐思想的影响也极其深远。"以乐语教国子，兴、道、讽、诵、言、语"，则是关于歌诗的部分，与"诗言志，歌永言，声依永，律和声"的内容相类，可以说是对言志的方法的展开论述。乐语即歌辞。朱自清《诗言志辨》对此仅做分析："这六种'乐语'的分别，现在还不能详知，似乎都以歌辞为主。'兴''道'（导）似乎是合奏，'讽''诵'似乎是独奏；'言''语'是将歌辞应用在日常生活里。这些都用歌辞来表示情意，所以称为'乐语'。"[1]与之相类，还有六诗"风、赋、比、兴、雅、颂"。两者相比较，乐语中的"兴""讽""诵"与六诗中的"兴""风""颂"也极为相似。从这里我们可以发现，早期王官诗学在探讨分析诗歌艺术的要素时，曾经有过不同的说法，其中重要范畴的发生与最后确定是有一个过程的。六种乐语与"六诗"（后来的"六义"）的产生，绝非孤立的，而是在与"六律""六德"相配合的过程中确定的。"六德"为本，是对言志的伦理功能的规范，是对"志"的伦理内容的进一步解释；"六律"为音，是对"律和声"的具体化；而六种乐语、"六诗"则是言志的具体方法的展开。教乐语、教六诗其实是性质相同的教学内容，其中主要是分析诗歌的艺术要素，当然也是提示诗歌创作的方法，包括了丰富的作诗、赋诗（引诗言志）的内容，当然也包括歌唱、吟诵的各种艺术。我们不能不说这些构成了早期诗教活动的完整的体系。作为这个体系的核心，则是"诗言志"的观念。

由此可见，流传后世、成为百代诗学之准绳的"六义"，其实是对古老的"诗言志"的经典原则的展开。中国古代诗学的传承与发展，是以规范、经典的方式展开的，也可以说是以一种极为权威的方式展

---

[1] 《朱自清全集》第六卷，第138页。

开的；并非一般所想象的那样，只是一种孤立、散漫、偶然性的孤明独发，或者如一些人所认为的那样，只是一种朴素、缺少系统的存在。

五、经典序列中的"诗言志"

诸子时代是《诗经》进一步经典化的时代，但是这种经典化并不只是《诗经》一种，而是《诗经》与其他多种经典组成一个系列。这时，《诗》志论又被赋予一种新的含义，即在各种经典之中，"志"作为《诗》这一经典的属性而出现。《庄子·天下》云：

> 其在于《诗》《书》《礼》《乐》者，邹鲁之士、搢绅先生多能明之。《诗》以道志，《书》以道事，《礼》以道行，《乐》以道和，《易》以道阴阳，《春秋》以道名分。其数散于天下而设于中国者，百家之学时或称而道之。[1]

在《舜典》中，"诗言志"与"声依永""律和声"放在一起，实际上是对诗歌艺术的各个要素的分析，可以说是一种艺术理论体系。但在《庄子》这里，《诗》道志与《书》道事、《礼》道行、《乐》道和、《易》道阴阳、《春秋》道名分放在一起论述，所体现的是一种经典系列的功能表述，其实也可以说是文化学意义上的《诗》的特征的认定。《诗》志论这一变化可以说是悄然不觉地发生的。我们甚至可以这样说，这种对每个经典的属性的指定方式，其实是源于"诗言志"之说。当《诗》进入一个经典的系列，而"志"仍然作为《诗》的一种本质、特性存在时，为其他经典寻找同样的本质性规定的思辨方法就很自然地产生。但我们看到，在这方面，不同的思想家有不同的概

---

[1] 郭庆藩撰，王孝鱼点校《庄子集释》卷十下，中华书局1961年，第1067页。

括方式。晚于庄子的《荀子·儒效》云：

> 圣人也者，道之管也。天下之道管是矣，百王之道一是矣。故《诗》《书》《礼》《乐》之归是矣。《诗》言是，其志也；《书》言是，其事也；《礼》言是，其行也；《乐》言是，其和也；《春秋》言是，其微也。[1]

比较《庄子》与《荀子》，他们对《诗》的特点的概括都继承传统的《诗》志论，而对其他经典属性的论定，则各不相同。当然有时候也会产生对《诗》论做出补充或者用另外的范畴来概括《诗》的本质属性的情况。如《荀子·劝学》论述各种经典在养成人格方面的作用时说：

> 故《书》者，政事之纪也；《诗》者，中声之所止也；《礼》者，法之大分，类之纲纪也，故学至乎《礼》而止矣。夫是之谓道德之极。《礼》之敬文也，《乐》之中和也，《诗》《书》之博也，《春秋》之微也，在天地之间者毕矣。[2]

"《诗》者，中声之所止"可以说是关于诗的新的定义，但仔细地分析，它仍是对"诗言志"的演绎。"中声之所止"，"中声"即内心所发声音，类似我们所说的心声，"所止"者，中声止于《诗》。它与后来《毛诗大序》"诗者，志之所之也。在心为志，发言为诗"的含义近似，中间可能存在着渊源关系。当然，用与《诗》志论完全不同的概念来概括《诗》的本质的思考方式也开始出现了，如《管子》一书作者对《诗》的经典作用，就有与儒家一派颇不相同的认识：

---

[1] 《荀子集解》卷四，第133页。
[2] 《荀子集解》卷一，第11—12页。

> 凡人之生也，必以平正。所以失之，必以喜怒忧患。是故止怒莫若诗，去忧莫若乐，节乐莫若礼，守礼莫若敬，守敬莫若静。内静外敬，能反其性，性将大定。[1]

> 桓公曰："何谓五官技？"管子曰："诗者，所以记物也。时者，所以记岁也。春秋者，所以记成败也。行者，道民之利害也。易者，所以守凶吉成败也。卜者，卜凶吉利害也。民之能此者，皆一马之田，一金之衣。此使君不迷妄之数也。六家者，即见其时，使豫先蚤闲之日受之。故君无失时，无失策，万物兴丰无失利。远占得失以为末教，诗记人无失辞，行禋道无失义，易守祸福凶吉不相乱，此谓君柄。"[2]

《管子》在不同场合中，对《诗》（或诗）做了好几种概括：一是"止怒莫若《诗》"，二是"《诗》者，所以记物也"，三是"《诗》记人无失辞"。他所侧重的，基本是一种功利的作用。其中的"《诗》者，所以记物"，与孔子命伯鱼学诗，多识乎草木虫鱼之名，是同一意思，反映了春秋诸子对于诗的认识，已经不只是其言志的功能，还有其他方面的文化功能。

六、《礼记·乐记》与《毛诗大序》对"诗言志"的总结与发展

"虞庭言乐"这一思想体系的最后阶段的发展，为《礼记·乐记》与《毛诗大序》。虽然关于这两种重要文献的产生年代，历来存在着

---

[1] 《管子校注》卷十六，第947页。
[2] 《管子校注》卷二十二，第1310页。

种种分歧的说法，但是从基本的思想系统来看，它们属儒家一派的礼乐、诗教思想的总结，这一点应该是没有问题的。以此来看，当然也是诸子诗学的产物。

《礼记·乐记》系统地传述了《舜典》的诗学体系：

> 乐者，德之华也。金石丝竹，乐之器也。诗言其志也。歌咏其声也，舞动其容也。三者本于心，然后乐器从之。是故情深而文明，气盛而化神。和顺积中而英华发外，唯乐不可以为伪。[1]

首先强调乐德，然后是乐器，然后依次推出"诗言其志""歌咏其声""舞动其容"。这里论述的内容与次序，与《舜典》是完全一致的，但阐述的方式明显地趋向于通俗化，并且长于演绎，正是诸子文体的特点。又《礼记·礼器》：

> 礼也者，反其所自生；乐也者，乐其所自成。是故先王之制礼也以节事，修乐以道志。[2]

先王"修乐以道志"，说的正是"虞庭言乐"之事。由"诗言其志"引出"修乐以道志"，正是诗乐舞一体的艺术形态的反映。诗因为属于文本体系，所以是言志的最主要的承载，但是从乐教的整体看法来说，整个"乐"的系统，无不是围绕着伦理教化功能而展开，所以从"诗言其志"到"修乐以道志"，是一个自然的过渡，可能也是诸子时代的一种常识性的思想。

但是，《乐记》作为礼乐政教思想的总结性成果，其理论的系统与

---

[1] 《礼记正义》卷三十八，《十三经注疏》下册，第 1536 页。
[2] 《礼记正义》卷二十四，《十三经注疏》下册，第 1441 页。

深入，与《舜典》《周礼》是不可同日而语的，它的高度，完全可以用今人所说的"艺术原理"的专著来形容。其对《舜典》的基本的发展思路，我们可以这样理解：由"诗志"论而发展出"乐志"论，再立足于"乐"的立场，全面阐述乐的发生原理与社会内容，其原始所具有的教化功能，以及圣人对这种教化功能的利用。《乐记》"诗志""乐志"的最重要发展是提出"心"的范畴："乐者，音之所由生也，其本在人心之感于物也。"[1]"凡音者，生于人心者也"[2]，这是对言志的阐述与发展。同时在音乐的功能方面，《乐记》相对《舜典》《周礼·春官宗伯》的一个重要发展，就是承认乐是由人心的自然需要出发，人心对乐有一种自然的娱乐功用。单从这两点来讲，可以说《乐记》的艺术观念与现代艺术观念已经没有太大的不同。但是作为一个政教体系的艺术理论体系，《乐记》最后仍要回归到伦理的标准上来。于是它将音乐分解为"声""音""乐"三个范畴：

> 凡音者，生于人心者也；乐者，通伦理者也。是故，知声而不知音者，禽兽是也；知音而不知乐者，众庶是也。唯君子为能知乐。是故，审声以知音，审音以知乐，审乐以知政，而治道备矣。是故，不知声者不可与言音，不知音者不可与言乐。知乐，则几于礼矣。礼乐皆得，谓之有德。德者得也。[3]

上述应该是沟通一般的艺术理论与儒家特殊的政教观念的艺术理论的重要理论前提。我们可以看到，《乐记》是一种具有艺术哲学品格的艺术理论，它应该是诸子时代思辨哲学的一种成果。

除了音由心生及"人不能无乐"这样的观念之外，《乐记》影响

---

[1] 《礼记正义》卷三十七，《十三经注疏》下册，第1527页。
[2] 《礼记正义》卷三十八，《十三经注疏》下册，第1528页。
[3] 《礼记正义》卷三十八，《十三经注疏》下册，第1528页。

后世诗学深远的地方在于"情"的提出:

> 凡音者,生人心者也。情动于中,故形于声。声成文,谓之音。[1]

艺术活动中的"情"的概念的提出,是先秦至汉艺术思想发展的重要环节,这个问题同样需要从复杂、广阔的思想文化背景上来探讨。如果说《乐记》里面还是侧重从"乐"的整体来论"情",到了《毛诗大序》中,"情"就是一个单纯的诗学范畴了。这就是我们大家熟悉的一段文字:

> 诗者,志之所之也。在心为志,发言为诗。情动于中而形于言,言之不足,故嗟叹之。嗟叹之不足,故永歌之。永歌之不足,不知手之舞之,足之蹈之也。情发于声,声成文谓之音。治世之音安以乐,其政和;乱世之音怨以怒,其政乖;亡国之音哀以思,其民困。故正得失,动天地,感鬼神,莫近于诗。先王以是经夫妇,成孝敬,厚人伦,美教化,移风俗。[2]

这一段文字,正是结合《舜典》"诗言志"说与上述《乐记》"人心""音""乐"之说而成的。至此,漫长时代传述的"诗言志"说,就有一个合理的归结,并因"情"的补充而完整化,同时也保证了其在艺术实践中的价值,从而成为前人所说的中国整个诗学史的"开山纲领"与不二原则。

总结本章所论:"诗言志"作为中国第一个诗歌本体理论,是传统

---

[1] 《礼记正义》卷三十八,《十三经注疏》下册,第1527页。
[2] 《毛诗正义》卷一,《十三经注疏》上册,第269—270页。

所说的虞廷论乐的核心内容。我们的研究重点,应该放在探寻早期诗歌本体论形成的历史文化条件上。这个条件大体上可以概括为国家政教体系成立、诗乐舞综合艺术形态之发达、伦理观念的成熟这样三个方面的事实。作为一个基本的观念,"诗言志"从其产生之后,即成为人们认识诗歌的经典思想,其在先秦时代的诗学与诗歌文化中有极广泛的绵延,并且表现为一种很稳固、统一的认识。这一点可以从春秋士大夫的赋诗、用诗中得到证实,更可以从诸子对于这个观念的普遍接受中得到证实。同时,"言志"在早期的使用中,虽然是对诗歌创作行为的一种解释,但更重要的还是作为对于诗歌功用的解释,即《诗》或"诗"的文本,具有言志的功能。从虞廷论乐时代开始,言志不仅是作诗的原则,更是诗教、用诗的原则,从胄子到行人的诸子,都以一种言志的方法来学诗、诵诗、用诗。终于由此而产生对于《诗》或"诗"的文本意义的充分追寻,引出解诗的端绪。所以,言志实可视为经学《诗》学发生的拱极。另一方面,在诸子的时代,《诗》志论由被认定为与声、律相结合的艺术要素,发展为《诗》的基本经典属性,作为与其他诸种经典并存而分别的依据。同时,其他经典属性范畴的建立,很可能也是"诗言志"阐述方式的推广。对"志"的进一步解释,乃至于用其他的新范畴来代替《诗》志论的理论也有所展开。从权威性来讲,言志论作为一种独断性认识,事实上绵亘于从其产生到魏晋诗人的时代。汉魏之际诗人自然地接受这个观念,体现汉末言志诗风气的兴盛。但是在续后的诗歌发展中,新的诗歌本体论也对言志说做了补充,但言志说从未被完全淘汰。甚至可以说,言志论一直是中国古代诗歌本体论的核心范畴。比之上一段(即从先秦到两汉)对言志的发生成因及发展真相的探讨,恐怕在后一段诗学中对言志论的实践价值的研究,是一个更为复杂的问题。此问题本章暂不做展开,只能留待后续的研究来解决。

第四章
汉儒经学、纬学诗论

　　汉代儒家诗学，作为中国古代诗学理论的一个重要的发展阶段，在诗歌理论发展史的研究中备受关注。但是我们建构在批评史及诗学史中的主要是《毛诗》一派的理论，并且主要围绕《毛传大序》而展开，对《毛传》中包含的兴、美、刺等问题，则缺乏深入的研究。至于齐、鲁、韩三家《诗》以及谶纬学中的诗歌理论，并没有从理论史角度对其进行阐述。

　　汉儒经学纬学诗论，主要是围绕着《诗经》的经典化与解读而展开的。甚至可以说，整个汉代的诗歌理论与批评，也都是围绕《诗经》而展开的，但是仍然含有对普遍意义的"诗"及"诗歌"的讨论，即一般的诗歌理论与批评。这是一个比较复杂的、需要辨析的问题。

一、四家《诗》的渊源及传授情况

　　汉儒诗学，源于春秋战国时代诸子的诗学。诸子诗学，继周代王官诗学与春秋行人诗学而来，以言志为基本宗旨，将《诗》作为经典来引述，涉及诗义的地方不少，有的是原始的，有的是引申；从整体上讲，是一种用诗之学、解诗之学。[1] 孔子正雅颂之乐，并将诗作为

---

[1] 参看钱志熙《中国早期诗学的发展进程——引进西方诗学的比较视角》（《中国高校社会科学》2016年第6期）、《从王官诗学、行人诗学到诸子诗学——先秦时期诗学及其发展进程的再认识》（《北京大学学报》2017年第1期）等文的相关论述。

教育学生的主要教材，弦歌三百篇，寓教于乐。以《论语》为主的各种文献，保存相当数量的孔门学《诗》、引《诗》、谈《诗》的文献，实为先秦诸子诗学中最具系统者。现存新近发现的楚竹简《孔子诗论》，据学者的观点，为孔门弟子所引述、发挥的孔子对于《诗经》全体及许多作品的专门论述。有学者认为是子夏所作。[1]孟子、荀子于《诗》俱有论述，若干要义为汉儒所继承发挥。毫无疑问，汉儒诗学源于以儒家为主的春秋战国诸子诗学。也因此，后世儒者注目汉儒诗学，多将努力放在考述从诸子各家到汉四家《诗》的渊源关系上。

司马迁《史记·儒林列传》论《诗经》及其传授源流于礼乐坏而孔子正乐删诗："夫周室衰而《关雎》作，幽厉微而礼乐坏，诸侯恣行，政由强国。孔子闵王路废而邪道兴，于是论次《诗》《书》，修起《礼》《乐》。适齐闻《韶》，三月不知肉味。自卫返鲁，然而乐正，《雅》《颂》各得其所。"[2]又《史记·周本纪》："共王崩，子懿王囏立。懿王之时，王室遂衰，诗人作刺。"[3]又《史记·十二诸侯年表》："周道缺，诗人本之衽席，《关雎》作。"[4]是则司马迁以孔子为传《诗》之人，他另有古者诗三千余篇，孔子删为三百五篇的删诗说（见《孔子世家》）。然《诗》自王官而后至诸子，诸子皆论《诗》，而孔子之目的在于恢复王官之诗学，亦即周代的诗教。

又叙孔子儒家传《诗》《书》《礼》《乐》的情况：

> 自孔子卒后，七十子之徒散游诸侯……子夏居西河，子贡终于齐。如田子方、段干木、吴起、禽滑厘之属，皆受业于子夏之伦，

---

[1] 李学勤《诗论的体裁和作者》，载朱渊清、廖名春主编《上博馆藏战国楚竹书研究》，上海书店2002年，第56—57页。

[2] 《史记》卷一百二十一，第3115页。

[3] 《史记》卷四，第140页。

[4] 《史记》卷十四，第509页。

为王者师。是时独魏文侯好学。[1]

又叙秦焚书之后，齐鲁诸生传孔子学的情况：

>秦之季世，焚《诗》《书》，坑术士，《六艺》从此缺焉。陈涉之王也，而鲁诸儒持孔氏之礼器往归陈王。于是孔甲为陈涉博士，卒与涉俱死。[2]

又述："及高皇帝诛项籍，举兵围鲁，鲁中诸儒尚讲诵习礼乐，弦歌之音不绝，岂非圣人之遗化，好礼乐之国哉？"[3]又云："夫齐鲁之间于文学，自古以来，其天性也。故汉兴，然后诸儒始得修其经艺，讲习大射饮酒之礼。叔孙通作汉礼仪，因为太常，诸生弟子共定者，咸为选首，于是喟然叹兴于学。"[4]皮锡瑞《经学通论》叙三家《诗》源流云："《史记》载三家以申培、辕固、韩婴为初祖，而三家传自何人，授受已不能详。"[5]然《儒林列传》在叙三家《诗》之后，详明齐鲁之传承孔子文学（《诗》《书》《礼》《乐》）的情况，已明三家皆出齐鲁及与齐相近的燕，是传孔子与其诸弟子之学。

又叙汉初传《诗》情况：

>孝惠、吕后时，公卿皆武力有功之臣。孝文时颇征用，然孝文帝本好刑名之言。及至孝景，不任儒者，而窦太后又好黄老之术，故诸博士具官待问，未有进者。及今上（按，指武帝）即位，赵绾、

---

[1] 《史记》卷一百二十一，第3116页。
[2] 《史记》卷一百二十一，第3116页。
[3] 《史记》卷一百二十一，第3117页。
[4] 《史记》卷一百二十一，第3117页。
[5] 皮锡瑞《经学通论》"二、诗经"，第3页。

王臧之属明儒学，而上亦乡之，于是招方正贤良文学之士，自是之后，言《诗》于鲁则申培公，于齐则辕固生，于燕则韩太傅。[1]

其述《鲁诗》申公者：

> 申公者，鲁人也。高祖过鲁，申公以弟子从师入见高祖于鲁南宫。吕太后时，申公游学长安，与刘郢同师，已而郢为楚王，令申公傅其太子戊，戊不好学，疾申公。及王郢卒，戊立为楚王，胥靡申公。申公耻之，归鲁，退居家教，终身不出门，复谢绝宾客，独王命召之乃往。弟子自远方至受业者百余人。申公独以《诗》经为训以教，无传，疑者则阙不传。[2]

又云："兰陵王臧既受《诗》，以事孝景帝为太子少傅，免去。"[3] 又云："及代赵绾亦尝受《诗》申公，绾为御史大夫。"[4] 臧、绾皆言师申公，武帝令迎取申公，年已八十余，天子问治乱事，申公"对曰：'为治者不在多言，顾力行何如耳。'是时天子方好文词，见申公对，默然"[5]。

其述《齐诗》云："清河王太傅辕固生者，齐人也。以治《诗》，孝景时为博士。"[6] 辕固以窦太后不喜而退为清河王太傅。"今上初即位，复以贤良征固。诸谀儒多疾毁固，曰'固老'，罢归之。时固已九十余矣。"[7] 又云："自是之后，齐言《诗》皆本辕固生也。诸齐人

---

[1]　《史记》卷一百二十一，第3117—3118页。
[2]　《史记》卷一百二十一，第3120—3121页。
[3]　《史记》卷一百二十一，第3121页。
[4]　《史记》卷一百二十一，第3121页。
[5]　《史记》卷一百二十一，第3121—3122页。
[6]　《史记》卷一百二十一，第3122页。
[7]　《史记》卷一百二十一，第3123页。

以《诗》显贵,皆固之弟子也。"[1]

又述《韩诗》:

> 韩生者,燕人也。孝文帝时为博士,景帝时为常山王太傅。韩生推《诗》之意而为内外传数万言,其语颇与齐鲁间殊,然其归一也。淮南贲生受之。自是之后,而燕赵间言《诗》者由韩生。韩生孙商为今上博士。[2]

此司马迁之述汉齐、鲁、韩三家《诗》也,未言有《毛诗》。至班固《汉书》,始述及《毛诗》,且直接追溯到孔门的子夏。一个传统的看法是认为《诗》序为子夏所作,数传至大毛公为之作传。《汉书·艺文志》介绍如下:

> 《书》曰:"诗言志,哥(歌)咏言。"故哀乐之心感,而哥(歌)咏之声发。诵其言谓之诗,咏其声谓之哥(歌)。故古有采诗之官,王者所以观风俗,知得失,自考正也。孔子纯取周诗,上采殷,下取鲁,凡三百五篇,遭秦而全者,以其讽诵,不独在竹帛故也。汉兴,鲁申公为《诗》训故,而齐辕固、燕韩生皆为之传。或取《春秋》,采杂说,咸非其本义。与不得已,鲁最为近之。三家皆列于学官。又有毛公之学,自谓子夏所传,而河间献王好之,未得立。[3]

这是汉人论《诗经》及其传承的源流中比较完整的一条。这里已经将从《尚书》到商、周、春秋孔门《诗》学、汉四家《诗》学贯穿起来

---

[1] 《史记》卷一百二十一,第3124页。
[2] 《史记》卷一百二十一,第3124页。
[3] 《汉书》卷三十,第1708页。

了。其中"又有毛公之学，自谓子夏所传"一句，最需究心。当班固作《艺文志》时，《毛诗》一派尚未立于朝廷博士之学，尚属民间传授。这从班氏的叙述中，也显然可见。但至东汉后期，卫宏传《毛诗》之学，再后来郑玄为《毛传》作笺，《毛诗》成为显学。魏晋以降，齐、鲁、韩三家《诗》逐渐衰落而《毛诗》大盛。孔颖达《毛诗正义》序中论晋宋以来《毛诗》传承的情况时说："晋宋二萧之世，其道大行，齐魏两河之间，兹风不坠。其近代为义疏者，有全缓、何胤、舒瑗、刘轨思、刘丑、刘焯、刘炫等。"[1] 在这过程中，学者对《毛诗》传承的统系又做了探讨。其中三国东吴郡陆玑《毛诗草木虫鱼疏》所言较早而最详：

> 孔子删诗，授卜商，商为之序，以授鲁人曾申，申授魏人李克，克授鲁人孟仲子。仲子授根牟子，根牟子授赵人荀卿，荀卿授鲁国毛亨。亨作《诂训传》，以授赵国毛苌。时人谓亨为大毛公，苌为小毛公。[2]

又三国东吴豫章徐整《毛诗谱畅》又提出子夏与毛亨之间的另一种传授关系：

> 子夏授高行子，高行子授薛仓子，薛仓子授帛妙子，帛妙子授河间大毛公，为《故训传》，授赵人小毛公。[3]

清人陈奂《毛诗说·毛传渊源通论》集诸家说之大成，并根据

---

[1] 《毛诗正义》卷首，《十三经注疏》上册，第 261 页。
[2] 陆玑撰，丁晏注《毛诗草木虫鱼疏校正》，《续修四库全书》第 71 册，上海古籍出版社 1995 年，第 457 页。
[3] 唐晏著，吴东民点校《两汉三国学案》卷六，中华书局 1986 年，第 305 页。

《毛诗》与各经典的文本比勘，对《毛诗》的渊源做了比较详细的梳理，并且在宗毛的前提下，认为四家《诗》具有同源的关系：

> 言六艺者折衷孔子，司马迁论之笃矣！子夏善说《诗》，数传至荀卿子，而大毛公生当六国，犹在暴秦燔书之先，又亲受业荀氏之门，故说《诗》取义于荀子书者，不一而足。汉诸儒未兴，要非汉诸儒之所能企及。陆德明《经典释文》叙录云：左丘明作《传》以授曾申，申传卫人吴起，起传其子期，期传楚人铎椒。椒传赵人虞卿，卿传同郡荀卿，名况。左丘作《左氏春秋》，失明，有《国语》。子夏《诗序·桑中》《鹑之奔奔》《载驰》《硕人》《清人》《黄鸟》《四牡》《常棣》《湛露》《彤弓》《行苇》《泂》《酌》，与《左氏春秋》悉吻合，故毛公说《诗》，其义取诸《左传》者亦不一而足。《葛覃》"服之"、《天作》"荒之"、《旱麓》"干禄"、《皇皇者华》"六德"、《新台》"籧篨""戚施"，以及《既醉》《昊天有成命》等篇，义皆取诸《国语》。其时《左氏》未立学官，而毛公作《诂训传》同者，用师说也。《汉书·儒林传》："申公，鲁人也。少与楚元王交，俱事齐人浮丘伯受《诗》。"《盐铁论》云："苞丘子，与李斯俱事荀卿。"苞丘子即浮丘伯，为荀卿门人。《鲁诗》亦出荀子。《韩诗》引荀卿子以说《诗》者四十有四。《齐诗》虽用谶纬，而翼奉、匡衡其大指与《毛诗》同。然而三家往往与内外传不合符节者何也？盖七十子殁，微言大义，各有指归。唯《毛诗》之说，笃守子夏之序文，发挥焉而不凌杂。《风俗通义》云："穀梁为子夏门人。"又《儒林传》云："瑕丘江公受《穀梁春秋》及《诗》于鲁申公。"毛公说《诗》与《穀梁春秋》合。《公羊春秋》亦出于子夏。汉初董仲舒及庄彭祖、颜安乐说牲、说舞与《毛诗》合，而与何休解不合。其流派异，其本源同矣！毛公说《诗·葛覃》《草虫》《简兮》《淇奥》《子衿》《扬之水》《东山》《伐柯》《采芑》《正月》《采菽》《采绿》《行苇》《既醉》

《瞻卬》《良耜》《泮水》《那》，义见诸《小戴》。《节南山》《小宛》《下武》，义见诸《大戴》。《周官》未兴而"缁帛五两"（《行露》）、"邦国六闲"（《駉》）、"九族"（《常棣》）、"四享"（《天保》）、"圜土"（《正月》）、"乘石"（《白华》）、"挈壶氏"（《东方未明》）、"凶荒杀礼"（《摽有梅》《野有死麕》），义皆取诸《周官》。河间献王时，李氏上《周官》五篇，取《考工记》以补事官，而殳（《伯兮》）、黼（《采菽》《文王》）、锲矢、王弓（《行苇》）之制度，见《考工记》。凡天子诸侯，礼不详于《仪礼》。叔父、叔舅（《伐木》），仅见于《觐》，簠、鼓、磬（《那》《鼓钟》），仅见于《大射》。高堂生传《士礼》十七篇，即今之《仪礼》也。十七篇记皆出于七十子，释軷、祭脯（《泉水》《生民》）、施衿、结帨（《东山》）、房中之乐（《君子阳阳》）、铏、芼（《采蘋》），见于《聘》《昏》《燕》《特牲》《公食大夫》诸记文，《大戴·劝学》《小戴·乐记》《三年问》皆出于《荀子》。而《荀子·大略》其门弟子所杂录之语，皆逸礼名言，盖荀卿子长于《礼》，毛公说《礼》用师说也。《七月》说狐貉，《无衣》说征伐，《抑》说愚、知，义皆取诸《论语》，孔子释《关雎》"乐而不淫，哀而不伤"，子夏乃因之作序，毛公又依之作传。《六艺论》云：《论语》，子夏、仲弓合撰，荀为七十子五传弟子，而荀书《儒效》《非相》《非十二子》三篇，每以仲尼、子弓并称。子弓即仲弓，荀之学出于子夏、仲弓，毛亦用师说也。《史记》载孟子受业于子思之门人，郑玄《诗谱》云："孟仲子，子思之弟子。"赵岐注《孟子》云："孟仲子，孟子之从昆弟，学于孟子者也。"而毛公《维天之命》《閟宫》，传两引孟仲子说。徐整云："子夏授高行子。"高行子即高子。《孟子·告子篇》、子夏《丝衣序》、毛公《小弁》传，有高子说。其说舜之大孝（《小弁》）、大王迁豳（《绵》），士者世禄，盛德不为众（《文王》），从事独贤（《北山》），泄泄犹沓沓（《板》），义皆取诸《孟子》。孟子曰："又尚论古之人，颂其诗，读其书，不知其人，可乎？是以论其世也。"又曰："故善说诗者，不以文害辞，不以辞害志，以意逆志，是为得之。"孟、荀一家，先后同揆，故毛公说诗，与孟子说诗之意，同用师说也。

林传甲《筹笔轩读书日记》亦言《毛诗》之渊源明于三家：

《诗》有四家，《毛诗》晚出而独存者，其贯穿先秦古书，释《鸱鸮》合《金縢》，释《北山》《烝民》合《孟子》，释《昊天有成命》合《国语》，释《硕人》《清人》《黄鸟》《皇矣》合《左传》，序《由庚》六章合《仪礼》，当毛氏时，左氏未出，《孟子》《国语》《仪礼》未甚行，其所见之博，所择之精，必非齐鲁韩所及矣。[1]

陈奂溯理毛传源流，其中关键的人物，首先是孔子，《毛传》直接出于孔子之论者，是关于《关雎》"乐而不淫，哀而不伤"的解释，陈氏认为子夏根据孔子之说作序，毛公又依之作传。其次重要的人物是子夏，子夏善说《诗》，数传至荀子，大毛公是六国时的人，在秦燔书之前。荀子不仅是子夏之数传，同时也是左丘明的数传。陈氏列举《毛传》说《诗》用左氏的诸义，并且认为不仅毛公学于荀子，传《鲁诗》的申公所受学的浮丘公，亦是荀子门人。同时《韩诗外传》亦多引荀书之说至四十有四。那么传《诗》世系中最重要的人物就是荀子。陈氏还认为《齐诗》虽受谶纬影响，但以陈氏的看法，其大旨与《毛诗》同。那么为什么有共同源头的四家《诗》，最后在具体的诗说上出现那么大的差异呢？陈氏认为那是传孔子之说的七十子殁后，大义多乖，传者俱有指归。如果说，七十子中传孔门诗说的最主要的人物是子夏，那么按陈氏的说法，也可以说子夏没后，传其诗说各有指

---

[1] 林传甲《筹笔轩读书日记》，奎垣学校重校版。

归。陈氏还认为作《穀梁传》的穀梁为子夏门人,所以毛公说《诗》与《穀梁春秋》合。《春秋公羊传》亦出于子夏,所以《公羊》学者董仲舒等人说《诗》,与《毛诗》合,而与注疏《春秋公羊传》的何休不合。接着,他通过对《毛诗》与《周礼》《仪礼》相同处的指揭,认为这是因为荀子专擅礼学,而毛公传其师之礼学,所以其说《诗》多与《礼》合。子夏之外,仲弓也是重要人物。据说他与子夏共同纂集《论语》,而荀子不仅是卜子夏的五传弟子,同时其论学甚重仲弓,每以仲尼、仲弓并论。最后陈氏还溯理了《毛传》与孟子的渊源关系,认为毛公两用孟仲子说,又用高子说。孟仲子是孟子从弟,高子也为子夏门人,《孟子·告子篇》提到高子之说《诗》,这都是与孟子有关系的。最重要的是,陈氏认为孟子说《诗》的原则,知人论世、以意逆志,为毛公所遵。《孔子诗论》重新问世,使我们对以卜子夏为代表的孔门《诗》学之盛,有了更具体的了解。

《毛诗》之外,齐、鲁、韩三家《诗》中,《鲁诗》之传承,最为渊源有自,流行并取重于世似乎也早于齐、韩两家。《鲁诗》与《毛诗》一样,都是出于荀子。《汉书·楚元王传》下述诸说:

> 楚元王交字游,高祖同父少弟也。好书,多材艺。少时尝与鲁穆生、白生、申公俱受《诗》于浮丘伯。(服虔曰:白生,鲁国奄里人。浮丘伯,秦时儒生。)伯者,孙卿门人也。及秦焚书,各别去。[1]

由此可见,申公、元王等人受《诗》于荀子门人浮丘伯,是在秦始皇焚书之前。等到汉高祖得天下,元王受封于楚,以申公等人为大夫,元王其时已贵,遣子与申公继续从浮丘伯受《诗》:

---

[1] 《汉书》卷三十六,第1921页。

元王既至楚，以穆生、白生、申公为中大夫。高后时，浮丘伯在长安，元王遣子郢客与申公俱卒业。文帝时，闻申公为《诗》最精，以为博士。元王好《诗》，诸子皆读《诗》，申公始为《诗》传，号《鲁诗》，元王亦次之《诗》传，号曰《元王诗》，世或有之。[1]

《楚元王传》又载元王孙"辟疆字少卿，亦好读《诗》，能属文"。又刘向、刘歆父子亦元王后人，都精于六义，精通《诗》学，实为《鲁诗》传承者。但向、歆用诗，又多与《毛诗》同，而刘歆倡立古文经学。向、歆父子用《诗》，之所以多与《毛诗》同，可能是与毛、鲁两家本来就有共同的渊源有关系。

关于《鲁诗》的传授，王先谦《诗三家义集疏序例》引陈乔枞《鲁诗遗说考序》云：

> 《汉书·艺文志》："《诗经》二十八卷，鲁、齐、韩三家。《鲁故》二十五卷。《鲁说》二十八卷。"《楚元王传》云……然则志载《鲁故》《鲁说》，盖即申公所为之《诗传》矣。《史记·儒林传》言汉高祖过鲁，申公以弟子从师入谒于鲁南宫。又言申公以《诗》教授，弟子自远方至受业者千余人。是三家之学，鲁最先出，其传亦最广。有张、唐、褚氏之学，又有韦氏学、许氏学，皆家世传业，守其师法。终汉之世，三家并立学官，而鲁学为极盛焉。[2]

此述《鲁诗》之盛。但是，王充《论衡·书解》说："著作者为文儒，说经者为世儒。"他在论证世儒与文儒的各自作用时，认为"世儒当时虽尊，不遭文儒之书，其迹不传"，"世传《诗》家鲁申公、《书》家

---

[1]　《汉书》卷三十六，第1922页。
[2]　王先谦撰，吴格点校《诗三家义集疏》，中华书局1987年，第5页。

千乘欧阳、公孙,不遭太史公,世人不闻"。[1]王充认为像申公的这样的世儒,当时虽然地位尊显,但如果没有司马迁《史记·儒林列传》对他传《诗》情况的记叙,其事迹也不可能流传。这个说法,颇让人费解!申公有《诗传》,号为《鲁诗》,缘何王充说其他如"不遭太史公,世人不闻",然则其书王充时已经不传?或者是因为汉儒传《诗》,都口说授受,未形于著作,所谓"时师传读""诸子传说"(见下引)。不然的话,不至说如果没有《史记·儒林列传》的记载,申公其人其事就不为世人所知。

但是,秦汉之际,《诗经》的传授似有断绝。《汉书·楚元王传》载刘歆《移太常博士书》,叙述秦灭《诗》《书》之后,至孝惠时除挟书之令:

> 至孝文皇帝,始使掌故朝错,从伏生受《尚书》。《尚书》初出于屋壁,朽折散绝,今其书见在,时师传读而已。《诗》始萌牙。天下众书往往颇出,皆诸子传说,犹广立于学官,为置博士。在汉朝之儒,唯贾生而已。至孝武皇帝,然后邹、鲁、梁、赵颇有《诗》《礼》《春秋》先师,皆起于建元之间。当此之时,一人不能独尽其经,或为《雅》,或为《颂》,相合而成。《泰誓》后得,博士集而读之。故诏书称曰:"礼坏乐崩,书缺简脱,朕甚闵焉。"时汉兴已七八十年,离于全经,固已远矣。[2]

王先谦《汉书补注》卷三十六:

> 师古曰:谓贾谊。〔补注〕宋祁曰:在汉朝,不容更有汉字。

---

[1] 《论衡校释》卷二十八,第1004页。
[2] 《汉书》卷三十六,第1968页。

> 钱大昕曰：汉初，淄川田何、济南伏生、鲁申公、齐辕固、燕韩婴、鲁高堂生、齐胡母生，皆诸侯王国人，唯贾生洛阳人，在汉十五郡之内。故云汉朝之儒，唯贾生一人。何焯曰：《儒林传》，汉兴，梁太傅贾谊修《左氏春秋传》，为左氏传训故，授赵人贯公，歆欲建立《左氏春秋》，是以推贾生。先谦曰：《文选》无汉字。

前述《鲁诗》传承之说与此处的说法，同出《楚元王传》，但所说的情况颇有出入。所谓"《诗》始萌牙"，正是指汉儒传《诗》，此时还处于刚刚生发的时候，也就是说后来的齐、鲁、韩、毛四家，此时远未形成，或者还没传于世。此说与上述浮丘伯受荀卿诗学，楚元王遣子郢客与申公俱受业，申公为《诗》传、元王亦为《诗》传的说法，似乎相差甚远。刘歆是楚元王后人，不应不叙述其本家《诗》学。据刘歆的说法，到了汉武帝时期，邹、鲁、梁、赵等地，方才有《诗》《礼》《春秋》的先师，并且明确地确定时间为建元之间。但前引司马迁《史记·儒林列传》已叙申公在高祖、景帝时的活动情况，辕固生在景帝时为博士，韩婴在孝文帝时是博士，又《楚元王传》记载元王刘交与申公从浮丘伯学《诗》事。这种情况，即所谓"《诗》始萌牙"（颜师古注："若草木之初生"）。但《诗》学作为一种显学，则始于汉武帝建元时。所以刘歆的叙述与司马迁的叙述基本上符合的。

《鲁诗》之传，与汉初文学亦有重要的关系。章学诚《文史通义·诗教》认为战国之文源于六艺，尤其是多出于《诗》教。[1] 今考楚元王、申公一派传《诗》者，如刘辟疆"好读《诗》，能属文"，刘更生（向）"以通达能属文辞，与王褒、张子侨等并进对，献赋颂凡数十篇"[2]。石显用事时，善类被害，"更生伤之，乃著《疾谗》《摘要》

---

[1] 《文史通义校注》，第60页。
[2] 《汉书》卷三十六，第1928页。

《救危》及《世颂》,凡八篇,依兴古事,悼己及同类也"。这种做法,与《毛诗大序》国史悯伤"礼义废,政教失",追其旧俗而作变风,精神是相承的。刘歆亦"少以通诗书能属文召"[1],这都证明章学诚所说的文章出于《诗》教为不虚。

《韩诗》之传,似稍后于《鲁诗》。燕人韩婴所创,在汉文帝时为博士,尝推诗人之意,作内外传数万言,与齐、鲁之《诗》异,但宗旨接近。《齐诗》则为齐人辕固生所传。

关于四家《诗》在汉代的传承大略,兹引宋徐天麟《东汉会要》以见其要:

> 《鲁诗》,高诩、包咸、魏应、陈重。《齐诗》,伏恭、任末、景鸾。《韩诗》,薛汉、召驯、杨仁、赵晔、李恂。《毛诗》,卫宏。中兴后,郑众、贾逵传《毛诗》,后马融作《毛诗传》,郑玄作《诗笺》。[2]

关于三家《诗》与《毛诗》在汉魏晋时代的交替兴废之迹,王先谦《诗三家义集疏序例》有一个概括的介绍:

> 经学昌于汉,亦晦于汉。自伏壁《书》残,其后伪孔从而乱之。《诗》则鲁、齐、韩三家立学官,独毛以古文鸣,献王以其为河间博士也,颇左右之。刘子骏名好古文,尝欲兼立《毛诗》,然其《移太常书》,仅《左氏春秋》《古文尚书》《逸礼》三事而已。东汉之季,古文大兴,康成兼通今古,为毛作笺,遂以翼毛而凌三家。盖毛之诂训,非无可取,而当大同之世,敢立异说,疑误后

---

[1] 《汉书》卷三十六,第1967页。
[2] 徐天麟《东汉会要》,中华书局1955年,第128页。

来,自谓子夏所传,以掩其不合之迹,而据为独得之奇,故终汉世少尊信者。魏晋以降,郑学盛行,读《郑笺》者必通《毛传》。其初,人以信三家者疑毛,继则以宗郑者昵毛,终且以从毛者屏三家,而三家亡矣![1]

王氏是站在抑毛扬三家的今文经学的立场来叙述这件事,与前述陈奂的说法正好相反。王氏以三家《诗》为传《诗》的正宗,但三家《诗》不能明溯其源流于孔门。其实各为战国间齐、鲁、韩三处之一支。

今综合上述各说,汉儒传《诗》以《毛诗》为最早,次为《鲁诗》《韩诗》《齐诗》。

二、四家《诗》论的大概

三家《诗》因为在西汉为显学,立为博士,并且参与朝政,所以都讲通经致用。《韩诗》重历史,《鲁诗》重训诂,与《毛诗》还比较接近。《齐诗》多参齐学,以阴阳五行、性命之理说诗,与《毛诗》的距离更远了。

《齐诗》尚玄,近于本体之论。《齐诗》也讲情性,这一点与《毛诗大序》以变风变雅为国史吟咏情性之作,有相近的地方。但《齐诗》讲情性,是与阴阳五行之学相结合,如《汉书·眭两夏侯京翼李传》载《齐诗》专家翼奉之说:

> 察其所繇,省其进退,参之六合五行,则可以见人性,知人情。难用外察,从中甚明,故诗之为学,情性而已。五性不相害,六情更兴废。观性以历,观情以律,明主所宜独用,难与二人

---

[1] 《诗三家义集疏》,第1页。

共也。[1]

可见《齐诗》所讲情性,讲的当时流行的情性、性命之学,颇近烦琐哲学的讲法。这也是《诗经》发展的一派,但比起《毛诗》的以教化礼义论《诗》,离真正的诗歌艺术更远了一些。《毛诗》家有"四始"之说,强调风(《关雎》)、小雅(《鹿鸣》)、大雅(《文王》)、颂(《清庙》)这四首诗各自作为四类诗的第一首的重要性,认为其中都含有不寻常的意义。如《毛诗序》:"《关雎》,后妃之德也,风之始也。所以风天下而正夫妇也,故用之乡人焉,用之邦国焉。"这就是说《关雎》这首诗的特殊重要性。这已经是比较玄乎的说法了,但还是属于可探讨的范围。如我们在研究作家的别集时,也会对它的编排次序发生兴趣,尤其是对首卷或首篇的地位问题,有一番寻求。但《毛传》似乎并没有特别提出《鹿鸣》为小雅之始,《文王》为大雅之始,《清庙》为颂之始这样的说法。司马迁《史记》则有"四始"之说:

> 古者诗三千余篇,及至孔子,去其重,取可施于礼义,上采契后稷,中述殷周之盛,至幽厉之缺,始于衽席,故曰"《关雎》之乱以为《风》始,《鹿鸣》为《小雅》始,《文王》为《大雅》始,《清庙》为《颂》始"。[2]

据司马迁的说法,"四始"之说,似乎渊源于孔子。《论语·泰伯》:

> 子曰:师挚之始,《关雎》之乱,洋洋乎盈耳哉!

---

[1] 《汉书》卷七十五,第3170页。
[2] 《史记》卷四十七,第1936页。

有"始"有"乱","始""乱"最早应该是音乐方面的概念[1]。另外司马迁以《关雎》之作为"始于衽席",这是《鲁诗》的说法。司马迁的"四始"之说,似乎也是《鲁诗》的说法。《毛诗》只有《关雎》为"风之始"的说法,至《鲁诗》派则有"四始"之说,则似乎能证明《毛诗》早于《鲁诗》。

《齐诗》更提出"五际"的问题,一种说法是"君臣、父子、兄弟、夫妇、朋友"(唐人颜师古注引东汉应劭之说),也就是说从《诗经》中推寻这五种人伦关系,这还是比较实在的讲法。但《齐诗》"五际",还引到阴阳五行之学中去,就十分地先验与神秘了。

三家《诗》与《毛诗》的是非高下,学者多有不同看法。《毛诗》承传自王官之学、孔门之教,其说《诗》以政教为主,六义为要,讲美刺,标兴体,都接近于诗歌本体。所以,《毛诗》在汉末的流行,与东汉中后期文人诗创作的兴起正好相对应。这一点,我在《魏晋诗歌艺术原论》中曾有初步的探讨。[2] 三家《诗》更多反映汉代流行的经学风气,一是通经致用,直接用诗歌来解释政治,甚至将《诗》学作为帝王学的一部分贡献给君主,如翼奉就说"观性以历,观情以律,明主所宜独用,难与二人共也",将诗歌作为君主驭政之秘术。二是用汉代流行的天人学、阴阳五行之学来研究、演绎诗歌。可见,《毛诗》多传春秋时代的诗学,而三家《诗》主要是汉学,尤其是《齐诗》。三家《诗》之中,《韩诗外传》说《诗》多用类似历史事实,引《诗》以为结论,与春秋引诗、证诗之学最接近(林耀潾《西汉三家诗学研究》对此有详细讨论)。《鲁诗》传自秦汉之浮丘伯,浮丘传荀子之学。所

---

[1] 按《论语注疏》注此句云:"郑曰:师挚,鲁大师之名;始,犹首也。周道衰微,郑卫之音作,正乐废而失节。鲁大师挚识《关雎》之声而首理其乱,有洋洋盈耳,听而美之。"按"乱"为乐章之终,此多见于《楚辞》与汉乐府。

[2] 参见钱志熙《魏晋诗歌艺术原论》第一章第二节《东汉时期诗歌思想的发展》,北京大学出版社2005年,第19—23页。

以这两家尚多先秦渊源，而《齐诗》是真正的汉学。

但也有学者强调三家《诗》与文学的关系：

> 西汉齐诗学之"三基四始五际六情"说及阴阳灾异说，将《诗经》置于宇宙原理之系列中，极具神秘性。鲁诗学者刘向之封事，亦颇以阴阳灾异立论。凡此，乃西汉"尊君以抑民，尊天以抑君"时代背景下之产物，亦"假经立谊，神道设教"之微旨。阴阳灾异之学，怪则怪矣，然学者之用心，欲借此风谏人君，冀有以变革时政，此中自有其进步意义。即就文学重"想象"一义言，三家诗学之神秘色彩亦较毛诗学之理性色彩，为近于文学。[1]

认为三家《诗》比《毛诗》更近文学，其实是一种只看表面的结论。四家《诗》中《毛诗》与真正的诗歌艺术的关系最为直接。《毛诗大序》成为千古诗学之经典理论。

三、四家《诗》的言志及美刺之说

四家《诗》学，都承自先秦。其论《诗》要义之同处，在于两端，一为言志，一为美刺。以下尝试分别阐述。

《毛诗》发挥言志之说为情志一体之论，《大序》之论，世所共谈：

> 诗者，志之所之也。在心为志，发言为诗。情动于中而形于言，言之不足，故嗟叹之。嗟叹之不足，故永歌之。永歌之不足，不知手之舞之，足之蹈之也。[2]

---

[1] 林耀潾《西汉三家诗学研究》，（台北）文津出版社1996年，第332页。
[2] 《毛诗正义》卷一，《十三经注疏》上册，第269—270页。

《鲁诗》亦借《甘棠》一诗来阐发此理：

> 召公述职，当桑蚕之时，不欲变民事，故不入邑中，舍于甘棠之下而听断焉。陕间之人皆得其所，是故后世思而歌咏之。善之故言之，言之不足故嗟叹之，嗟叹之不足故歌咏之。夫诗思然后积，积然后满，满然后发，发由其道而致其位焉。[1]

其"嗟""咏"之说，与《毛诗大序》相同，其余如"思""积"之说，与"情动于中"也正相对应。可见当时诸家说《诗》，皆持此论，应该有共同的渊源。《齐诗》派论《诗》，则以言志为持心之说：

> 诗者，持也。在于敦厚之教，自持其心。讽刺之道，可以扶持邦家者也。[2]

纬书论《诗》，实亦宗经，其中与《齐诗》派的关系最为明显。《诗含神雾》论《诗》，也以"诗者持也"为宗旨：

> 诗者，天地之心，君德之祖，百福之宗，万物之户也。刻之玉板，藏之金府，集微揆著，上统元黄，下序四始，罗列五际。故诗者持也。[3]

"诗者持也"一论，对后世论《诗》者颇有影响。孔颖达《毛诗正义》疏郑玄《诗谱序》"然则诗之道，放于此乎"一语，即引《诗含神雾》之说：

---

[1]《诗三家义集疏》卷二，第83页。
[2]《诗三家义集疏》卷一，第3页。
[3]《古微书》卷二十三，《纬书集成》上册，上海古籍出版社1994年，第288页。

> 诗者，《内则》说负子之礼云：诗负之。注云：诗之言承也。《春秋说题辞》云：在事为诗，未发为谋，恬澹为心，思虑为志。诗之为言志也。《诗纬含神务（雾）》云：诗者，持也。然则诗有三训，承也，志也，持也。作者承君政之善恶，述已志而作诗。为诗之所以持人之行，使不失队（坠）。故一名而三训也。[1]

按，"诗者，持也"实为《齐诗》之说，而《诗含神雾》引用发挥之。刘勰《文心雕龙·明诗》：

> 大舜云：诗言志，歌永言。圣谟所析，义已明矣！是以在心为志，发言为诗，舒文载实，其在兹乎？诗者，持也，持人情性；三百之蔽，义归无邪，持之为训，有符焉尔。

这个说法，其实正是对先秦以来以言志为核心的诸种说法的传承与发展。范文澜解说此段云："郑玄《诗谱序·正义》：'名为诗者，《内则》说负子之礼云"诗负之"。注云"诗之言承也"。《春秋说题辞》云"诗之为言志也"。《诗纬含神雾》云，"诗者，持也"。然则诗有三训：承也，志也，持也。作者承君政之善恶，述已志而作诗，为诗所以持人之行，使不失队，故一名而三训也。'彦和训诗为持，用《含神雾》说。"[2]

钱锺书《管锥编》对此做过比较详尽的讨论：

> 《关雎序》云"诗者，志之所之，在心为志，发言为诗"，《释名》本之云"诗，之也；志之所之也"，《礼记·孔子闲居》论"五

---

[1] 《毛诗正义》，《十三经注疏》上册，第262页。
[2] 《文心雕龙注》卷二，第68—69页。

至"云"志之所之,诗亦至焉";是任心而扬,唯意所适,即"发乎情"之"发"。《诗纬含神雾》云"诗者,持也",即"止乎礼义"之"止";《荀子·劝学》篇曰"诗者,中声之所止也",《大略》篇论《国风》曰"盈其欲而不愆其止",正此"止"也。非徒如《正义》所云"持人之行",亦且自持情性,使喜怒哀乐,合度中节,异乎探喉肆口,直吐快心。《论语·八佾》之"乐而不淫,哀而不伤";《礼记·经解》之"温柔敦厚";《史记·屈原列传》之"怨诽而不乱";古人说诗之语,同归乎"持"而"不愆其止"而已。陆龟蒙《自遣诗三十首·序》云"诗者、持也,持其情性,使不暴去";"暴去"者,"淫""伤""乱""愆"之谓,过度不中节也。夫"长歌当哭",而歌非哭也,哭者情感之天然发泄,而歌者情感之艺术表现也。"发"而能"止","之"而能"持",则抒情通乎造艺,而非徒以宣泄为快有如西人所嘲"灵魂之便溺"矣。"之"与"持"一纵一敛,一送一控,相反而亦相成,又背出分训之同时合训者。又李之仪《姑溪居士后集》卷十五《杂题跋》"作诗字字要有来处"一条引王安石《字说》"'诗'从'言'从'寺',寺者法度之所在也"(参观晁说之《嵩山文集》卷一三《儒言》八《诗》)。倘"法度"指防范惩戒、儆恶闲邪而言,即"持人之行"之意,金文如《郏公望钟》正以"寺"字为"持"字。倘"法度"即杜甫所谓"诗律细"、唐庚所谓"诗律伤严",则旧解出新意矣。[1]

传统的"诗持"之说,主要是体现对诗人的伦理要求,以及诗的伦理作用,所以与《毛诗大序》情性之说相合,都可以说是对言志说的发挥。钱氏引"法度"即今人所说艺术表现法则的内涵,则是对"诗持"说的又一发挥。然孔颖达说"永言"之意,强调诗非直言,已

---

[1] 钱锺书《管锥编》第1册,中华书局1986年,第57—58页。

含此意:"诗,志之异,而直言者非诗。故更序诗必长歌之意。"孔氏又发挥"声成文谓之音"的"音"的内涵为"次序清浊,节奏高下,使五声为曲,似五色成文"。[1] 其意即钱氏所说的"诗持"的新意,只不过孔氏主要是从音乐艺术的角度来说。

与"诗者持也"相近,《春秋说题辞》还有诗为"人心之操"之说:

> 诗者,天地之精,星辰之度,人心之操也。在事为诗,未发为谋,恬淡为心,思虑为志,故诗之为言志也。[2]

认为诗是"天地之精,星辰之度",比《诗含神雾》所说的"诗者,天地之心,君德之祖"更为玄秘。但"人心之操"之说,与诗是持人之心的说法是接近的。下面"未发为谋,恬淡为心"与《中庸》所说的"喜怒哀乐未发谓之中,发而皆中节,谓之和"相近。"思虑为志",则是对志的一种解释。春秋以下,各家都对"诗言志"做出新的解释。《春秋说题辞》此说,正是属于这个阐说系列的。这也说明,从春秋至两汉,"诗言志"说真正是解诗纲领,即使纬书也不例外。

四家《诗》解诗的基本方法为美刺之说。毛氏总以美刺为词,其直出美、刺二词者,如"《甘棠》,美召伯也","《江有汜》,美媵也","《何彼襛矣》,美王姬也","《凯风》,美孝子也",等等。其直言刺者,如"《雄雉》,刺卫宣公也","《匏有苦叶》,刺卫宣公也","《谷风》,刺夫妇失道也","《简兮》,刺不用贤也","《北门》,刺士不得志也",等等,不烦详举。"美"之外更有"嘉"字,如"《假乐》,嘉成王也";有"颂"字,主要用于三颂,如《鲁颂》之《駉》《有駜》《閟宫》三首,《小序》皆以为"颂僖公"。"刺"之外又有

---

[1] 《毛诗正义》,《十三经注疏》上册,第270页。
[2] 《古微书》卷十一,《纬书集成》上册,第214页。

"怨""伤""责""思"等字,如《邶风·击鼓》:"怨州吁也。"《邶风·绿衣》:"卫庄姜伤己也。妾上僭,夫人失位,而作是诗。"《邶风·旄丘》:"责卫伯也。"《邶风·二子乘舟》:"思伋寿也。卫宣公之二子,争相为死。国人伤而思之,作是诗也。"(以上皆据《毛诗正义》)总之,《毛诗》序诗,总不出美、刺二字者,其未明言美刺,并不用"嘉""颂"及"伤""怨"等词者,亦无不可归于美、刺二端。

三家《诗》也是以美刺为词,如《召南·野有死麕》:"韩说曰:平王东迁,诸侯侮法,男女失冠昏之节,《野麕》之刺兴焉。"[1]《鄘风·蝃蝀》:"《韩序》曰:刺奔女也。"[2]《齐风·鸡鸣》:"韩说曰:《鸡鸣》,谗人也。齐说曰:鸡鸣失时,君骚相忧。"[3]按此亦刺诗之意。又如《魏风·伐檀》:"鲁说曰:……其诗刺贤者不遇明主也。齐说曰:功德不施于天下而勤劳于百姓,百姓贫陋困穷而家私累万金,此君子所耻而《伐檀》所刺也。"[4]又《毛诗小序》也说《伐檀》"刺贪也"。故王氏结论云:"诸说皆刺在位尸禄,贤不进用,与毛不异。"[5]《唐风·蟋蟀》:"齐说曰:君子节奢刺俭,俭则固。"[6]

《毛诗》与三家《诗》,俱持美刺之说,而具体观点有同有异。《毛诗》与齐鲁韩三家,有些概念是相同的,如都有言志、美刺,但对具体作品的理解不同。如《毛诗》认为《关雎》是文王贤妃之乐在进贤,乐而不淫,是美。《鲁诗》则认为这是康王时所作,是刺康王后晏出于朝。刘向《列女传》:"周之康王夫人晏出朝,《关雎》起兴,思得淑女以配君子。夫雎鸠之鸟,犹未尝见乘居而匹处也。"司马迁《史记·十二诸侯年表》:"周道缺,诗人本之衽席,《关雎》作。"又《史

---

[1] 《诗三家义集疏》卷二,第111页。
[2] 《诗三家义集疏》卷三,第244页。
[3] 《诗三家义集疏》卷六,第375页。
[4] 《诗三家义集疏》卷七,第407—408页。
[5] 《诗三家义集疏》卷七,第408页。
[6] 《诗三家义集疏》卷八,第414页。

记·儒林列传》:"周室衰而《关雎》作。"其他西汉学者,以《关雎》为康王时或周衰时作的还有几家。这些都应该是渊源于《鲁诗》的。王先谦《诗三家义集疏序例》对此问题有一个综述:

> 《诗》有美有刺,而刺诗各自为体;有直言以刺者,有微词以讽者,亦有全篇皆美而实刺者。美一也,时与事不伦,则知其为刺矣。自毛出乱经,不复可辨,然即以毛论,《楚茨》以下诸篇,毛以为"刺幽王"者,篇中皆无刺义。虽与三家合否不可究知,然其体固存也。今并列以明之:如《关雎》(鲁说:毕公刺康王也。齐韩说:刺也),《驺虞》(鲁说:叹伤之词也),《羔裘》(《毛序》:刺朝也),《女曰鸡鸣》(《毛序》:刺不说德也),《鸤鸠》(《毛序》:刺不壹也),《鹿鸣》(鲁说:刺也),《鱼丽》(齐说:思初也),《楚茨》(《毛序》:刺幽王也),《信南山》(《毛序》:刺幽王也),《甫田》(《毛序》:刺幽王也),《瞻彼洛矣》(《毛序》:刺幽王也),《裳裳者华》(《毛序》:刺幽王也),《桑扈》(《毛序》:刺幽王也)……此皆同体。《关雎》之为刺,三家诗说并同。《琴操》《驺虞》《鹿鸣》诸篇,亦与众说相应,无一家独自立异者,虽旧文散落,大致尚堪寻绎。而毛于《关雎》《驺虞》别创新说,又以《驺虞》配《麟趾》为《鹊巢》之应,私意牵合,一任自为,其居心实为妄缪。[1]

王先谦承宋人疑《序》之余绪,尊三家《诗》而贬《毛诗》,所以有上述说法。但他也承认,在具体诗篇对美刺的理解上,四家《诗》是大体相同的。可见美刺之说,为汉儒说《诗》的基本观点。其对后代诗学的影响,也是极为深远的。

---

[1] 《诗三家义集疏》,第2页。

四、纬书诗说

东汉时代,由三家《诗》的神秘性衍生出了谶纬学,其中也有谶纬诗学一种,它离《诗经》的本义与本体就更远了。以谶纬说诗,可以说是一种神学诗学。与经书一样,纬书也是从伦理道德方面来规范、定义音乐与诗歌的。其基本思想,如重先王之乐,崇六代之乐,都是阐述经书所载的内容。又如《乐·动声仪》以君臣民事物说宫商角徵羽,并分别以五脏应之:

> 宫为君,君者当宽大容众,故其声弘以舒,其和清以柔,动脾也;商为臣,臣者当发明君之号令,其声散以明,其和温以断,动肺也;角为民,民者当约俭不奢僭差,故其声防以约,其和清以静,动肝也;徵为事,事者君子之功,既当急就之,其事勿久流亡,故其声贬以疾,其和平以切,动心也。羽为物,物者不齐委聚,故其声散以虚,其和断以散,动肾也。[1]

基本的思想来自《乐记》,更趋于先验神秘,但对后世的音乐及诗歌思想是有影响的,白居易《新乐府序》中认为其新乐府是"为君、为臣、为民、为物、为事而作,不为文而作"[2],即与《乐纬》之说一脉相承。

纬书对于音乐与诗歌的论述,虽近于奇诡,但基本思想仍来自儒家之说。如《周礼》就有致鬼神、来灵变之说:

> 凡六乐者,一变而致羽物,及川泽之示;再变而致裸物,及山林之示;三变而致鳞物,及丘陵之示;四变而致毛物,及坟衍之

---

[1] 《古微书》卷二十一,《纬书集成》上册,第278页。
[2] 白居易著,顾学颉校点《白居易集》卷三,中华书局1979年,第52页。

示，五变而致介物，及土示；六变而致象物，及天神。[1]

至《毛诗序》，也有"动天地，感鬼神，莫近于诗"之说，其中具有的宗教色彩神秘感应之说，即为纬书所本。其中《齐诗》之说，可能是《诗纬》的主要渊源。这点明人孙瑴在《诗推度灾》小序中曾予指出：

> 贲居子曰：汉儒穷经多主灾异，故《尚书》则有《五行传》，董仲舒、刘向、京房部而汇之，及刘歆作《三统历》，以《易》与《春秋》天人之道，其说曰：经，元一以统始，《易》太极之首也。《春秋》二以目岁，《易》两仪之中也。于春每月书王，《易》三极之统也。于四时虽无事，必书日月，《易》四像之节也。时月以建分，至启闭之分，《易》八卦之位也。而独无及于《诗》者，逮翼奉受《齐诗》，始得五际六情之说以行灾异，而其术竟无传矣！《汉志·艺文》亦不存其目，纬书所列推度灾，则或《齐诗》授受之遗，惜其不著耳！[2]

《诗泛历枢》述及依据四始五际来解《诗》的例子：

> 建四始五际而八节通，卯酉之际为革政，午亥之际为革命，神在天门，出入候听。《大明》在亥，水始也；四牡在寅，木始也；《嘉鱼》在巳，火始也；《鸿雁》在申，金始也。卯，《天保》也；酉，《祈父》也；午，《采芑》也；亥，《大明》也。然则亥为革命，一际也；亥又为天门出入候听，二际也；卯为阴阳交际，三际也；午为阳谢

---

[1] 《周礼注疏》卷二十二，《十三经注疏》上册，第789页。
[2] 《古微书》卷二十四，《纬书集成》上册，第295页。

阴兴，四际也；酉为阴盛阳微，五际也。[1]

"四始"原指风、小雅、大雅、颂四诗，也指四诗各自的第一篇；"五际"原指君臣、父子、兄弟、夫妇、朋友这五种人伦关系。四诗各有其义，《毛诗大序》就专论风雅颂之义，而诗中所写人伦关系，无非以上四种。前者是《诗》的伦理内容，而后者则是《诗》的体制与方法。结合起来，当然可以作为分析《诗经》的一种工具。但《齐诗》派并不局限于此，而是将其与天干地支、阴阳五行之说结合起来，成为一种先验论的阐释方法。其中《齐诗》家翼奉于此最有推究：

> 孟康引《诗内传》曰：五际，卯、酉、午、戌、亥也。阴阳终始，际会之岁，于此则有变改之政也。然学者莫能行，惟汉翼奉能用之。奉奏曰：《易》有阴阳，《诗》有五际，《春秋》有灾异，皆列终始，推得失，考天心以言王道之安危。臣奉窃学《齐诗》，闻五际之要《十月之交》篇，知日食地震之效，昭然可明。[2]

翼奉又将传统的情性说与阴阳五行、干支、禁忌等当时流行的神秘之说结合，提出《齐诗》派的一种特殊的情性诗学。其大略言：君主治道的要务在于知下之邪正，而知邪正的方法在于六情十二律。六情与方俗风气相关，十二律又与辰时相联。经过《诗》中这些因素体现，可以知人之邪正。最后翼氏得出了这样的结论："六合五行，则可以见人性，知人情。……故诗之为学，情性而已。五性不相害，六情更兴废。观性以历，观情以律，明主所宜独用，难与二人共也。"[3]

---

[1] 《古微书》卷二十四，《纬书集成》上册，第299—300页。
[2] 《古微书》卷二十四，《纬书集成》上册，第300页。
[3] 《古微书》卷二十四，《纬书集成》上册，第300页。

由上可见,《诗纬》的说诗方法,基本上是《齐诗》理论与方法的一种发展。其性质不仅近于神学,而且是政治学的。

纬书论诗之本体与作用,趋于神秘幽玄。其基本宗旨,仍是依"诗言志""吟咏情性"等义发挥,在经书之外,也对诗做出自己的一种定义。但有些说法,仍来自经学,如《诗含神雾》"诗者,天地之心,君德之祖,百福之宗,万物之户",其与"诗言志"及"在心为志,发言为诗"等说,一脉相承,更加以神秘化而已。又如《诗含神雾》:"治世之音温以裕,其政平,乱世之音怨以怒,其政乖,诗道然也。"出于《礼记·乐记》,其中"诗道"二字,值得注意。又如《诗含神雾》:"颂者,王道太平,功成治定而作也。"[1]又如《诗推度灾》:"《关雎》有原,冀得贤妃主八嫔,八嫔正于内,则可以化四方矣。"其言与《毛诗》"乐得淑女以配君子"之说相近。又如《诗泛历枢》:"诗无达诂,易无达言,春秋无达辞。"董仲舒《春秋繁露·精华第五》:"难晋事者曰:《春秋》之法,未逾年之君称子。盖人心之正也。至里克杀奚齐,避此正辞而称君之子,何也?曰:所闻《诗》无达诂,《易》无达占,《春秋》无达辞。"[2]此条当是儒家通言,近于今人所说的"阐释学",而"《诗》无达诂",后世说《诗》者遵之。对于我们了解汉儒的说《诗》方法,也有重要的参考意义。

我们一看就知道,纬书的这种说《诗》方法,比经书说《诗》方法更加形而上学,也更加地神秘化。其对后代诗学理论与批评也有间接的影响,加强了对诗歌本质功能的形而上的思考。至于对创作的影响(就引发或刺激群体或个人),那就更少。因它是一种先验的、形而上的诗歌哲学,而非从实践的经验出发。这样看来,经书的诗说虽然强调政教宗旨,但毕竟还是有实践的基础的,所以能对后世的诗人发生长远的影响。

---

[1] 《古微书》卷二十三,《纬书集成》上册,第293页。
[2] 董仲舒《春秋繁露》,上海古籍出版社1989年,"诸子百家丛书"本,第23—24页。

第五章
《毛诗大序》的经典价值及其成因

《毛诗》序传是一种经学文献，又是一种诗学的文献，向来的学者都以经学诗论或儒家诗论来指称它，还是比较合适的。但是由于被冠以经学的名义，其在诗歌理论与批评方面的价值一直没有得到充分的重视。虽然《毛诗》序传是在诂训的体制下建立的一个诗歌理论与批评体系[1]，其理论表达的功能比较弱，但古文经学实事求是的治学精神，还是使其在思想与方法上较三家《诗》更贴近诗歌的本体，并由此而造成其在理论与批评方面的价值。一方面，由于《毛诗》是承传周代以来的诗教传统，所以对于诗歌的政教功能给予充分的重视，由此而形成《毛诗》在理论上的经学的、先验的色彩。另一方面，《毛诗大序》深入揭示了诗歌的本质，并第一次对诗歌的创作原理与艺术

---

[1] 《诗序》是一个带有诂训性质的理论文本，清人于鬯《香草校书》卷十一《诗一》"毛诗国风"条："鬯案：此著毛字，其为后人所题甚显。孔颖达《正义》云：诗国风，旧题也。毛字汉世加之，其言固无不通。然止望文立说耳。窃谓旧题当作风诗二字，不但无毛字，亦无国字。何以知之？序云：风，风也，教也。风以动之，教以化之。诗者，志之所之也。在心为志，发言为诗。先释风字，次释诗字，明旧题是风诗二字。释风释诗而不释国，明无国字也。"（中华书局1984年，第209页）按出土楚简《孔子诗论》"《邦风》，其纳物也，博观人欲焉"，有关学者云："《邦风》是《毛诗》《国风》的初名，汉代因为避刘邦讳改成'国风'。"（俞绍宏《上海博物馆藏楚简校注》，中国社会科学出版社2016年，第34—35页）按于氏认为孔颖达说"诗国风旧题"一说之非，说"不但无毛字，亦无国字"，可谓前知。又云："其先释《关雎》后妃之德，然后释风诗，是古书体例小题在上、大题在下之证。又如《蟋蟀》篇序，先释蟋蟀，后言'此晋也而谓之唐'，亦明彼旧题蟋蟀在上，唐在下。"（第209页）按于氏此说，正可证明《诗序》是一种训诂式的理论文本。

方法做了系统的阐述，不但最大程度地贴近了在文人个体诗学形成之前的歌谣、乐章的群体诗学的发展实际，而且为后世的文人诗创作也奠定了最基本的艺术观念与诗歌的界域。从某种意义上说，《大序》对中国古代诗歌理论的影响是笼罩性的，在整个中国古代诗学的发展历史上，还没有出现过一个在理论上能够全面取代、超越《大序》的诗论文本。至于在实际的诗歌创作上，《大序》对后世的文人诗史的影响更是巨大的，其所揭示的风教与吟咏情性两种基本的创作方式，也一直是文人诗歌创作的两个基本原则。至于《毛诗》序传在批评方面的价值，首先在于其对《诗经》本身的解读与批评，尽管自宋以来，《毛诗》序传受到种种的质疑，甚至出现试图全面取代《毛诗》解诗系统的朱熹一派的《诗经》学，但客观上说，后世并没有形成一个能够全面取代《毛诗》的解诗系统。其次则是《毛诗》序传的理论本身及其批评方法，对后世诗歌理论批评史的影响也是极为深远的。本章就准备从上述的这些问题出发，尝试重新认识《毛诗》序传在诗歌理论与批评方面的价值，认识它在中国古代诗学中无法取代的经典性。甚至，笔者认为《大序》在对风与雅的解释方面，阐述了最为深刻的艺术创作原理，对人类的文学艺术有一种永恒的规范作用。

一、《毛诗》序传承传诗教时代以来的诗学

《毛诗》是对周代以来诗教说诗、用诗的传承，先秦典籍多有采诗、用诗、教诗之记载，可证汉以前诗教之盛，实为中国文化史与文学史上一段难以完全复原的史实。[1] 诗教至汉代已经不复存在，所谓

---

[1] 近期由于上博楚简《孔子诗论》的重新发现，学者对先秦时期诗学之盛有新评价，如姚小鸥《〈孔子诗论〉与先秦诗学》认为："《孔子诗论》中许多内容可以与传世文献互证，并往往能够引起我们对传世文献价值的新认识，加深对它们所反映的历史文化内涵的新理解。如《孔子诗论》第二十四简论《召南·甘棠》：'吾以《甘棠》得宗庙之敬，民性固然。甚贵其人，必敬其位。悦其人，必好其所为。恶其人者亦然。'许多学者都指出，《孔子家语》（转下页）

礼崩乐解，诗教之失也是其中的一个内容。代之而起的，则是汉儒之说诗。汉儒说诗的渊源，也是出于诗教，但由于采诗、用诗、教诗诸种内容的失去，《诗经》失去了它在周代礼乐文明的原生态中的那种艺术与政教的实际功用，成为单纯的文本流传，而诗学也从广大的诗教变为狭窄的经典诠释之学。用今天的术语来说，周代的诗教，本来涉及音乐学、政治学、社会学、诗歌学等多种领域，到诗教失传的汉代，则缩小为狭窄的经学，其与当时的现实政治、文化及文学的关系，也只是以经学的形式发生作用。其中的一个重要变化，就是从声歌之学变为义理之学。宋人郑樵首揭此秘，对于我们理解汉儒《诗》学与先秦诗教之关系，深有启发：

> 古之达礼三：一曰燕，二曰享，三曰祀。所谓吉、凶、军、宾、嘉，皆主此三者以成礼。古之达乐三：一曰风，二曰雅，三曰颂。所谓金、石、丝、竹、匏、土、革、木，皆主此三者以成乐。礼乐相须以为用，礼非乐不行，乐非礼不举。自后夔以来，乐以诗

（接上页）和《说苑》中都有与此相似的内容。这种与传世文献相合的情况在《诗论》中并非个别例子。《毛诗序》是重要的《诗》论著作，关于它的年代、作者及性质等问题在历史上有极为歧异的论争，甚至曾被认为是东汉时期的卫宏所作。郭绍虞主编的《中国历代文论选》，王运熙、顾易生主编的《中国文学批评通史·先秦两汉卷》将其置于'两汉文学批评'的位置上，后者认为'它大约完成于西汉中期以前的学者之手'，这代表了到目前为止学术界对这一问题的一般认识。这种判断不能不使它在学术史上的地位大受影响，而《孔子诗论》中多支简所载内容可与《毛诗序》相关联。比如，简文关于《风》《雅》《颂》各类诗篇基本特征的论述与《诗大序》有关论述的精神非常相似。第八简论《小雅》的《雨无正》《节南山》等篇，以为'皆言上之衰也，王公耻之'，使人们自然联想到《毛诗序》中的'变风''变雅'之说。《毛诗序》中还有所谓'四始'的说法，《孔子诗论》特别重视对《关雎》《文王》等诸篇的评论，为这一问题的解决提供了新的视角与材料。《诗经·关雎》篇与《关雎序》历来是《诗经》学研究的热点，《诗论》中第十、十一、十二、十四等简都涉及《关雎》篇，其内容对相关问题的解决颇具启发性。尤其第十简：'《关雎》以色喻于礼'，第十四简'以琴瑟之悦，拟好色之愿'等论述尤为重要，能使人们在历史与美学两个方面加深对《诗序》'《关雎》，后妃之德'说所指的理解。"（载姚小鸥《诗经与楚简诗经类文献研究》，商务印书馆2022年，第158页）

为本，诗以声为用，八音六律为之羽翼耳。仲尼编《诗》，为燕享祀之时用以歌，而非用以说义也。古之诗，今之辞曲也，若不能歌之，但能诵其文而说其义，可乎？不幸腐儒之说起，齐、鲁、韩、毛四家，各为序训而以说相高，汉朝又立之学官，以义理相授，遂使声歌之音湮没无闻。然当汉之初，去三代未远，虽经生学者不识诗，而太乐氏以声歌肄业，往往仲尼三百篇，瞽史之徒例能歌也。奈义理之说既胜，则声歌之学日微，东汉之末，礼乐萧条，虽东观、石渠议论纷纭，无补于事。[1]

义理说诗是《诗》学作为经学的根本，应该说它也是渊源于诗教时代。《周礼》所载的"大司乐掌成均之法"，以"乐语教国子，兴、道、讽、诵、言、语"，即是以义说诗的先驱。同样，我们看《礼记·乐记》所载子夏答魏文侯，认为古乐之功用，"君子于是语，于是道古，修身齐家，平均天下"，也是义理说诗。再看《汉书·礼乐志》记载："汉兴，乐家有制氏，以雅乐声律世世在大乐官，但能纪其铿锵鼓舞，而不能言其义。"[2]正是说像制氏这样的乐工，由于文化水平低，没法传承周代大师以来所流传的雅乐之义。可见郑樵所说的周代相传的声歌之学的《诗》学，原本就包含义理之学。只是在礼乐文明的时代，诗学上的义理之学是紧紧地依附在礼乐的本体上，相承有故，并不随意生发。自声歌之学失传后，义理之学独长，并且失去礼乐本体的规范，愈益发展无尽，所以整个后代的《诗经》学史，一言以蔽之，只是训诂之学、义理之学的发展历史。汉儒说《诗》，自然是先秦相传的诗教时代的义理系统的继承，但三家《诗》多自我作古，加入过多的汉代新学如谶纬学、阴阳学、天人学、心性学的内容，《毛

---

[1] 郑樵撰，王树民点校《通志二十略·乐略第一》，中华书局1995年，第883页。
[2] 《汉书》卷二十二，第1043页。

诗》承传有序，主要是继承先秦儒家一派说诗系统，最为近古，可以说是周代相传的诗教系统在义理说诗时代的一个总结。其价值自非其他流派的诗学所能比，也非后世诸儒及现代中外诸家解诗系统所能取代。

《毛诗》承传诗教时代诗学的独特价值，古今学人多有阐述，清人陈奂对《毛诗》的论述最为切要：

> 昔者周公制礼作乐，诗为乐章，用诸宗庙朝廷，达诸乡党邦国。当时贤士大夫，皆能通于诗教。孔子以诗授群弟子曰：小子何莫学夫诗！又曰：不学诗，无以言。诚以诗教之入人者深，而声音之道与政通也。卜子子夏亲受业于孔子之门，遂檃括诗人本志为三百十一篇作《序》。数传至六国时鲁人毛公，依序作传，其序意有不尽者，乃补缀之。而于诂训特详，授赵人小毛公。《诗》当秦燔锢禁之际，犹有齐、鲁、韩三家《诗》萌芽间出。三家多采杂说，与《仪礼》《论语》《孟子》《春秋》内外传论《诗》，往往或不合。三家虽自出于七十子之徒，然而孔子既没，微言已绝。大道多歧，异端共作，又或借以讽动时君，以正诗为刺诗，违诗人之本志。故齐、鲁、韩可废，毛不可废。齐、鲁、韩且不得与毛抗衡，况其下者乎？[1]

又曰：

> 《毛诗》多记古文，倍详前典，或引申，或假借，或互训，或通释，或文生上下而无害，或辞用顺逆而不违，要明乎世次得失之迹，而吟咏情性，有以合乎诗人之本志。故读《诗》不读《序》，

---

[1] 《诗毛氏传疏》卷首"叙录"，第1页。

无本之教也;读《诗》与《序》而不读《传》,失守之学也。[1]

《毛诗》在经学上的一种独特价值,正是因为它是从诗教时代流传下来的诗学之集结,其在诗歌理论与批评方面,之所以具有完整地揭示《诗经》艺术系统,并能衣被百代诗学的作用,也是因为它是来自采诗、用诗、教诗时代的诗学,是对于古代乐诗系统的理论阐述与艺术批评的传承。所以其价值非后世一家之诗学可比。

清代章学诚著《言公》三篇,阐明古代无私家著述。其言云:"古人之言,所以为公也,未尝矜于文辞,而私据为己有也。志期于道,言以明志,文以足言。其道果明于天下,而所志无不申,不必其言之果为我有也。""文与道为一贯,言与事为同条,犹八音相须而乐和,不可分属一器之良也。五味相调而鼎和,不可标识一物之甘也。故曰:古人之言,所以为公也,未尝矜于文辞,而私据为己有也。"[2] 章氏针对后世著述之专以修辞及私人立说见长,并因此而相矜、相倾,并转至于造伪、剽窃之病,立"言公"之说。这虽然是他的一种立说,但是的确触及了经典乃至诸子的著述,属于"言公"时代的产物,文与道合,文道不分,因此而可为后世之典。

章氏认为汉代经师,仍以传承一家之学为主,重在明道,而非徒为文辞,亦无以私家著述相炫耀,所以能忠实地传守家传师说,而不据为己有。又曰:"汉初经师,抱残守缺,以其毕生之精力,发明前圣之绪言,师授渊源,等于宗支谱系;观弟子之术业,而师承之传授,不啻凫鹄黑白之不可相淆焉,学者不可不尽其心也。公、谷之于《春秋》,后人以谓假设问答以阐其旨尔。不知古人先有口耳之授,而后著之竹帛焉,非如后人作经义,苟欲名家,必以著述为功也。商瞿受

---

[1] 《诗毛氏传疏》卷首,第2页。
[2] 《文史通义校注》,第169页。

《易》于夫子，其后五传而至田何。施、孟、梁邱，皆田何之弟子也。然自田何而上，未尝有书，则三家之《易》，著于《艺文》，皆悉本于田何以上口耳之学也。是知古人不著书，其言未尝不传也。治韩《诗》者，不杂齐、鲁，传伏《书》者，不知孔学；诸学章句训诂，有专书矣。门人弟子，据引称述，杂见传记章表者，不尽出于所传之书也，而宗旨卒亦不背乎师说。则诸儒著述成书之外，别有微言绪论，口授其徒，而学者神明其意，推衍变化，著于文辞，不复辨为师之所诏，与夫徒之所衍也。而人之观之者，亦以其人而定为其家之学，不复辨其孰为师说，孰为徒说也。盖取足以通其经而传其学，而口耳竹帛，未尝分居立言之功也。故曰：古人之言，所以为公也，未尝矜于文辞，而私据为己有也。"[1]这是认为汉儒的经学，是承前圣之绪言，虽已分派，但仍具有"言公"的性质。章氏的这种观点，有助于我们了解早期诗学与后世文人诗学的不同性质，尤其是有助认识早期诗学的文道合一的经典价值。

《毛诗》序传之所以在诗歌理论与批评方面具有独特的价值，正是因为它是"言公"时代的学术成果。《大序》不为宏篇大论，而只是在首篇《关雎》之序中加入关于《诗》三百篇的总论，而其具体的做法，也只是"多记古文，倍详前典"而已。这正是"言公"时代著述之特点，与后世一家著述长于演绎相比，《大序》只是重在对古文前典的归纳与引述。明乎此，则后人斤斤计较于大、小《序》的作者年代，而于其实际之价值则少所阐发，岂非舍本逐末之学，其不贻笑于郑渔仲、章实斋诸家者，难矣！

《毛诗》的得名，据郑玄《诗谱》云："鲁人大毛公为诂训传于其家，河间献王得而献之，以小毛公为博士。"其称《毛诗》，一是因为毛公所传，二是因为毛公所训。《毛诗》首先是毛公所传的《诗经》古

---

[1] 《文史通义校注》，第172页。

文本，这个本子包括《诗经》本文与《诗序》，实是先秦时代流传的一部带有本事与诗义解说的《诗》三百篇著作。苏辙的《诗集传》认为孔子叙《书》赞《易》，未尝详言，因而认为《诗经》的各篇《小序》唯首句可能为子夏传孔子之意，其余多为后儒所增。[1]《孔丛子》载孔子论诗，也是只言片语以表一首之旨，苏辙的首句为孔子所传，也可能受到它的启发。

《孔丛子》传为孔子八世孙孔鲋所作，鲋为陈胜博士。司马迁《史记·儒林列传》："陈涉之王也，而鲁诸儒持孔氏之礼器往归陈王。于是孔甲为陈涉博士，卒与涉俱死。"宋咸（宋仁宗时人）《注孔丛子序》："《孔丛子》者，乃孔子八世孙鲋，字子鱼，仕陈胜为博士，以言不见用，托目疾而退，论集先君仲尼、子思、子上、子高、子顺之言及己之事，凡二十一篇，为六卷，名之曰《孔丛子》。"[2] 按《孔丛子》，班固《汉书·艺文志》未著录，《隋书·经籍志》之《论语》家有"《孔丛》七卷"，注曰："陈胜博士孔鲋撰。"朱熹认为《孔丛子》"文气软弱，全不似西汉文字"，《四库全书总目》赞同朱说，以其为晚出之书。又认为孔鲋即《儒林列传》所载之孔甲。然宋咸之序，载为陈胜博士而未用，托目疾而退，则与"与涉俱死"之孔甲为两人。且《儒林列传》明言"鲁诸儒持孔氏之礼器往归陈王"，则当时归陈王者，故有多人。岂必以其为陈胜之博士而定为一人？[3]

《孔丛子·记义》：

> 孔子读《诗》，及《小雅》，喟然而叹曰：吾于《周南》《召南》，见周道之所以盛也。于《柏舟》，见匹夫执志之不可易也。于《淇奥》，见学之可以为君子也。于《考槃》，见遁世之士而不闷也。于

---

[1] 苏辙《诗集传》，日本同朋舍《京都大学汉籍善本丛书》影印本。
[2] 孔鲋撰，宋咸注《孔丛子》，上海古籍出版社1990年，"诸子百家丛书"本，第2页。
[3] 永瑢等《四库全书总目》卷九十一，中华书局1965年，第770页。

《木瓜》，见苞苴之礼行也。于《缁衣》，见好贤之心至也。于《鸡鸣》，见古之君子不忘其敬也。于《伐檀》，见贤者之先事后食也。于《蟋蟀》，见陶唐俭德之大也。于《下泉》，见乱世之思明君也。于《七月》，见豳公之所以造周也。于《东山》，见周公之先公而后私也。于《狼跋》，见周公之远志所以为圣。于《鹿鸣》，见君臣之有礼也。于《彤弓》，见有功之必报也。于《羔羊》，见善政之有应也。于《节南山》，见忠臣之忧世也。于《蓼莪》，见孝子之思养也。于《楚茨》，见孝子之思祭也。于《裳裳者华》，见古之贤者世保其禄也。于《采菽》，见古之明王所以敬诸侯也。[1]

虽然朱熹等人推测《孔丛子》为晚出之书，但此种论诗的文字，不可能出于汉以后之儒者。

上博楚简《孔子诗论》，载孔氏论诗，对于每一首有一言之评，也有分析：

《关雎》之改，《樛木》之时，《汉广》之智，《鹊巢》之归，《甘棠》之报，《绿衣》之思，《燕燕》之情，盖曰：童而皆贤于其初者也。

《关雎》以色喻于礼……以琴瑟之悦拟好色之愿。

……《关雎》之改，则其思益矣。《樛木》之时，则以其禄也。《汉广》之智，则知不可得也。《鹊巢》之归，则离者……

……《绿衣》之忧，思故人也。《燕燕》之情，以其独也。[2]

---

[1] 《孔丛子》卷一，第11—12页。
[2] 俞绍宏《上海博物馆藏楚简校注》，中国社会科学出版社2016年，第5—12页。

楚简《孔子诗论》，诸家释文有纷纭，录此只做参考。其体例与《毛诗小序》基本相近。另外，《序》很可能不是一次性形成，在其口传或文本传写的过程中，应该是不断增添、修改的。但是，这个增添、修改，不像苏辙他们认为的那样是汉儒的工作，而是在毛公所传之古本中已经定本。总之，《毛诗》的原始部分，为先秦流传的编排有序、雅颂各得其所，并附有诗教时代流传的诗本事与诗义解说的一个完善的古本，是无可疑的。汉人记载《诗序》为子夏所作，并非子夏写定之本，如孔子之作《十翼》；而是子夏所传，后人写定。这正是上引章学诚所说之意，先是口耳相传，然后著之竹帛。所谓"诸儒著述成书之外，别有微言绪论，口授其徒，而学者神明其意，推衍变化，著于文辞，不复辨为师之所诏，与夫徒之所衍也"，这可以拿来理解《毛诗》大小《序》的文本生成。

《毛诗》之得名的第二层含义，是指其为毛公所训，所以又称《毛诗诂训传》。班固《汉书·艺文志》载："《毛诗》二十九卷，《毛诗故训传》三十卷。"历来学者都认为两者实为同一书，因编排不同而卷数有所差异。至于"诂""训""传"，清马瑞辰认为是《毛诗》解诗的三种体例，其《毛诗诂训传名义考》云："毛公传《诗》多古文，其释《诗》实兼诂、训、传三体，故名其书为《诂训传》。"[1]毛公称其书为《诂训传》，并不称其为"序诂训传"，可见毛公所做的工作，只是诂、训、传，不包括序。其实，对于战国至汉的《毛诗》传人来说，篇名、序、本文构成《诗》三百篇整体，都属于"经"。"序"即是经文，则后儒是不可能对其进行增改的。有学者经过研究发现，唐人引《毛诗》称"诗云""诗曰"时，其内容不仅是指《诗经》文本，也包括《诗序》。这说明在唐代经学里，《诗经》文本与《诗序》是不可分离的。[2]我们现在发现，唐人的这种做法，正是沿承汉代以来的观念，

---

[1] 马瑞辰撰，陈金生点校《毛诗传笺通释》卷一，中华书局1989年，第5页。
[2] 谢建忠《〈毛诗〉及其经学阐释对唐诗的影响研究》，巴蜀书社2007年，第76—77页。

即《诗序》并非后儒阐释,而是很早就与《诗经》文本联系在一起的,是经文的有机组成部分。自宋以来的《诗经》学者,昧于这一事实,大开疑《序》之风,将《序》与汉儒的《传》《疏》等同视之,所以对其大加诋疑。《毛诗》的诗歌理论与批评,主要体现在《诗序》部分,可以说《诗序》是迄今所知的第一部诗歌理论与批评的著作,它是孔门对西周以来流传的古老的《诗》学的写定本。

二、《大序》六义新说

《毛诗·关雎》篇的序,又带有全书总序的性质,所以向来被称为《大序》。《大序》是由《关雎》之解开始的,这是因为在《毛诗》旧本中,《关雎》一题是最先出来的,然后才是"风诗"一目。这是清人于鬯的说法。在解完《关雎》题意后,才是解风诗之名义与体制,最后还是归结到《关雎》一篇。其解《关雎》云:

> 《关雎》,后妃之德也。风之始也。所以风天下而正夫妇也。故用之乡人焉,用之邦国焉。[1]

这是对《关雎》之义及其功用的解释,"后妃之德"是《关雎》一篇之义,《大序》最后还有具体的阐发:"是以《关雎》乐得淑女以配君子,爱在进贤,不淫其色,哀窈窕,思贤才,而无伤善之心焉,是《关雎》之义也。"这是诗教时代人们对《关雎》的内容的基本理解,这种理解并非自由阐发的结果,而是在诗教风化宗旨的基本准则上形成的一种带有权威性、经典性的解释。"风之始也"这四句,则是真实地记载诗教时代《关雎》这一乐章的功用,因为它讲的是从恋爱到婚姻成礼的全过程,是夫妇之道的开端,所以诗教实施者用它来风天下

---

[1] 《毛诗正义》卷一,《十三经注疏》,第269页。以下用《毛诗》序传及正文,皆据此本。

而正夫妇,从乡人到邦国的燕飨场合都使用此篇。无疑,这是诗教时代最流行的一个乐章。从《诗序》作者对《关雎》一篇的解题,可知他们并非主观地阐释,而是客观地记载了诗教时代人们对《关雎》这一乐章的诗义与功用的权威看法。同样,《小序》各篇,也都是以周代的说《诗》、用《诗》为依据,并非后儒某家之杜撰。

《诗序》作者用来解诗的基本术语为"风","风之始也。所以风天下而正夫妇也",这里涉及"风"的名与义,即作为诗类名的"风",与作为诗义的"风"。因此,《关雎》之序后,作者着重叙述"风"这一范畴,事实上是对诗的艺术本体与伦理功能的集中阐述:

> 风,风也,教也。风以动之,教以化之。诗者,志之所之也。在心为志,发言为诗。情动于中而形于言,言之不足,故嗟叹之。嗟叹之不足,故永歌之。永歌之不足,不知手之舞之,足之蹈之也。情发于声,声成文谓之音。治世之音安以乐,其政和;乱世之音怨以怒,其政乖。亡国之音哀以思,其民困。故正得失,动天地,感鬼神,莫近于诗。先王以是经夫妇,成孝敬,厚人伦,美教化,移风俗。

诗歌之所以具有风教的功能,是因为它是人们情志的自由表达。这种情志的自由表达,有个体的,也群体的,如《吕氏春秋》所载的四方音之始,都是个体的自由表达,但是文献所载的各种原始的舞蹈,又都是群体的情志表达。但无论是集体的还是个体的,都是以自由、自发为原则,所以能够反映政俗、民情,不仅可观,而且可感。诗教的功能,正是确立在诗歌的这种艺术本质之上。上述反映的正是诗教时代,人们由诗的功能所引发的对诗的本质及其基本的艺术状态的思考。《左传》襄公二十九年所载吴公子季札在鲁国观周乐所发表的一系列评论,也都集中在关于乐与政治风俗之关系的问题上,可见这种诗歌批评方法，是诗教时代人们评论诗歌的基本方法。

请观于周乐。使工为之歌《周南》《召南》，曰："美哉！始基之矣，犹未也。然勤而不怨矣。"为之歌《邶》《鄘》《卫》，曰："美哉，渊乎！忧而不困者也。吾闻卫康叔、武公之德如是，是其《卫风》乎？"为之歌《王》，曰："美哉！思而不惧，其周之东乎？"为之歌《郑》，曰："美哉！其细已甚，民弗堪也，是其先亡乎！"为之歌《齐》，曰："美哉！泱泱乎！大风也哉！表东海者，其大公乎！国未可量也。"为之歌《豳》，曰："美哉！荡乎！乐而不淫，其周公之东乎？"为之歌《秦》，曰："此之谓夏声。夫能夏则大，大之至也，其周之旧乎？"为之歌《魏》，曰："美哉！渢渢乎！大而婉，险而易行，以德辅此，则明主也。"为之歌《唐》，曰："思深哉！其有陶唐氏之遗民乎？不然，何忧之远也？非令德之后，谁能若是？"为之歌《陈》，曰："国无主，其能久乎？"自《郐》以下无讥焉。为之歌《小雅》，曰："美哉！思而不贰，怨而不言，其周德之衰乎？犹有先王之遗民焉。"为之歌《大雅》，曰："广哉！熙熙乎！曲而有直体，其文王之德乎？"为之歌《颂》，曰："至矣哉！直而不倨，曲而不屈，迩而不逼，远而不携，迁而不淫，复而不厌，哀而不愁，乐而不荒，用而不匮，广而不宣，施而不费，取而不贪，处而不底，行而不流，五声和，八风平，节有度，守有序，盛德之所同也。"见舞《象箾》《南籥》者，曰："美哉！犹有憾。"见舞《大武》者，曰："美哉！周之盛也，其若此乎！"见舞《韶濩》者，曰："圣人之弘也，而犹有惭德，圣人之难也。"见舞《大夏》者，曰："美哉！勤而不德，非禹其谁能修之？"见舞《韶箾》者，曰："德至矣哉！大矣！如天之无不帱也，如地之无不载也，虽甚盛德，其蔑以加于此矣。观止矣！若有他乐，吾不敢请已！"

但季札观乐比起《毛诗》序传的批评来，更多地表达观者对诗乐艺术的美感体验，实是诗教时代最生动的观乐、评乐的文本记录，比较起来，《毛诗序》更趋于理性的评论了，其所以为经典而非纯粹的艺术批评者，正以此。但它比较正面地、客观地叙述诗教时代的基本理论与批评原则，价值非后儒随意阐发者所能比。另外，这一段的内容，多出于《礼记·乐记》，更可见其作为古老的"言公"时代的明道之"公言"的特点。其所以能为后世百代诗学之总纲，也正是因为它是诗教时代"公言"之传述。

《大序》在概括诗的艺术本体与伦理功能之后，紧接着论述艺术体制与创作方法，即诗之六义：

> 故诗有六义焉：一曰风，二曰赋，三曰比，四曰兴，五曰雅，六曰颂。上以风化下，下以风刺上。主文而谲谏，言之者无罪，闻之者足以戒，故曰风。至于王道衰，礼义废，政教失，国异政，家殊俗，而变风、变雅作矣。国史明乎得失之迹，伤人伦之废，哀刑政之苛，吟咏情性，以风其上。达于事变，而怀其旧俗者也。故变风发乎情，止乎礼义。发乎情，民之性也；止乎礼义，先王之泽也。是以一国之事，系一人之本，谓之风。言天下之事，形四方之风，谓之雅。雅者，正也。言王政之所由废兴也。政有小大，故有小雅焉，有大雅焉。颂者，美盛德之形容，以其成功，告于神明者也。是谓四始，诗之至也。

六义非儒家经学时代的概括，而是诗教盛行时代的诗学基本理论，是太师教《诗》、用《诗》的旧义。《周礼·春官·大宗伯》记载，大师"教六诗：曰风、曰赋、曰比、曰兴、曰雅、曰颂。以六德为之本，以六律为之音"。又曰："瞽矇……掌九德、六诗之歌以役大师。"可见六义是大师诗学的基本纲领。六义不只是简单的六个范畴，而且是围绕着这个六个范畴的一门系统而又博大精深的学问，或许可以称之为"六义之学"。《大序》对六义的阐述，不是对大师六义之说的发挥，而是对先秦口述的六义之学的最为概括的阐述。正因此，其包含的意蕴也极为丰富，绝不能视为几个简单的教条。

"六义"按通常的理解，风、雅、颂是诗之体制，赋、比、兴是诗的方法。至于其排列的次序。孔颖达《毛诗正义》是这样分析的：

> 六义次第如此者，以诗之四始以风为先，故曰风。风之所用，以赋、比、兴为之辞。……既见赋、比、兴于风之下，明雅、颂亦同之。

又云：

> 然则风、雅、颂者，诗篇之异体；赋、比、兴者，诗文之异辞耳！大小不同而得并为六义者。赋、比、兴是诗之所用，风、雅、颂是诗之成形，用彼三事，成此三事，是故同称为义。

但这样理解并不全面。六义所强调的是诗之六种要义，在这个意义上，六者是等同的。不仅赋、比、兴三者是写作方法，风、雅、颂三者也具有写作方法或艺术原则的意义。或者说，赋、比、兴是更加具体的方法，而风、雅、颂是抽象一点的艺术原则，所以都称为"义"。至大师所说的"六诗"，其言重在六义之名，即诗之六种要义。因为六义是重在说义，不重在释名，所以作者在这里不强调风、雅、颂是体制，赋、比、兴是方法这样的区别，而是强调六者都指向一种诗之要义。它们的排列是以六义在整个诗歌创作中的意义的重要性为依据的。"风"作为体制之名，是指十五国风，但《大序》之论"风"不重在阐说"风诗"之义，而重在阐述"风"作为诗歌艺术最基本的原则的意义。所谓"风天下","风,风也,教也。风以动之,教以化之","上以风化下,下以风刺上。主文而谲谏,言之者无罪,闻之者足以戒,故曰风",其所指向的并不仅仅是风诗的创作原则,而且是整个诗歌艺术的创作原则。作为六义之首的"风",其实是指古代诗歌理论家所概括的诗歌艺术的一种基本性质。"诗"与"风"两个概念,甚至是可以互换的,所以《大序》在说"风"之后,即接"诗者,志之"一段。这一段在说"诗",同样也在说"风"。这里不禁让我们窥想这样的一种情形,在先民的诗学语境中,"风"很可能也是诗歌的一种全称。诗歌出于风谣,风诗当然是全部诗歌的基础。雅、颂实为后起的种类与名目。风之义广,而雅、颂之义狭。风可兼雅、颂之义,雅、颂不能兼风之义。《大序》言:"是以一国之事,系一人之本,谓之风。言天下之事,形四方之风,谓之雅。"可见,从"风"之广义来说,雅也可以称为"风"。又《大雅·崧高》:"吉甫作诵,其诗孔硕,其风肆好,以赠申伯。"朱氏《诗集传》:"风,声。"[1]亦即歌唱。实则诵(颂)、诗、风,都是意义相通的名词。可见雅、颂俱可以称风。《大序》列"风"为六义之首,不是以风诗居三诗之首,而是以"风"义居六义之先。其下赋、比、兴、雅、颂,也都是据其义之主次而列的。赋为最常用之法,比、兴为特殊一些的修辞方法,这是所有诗歌都要使用的,所以依此排列。而雅、颂各自作为《诗》之一义,则只在一部分的诗歌里体现,体现了雅正之义的诗,则称雅,体现了颂美之义的诗,则称颂。当然,雅、颂之义,风诗也不是全无,但毕竟风诗之中,雅、颂之义极少。以此而言,六义所指向的是所有的诗歌,但其义之用,有大小、广狭之别也。然俱为诗之必不可少者,所以称为《诗》之六义。侧重名目,则称"六诗",也是说诗教之要义有此六种,为大师所掌也,并不是说有六种诗。

---

[1] 朱熹集注《诗集传》卷十八,上海古籍出版社1980年,第213页。

另外，其中风、雅、颂三种本为《诗》之体制之名，《大序》作者就因名而说义。赋、比、兴是诗之方法，其义自明，其概念与内容之间的关系，在诗教时代的人们来说，是明确的。所以《大序》作者于六义，只解说风、雅、颂，而对赋、比、兴则不加任何的解释。这是因为赋、比、兴是具体的方法，易于明白；风、雅、颂是更加抽象、更多地涉及艺术本质与艺术理想的创作原则，所以需要深入地阐述。

三、《大序》所揭示的群体诗学原则与个体诗学原则

周代诗教立足于教化之义来论《诗》，其所体现的是一种群体诗学的原则。诗学发生于群体，原始歌舞多为群体的抒情行为，歌谣虽有个体所作的，但其传播、流行乃至入乐，都体现为一种群体的行为。不仅在抒情上，个体的意识并不明显，即在创作上也缺少自觉的个人著作权的意识。及至国家建立，群体诗学更是以政教的形式出现，贵族与宫廷的燕飨与庙堂的乐章，以及乡社燕射用乐，都是群体的行为而非个体的行为。[1] 在这样的体制中，诗歌艺术的基本原则，是建立于群体、统一的伦理价值观念之上的。《大序》的诗学，即是典型的群体诗学的理论。人类的一切艺术行为中都包含着群体与个体的关系。一切艺术理论，也都是从群体与个体两端来阐述艺术的本质与功能。但由于侧重点的不同，不同的艺术观念与理论，在探讨艺术的本质时，会表现出对个体与群体的各自偏重。与西方现代的艺术理论相比较，中国古代的乐论与诗论，显然是更加侧重艺术的群体本质的。但是《大序》的理论价值，不是在于简单地陈述群体诗学的原则，而是

---

[1] 参见钱志熙《从群体诗学到个体诗学——前期诗史发展的一种基本规律》，《文学遗产》2005 年第 2 期；《论汉代诗学的群体诗学特征及其内部的分野》，载赵敏俐、佐藤利行主编《中国中古文学研究——中国中古（汉—唐）文学国际学术研讨会论文集》，学苑出版社 2005 年；《中国古代诗学演进的几种趋势——以魏晋南北朝时期的诗学形态为中心》，载北京大学诗歌中心、北京大学中文系编《立雪集》，人民文学出版社 2005 年；等等相关论文。

其对诗学中群体与个体关系的新的揭示。这种揭示的逻辑起点,即是《大序》在阐述了诗的政教功能的同时,又挖掘了这种功能由之发生的诗的抒情本质。我们前面说过,抒情行为有群体抒情,也有个体抒情。王道政治景气的时代,群体抒情的行为占主流,即使是纯粹个人抒情的行为,也很快会引起群体的呼应,从而纳入"风天下""风以动之,教以化之"的群体行为中。这种时候,很难说具有独立的抒情行为。尽管真正的所谓王道之诗,只是一种理想,但它的确指向人类追求群体艺术的理想。这种艺术,其实也是指向人类共同的福祉,即所谓"众人熙熙,如登春台"(《老子》)。但是诗歌的更重要的本质,在于它是个体的不平之鸣,是个体通过抒情而得以宣释情绪的行为。对于诗歌艺术有真切体会的大师们,不可能完全忽略这个事实,于是《大序》对个体诗学原则也进行了阐述,这个原则就"吟咏情性"。《大序》以此来概括变风、变雅的创作精神,并使之成为泽润千古诗人的基本原则。从这方面来说,《大序》不仅充分地阐述了人类群体诗学的原则,或者说诗学中的群体原则;同时也为后世个体诗学奠定了基石,实为千古诗家的广大化教主。

但是,《大序》的个体诗学原则,仍然是建立在群体的伦理价值观念之上的,带有一种辩证性。个体抒情所指向的,仍是群体的伦理。这个群体伦理,《大序》称之为"礼义",其具体的内容则为"先王之泽":

> 达于事变,而怀其旧俗者也。故变风发乎情,止乎礼义。发乎情,民之性也;止乎礼义,先王之泽也。

这是《大序》的个体诗学原则与现代西方的个体艺术主张完全不同的地方,体现了中国古代的艺术理想。从纯粹属于人性的自然表现的个体抒情愿望出发,到最后归于体现礼义之原则,这一切都是个体的自觉行为。但个体之所以能够做到这一点，就是因为个体原是来自群体、依存于群体的。所谓"先王之泽"，无疑是人类社会理想、群体原则的代名词。到了这个地步，我们看到《大序》对人类艺术中群体与个体关系的阐述，不可谓不深刻之极。

不仅如此，从对风与雅的区分性解释中，《大序》还概括了诗歌的两种基本类型，在诗歌乃至一切艺术的分类中都有重要的意义：

> 是以一国之事，系一人之本，谓之风。言天下之事，形四方之风，谓之雅。

孔颖达《毛诗正义》解云：

> 诗人作诗，其用心如此，一国之政事善恶，皆系属于一人之本意，如此而作诗者，谓之风。言道天下之政事，发见四方之风俗，如是而作诗者，谓之雅。言风雅之别，其大意如此也。一人者，作诗之人，其作诗者道己一人之心耳。要所言一人心，乃是一国之心，诗人览一国之意以为己心，故一国之事，系此一人使言之也。但所言者直是诸侯之政行风化于一国，故谓之风，以其狭故也。言天下之事，亦谓一人言之。诗人总天下之心、四方风俗以为己意而咏歌王政，故作诗道说天下之事，发见四方之风。所言者乃是天子之政，施齐正于天下，故谓之雅。以其广故也。风之与雅，各是一人所为。风言一国之事系一人，雅亦天下之事系一人。雅言天下之事，谓一人言天下之事，风亦一人言一国之事。序者逆顺立文，互言之耳。

孔氏此段解说，似详而未深得要领。尤其是他强调"一人"为作诗之人，并且最后说"雅言天下之事，谓一人言天下之事，风亦一人言一国之事。序者逆顺立文，互言之耳"，对《大序》作者的深刻用意不能尽知。《大序》这里对风与雅的区别的陈说，其实是指向两种不同的艺术，"风"是以表达个体的内容为特点的艺术，"雅"是以表现群体的内容为特点的艺术。所谓"饥者歌其食，劳者歌其事"（何休《公羊传解诂》），又如朱熹所说："凡诗之所谓风者，多出于里巷歌谣之作，所谓男女相与咏歌，各言其情者也。"[1] 但是"风"虽是表现个体的内容，以表现个体的情感与事件为特点，个体却是生活在一定的社会之中，个体所遭遇的事、所激发之情，是包含着社会生活的内容的。个体中含有群体，群体系于个体。群体之所以能从个体呈现出来，或者说个体的生活与感情中能体现群体的性质，就是因为个体是联系于群体、依存于群体的。具体到国风来讲，大师将这个社会的单位确定在"一国"的范围内，所以说"以一国之事，系一人之本"。而"雅"虽也是个体诗人所作，但其表现的不是个体诗人的生活与情感，而是天下之风、四方之事。而天下之风、四方之事之归结于王政。所以，"风"是通过个体而呈现群体的，并因此而形成其普适于群体的思想价值与认识价值。再进而言之，"以一国之事，系一人之本"，也是对前面"发乎情，止乎礼义"云云的进一步阐述。"一国之事"之所以能"系一人之本"，正是因为其抒情者是浸润于先王之泽，能止乎礼义的。其抒情者是原本就服从于群体原则的自觉成熟的个体。

雅是直接表现群体性的主题，所表现是天下之事、四方之风。雅之作者，因为表现的是关于王政的天下之事，所以其在表现之时，具有自觉的价值判断，用我们今天的话来说，就是有明确的主题的，甚至是主题先行的。雅中所表现的普适的思想价值与认识价值，是作者自觉造成的。而风之作者，在通过"一国之事，系一人之本"时，是从个体的生活与情感出发，未必有自觉地表现"一国之事"的意图，

---

[1] 《诗集传序》，《诗集传》卷首，第2页。

其普适的思想价值与认识价值，是通过具体的艺术形象呈现出来的。风是典型的通过个别来体现一般的艺术。《大序》的"以一国之事，系一人之本"，即包含着这样的艺术哲学。但是这个"系"，孔氏等儒家学者都过于强调其主观自觉性，并且将"一人"直接理解为作者，而没有看到《大序》所说的"一人之本"，是着重指表现的内容属于个人性的。

总之，《诗序》的基本性质，是儒家系统所传承、总结的周代礼乐文明时代的诗教理论。以孔子为代表的儒家学派，以"述而不作"为其基本宗旨，《诗序》就是传述他们所谓圣贤的思想成果。它不仅反映周代诗教客观存在的事实，而且作为一种成立于诸子百家与文人学士兴起之前的诗学经典，其价值非后世流派性质的文人诗学理论所能代替。它是先民以其朴素、实事求是之心来认识诗歌艺术的结晶，体现了人类良知在艺术领域中的实践与认识的最初成果。《诗序》篇幅虽短，但其蕴藏的理论内涵是极为丰富的，其所指向的，不仅是《诗经》艺术，而且是整个诗歌艺术。《诗经》对中国古代诗歌史的影响，文本固然是一方面，但《诗序》（包括大、小《序》）的影响，恐怕绝不亚于文本。后世的诗人，正是通过《诗序》来接受《诗经》的。《诗序》的理论，也一直是中国古代诗歌创作的基本理论。笔者甚至感觉到，《诗序》及《毛诗》的兴废，不仅仅是一个经学史的问题，其对实际地发生着的诗歌史，也有深刻的影响。至少我们可以看到这一点：《毛诗》之兴，与东汉文人诗之兴起是同步的，而宋儒对《毛诗》及《诗序》的质疑，与诗风的唐宋之变，也有秘响旁通的关系。自魏晋以降，文人诗论之主干都来自《大序》，以情性、比兴为基本原则，唐人说诗，也直承此论。至宋以后，《诗序》受到质疑，情性之说的影响缩小，诗道由唐诗时代的统一转化为宋诗时代的分歧，其间的关系，是值得深入探讨的。这些问题，因为涉及面过大，暂时还无法畅论。愿提出与学界同仁共同探讨。

第六章
诗歌史的早期建构

中国古代诗歌史在古代的建构，是现代形态的古代诗歌史研究的重要基础。所谓现代的诗歌史建构，是指近现代引进西方的文学观念，尤其是关于诗歌及诗歌史的观念以后的中国古代诗歌史建构。事实上，它的许多基本史料与观点，是取资于古代的建构成果的。但古代诗歌史研究的整体及统系，也因此而被相当程度地淹没和遮蔽了，所以有重新呈现的必要。

我认为古代的诗歌史建构大体可分为两大段。一段是从远古到两汉时期的诗歌史的早期建构，这个时期文人诗歌的创作传统尚未确立，诗歌史建构主要是依附于乐学、经学及史学等学术形态中，从某种角度说，是一种与现代学术有些接近的客观性研究的特点。另一段则是魏晋以降文人诗创作传统确立之后，随着文人诗系统的发展而逐渐形成的诗歌史建构。这一段的诗歌史建构，除了前期如钟、刘等人的诗歌叙述采用较为客观的学术研究的形态外，后来的主体是与同期诗歌创作的问题紧密联系的一种作家建构的诗歌史。即拿钟、刘两家甚至南朝至唐初的正史《文苑传》来讲，其呈现为客观形态的诗歌史叙述，其实也都是着眼于当时的诗歌创作问题的。所以我们说，这种专门著述形式的诗歌史，仍属于文人诗歌史建构的范畴。

本章的论题，主要集中在中国古代诗歌史的早期建构方面，希望尽量完整地呈现早期诗歌史建构的整体面貌，厘清早期诗歌史建构所依存的多种学术形态，寻找中国古代关于诗歌及诗歌史的一些重要观念，与观点发生、发展的历史事实。如果能够为现代的诗歌史建构提供某种对比，并有助于勘清现代诗歌史建构对早期诗歌史建构的继承与变异，则未始不是一种学术上的基础工作。

一、早期关于"先王之乐"及"音乐之所由来"的叙述

对于诗歌史的意识究竟发生于何时，恐怕是一个难以回答的起源论问题。某种意义上说，跟追问诗歌的起源一样复杂。同时，诗歌史又不等同于一般的诗歌理论。它应该是比一般的诗歌理论与诗歌艺术意识更为后起的一种属于意识与理论形态的东西。我们知道，中国古代最早的成体系的诗歌理论是《尚书·舜典》的一种呈现为观点或称理论形态的"诗歌史"知识。同样，在周代兴盛的诗教即太师教《诗》的活动中，对《诗》的历史知识的传授，也应该是其中一部分。《周礼·春官·大宗伯》与《礼记·乐记》主要是记载了乐教时代音乐与歌诗的制度与事实，《乐记》更是对包括诗歌在内的"乐"生于人心之感物而发的发生原理做了探讨。这些文献中虽然没有系统的乐史与诗史的建构，但也提到像"先王作乐"这样的重要观念，如《礼记·乐记》："昔者舜作五弦之琴，以歌《南风》。夔始制乐，以赏诸侯。"又如其记载尧、黄帝、舜、禹及殷周历代的乐章及意义："《大章》，章之也。咸池，备矣！《韶》，继也。《夏》，大也。殷周之乐尽矣！"并有"五帝殊时，不相沿乐"的对于历代音乐的发展的看法[1]。这些思想，尤其是"先王作乐"这样的观念，与圣人作诗一样，代表了古代儒家对于乐章起因的看法，奠定了后来诗歌史建构中以王道教化为基本价值的评价标准。

正如早期诗论多寄寓于乐论之中，早期的带有萌芽性质的诗史叙述也是寄寓于乐史之中的。《吕氏春秋·仲夏纪》不但是早期最具系统

---

[1] 《礼记正义》卷三十七，《十三经注疏》下册，第1530页。

的乐论著作，同时是也最早的乐史。其中《大乐》开篇即云"音乐之所由来者远矣"，实为后世音乐史、诗歌史追溯源头理论的首倡，不仅如此，《音初》一篇还系统地追溯了四方音即四方歌曲的起源，其建构乐史的意识极为明确。其基本的观点是这样的：夏后氏孔甲的《破斧》之歌"实始为东音"。夏禹妻涂山氏女之妾之《候人兮猗》之歌"实始作为南音"。并且，作者认为《周南》《召南》正是从它发展出来的。至护卫周昭王南征有功的辛余靡长封侯于西翟，取殷人思故处之歌以传播于西山，作者认为这是"实始作为西音"者。后来"秦缪公取风焉，实始作为秦音"，亦即十五国风中的《秦风》。北音之始，则为有娀氏二佚女所作的《燕燕之歌》。在这一篇追溯四方音之始的文章中，作者原始要终，分别为《诗经》中的二《南》及《秦风》寻找到渊源。其事实虽若不可考证，但作为一种诗歌史建构的意图是很明确的。我们不能不说这是最早的系统建构诗歌史的文本。这种寻找诗歌作品的渊源的作法值得注意。它是后来以探索具体诗作的影响关系的"微观诗史"的最早尝试。不仅如此，《吕氏春秋·仲夏纪》各篇用"侈乐""古乐""适音"等观念来评衡古今的各种音乐，虽然基本的性质在于建立一种理想的音乐，但事实上也是建构音乐史必不可少的价值标准。它们与《乐记》的"先王之乐"等概念一样，同样也是诗歌史的价值标准。

"先王之乐"、王者制礼作乐等观念，也是儒家对于音乐与诗歌的基本史观。以孔孟为代表的儒家崇礼乐，诵《诗》《书》，《论语·述而》记载："子所雅言，《诗》《书》、执礼，皆雅言也。"司马迁《史记·孔子世家》认为："孔子之时，周室微而礼乐废，《诗》《书》缺。"孔子因此而"正乐"：

> 孔子语鲁大师："乐其可知也。始作翕如，纵之纯如，皦如，绎如也，以成。""吾自卫反鲁，然后乐正，《雅》《颂》各得其所。"

孔子又删《诗》三千余篇为三百篇：

> 古者《诗》三千余篇，及至孔子，去其重，取可施于礼义，上采契后稷，中述殷周之盛，至幽厉之缺，始于衽席，故曰"《关雎》之乱以为《风》始，《鹿鸣》为《小雅》始，《文王》为《大雅》始，《清庙》为《颂》始"。三百五篇孔子皆弦歌之，以求合韶武雅颂之音。礼乐自此可得而述，以备王道，成六艺。

司马迁认为孔子是周代诗教与诗学的继承者，并且是《诗经》的整理者。他说孔子"上采契后稷，中述殷周之盛，至幽厉之缺"，那么，孔子也是一位诗歌史的研究者。司马迁的孔子删诗说，成为《诗经》学中的一个聚讼纷纭的问题。清代《诗经》学家陈乔枞等人认为司马迁属于《鲁诗》派学者，他关于"始于衽席"以及《关雎》为周衰之诗的看法，也是属于《鲁诗》的观点。"四始"之说，很可能也是《鲁诗》派的说法。但无论如何，我们看到这样一个事实，司马迁作为一个史家，不同于一般的学者，他叙述的原则是要体现事实的完整性。同时，他所叙述的孔子的删诗行为，包含了文献编纂与经典选择的意义，同时从他的叙述中，也可以看出孔子对于《诗》的历史的认识，虽然这种认识，是以一种伦理原则即"礼义"为基本的裁断标准的，但它无疑也是一种诗歌史的建构，即孔子整理《诗》三百篇，实质上应该是一种诗史的建构。这种诗史建构，无疑是汉儒评价《诗经》的各部分及各个具体作品的标准。

二、孟子和郑玄等人以"正道"为核心概念的诗史观

儒家本着"先王之乐"、王者制礼作乐等观念，提出了"王者之迹熄而《诗》亡"的看法，可以说这是我国古代第一个明确的诗歌史

观点。《孟子·离娄下》:

> 孟子曰:王者之迹熄而《诗》亡,《诗》亡然后《春秋》作。晋之《乘》,楚之《梼杌》,鲁之《春秋》,一也。其事则齐桓晋文,其文则史,孔子曰:其义则丘窃取之矣!

关于"《诗》亡然后《春秋》作",竹添光鸿《左传会笺·总论》引钱锜之论云:

> 孟子曰:王者之迹熄而诗亡,诗亡然后春秋作。朱子因国风终于陈灵,在鲁宣公时,鲁颂亦皆僖公时所作,故释诗亡为雅亡。夫风与颂不得谓之非诗。且孟子何不直云雅亡,而泛言诗亡乎。今就本文思之,东迁之初,政教号令虽不行,而王者之泽尚存。是非美刺犹在人心。迨后百年,王泽无复存矣。故王者之迹熄。王泽既不存,则人心之好恶亦不正,而是非美刺之诗绝不复闻。故曰王者之迹熄而诗亡,孔子生于鲁襄公二十一年,去诗之亡已数十年。及周游列国,道不能行,退而终老,去诗亡又数十年。乃作春秋,记善恶,存褒贬,以代诗之是非美刺。故曰诗亡然后春秋作。如此则诗亡之义显。而作春秋之大旨,亦昭然可见矣![1]

钱氏这里是把"王者之迹熄而《诗》亡"作为早期诗史中的一个重要事实来考述。而"《诗》亡然后《春秋》作",并不局限于诗歌史内部,而是跨越到另一制作领域。而由《诗》到《春秋》,它们之间的联系,并非同文体内部的继承,而是孔子取《诗》之是非美刺之义而作《春秋》。这应该是接近孟子的原意的。联系到后来班固《汉书·艺

---

[1] 竹添光鸿著,于景祥、柳海松整理《左传会笺》,辽海出版社2008年,第3页。

文志·诗赋略》所说的"学《诗》之士逸在布衣,而贤人失志之赋作"的观点,可知早期建构的诗史并不局限于诗歌文体界围内,而是突破了诗歌内部,在《春秋》及赋中寻找其继续发展。这样一种带有大文学史特点的诗史建构及其所包含的事实,迄今都未得到有效的阐述。无论是"《诗》亡然后《春秋》作",还是"学《诗》之士逸在布衣,而贤人失志之赋作",都是侧重意义之传承与递嬗,而忽略了体制与形式的隔阂。不同文体、不同述作之间,是可以有这种跨越体制与形式隔阂的意义与方法之传承的。这是文学史发展的规律之一。而中国古代在大文学观乃至在文化的整体中建构文学史、诗史的传统,可以说在早期的乐史、诗史的建构中就已显示其端倪。孟子所说的"《诗》亡",班固所说"学《诗》之士逸在布衣",如果属于事实,应该在诗歌史的叙述中有所呈现。

以王道之盛衰为诗道之盛衰的诗史建构方式,在《毛诗大序》里发展为风雅正变之说。《毛诗大序》先是正面地阐述"先王以是经夫妇,成孝敬,厚人伦,美教化,移风俗"的王道诗学,用来解释风、雅、颂的发生机制及作用。然后根据这同一原则,解释变风、变雅产生的原因:

> 至于王道衰,礼义废,政教失,国异政,家殊俗,而变风、变雅作矣。国史明乎得失之迹,伤人伦之废,哀刑政之苛,吟咏情性,以风其上。达于事变,而怀其旧俗者也。[1]

班固《汉书·礼乐志》继续发挥这一观点:

> 周道始缺,怨刺之诗起。王泽既竭,而诗不能作。王官失业,

---

[1] 《毛诗正义》卷一,《十三经注疏》上册,第270页。

> 《雅》《颂》相错，孔子论而定之，故曰："吾自卫反鲁，《雅》《颂》各得其所。"

根据孟子的说法，孔子生存于《诗》亡之世。他继承王官诗学的工作，一是作《春秋》，寻求在另一种著述中传承诗学是非美刺的功能；一是正乐，并编纂《诗》三百的文本。前述司马迁有孔子删诗之说，班固似乎没正面地接受删诗之说，而退回到《论语》中孔子的自述。然而就孔子所作的这两件事情来看，他应该对王道诗学的变化之迹已经有所论定。后儒如孟子、汉代诸家，正是踵承孔门之说而建构以王道为核心义理的风雅正变的诗歌史。

郑玄的《诗谱序》，是他为《诗经》所作的一个史谱，可以说是孔、孟至汉儒诸家诗歌史学之集大成。在这里，他第一次提出了诗歌的起源问题：

> 诗之兴也，谅不于上皇之世？大庭、轩辕，逮于高辛，其时有亡，载籍亦蔑云焉。《虞书》曰："诗言志，歌永言，声依永，律和声。"然则诗之道，放于此乎？

《尚书·舜典》确立了"诗言志"之说，《毛诗大序》又加以"在心为志，发言为诗"的解说，并且加上"情动于中而形于言"。这不仅是一种诗歌本体论，同时也是一种诗歌发生说。郑玄"诗之兴也，谅不于上皇之世"，正是依据这一发生原理做出的推想，在其中当然也包含了圣人作诗的思想。重要的不是结论本身，而是第一次提出了诗歌史起点的问题，从这里可以看出，汉儒将"诗"作为独立的创造事物，对其发生、发展历史做正面把握的意图。而根据《虞书》之说，具体地确定诗道仿于虞舜之世，则体现了汉儒实事求是的学术精神。其后他叙述了夏、商、周三代的诗歌历史，完全是依据《诗经》作品：

> 有夏承之（按，指承虞舜之代），篇章泯弃，靡有孑遗。

按，夏代诗歌之存者，如《吕氏春秋·音初》所载涂山氏之歌，夏后孔甲《破斧》之歌，以及屈原《离骚》所说"启九辩与九歌兮"，皆是。而郑氏不举。可见他对于诗的范围的理解，是局限于风雅颂的，没有将其扩大到歌谣方面。虽然他在叙述诗歌发生时，具备了整体的诗歌史观，但在具体的诗歌史叙述中，又被局囿在经典的视野中。这与班固的诗歌史建构分裂为经典与非经典两部分一样，反映了汉儒诗史观上的一种局囿。有关商代的诗歌，他也只注意到商颂：

> 迩及商王，不风不雅。何者？论功颂德，所以将顺其美；刺过讥失，所以匡救其恶。各于其党，则为法者彰显，为戒者著明。

这是解释商代只有颂的原因。大概是颂只有美，而风、雅则美刺兼具。一在于劝，即"将顺其美"，一在于谏，"刺过讥失"。它们目的是一样的。商专颂美，而于刺讥，其道亦足。

> 周自后稷，播种百谷，黎民阻饥，兹时乃粒，自传于此名也。陶唐之末，中叶公刘亦世修其业，以明民共财。至于大王、王季，克堪顾天。文武之德，光熙前绪，以集大命于厥身，遂为天下父母，使民有政有居。其时诗，风有《周南》《召南》，雅有《鹿鸣》《文王》之属。及成王、周公致大平，制礼作乐，而有颂声兴焉，盛之至也。本之由此风雅而来，故皆录之，谓之诗之正经。

这是论述文王、武王时期的诗歌，认为国风中的《周南》《召南》及大雅中的《文王》《鹿鸣》等，是这个时期的诗歌。它们同时也是文王制礼作乐的主要成果。这应该是周诗的最核心的部分,也是儒家构建的诗歌史的核心。称它们是"正经",应该是汉儒的说法。《大序》有变风、变雅之说,它们是风雅之变。所以后来又有正风、正雅之说,也就是郑玄所说的"正经"。

> 后王稍更陵迟,懿王始受谮亨齐哀公,夷身失礼之后,邶不尊贤。自是而下,厉也,幽也,政教犹衰,周室大坏。《十月之交》《民劳》《板》《荡》,勃尔俱作,众国纷然,刺怨相寻。五霸之末,上无天子,下无方伯,善者谁赏,恶者谁罚,纪纲绝矣!故孔子录懿王、夷王时诗,讫于陈灵公淫乱之事,谓之变风、变雅。以为勤民恤功,昭事上帝,则受颂声,弘福如彼;若违而弗用,则被劫杀,大祸如此。吉凶之所由,忧娱之萌渐,昭昭在斯,足作后王之鉴,于是止矣。

这一段是叙述周衰至春秋时期的变风变雅之作,与《诗大序》中叙述变风变雅的一段文字意思相近。但郑玄叙述得更具体,而《大序》是概括的叙述。主要的内容,也是概括于《毛诗》的各篇《小序》。总结郑玄的诗史的基本观点,诗兴于上皇之世,然大庭、轩辕不见于载籍,现在可以考见的诗道之始在《虞书》"诗言志"之说。自后夏诗不存,商仅余颂,至周代方才有完整的风、雅、颂,而因王道之盛衰,又由正风、正雅而演为变风、变雅。最后一个观点,据郑玄所说,是来自孔子。也就是说,郑玄《诗谱序》,是对从孔子到汉儒诸家的诗史的一个集成。

郑玄的这个诗歌史叙述体系及方法,对后来的诗歌史及一般的文学史叙述影响很大。这里最重要的一点是,郑玄第一次对《诗经》史做了系统的叙述,他同时还追溯到诗歌的起源,延伸到普遍的诗歌史的领域。古代对诗歌起源的追溯,多是引用郑玄此说,少有发展。其实《吕氏春秋》已经追溯诗歌的起源,有四方音之始的说法。但由于《吕氏春秋》主要是着重于"歌"与"乐"这样的概念,与"诗"这个概念有距离,所以其起源说影响不大。事实上,中国古代关于诗歌起源问题的讨论,基本上停止在这样的结论上,一直到近代西方的诗歌起源论引进来之后,才有进一步的探讨。

三、班固横亘着经典与非经典的诗歌史建构

诗歌史的早期建构,进入汉代后,开始以一种自觉、独立的史学意识出现。这一成就,是与汉代史学的发达直接联系在一起的。司马迁《史记》从历史的角度叙述孔子在《诗经》整理与研究方面的成就,又以人物传记的方式叙述屈原的创作,开后世《文苑传》之先例。班固则从文化史与文献学的角度,对《诗经》《楚辞》、汉赋、乐府歌诗做了叙述。两家先后相继,奠定了局部的诗歌史。史家本着"实事求是""通古今之变"的自觉的历史意识,初步建立了诗歌史的脉络。经学家郑玄的诗论,融合史家与经学两方,作《诗谱》并序,第一次建构了历时的《诗经》内部的诗歌史,由《诗经》诗歌史的局部推及整体诗歌史。王逸的《楚辞章句》并序,也是采用历史考证、实事求是的方法来评论屈原作品,比较多地吸收了《毛诗大序》的变风、变雅理论,充分地肯定了《楚辞》作品突出的个体抒情特点。在诗歌抒情理论的方面做出重要的发展,对后世的影响也是十分深远的。

与司马迁相比,班固的诗学思想趋向于保守。但作为史家,他对诗赋源流的探讨,以及对诗歌文献的整理,贡献是相当大的。班固《汉书》的《礼乐志》及《艺文志·诗赋略》,是有关于先秦至汉代的诗歌史及诗乐关系的最重要文献。前者在我们今天的学术分野里,属于文化史的范围;后者则属于文献目录学的范围。这样,我们也可以说,班固的诗论是从文化史与文献目录学中引发的。这再次告诉我

们，中国古代的诗歌理论与批评，是从多种学术体制中产生的。我们说，诗及《诗经》、乐府、《楚辞》，它们都是一些固定的东西，但在早期的诗学发展中，它们是被放在不同的学术与文化的体制中被关注的。其中唯一缺乏的，恰是立足于诗歌自身立场的诗歌创作与批评的体制。如果从诗歌本身的立场来说，《诗经》《楚辞》、乐府歌辞，当然应该放在一个整体中论述。所以，班固的诗论中，横亘着经典与非经典这样一对重要概念。他对《诗经》的阐述，是一种经典论。他对《楚辞》与乐府的阐述，才是一种正常的诗歌批评与诗歌史研究。

班固对于诗歌史的史料，采取两种著录的方式。作为儒家经典之一种的《诗经》，他放在《艺文志·六艺略·经·诗》部里。《汉书·艺文志》六艺部分对《诗》类文献有一个总按：

> 《书》曰："诗言志，哥（歌）咏言。"故哀乐之心感，而哥（歌）咏之声发。诵其言谓之诗，咏其声谓之哥（歌）。故古有采诗之官，王者所以观风俗，知得失，自考正也。孔子纯取周诗，上采殷，下取鲁，凡三百五篇，遭秦而全者，以其讽诵，不独在竹帛故也。汉兴，鲁申公为《诗》训故，而齐辕固、燕韩生皆为之传。或取《春秋》，采杂说，咸非其本义。与不得已，鲁最为近之。三家皆列于学官。又有毛公之学，自谓子夏所传，而河间献王好之，未得立。

又《汉书·食货志》：

> 孟春之月，群居者将散，行人振木铎徇于路，以采诗，献之大师，比其音律，以闻于天子。故曰王者不窥牖户而知天下。

与司马迁删诗说相对，班固叙述了在汉儒中影响很大的采诗说，此说应该也是战国至汉代流行的说法。《礼记·王制》有"天子五年一巡守……命大师陈诗以观民风",《孔丛子》亦言古者天子"命史采民诗谣,以观其风"。《公羊传》宣公十五年何休解诂:"男女有所怨恨,相从而歌。饥者歌其食,劳者歌其事。男年六十,女年五十无子者,官衣食之,使之民间求诗。乡移于邑,邑移于国,国以闻于天子。故王者不出牖户,尽知天下所苦,不下堂而知四方。"

采诗之说在诗歌史建构上的一个重要的意义,就是诗出于歌谣之说,以及诗的本体在于歌谣之说。这在《毛诗》体系中并不突出。关于《诗经》,尤其是其中的风诗的发生,就有圣贤作诗与风诗出于歌谣的不同说法。汉人因为熟稔于汉代乐府出于歌谣这个事实,所以普遍地接受采诗的说法。这是诗歌史的建构与当代诗歌实践相呼应的一个例子。因为采诗观风的说法,也强调诗歌创作出于人们自然讴吟的事实,于是有何休的"有所怨恨"而作歌,"饥者歌其食,劳者歌其事"之说。这都是直接可以在《诗经》的作品中得到印证的,是汉儒在《诗经》批评上的一个发展。采诗说奠定了后来宋代朱熹一派的风诗出于"里巷歌谣"之说。此说在现代《诗经》学中得到了强化,又与各种现代的诗歌发生说合流,成为现代学者解释《诗经》尤其是风诗的基本学说。

四、司马迁、王逸以抒情为中心的《楚辞》诗歌史建构

汉代诗歌史的建构,虽然由于经典与非经典这一核心意识的横亘,使得整体的诗歌史难以完全建立,但已经开始脱离音乐史的整体,达到相对独立的品格。与先秦儒家主要面对《诗经》一种对象建构诗歌史不同,汉代史家所面对是《楚辞》、汉代辞赋、乐府这样几种新的对象。所以,如何将先秦时期确立的王道诗学的观念,发展到《诗经》之外几种诗歌的史学建构,就是汉代史家诗歌建构的新课题。

司马迁处于武帝时期《楚辞》学兴盛的背景下,对屈原作品做出

很高的评价,奠定了诗歌史上诗骚并提的基础。比起他在《诗经》方面的评论,他有关《楚辞》的评论更能体现他在诗歌方面的真知灼见,更具诗歌学的意义。《史记》论《楚辞》:

> 屈平疾王听之不聪也,谗谄之蔽明也,邪曲之害公也,方正之不容也,故忧愁幽思而作《离骚》。离骚者,犹离忧也。夫天者,人之始也;父母者,人之本也。人穷则反本,故劳苦倦极,未尝不呼天也;疾痛惨怛,未尝不呼父母也。屈平正道直行,竭忠尽智以事其君,谗人间之,可谓穷矣。信而见疑,忠而被谤,能无怨乎?屈平之作《离骚》,盖自怨生也。《国风》好色而不淫,《小雅》怨诽而不乱。若《离骚》者,可谓兼之矣。上称帝喾,下道齐桓,中述汤武,以刺世事。明道德之广崇,治乱之条贯,靡不毕见。其文约,其辞微,其志洁,其行廉,其称文小而其指极大,举类迩而见义远。其志洁,故其称物芳。其行廉,故死而不容。自疏濯淖污泥之中,蝉蜕于浊秽,以浮游尘埃之外,不获世之滋垢,皭然泥而不滓者也。推此志也,虽与日月争光可也。

> 太史公曰:余读《离骚》《天问》《招魂》《哀郢》,悲其志。适长沙,观屈原所自沈渊,未尝不垂涕,想见其为人。及见贾生吊之,又怪屈原以彼其材,游诸侯,何国不容,而自令若是。读《服鸟赋》,同死生,轻去就,又爽然自失矣。

从这段评论中可见,司马迁强调《离骚》的抒情性,尤其是"怨"的合理性,"屈平之作《离骚》,盖自怨生也"。司马迁从屈原遭遇的困境,即"信而见疑,忠而被谤"来解释《离骚》创作的原因,充分强调诗歌抒情性。同时他也是中国文学理论的历史上,第一次明确肯定个体抒情的合理性的学者。孔子论《诗》有"兴观群怨"之说,第一次将怨作为诗的一种本质性功能提出来。孟子与高子之间,也曾经对《诗》的怨的问题产生过不同的看法。司马迁可以说是孔子的《诗》"可以怨"思想的发展者,并且其对怨的合理性的强调,达到了中国古代美学思想在这方面的一个高度。这对中国古代抒情诗学是一个重要的贡献。

但更重要的是,他概括了《楚辞》艺术特点,结论即《九章·惜诵》所说的"惜诵以致愍兮,发愤以抒情"。司马迁在文学理论方面的另一个重要看法,即发愤著书之说,影响更大。《史记·太史公自序》:

> 夫诗书隐约者,欲遂其志之思也。昔西伯拘羑里,演《周易》;孔子厄陈蔡,作《春秋》;屈原放逐,著《离骚》;左丘失明,厥有《国语》;孙子膑脚,而论兵法;不韦迁蜀,世传《吕览》;韩非囚秦,《说难》《孤愤》;《诗》三百篇,大抵贤圣发愤之所为作也。此人皆意有所郁结,不得通其道也,故述往事,思来者。

司马迁的发愤之说,正来自《九章·惜诵》"发愤以抒情",同时又接受了孔子的思想。《史记·孔子世家》载孔子之自叙云"其为人也,学道不倦,诲人不厌,发愤忘食,乐以忘忧,不知老之将至"。《史记·伯夷列传》说到善恶报应之说不实时,也有发愤之论:"或择地而蹈之,时然后出言,行不由径,非公正不发愤,而遇祸灾者,不可胜数也。余甚惑焉,傥所谓天道,是邪非邪?"可见司马迁的发愤,是一种文学正义之论,即正义之士遭遇困境,无所控诉,发之于文学之中。这种思想对文学精神的揭示,比起前人要深刻得多。但其与言志说、抒情说、《诗》"可以怨"之说的一脉相承关系,经过我们这样梳理,正可一目了然。

司马迁上述诗论的卓越之处,还在于他把《离骚》提高到与国风、小雅一样高的地位,并且认为其兼有两者之长:"《国风》好色而不淫,《小雅》怨诽而不乱。若《离骚》者,可谓兼之矣。"这事实上是说《离骚》继承并发展了国风、小雅的艺术。这种思想的开放性是相当突出的,我们知道,在中国古代的文学批评中,对《诗经》是整体肯定的,对于《楚辞》,虽然重视它的艺术,但对其伦理上的雅正价值,一直是有所质疑的。司马迁为什么会形成这样的比较开放、先锋的文学思想呢?一般认为是其遭遇促成的,但是我们也看到,比起班固,司马迁更多地继承了两汉大一统之前的思想自由的传统。

与司马迁论定《楚辞》品格,并从品格方面将其与国风、小雅纳入诗歌史体系不同,班固以比较实证的方法,对《楚辞》在汉代的传承历史做了这样的叙述:

> 始楚贤臣屈原被谗放流,作《离骚》诸赋以自伤悼。后有宋玉、唐勒之属慕而述之,皆以显名。汉兴,高祖王兄子濞于吴,招致天下之娱游子弟,枚乘、邹阳、严夫子之徒兴于文、景之际。而淮南王安亦都寿春,招宾客著书。而吴有严助、朱买臣,贵显汉朝,文辞并发,故世传《楚辞》。

后来王逸在《楚辞章句·九辩序》中也交代了《楚辞》名义的由来及其部分历史:

> 宋玉者,屈原弟子也。闵惜其师,忠而放逐,故作《九辩》以述其志。至于汉兴,刘向、王褒之徒,咸悲其文,依而作词,故号为"楚词",亦采其九以立义焉。

结合班、王两家之说,《楚辞》的发展历史可以说已经得到比较完整的呈现。

班固对于诗歌史建构的一个贡献,是关于《诗》亡而赋作的看法,将辞赋系统与诗歌接续起来,建立了赋出于古诗这样一个诗歌史观点。其《诗赋略》:

> 传曰:"不歌而诵谓之赋,登高能赋可以为大夫。"言感物造耑,材知深美,可与图事,故可以为列大夫也。古者诸侯卿大夫交接邻国,以微言相感,当揖让之时,必称《诗》以谕其志,盖以别贤不肖而观盛衰焉。故孔子曰"不学《诗》,无以言"也。春秋之后,周道浸坏,聘问歌咏不行于列国,学《诗》之士逸在布衣,而贤人失志之赋作矣。大儒孙卿及楚臣屈原离谗忧国,皆作赋以风,咸有恻隐古诗之义。其后宋玉、唐勒,汉兴枚乘、司马相如,下及扬子云,竞为侈丽闳衍之词,没其风谕之义。是以扬子悔之,曰:"诗人之赋丽以则,辞人之赋丽以淫。如孔氏之门人用赋也,则贾谊登堂,相如入室矣,如其不用何!"

《诗赋略》为刘向所著的《七略》的一种,班固删其要,收入《艺文志》,所以也可以说是刘向、班固两家的思想。上述这段话追溯赋的源流,将其与春秋时代士大夫的赋诗、引诗制度联系起来,认为诗学是士大夫的一种基本技能,即所谓的"聘问歌咏"。这种诗教作用,奠定了士大夫的文学功底,尤其是造成了一批"学《诗》之士"。这些学《诗》之士,正是"贤人失志之赋"的作者来源。这就将文学史中很重要的一个环节梳理出来了。除了这个之外,班固在讨论赋的基本方法时,还提出了"赋者,古诗之流"这个看法。这就在作者与文体两方面,都将辞赋与《诗经》联系起来了。

班固《两都赋序》中提出"赋者,古诗之流"这个重要看法,与其在《诗赋略》中的观点是一致的:

赋者，古诗之流也，昔成康没而颂声寝，王泽竭而诗不作。大汉初定，日不暇给。至于武宣之世，乃崇礼官、考文章，内设金马石渠之署；外兴乐府协律之事。以兴废继绝，润色鸿业。是以众庶悦豫，福应尤盛；白麟、赤雁、芝房、宝鼎之歌，荐于郊庙；神雀、五凤、甘露、黄龙之瑞，以为年纪。故言语侍从之臣，若司马相如、虞丘寿王、东方朔、枚皋、王褒、刘向之属，朝夕论思，日月献纳。而公卿大臣御史大夫倪宽、太常孔臧、太中大夫董仲舒、宗正刘德、太子太傅萧望之等，时时间作。或以抒下情而通讽谕，或以宣上德而尽忠孝，雍容揄扬，著于后嗣，抑亦雅颂之亚也。故孝成之世，论而录之，盖奏御者千有余篇，而后大汉之文章，炳焉与三代同风。[1]

班固所说"昔成康没而颂声寝，王泽竭而诗不作"，是继承了孟子的观点。某种意义上说，孟子关于"王泽竭而诗不作"，"《诗》亡然后《春秋》作"的观点，是最早的一个文学史式的叙述。班固认为赋的兴起是诗教的余泽，并且在文体的渊源上认为赋出于古诗。

赋出古诗，是汉人基本的诗史观念。王逸的《楚辞章句》是第一个系统的楚辞评论文本。他强调"《离骚》之文，依《诗》取兴，引类譬谕"，即赋出于古诗的具体说法。又其解淮南小山《招隐士》篇时说"八公之徒"："著作篇章，分造辞赋，以类相从，故或称小山，或称大山。其义犹《诗》有《小雅》《大雅》也。"也是用赋出古诗的理论，为其寻溯渊源。

---

[1] 萧统编，李善注《文选》，中华书局1977年，第21—22页。

五、班固的乐府诗史建构

班固梳理诗歌史乃至文学史的一个基本脉络,是古诗、辞赋、乐府诗歌。他认为辞赋出于古诗,因为辞赋是一种文人文学,文人是熟知文献、继承诗书礼乐的,所以讨论辞赋的起源,势不能不追溯到《诗经》。在班固之前,《史记》已经将屈原的《离骚》与国风、小雅联系起来讨论,认为离骚是继承国风、小雅的。因为屈原虽是楚国大夫,但楚在当时已经接受中原文化,屈原"博闻强志,明于治乱,娴于辞令。入则与王图议国事,以出号令;出则接遇宾客,应对诸侯",我们拿《左传》中的贤士大夫与屈原对照着看,发现屈原正是长于行人诗学的春秋战国时代贤士大夫之流。所以班固说"学《诗》之士逸在布衣",这个"学《诗》之士"群体,当然也包括屈原在内。屈原作《橘颂》《天问》,是四言雅颂体的变化。而其《离骚》与《九歌》《九章》,则是直接使用楚国歌诗之体,加以发展。所以,司马迁与班固都将屈原作为《诗经》的继承者,而宋玉等人则是屈原的继承者,屈、宋则构成辞赋的祖先。但汉人辞赋与《楚辞》相比,变化很大。所以扬雄又提出"诗人之赋丽以则,辞人之赋丽以淫"的看法。这样,从《诗经》到两汉的诗歌史的主要观点,就建立起来了。当然,我们后来所建构的文学史,没有完全依照司马迁、班固、扬雄等人的观点来叙述与评论。这里面探讨的空间是很大的。

《汉书·礼乐志》还记载了汉代乐府及其诗歌的来源:

> 初,高祖既定天下,过沛,与故人父老相乐,醉酒欢哀,作"风起"之诗,令沛中僮儿百二十人习而歌之。至孝惠时,以沛宫为原庙,皆令歌儿习吹以相和,常以百二十人为员。文、景之间,礼官肄业而已。至武帝定郊祀之礼,祠太一于甘泉,就乾位也;祭后土于汾阴,泽中方丘也。乃立乐府,采诗夜诵,有赵、代、秦、

楚之讴。以李延年为协律都尉,多举司马相如等数十人造为诗赋,略论律吕,以合八音之调,作十九章之歌。以正月上辛用事甘泉圜丘,使童男女七十人俱歌,昏祠至明。夜常有神光如流星止集于祠坛,天子自竹宫而望拜,百官侍祠者数百人皆肃然动心焉。

《汉书·艺文志·诗赋略》:

> 自孝武立乐府而采歌谣,于是有代赵之讴,秦楚之风,皆感于哀乐,缘事而发,亦可以观风俗,知薄厚云。序诗赋为五种。

班固没有将乐府歌辞提高到足以与国风、《楚辞》相提并论的位置,这与汉儒整体贬低汉武帝采俗乐的行为是有关系的。《史记》作者处于乐府兴盛之世,却基本上不加叙述。班固从礼乐文化与文献这两个角度注意到乐府及其歌辞,承认其是"感于哀乐,缘事而发",尝试将其纳入儒者推崇的采诗体系中,并且强调其有"观风俗,知薄厚"的功用。

汉儒建构诗歌史,班固之贡献最大。班固通过《诗经》《楚辞》、乐府、辞赋几大类的整理,并且通过采诗、学《诗》之士失职逸在布衣而赋作,赋出于古诗,以及汉武帝立乐府采诗可以观风俗、知得失等观念的勾连,在他的话语体系中,其实也建立了一个完整的诗歌史。当然,这个诗歌史是以强调政教——儒家诗教思想为基本立场的。

小 结

早期诗歌史建构发源于礼乐文化,依借于"先王之乐""王道"等基本的观念。至儒家区分风雅正变、孟子提出"王者之迹熄而《诗》亡",正式确立了儒家一派的诗史建构。汉代经学家、史学家引而申之,并且由以《诗经》为对象的单一的经典诗歌史建构,扩大到《楚辞》、汉赋、乐府这几种重要的诗歌类型中。虽然其中仍然横亘着经典与非经典这一观念局限，妨碍了整体诗歌史的建构；但脱离了对乐史的依附，并且在经典与非经典，辞赋、乐府与《诗经》之间，建构起一种史的联系。可以说，在诗歌史的建构上已经具有很自觉的意识。某种意义上，比之后世文人自身建构诗歌史，其史学意识更为自觉。其对古代时期中国诗歌史建构的奠定作用，不容忽略。其方法与具体的结论，对于今天重新建构早期诗歌史，也是必须重新审视与取资的传统学术资源。

第七章
两汉至魏晋的诗赋理论

两汉时代，伴随辞赋创作的展开，有关辞赋写作的阐述与评论也随之产生。这就是我们今天在批评史中称为赋论的这一部分。赋论自有其发展历史，但它与诗论之间，有着一种复杂的合分的关系。至少在汉魏晋时期，赋论与诗论是紧密结合在一起的。这里有两个最重要的事实：第一，两汉辞赋理论与批评，是在汉儒诗学的背景下展开的，受到汉代诗骚批评理论的直接影响。从这个意义上可以说，汉代的辞赋批评理论是从诗论中派生出来的。第二，由于辞赋兴于前，五言诗兴于后，所以魏晋南北朝的文人诗论，受到汉代辞赋批评理论的直接影响，某些核心性的观念，甚至直接来自汉人对辞赋的创作观念。这两个基本事实，在迄今为止的批评史研究中，都没有被充分地、明确地提出及阐述。

一、汉代辞赋的基本理论

关于汉代的辞赋理论，我想可以分为两大部分，一部分是论述辞赋本体及渊源，另一部分是关于赋的艺术形式，或者如我们今天说的体裁特征、写作方法等等。这两部分与诗论都有关系。

赋的得名及其发生与早期发展的真相，是一个讨论得很多的问题。我个人研究的基本结论，是认为赋出于大夫九能之一的"登高能赋"一类，最早的赋体是发生于先秦时代的士大夫口诵之赋，即所谓

"不歌而诵谓之赋",在战国屈、荀等人这里,转为文人的书面写作。这与士人著述之兴起有直接关系。或者说,赋的发生与发展,是与文章著述的整体风气联系在一起的。这个问题,我在相关的论文中已经论述过。汉代学者的基本观点,是强调赋属六义之一,赋出于古诗。这方面班固的理论最有代表性。我的理解是,这种观点,其实不完全是对一种事实的认定,而具有我们今天所说的文学史建构的性质。班固自己在《两都赋序》中也说:"或曰:赋者,古诗之流也,昔成康没而颂声寝,王泽竭而诗不作。"然后就是汉代作赋云云。也就是说,他认为汉赋继诗而起。所以他在《艺文志·诗赋略》中又说:"春秋之后,周道浸坏,聘问歌咏不行于列国,学《诗》之士逸在布衣,而贤人失志之赋作矣。大儒孙卿及楚臣屈原离谗忧国,皆作赋以风,咸有恻隐古诗之义。"联系这两段文字,我们可以发现:其实班固说得如此振振有词的这种"学《诗》之士逸在布衣,而贤人失志之赋作"的观点,除了概括历史事实之外,更是对汉代流行的赋出古诗说的推演。汉儒既认为汉赋继诗而作,则推溯于其源头,战国辞赋之兴,当然也是出于古诗。班固将其属实,用其史家绝妙的心识,勾勒出"学《诗》之士逸在布衣,而贤人失志之赋作"这样一具体的文学史观点。其实,赋出于古诗,更主要是汉代诗教理论之盛的背景下,旧原则对新文体的一种箍绑。由此发生了赋论与诗论的紧密关联。另一方面,其实在汉人的辞赋创作中,也有一些依摹《诗经》的说法与作法。如崔篆《慰志赋》:

懿《氓》蚩之悟悔兮,慕白驹之所从。

班婕妤《自悼赋》:

勉虞精兮极乐,与福禄兮无期。《绿衣》兮《白华》,自古今有之。

班倢伃《捣素赋》：

> 若乃窈窕姝妙之年，幽闲贞专之性，符皎日之心，甘首疾之病，歌《采绿》之章，发《东山》之咏。

李尤《东观赋》：

> 臣虽顽卤，慕小雅《斯干》叹咏之美。

这些说法告诉我们，赋出于古诗，甚至可以说也是汉赋的一种写作原则。

赋论受诗论的影响，最明显的就是"诗言志"及有关的诗的抒情理论对赋的影响。辞赋创作及批评受言志说的影响是明显的。我们举一个最能显示此现象的例子，就是汉赋中述志一类。如崔篆有《慰志赋》，冯衍有《显志赋》等。冯之《显志赋》叙显志之义曰："乃作赋自厉，命其篇曰《显志》。显志者，言光明风化之情，昭章玄妙之思也。"汉赋又有抒情之论，如王符《潜夫论·务本》云："诗赋者，所以颂善丑之德，泄哀乐之情也，故温雅以广文，兴喻以尽意。今赋颂之徒，苟为饶辩屈蹇之辞，竞陈诬罔无然之事，以索见怪于世，愚夫戆士，从而奇之，此悖孩童之思，而长不诚之言者也。"观此可知，诗与赋兼有抒发言志、美刺教化之功能。此又赋可通于诗之说也。

赋论与诗论的另一个重要结合点，就是讽喻之说。我们知道，讽刺之说出于诗教，但其创作上的第一影响对象就是辞赋体，辞赋创作也是诗教讽刺说在文人创作上的第一次使用。

扬雄《河东赋序》："其三月，将祭后土，上乃帅群臣横大河，凑汾阴。既祭，行游介山，回安邑，顾龙门，览盐池，登历观，陟西岳以望八荒，迹殷周之虚，眇然以思唐、虞之风，雄以为临川羡鱼，不如归而结罔,还,上《河东赋》以劝。"按成帝祭祀汾阴,经过殷周旧墟,思唐、虞之风。扬雄以帝有思治之心,所以上《河东赋》,先赋奢游之盛,结以要言妙道,以为讽谏。《羽猎赋》也是这样,扬雄以汉帝台馆园囿过于奢侈,并且又大事田猎,"尚泰奢丽夸诩,非尧、舜、成汤、文王三驱之意也。又恐后世复修前好,不折中以泉台,故聊因《校猎赋》以风"。

杜笃《论都赋》:"窃见司马相如、扬子云作辞赋以讽主上,臣诚慕之,伏作书一篇,名曰论都。"此则赋可通于论也。

辞赋理论的另一重要部分,是汉代辞赋家根据赋体创作的经验,对辞体的写作方法与特点的一些概括。刘熙《释名》:"赋,敷也,敷布其义,谓之赋也。"辞赋家多强调赋的敷布义,对于具体的方法也有揭示,如枚乘《七发》对赋义与赋法,颇有阐述,主要集中在览景与观潮两段。其中览景这一段说:

> 客曰:"既登景夷之台,南望荆山,北望汝海,左江右湖,其乐无有。于是使博辩之士,原本山川,极命草木;比物属事,离辞连类。……"[1]

这几句已经概括了赋体的基本特征,赋体出于博辩,近人多溯赋源于纵横家,即此义。然纵横家的博辩,多是合纵连横之类的计议,为实用之义,赋法之博辩,则以原本山川、都邑,极命草木、禽兽、事物为旨,是为美饰之义。赋体虽出于博辩,而其文体之成立,全在于美饰之义的明确。至于"比物属事,离辞连类",则是赋体的基本写作特点,重在名类,故司马相如、扬雄以侈陈物象、牢笼万有为高。曹丕

---

[1] 费振刚、胡双宝、宗明华辑校《全汉赋》,北京大学出版社1993年,第18页。

报卞兰之书亦称："赋者，言事类之所附也。"[1] 赋体文学与后来的诗词文学之根本不同，正在于这种注重事类、侈陈名物的作法，重在客观，但当诗在发展的过程中向体物、客观再现、创造形象发展时，赋的这些创作方法，无疑也都被诗所吸收。这个问题，有学者曾概括为诗的赋化。枚乘的《七发》中还有一处，显示赋体在艺术表现上的更精致一些的追求，那就是观潮一段所说"心略辞给""缕形"：

> 客曰："将以八月之望，与诸侯远方交游兄弟，并往观涛乎广陵之曲江。至则未见涛之形也，徒观水力之所到，则恤然足以骇矣。观其所驾轶者，所擢拔者，所扬汩者，所温汾者，所涤汔者，虽有心略辞给，固未能缕形其所由然也。"

"心略辞给"就观察、构思与修辞而言，"缕形"是使物无遁形。原始的赋义中，是缺少这种观念的，枚乘因为要形容广陵之潮，浮现出"缕形"的意图，促使赋法由粗向精发展。

"心略"说强调赋体创作构思的重要，也包含着想象理论的萌芽。《西京杂记》（《太平御览》卷五百八十七）载司马相如答人问作赋：

> 合綦组以成文，列锦绣而为质，一经一纬，一宫一商，此作赋之迹也。赋家之心，苞括宇宙，总览人物，斯乃得之于内，不可得其传也。

这一段向来被视经典的赋体创作论，其中提出"赋家之心"的问题，在文学理论上是很重要的。

---

[1] 陈寿撰，裴松之注，陈乃乾校点《三国志》卷五《后妃列传·武宣卞皇后》裴注引《魏略》，中华书局1959年，第158页。

总之，赋论主要是从司马相如所说的"作赋之迹"与"赋家之心"两方面展开的。它可以说是文人诗歌创作论之前的重要的形态，基本被后来的诗论所吸纳。

二、"诗赋"整体论抉发

汉代文学术语中，有两个重要的组合式概念，一个是"辞赋"，一个是"诗赋"。它们都不仅是目录学两类文体的连称，而且具有凝成一个文学概念的性质。它们在中国古代纯文学理论的发展上，乃至文学发展史本身的意义上，一直未被充分阐述。关于前一概念，费振刚先生曾做过详细的分辨，认为辞赋原为两体，各有源流，至汉人始以辞赋互称。[1] 笔者在《论辞与赋》一文中也提出了自己的看法，主要阐述汉赋内部的辞与赋两种类型的分合关系。[2] 相比"辞赋"，"诗赋"是更重要的、更高层面上的概念。"诗赋"一词，不只是简单地指陈诗与赋两种文体，更是凝结着文学史上诗赋两种文体之间的复杂关系，以及汉魏六朝批评家对这些关系的陈述。他们对诗赋关系的论述，有哪些是事实的描述？还有哪些只是理论的推演？这是需要深入探究的问题。更为重要的一个事实是，诗赋两体有相互渗透乃至彼此替代的关系，并因此而实际上凝结为一个文学术语，其内涵甚至大于诗赋两体本身，作为在中古时代人们理解、把握纯文学艺术的一个最重要文学概念。

诗赋两体在产生及发展的历史上，存在着互有先后、互为渊源的关系。这种关系，概括地说是两点：其一，辞赋是继"古诗"而兴起的一种文体，赋体的创作群体、文体形式、创作观念与文学传统诸方

---

[1] 费振刚《前言》，费振刚、仇仲谦、刘南平校注《全汉赋校注》卷首，广东教育出版社2005年，第1—17页。

[2] 钱志熙《论辞与赋——从文体渊源与文学方法两方面着眼》，《文艺理论研究》2014年第2期。

面受到以《诗经》为主的"古诗"系统的哺养。汉代学者的赋出于古诗、"赋者,古诗之流"之说,所指陈的就是这一基本事实。当然,这里面也有理论阐释的成分。其二,在汉代发生、至魏晋确立的文人诗的创作传统,是汉代辞赋系统之后的文人文学的第二个发展阶段,同样在创作的群体、文体的某些形式要素和修辞艺术等方面,大量地接受了辞赋传统的影响。这些事实,近代以来的文学史家曾用"诗的赋化"等观点加以概括。

上述诗赋互有先后、互为渊源的关系,体现在汉魏六朝的文献著录的体例上,就是在刘《略》、班《志》的著录上,"诗赋"类中,诗居赋前;而在具体的编排序列上,《汉书·艺文志》又列赋于歌诗之前,以致形成后世集部编纂的一种体例。如《昭明文选》的"次文之体",列赋于诗歌之前,后来诸家别集的文体排列,也多以赋居首。如《庾子山集》《杨盈川集》等,都是赋居诗前。又如李白的别集,现在所见有两种形式,一种是传为宋咸淳本的《李翰林集》[1],以古风、乐府、五七言杂歌诗居前,列古赋、杂文于后。据郁贤皓之说,咸淳本源出于乐史所编的《李翰林集》三十卷[2];另一种则如萧士赟本《分类补注李太白集》,其本"拔古赋八篇列于前为一卷,次以歌诗二十四卷"[3]。王琦所编《李太白文集》,也是列古赋于先,次以古风、乐府、五七言歌诗,再次以杂文。据王氏跋,其本所据是姑苏缪氏获昆山传是楼所藏宋刊本。以上两种,笔者认为列古赋于歌诗之前是太白手定、付魏颢所编的《李翰林集》及付李阳冰所编的《草堂集》的原来面貌。这是因为太白是依《文选》赋列诗前的体例来编定手集的。后来宋人以太白之诗高于其古赋,贬古赋于杂文之类,其实是有违李

---

[1] 《李翰林集(当涂本)》,黄山书社2004年(据宣统元年贵池刘世珩《景宋咸淳本李翰林集》影印)。

[2] 郁贤皓《影印当涂本〈李翰林集〉序》,《李翰林集(当涂本)》卷首。

[3] 李白著,王琦注《李太白全集》附序跋,中华书局1977年,第1689页。

白自己的原意。这很可能是汉魏以来"诗赋"观念的失传,蕴藏着文学史演变的重要环节。所以,像后来精熟刘、班目录学及刘勰《文心雕龙》的章学诚,居然也对刘、班文体分类称"诗赋"而以诗居赋后表示不满:

> 赋者古诗之流,刘勰所谓"六义附庸,蔚成大国"者是也。义当列诗于前,而叙赋于后,乃得文章承变之次第。刘、班顾以赋居诗前,则标略之称诗赋,岂非颠倒与?每怪萧梁《文选》,赋冠诗前,绝无义理,而后人竞效法之,为不可解。今知刘、班著录,已启之矣。[1]

章氏讲究辨章学术,考镜源流,认为赋出诗,诸家列赋于诗之前,而合称时又惯说"诗赋",不但混淆文体承变的源流,而且自相矛盾。事实上是他未解刘、班及《文选》编者的深意。后来论者也有据"赋居诗前"来论定汉魏六朝赋的地位高于诗,虽然与事实相差不远,但也是未深解其中之理。

三、"赋出于古诗"论

赋出于古诗的说法,见于班固等人,认为战国时代辞赋家群体出于学《诗》之士,《汉书·艺文志·诗赋略》:

> 传曰:"不歌而诵谓之赋,登高能赋可以为大夫。"言感物造端,材知深美,可与图事,故可以为列大夫也。古者诸侯卿大夫交接邻国,以微言相感,当揖让之时,必称《诗》以谕其志,盖以别贤不

---

[1] 《校雠通义·汉志诗赋第十五》,《文史通义校注》,第1065页。

肖而观盛衰焉。故孔子曰"不学《诗》，无以言"也。春秋之后，周道浸坏，聘问歌咏不行于列国，学《诗》之士逸在布衣，而贤人失志之赋作矣。大儒孙卿及楚臣屈原离谗忧国，皆作赋以风，咸有恻隐古诗之义。[1]

班固先是根据"传"说，追溯赋体发生的渊源，即赋的本义为"不歌而诵"，与诗的入乐可歌有别。赋的这一本义，与赋出于六义，构成汉人对赋体体裁特征的基本认识。前一义即"不歌而诵"，侧重赋源，即从功能区分诗赋两体；后一义即赋出于六义，则是侧重写作方法。"不歌而诵"而赋义立；"学《诗》之士逸在布衣，而贤人失志之赋作"，这两义都是与诗相关的，"不歌而诵"是从歌诗中分出的一种功能；《春秋左传》等文献所记载的春秋士大夫各种赋《诗》行为，从本质上说，都可称为赋。所以刘勰《诠赋》："至如郑庄之赋大隧，士蒍之赋狐裘，结言短韵，词自己作，虽合赋体，明而未融。"[2]虽"明而未融"，但不碍其可归于赋体。不仅如此，引《诗》以赋的一种，虽原本为诗，但从"不歌而诵"这一点来讲，又可直接称为赋。这正证明，诗赋两体，在早期是密切难分的。从"学《诗》之士逸在布衣，而贤人失志之赋作"来讲，正是因为聘问歌咏不行，歌诗之法衰落，而布衣之士使用"不歌而诵"之法来写作、诵咏，大大地突破了歌诗的成法，而促使赋体趋于独立。这可以说是文体上的一种解放。

从"不歌而诵谓之赋"、赋出于六义这两义来看，赋其实不能简单地理解为一种体裁，而是根于"不歌而诵"、铺陈体物、"铺采摛文"等表达及写作上的特点而立义成体的。从赋体的发展历史来看，也是这样。赋史上存在过各种体制，有学者将其分为诗体赋、散体赋、辞

---

[1] 《汉书》卷三十，第1755—1756页。
[2] 刘勰著，黄叔琳注，李详补注，杨明照校注拾遗《增订文心雕龙校注·诠赋第八》，中华书局2012年，第95页。

体赋等多种[1]，到了后代，更有律赋、文赋、骈赋等各种体裁。它们在形式上是不断变化的，但在文体特征与写作方法上有共同的地方。有学者在论律赋时说："律赋不仅同其他赋类如大赋、抒情小赋、文赋一样具有'铺采摛文'的特点，更显著的表征在于其独特的形式，那便是重视韵律谐协，受题下韵字限制，讲究对偶，以四六隔对句式为主等。"[2]不光律赋是这样，其他赋体如骈赋、文赋也都是这样。甚至在汉代，赋也并非一种体裁形式。或者说，汉人称赋为"赋"，主要不在体裁形式，而在"不歌而诵"、铺陈体物这些表达方式与写作特殊性等方面。有时候光从体裁形式上，我们甚至很难将赋与其他文体加以明确的区分。南朝时期使用五七言的诗体赋如庾信的《春赋》《对烛赋》等，与同期的五七杂言歌行几乎没有什么区别。又如李白《剑阁赋》体制与其《蜀道难》相近，而篇幅更短，清人浦铣认为"绝似古风"[3]。同样，一些四言赋，与箴、铭、颂等也很难区别。从这种情况来看，赋体文学的实质，在于写作的方法而不在于体裁，可以说赋体文学的本质在于有定法而无定体。当然赋的定法如"不歌而诵"、铺陈体物等，本身也是在发展变化的。但百变不离其宗，存在某种定数。所以，赋体与诗体的根本区别，不在于某些体裁特征，而在于艺术的观念与方法。

班固不仅在溯理赋源时强调赋与诗的各方面关系，在披寻赋流即论述汉赋的创作时，也强调其与古诗的渊源关系，《两都赋序》主要是从"颂"的角度来论证汉赋为"古诗之流"的事实。颂为《诗经》三体之一，自成康之后颂声不兴，此后整个《诗经》文学的传统也衰落

---

[1] 参见马积高《赋史》（上海古籍出版社 1987 年）、郭建勋《辞赋文体研究》（中华书局 2007 年）等书所论。

[2] 郭建勋《辞赋文体研究》，中华书局 2007 年，第 66 页。

[3] 浦铣《复小斋赋话》，何沛雄编著《赋话六种》（增订本），生活·读书·新知三联书店香港分店 1982 年，第 62 页。

了。到武宣之世，诗颂再次兴起。但再次兴起的诗颂，其体制与《诗经》已有不同，乐府协律如司马相如等人所作的《郊祀十九章》，是歌诗之体，但用骚体与雅颂结合的形式；而言语侍从之臣"朝夕论思，日月献纳"之作，则继春秋士大夫九能之职，其体"不歌而诵"，故名为赋。而其功能，在于"或以抒下情而通讽谕，或以宣上德而尽忠孝"，与风雅颂是完全一致的。所以，班固认为武宣时代诸家所作的赋，实为"雅颂之亚"。这说明，赋是继诗而作的，汉人名这类"朝夕论思，日月献纳"的作品为赋，正是因为其"不歌而诵"的特点。班固关于汉赋源流的这一番论述，很难说只是一种将赋附庸于雅颂的理论的阐述，而是有它所对应的赋出于古诗的事实。

汉人的"赋者，古诗之流"、赋取六义而成体的观点，应是魏晋以降文学家的常识。但在具体观点上，诸家有所不同。刘勰是"赋者，古诗之流"理论的重要的推衍者，也可以说是此说之集大成者。《文心雕龙·诠赋》：

> 诗有六义，其二曰赋。赋者，铺也；铺采摛文，体物写志也。昔邵公称公卿献诗，师箴赋。传云：登高能赋，可为大夫。《诗》序则同义，《传》说则异体，总其归涂，实相枝干。刘向云明不歌而颂，班固称古诗之流也。至如郑庄之赋大隧，士蒍之赋狐裘，结言扣韵，词自己作，虽合赋体，明而未融。及灵均唱骚，始广声貌。然赋也者，受命于诗人，拓宇于楚辞也。于是荀况《礼》《智》，宋玉《风》《钓》，爰锡名号，与诗画境，六义附庸，蔚成大国。遂客主以首引，极声貌以穷文，斯盖别诗之原始，命赋之厥初也。[1]

刘氏以比较科学的方法，区判了诗赋的合离关系。其"别诗之原始，

---

[1] 《增订文心雕龙校注·诠赋第八》，第95—96页。

命赋之厥初",实为指示赋体研究的原则性的观点。在论列具体的文体时,刘勰在《宗经》《正纬》之后,依次为《辨骚》《明诗》《乐府》《诠赋》。刘《略》、班《志》合辞赋为一,称屈原作品为《屈原赋》,这其实反映了西汉辞赋家的观点,但自汉初以来,楚辞即成专门之学,拟骚亦为独立一流,至东汉王逸为《楚辞章句》,为此学之大成。于是楚辞就与赋体别流,南朝诸家如刘勰、萧统都是将骚体与赋体两分。这就是形成骚赋关系的两种不同看法。后人宗刘、班之说者,以辞(骚)、赋为一;沿王逸之流者,别辞(骚)、赋为二。但后者也始终难将辞、赋完全分开,刘勰《诠赋》仍认为赋体是"受命于诗人,拓宇于楚辞"。至于刘氏论经典之外的文体,首之以"骚",是因为他认为《楚辞》是继风雅之作:"自风雅寝声,莫或抽绪,奇文郁起,其离骚哉!固已轩翥诗人之后,奋飞辞家之前。"[1]他说的"诗人"是《诗》三百篇的作者,这是"诗人"一词的本义。至《明诗》篇,虽然刘勰列论三代之诗,但重点实在于汉魏以来的文人创作,故列于《辨骚》之后,也是按照文体的发生时间与地位而定的。但刘氏将《诠赋》放在《明诗》《乐府》之后,其处理办法与刘《略》、班《志》显然有所不同。大凡汉魏六朝文献家、文论家之处理诗赋诸体,与今人之最大不同,在于除了文体本身之外,还有经典与非经典的一重关系。他们必须在经典的体制中处理文体问题,但又希望尽量体现文体本身的统一性,所以就会出现种种今人难以理解的现象。刘勰在经典与非经典及不同文体的界囿中论述诗歌,将诗歌问题分别置于《宗经》《辨骚》《明诗》《乐府》《诠赋》诸篇来论述,其间可以看出他对诗歌的一贯思想及诗歌史的整体认识。他将《辨骚》《明诗》《乐府》三篇放在一起,是想尽可能呈现诗歌体裁的全貌。将《诠赋》置于这三篇的后面,也是体现赋出"古诗之流"的基本观念。但刘勰将骚即楚辞体

---

[1] 《增订文心雕龙校注·辨骚第五》,第50页。

从赋体中抽绎出来，而且置《明诗》《乐府》于《诠赋》之前，概括地说，是骚列诗前，赋置诗后，赋体的地位相对下降。这可能反映了南朝时期实际的文学发展中诗的地位的提高，而赋的地位相对下降。这对于我们认识南朝时代诗赋观念相对魏晋时代的变化这一问题是很重要的。

萧统《文选序》在"次文之体"方面，宗刘、班之意，列赋于诗前，但又置骚于诗后，其对诗歌及辞赋文体关系的认识，应该说是偏向汉人的。其论赋之说，主要取用赋出于诗之六义的说法：

> 《诗序》云：诗有六义焉，一曰风，二曰赋，三曰比，四曰兴，五曰雅，六曰颂。至于今之作者，异乎古昔；古诗之体，今则全取赋名。荀宋表之于前，贾马继之于末，自兹以降，源流实繁。述邑居，则有"凭虚""亡是"之作，戒畋游，则有《长杨》《羽猎》之制，若其纪一事，咏一物，风云草木之兴，鱼虫禽兽之流，推而广之，不可胜载矣！又楚人屈原，含忠履洁，君匪从流，臣进逆耳，深思远虑，遂放湘南。耿介之意既伤，壹郁之怀靡诉，临渊有怀沙之志，吟泽有憔悴之容，骚人之文，自兹而作。[1]

萧统认为赋取古诗，但诗有六义，而赋体只取其一义而用之。但事实上赋体并非只用"赋"这一种方法，其中也有雅颂比兴之义。至骚辞，萧统从赋出古诗的立场出发，认为这是辞赋体发展中的一种变体。所以在次序上，他不把骚归在赋类，而是将其次序列于诗歌之后。应该说，在《文选》体系中，赋的地位得到最大程度的推崇，这与汉赋润色鸿业的功能有直接的关系。[2] 这也说明萧统《文选》在文

---

[1] 《文选序》，《文选》，第 1 页。
[2] 钱志熙《〈文选〉"次文之体"杂议——〈文选〉在文体学与文学史学上的贡献与局限》，《文艺理论研究》2009 年第 6 期。

体及文艺的思想方面趋于正统、推崇隆汉的倾向。

后世赋论者，对赋出"古诗之流"、赋为六义之一等说法，基本上不持异议，并且这一直是后世赋家宗尚的基本创作思想。在理论上，他们所做的工作，主要是进一步论述辞赋与古诗的关系。清人刘熙载的观点最为透彻。他强调赋源于古诗，辞赋在创作上原本与诗相同：

> 班固言"赋者古诗之流"，其作《汉书·艺文志》，论孙卿、屈原赋有恻隐古诗之义。刘勰《诠赋》谓赋为六义附庸。可知六义不备，非诗即非赋也。
>
> 赋，古诗之流。古诗如《风》《雅》《颂》是也，即《离骚》出于《国风》《小雅》可见。
>
> 言情之赋本于《风》，陈义之赋本于《雅》，述德之赋本于《颂》。
>
> 李仲蒙谓："叙物以言情谓之赋，索物以托情谓之比，触物以起情谓之兴。"此明赋比兴之别也。然赋中未尝不兼具比兴之意。
>
> 诗为赋心，赋为诗体。诗言持，赋言铺，持约而铺博也。古诗人本合二义为一，至西汉以来，诗赋始各有专家。[1]

刘氏这几条，在班固、刘勰诸家之后，更加透彻地论述了赋源于诗的事实。在执着赋别有源流、赋取六义之一者的论者看来，未免骇异；但是它符合汉代辞赋家创作意识。

四、汉赋源出《诗经》的具体表现

辞赋作为文人文学的一种文体，其重要特点在于作者艺术经营意识的自觉，包括对以《诗》《骚》为主的文学传统的继承。赋与骚体的

---

[1] 刘熙载《艺概·赋概》，上海古籍出版社1978年，第86页。

关系,历来学者论述较多。其与《诗经》的关系,则尚未得到充分的论述。原则上说,汉赋中的诗体赋及各类赋中的四言句的运用,其渊源皆出《诗经》。在具体写作上,辞赋多援《诗经》名物事义。如公孙乘《月赋》:"月出皦兮,君子之光。鹍鸡舞于兰渚,蟋蟀鸣于西堂。"[1] 是用《陈风·月出》语,蟋蟀也是《诗经》中常见之物。又如司马相如《长门赋》:"众鸡鸣而愁予兮,起视月之精光。观众星之行列兮,毕昴出于东方。"[2] 此用《诗经·郑风·女曰鸡鸣》:"女曰鸡鸣,士曰昧旦。子兴视夜,明星有烂。"[3] 又兼用《陈风·月出》"月出皎兮,佼人僚兮"[4]。崔篆《慰志赋》"懿《氓》蚩之悟悔兮,慕白驹之所从"[5],兼用《卫风·氓》《小雅·白驹》之义。班倢伃《自悼赋》:"勉虞精兮极乐,与福禄兮无期。《绿衣》兮《白华》,自古兮有之。"[6] 用《邶风·绿衣》《小雅·白华》之义,以为自伤其离索。又如班倢伃《捣素赋》:"若乃窈窕姝妙之年,幽闲贞专之性,符皎日之心,甘首疾之病,歌《采绿》之章,发《东山》之咏。"[7] 取《小雅·采绿》《豳风·东山》思妇念征夫之义,而赞颂人物窈窕、幽闲贞专,则又取于《周南·关雎》《毛传》"窈窕,幽闲也"及"幽闲贞专之善女,宜为君子之好匹"之说。[8] 李尤《东观赋》:"臣虽顽卤,慕小雅《斯干》叹咏之美。"[9] 则取《斯干》以立本篇雅颂之意。这些现象说明,辞赋家在创作中,经常据《诗》立义,并且在具体的形象创造方面,也多借鉴于《诗经》。

---

[1] 《全汉赋》,第 40 页。
[2] 《全汉赋》,第 101 页。
[3] 《毛诗正义》,《十三经注疏》上册,第 340 页。
[4] 《毛诗正义》,《十三经注疏》上册,第 378 页。
[5] 《全汉赋》,第 250 页。
[6] 《全汉赋》,第 241 页。
[7] 《全汉赋》,第 244 页。
[8] 《毛诗正义》,《十三经注疏》上册,第 273 页。
[9] 《全汉赋》,第 386 页。

赋体在体裁与方法两方面，都受到《诗经》的影响。马积高《赋史》提出诗体赋这一概念，并且认为诗体赋是由《诗经》演变过来的，[1] 郭建勋《辞赋文体研究》对此做了更加充分的论述。早期赋作多四言之体，西汉中期以骋辞为特征的大赋成为赋的主流文体后，诗体赋相对衰落，然而在整个汉魏六朝时期，诗体赋始终存在，并由四言衍生为五言、七言。[2] 这一点，可以说是赋出古诗的最直接的体制上的证据。也为五、七言的发生、发展提出了另一种考察的思路。当然，辞赋受《诗经》的影响，更主要的是在文学传统与创作观念方面，在汉人的意识中，辞赋为《诗》《骚》之嫡生。《楚辞》在体制上对汉赋的影响更大，但在写作的观念上，汉人对《诗经》及汉儒诗学理论有更多的继承。赋体虽然以铺陈体物为特征，但言志同样是辞赋创作的基本宗旨。汉人作赋，以讽喻为旨，虽然后来流于劝百讽一，但整体上看，赋体的讽喻正是"诗言志"观念的实践。汉赋也多用来自言其志，但多用隐讽、反讽的方法，如董仲舒等人的《士不遇赋》、司马迁《悲士不遇赋》、赵壹《刺世疾邪赋》等。至于崔篆《慰志赋》、冯衍《显志赋》，更是直接标明言志的宗旨。所以，从汉人正统观念上看，辞赋在言志、讽喻乃至吟咏情性等方面，是与《诗经》无异的，而辞赋理论家也正是以这一标准来批评其当代创作的。挚虞《文章流别论》：

> 古之作诗者，发乎情，止乎礼义。情之发，因辞以形之；礼义之指，须事以明之。故有赋焉，所以假象尽辞，敷陈其志。[3]

所谓"假象尽辞，敷陈其志"，正是赋应有的旨义，符合这一旨义，就

---

[1] 马积高《赋史》，上海古籍出版社 1987 年，第 6 页。
[2] 参见郭建勋《辞赋文体研究》第一章第二节《诗体赋的界定与文体特征》，第 21—36 页。
[3] 欧阳询撰，汪绍楹校《艺文类聚·杂文部二·赋》，上海古籍出版社 1999 年，第 1018 页。

是"诗人赋之丽以则",丧失这一旨义,就是没其讽喻之义的辞人之赋,"辞人之赋丽以淫"。当然,赋体在发展过程中,突出了敷陈、辨博、"穷侈极妙"[1]的一面,而在抒情言志方面有所丧失。其实这正是诗体兴起的一个原因,最早的汉魏文人五言诗,正是在言志这方面接续辞赋,并纠正其不足。

五、文人诗出于赋及汉魏"诗赋整体论"

与赋出古诗相对,汉魏六朝的文人诗与辞赋的渊源关系,是一个更加复杂的、综合性的事实。最主要的一点,是在创作群体上的接续关系。两汉时代,辞赋为文学之重心,这种情况,恐怕至少到魏晋时期,仍然没有根本的变化。文人创作诗歌,在体制上虽然直承汉代乐府歌诗,体现了由歌谣至乐章、由乐章至徒诗的发展规律。[2]文人诗创作群,是紧接着辞赋创作群而兴起的文人文学的第二个阶段。[3]所以,从创作主体的性质来看,汉魏晋的五言及乐府的作者,其基本的身份是辞赋家。在魏晋时期,写作辞赋是一种更为普遍的艺能,当时所崇尚的属辞比事、博学善属文的文人之艺,辞赋是其主体。其中包括汉代辞赋的兴盛及受"登高能赋可以为大夫"的传统观念的影响。相对而言,文人作五言或拟乐府辞者,则为一种新颖的艺能,所以当时以诗擅长者,多特为表明,如曹丕称刘桢五言诗"妙绝时人"[4],至东晋许询,仍以五言诗"妙绝时人"[5]而获誉。这种情况,正说明

---

[1] 曹丕《典论》,虞世南《北堂书钞·艺文部六·论文二十》,天津古籍出版社1988年,第417页。

[2] 钱志熙《歌谣、乐章、徒诗——论诗歌史的三大分野》,《中山大学学报》2011年第1期。

[3] 钱志熙《文人文学的发生与早期文人群体的阶层特征》,《北京大学学报》2009年第5期。

[4] 《与吴质书》,《文选》,第591页。

[5] 刘义庆著,刘孝标注,余嘉锡笺疏,周祖谟、余淑宜、周士琦整理《世说新语笺疏·文学第四》,中华书局2007年,第310页。

辞赋杂文的写作，原为属辞比事的基本能力，而五言诗的写作，却被视为一种特殊的艺能。如果说，辞赋家出于"学《诗》之士"这个环节，尚是一个隐性的事实，文人诗群体最初寓于辞赋家群体中，则一个十分显明的事实。晋宋以降，虽然诗歌创作更形强大，至钟嵘作《诗品》的齐梁时代，"才能胜衣，甫就小学"[1]者即学为诗，徐庾及萧氏兄弟无不如此，可说是文人诗创作传统的进一步发展，近于普及，而诗艺之多歧与形于表面化、技巧化的弊病也随之出现。这个时期，才可以说是文人诗创作群体独立，文学发展由辞赋时代进入诗歌的时代。但是，尽于六朝，辞赋始终是文人创作的重要一艺。

至于唐赋的成就，历来存在争议。明清人有赋亡于唐、唐后无赋的说法。如胡应麟即认为："骚盛于楚，衰于汉，而亡于魏。赋盛于汉，衰于魏，而亡于唐。"[2]程廷祚亦认为："唐以后无赋，其所谓赋者，非赋也。君子于赋祖楚而宗汉，尽变于东京，沿流于魏、晋，六朝以下，无讥焉。"[3]元明人喜持文体正宗之说，他们的这种说法当然值得商榷。但是从诗赋两体的消长来看，唐赋成就究竟无法与诗歌相比。虽然由于科举考试，律赋创作较盛，但是从辞赋传统来说，毋宁说已经完全让位于诗歌的时代。律赋与文赋的相继兴起，可以说是以体制之变来济赋体之穷。南朝作家如陶、谢、颜、鲍、徐、庾，虽然主要成就在于诗歌，但都有辞赋方面的经典之作。到了唐代，李杜虽然极力拟作古赋，但其赋作的成就，即从质的一方面来说，终究不及其诗歌。这反过来可说明魏晋作为辞赋时代，南朝辞赋稍衰而诗转盛这样的事实。这是文人诗出于辞赋的基本情况。至于具体的创作中诗歌对辞赋的继承，即近世学者喜爱讨论的诗的赋化，作为诗歌发展的一个重要规律，则可以展开更多方面的深入研究。

---

[1] 钟嵘《诗品序》，曹旭集注《诗品集注》，上海古籍出版社1994年，第54页。

[2] 胡应麟《诗薮》内编卷一，上海古籍出版社1979年，第6页。

[3] 程廷祚撰，宋效永校点《清溪集·骚赋论中》，黄山书社2004年，第68页。

在两汉魏晋时代,"诗赋"合论代表了人们对纯文学的基本认识,在文人纯文学的发展史上具有重要的意义。就这一点来说,"诗赋"一词的真义,一直未被发现。我们看汉魏人是在什么意义下使用这个词的。

汉人的认识中,辞赋是"古诗"的一种变化形态,即辞赋家恻隐古诗之义,"赋者,古诗之流"。所以,在汉魏人的使用习惯上,单举诗、歌诗,是专指诗歌之类,单举赋、辞赋,是专指赋类。但当诗赋二字连用时,既可专指诗歌,也可专指辞赋,甚至包括铭颂之类。当然,也可同时指歌诗与辞赋两体。

汉人常用"诗赋"一词来指辞赋(包括箴、颂、铭)之类。《汉书·元后传》:

> 大将军凤用事,上遂谦让无所颛。左右常荐光禄大夫刘向少子歆通达有异材。上召见歆,诵读诗赋,甚说之,欲以为中常侍,召取衣冠。[1]

刘歆未见有诗歌创作,所谓"诵读诗赋",未必有诗有赋,而是指辞赋箴颂之类。又《汉书·王贡两龚鲍传》载薛方:

> 方居家以经教授,喜属文,著诗赋数十篇。[2]

又《后汉书·光武十王列传》载琅琊孝王刘京:

> 数上诗赋颂德,帝嘉美,下之史官。[3]

---

[1] 《汉书》卷九十八,第 4018—4019 页。
[2] 《汉书》卷七十二,第 3096 页。
[3] 范晔撰,李贤等注《后汉书》卷四十二,中华书局 1965 年,第 1451 页。

以上几例中所说"诗赋",恐怕主要指是赋颂之类,并不包括我们今天所说的诗歌。又《汉书·扬雄传》载:

> 雄以为赋者,将以风也,必推类而言,极丽靡之辞,闳侈巨衍,竞于使人不能加也,既乃归之于正,然览者已过矣。往时武帝好神仙,相如上《大人赋》,欲以风,帝反缥缥有陵云之志。繇是言之,赋劝而不止,明矣。又颇似俳优淳于髡、优孟之徒,非法度所存,贤人君子诗赋之正也,于是辍不复为。[1]

这一段话中,我们看得很清楚,扬雄所说的就是赋,但是他却说"劝而不止"的这类作品,"非法度所存,贤人君子诗赋之正"。可见,赋在广义上是被包括在诗里面的。又王符《潜夫论·务本》:

> 诗赋者,所以颂善丑之德,泄哀乐之情也,故温雅以广文,兴喻以尽意。今赋颂之徒,苟为饶辩屈蹇之辞,竞陈诬罔无然之事,以索见怪于世,愚夫戆士,从而奇之,此悖孩童之思,而长不诚之言者也。[2]

其所说的是"诗赋",但下面所举的却是"赋颂",而不及诗歌。其实他所说的"诗赋",即是"赋颂"之类。

汉魏人的习惯用法,不仅诗赋一词可以用作辞赋箴颂之类的名称,而且也可以直接作为诗歌的名称。其时人有仅说诗歌而以诗赋名之者。如《汉书·礼乐志》记载汉武帝时候举行郊祀、立乐府之事云:

---

[1] 《汉书》卷八十七,第 3575 页。
[2] 王符著,汪继培笺,彭铎校正《潜夫论笺校正》卷一,中华书局 1985 年,第 19—20 页。

> 以李延年为协律都尉，多举司马相如等数十人造为诗赋，略论律吕，以合八音之调，作十九章之歌。[1]

以我们今天来看，《十九章》是诗歌，并且配乐歌唱。但《汉书》作者却说"造为诗赋"。是连类而及呢，还是当时所造，有诗有赋呢？但我们并没看到赋，并且后面明明说"略论律吕，以合八音之调"，是入乐的歌辞。如果是赋，怎么入乐呢？其实，这里所说的"诗赋"，指的就是"十九章之歌"。又如《三国志·魏书·三少帝纪》载：

> 五月辛未，帝幸辟雍，会命群臣赋诗。侍中和逌、尚书陈骞等作诗稽留，有司奏免官，诏曰："吾以暗昧，爱好文雅，广延诗赋，以知得失，而乃尔纷纭，良用反仄。其原逌等。主者宜敕自今以后，群臣皆当玩习古义，修明经典，称朕意焉。"[2]

这里说的明明是赋诗，但高贵乡公还是说"广延诗赋"。我们了解汉代诗赋通称的用法，方才知道这里所说的"广延诗赋"，其实就是指作诗一事。从以上两例可知，以汉魏人的使用习惯，单说诗歌时，也可用"诗赋"一词来指称。

当然，"诗赋"也多实指诗歌与辞赋两体。最典型的当然就是刘、班的《诗赋略》。另如《汉书·艺文志》称：

> 诏光禄大夫刘向校经传诸子诗赋……[3]

《后汉书·班彪列传》载班固：

---

[1] 《汉书》卷二十二，第1045页。
[2] 《三国志》卷四，第139页。
[3] 《汉书》卷三十，第1701页。

年九岁,能属文诵诗赋。[1]

又《汉书·楚元王传》:

> 歆字子骏,少以通《诗》《书》能属文召,见成帝,待诏宦者署,为黄门郎。河平中,受诏与父向领校秘书,讲六艺传记,诸子、诗赋、数术、方技,无所不究。[2]

这些用例中,诗赋当然是诗与赋两种,但也并不是明确分开的,像箴、铭、颂之类,凡是属于韵文之体,也都包括在里面。从这个意义来说,在汉魏时代,诗赋一词即今人所说的纯文学,亦即古人所说的辞章的代名词。

出现上面这种情况,是因为赋出"古诗之流",在汉人看来,是由古诗衍生的一体,所以,广义上辞赋仍然属于诗歌。虽自赋名立后,诗赋名别,赋不可以直称为"诗",诗当然也不能直接称为"赋"。但"诗赋"一名,却可以用来指其中的任何一种。这里所透露出来的更重要的信息,是汉魏时期,尤其是在汉代,诗赋两体关系十分紧密。我们经常致憾于《诗经》传统在汉代的衰歇无传,也感叹汉代文人缺乏诗歌创作,使得《诗经》《楚辞》两大诗歌传统在汉代衰落。但是站在"赋者,古诗之流"的立场上,就可以发现,汉代正是以"诗赋"这样的新概念延续着两大传统,只是其主流已经从合乐的歌诗,转为"不歌而诵"的辞赋。所以,从完整性来看,有必要将汉魏的辞赋纳入诗歌史的整体中。"诗赋"一词,即是理解这个问题的关键。

---

[1] 《后汉书》卷四十上,第1330页。
[2] 《汉书》卷三十六,第1967页。

六、赋论与诗论先后相互影响的关系

从文学批评理论发展的角度来看，我国最早成熟的是乐的理论体系，诗论包括在乐论之中。自春秋至两汉《诗》三百篇经典化后，围绕《诗经》所建立的我们称为儒家诗论的一种，标志着诗歌理论的独立。辞赋创作发生并发展之后，形成汉代的辞赋理论，与"赋出古诗"相应，辞赋的批评，也是从诗歌的批评中发展出来的。而当文人诗歌发生、发展后，逐渐地形成了文人诗的批评理论系统，这个系统，即以儒家诗论为基本的纲领，同时也继承汉人的辞赋理论。这种诗赋理论复杂交织、互相影响的情况，同样体现在魏晋人运用的"诗赋"这一范畴中。汉人已经对诗赋进行批评，前引扬雄、王符诸家之论即是代表。曹丕《典论·论文》继承汉人的诗赋批评观点，又加入自己的发展：

> 夫文本同而末异，盖奏议宜雅，书论宜理，铭诔尚实，诗赋欲丽。[1]

曹丕以"丽"论诗赋，渊源于扬雄之论。《法言·吾子》：

> 或问景差、唐勒、宋玉、枚乘之赋也益乎？曰：必也淫。淫则奈何？曰：诗人之赋丽以则，辞人之赋丽以淫。[2]

扬雄这里通诗赋而言，诗人之赋是指从"古诗之流"发展过来的辞赋，它秉承着诗的原则，而辞人之赋单纯地发展了侈陈的艺术，走向淫丽的一面。明白了汉魏诗赋通用的事实，我们对于曹丕"诗赋欲丽"

---

[1] 《全上古三代秦汉三国六朝文·全三国文》卷八，第 1097—1098 页。
[2] 扬雄《法言》，中华书局 1985 年，第 5 页。

之说有新的理解。着眼于汉魏重辞赋的事实，则可知"诗赋欲丽"的观点，更主要是概括辞赋的特点。因为在汉人的观念里，诗赋实为一类，所以诗也分享了辞赋的丽的特点。到了陆机《文赋》："诗缘情而绮靡，赋体物而浏亮。"[1]虽然大旨与"诗赋欲丽"相近，但做了明显的分判。其中反映了魏晋文人五言诗发展、诗体在创作上更趋于独立的事实。但是，不能说陆机已经完全摆脱汉魏诗赋一词的使用习惯，它将诗赋分开来，是为着对仗的需要，事实上"诗缘情而绮靡，赋体物而浏亮"是带有互文性质的。

汉魏之际兴起的文人诗创作观念，其起点仍是"诗言志"说。汉末人作五言诗，多倡言志之论，曹操尤其典型。其诗作多次提到"歌以言志""歌以咏志"。这并非其一家之言，而是汉人谈诗的习常之论。到了曹丕提出"诗赋欲丽"，对诗歌下了新的定义。到了陆机，在曹丕的基础上进一步发展为"诗缘情而绮靡，赋体物而浏亮"之论。这可说是在儒家诗论之外另辟一说，其作为六朝尚丽、重情的诗歌思想的起点，是很清楚的。然而上面已经论述过，"诗赋欲丽"不仅渊源于扬雄"诗人之赋丽以则，辞人之赋丽以淫"，而且从诗赋整体论的事实来看，"丽"这一特点，主要来自辞赋。建安诗人对诗之"丽"的体认，正是受到了辞赋之丽的启发。而陆机所说的"绮靡""浏亮"，其实质正在于丽。从一般的观念来说，"绮靡"更适合形容辞赋的特点。而陆机移以称诗，这其实是将辞赋的审美特征扩大到诗歌的范畴，其前提正在于上述所论的汉魏晋人的诗赋整体观。由此可见，文人诗论之所以能在儒家经典诗论之外，开拓出注重绮丽、重视艺术本身的理论，是接受了辞赋创作的实践与理论方面的成果的。而这一理论上的嬗移，是在汉魏晋诗赋整体论的大前提下得以完成的。

汉代的赋论，是文人创作论的第一次出现，居于整个中国古代文

---

[1] 陆机著，杨明校笺《陆机集校笺》，上海古籍出版社2016年，第17页。

人创作理论之首。但是汉代关于辞赋的批评理论，如强调讽喻、提倡赋出于古诗、强调赋言志等，本来就是用诗的评价标准来论。从这个意义上，可以说赋论出于诗论。辞赋创作论是汉儒第一次用诗教理论来批评当代的文学，但它同时也局部摆脱儒家经典理论，建立起一种侧重艺术本身的批评标准。而等到文人诗兴起后，又自然地继承辞赋的理论。从这种复杂的关系来看，辞赋论其实正是属于诗论的范畴。正是由于《楚辞》、汉赋的批评理论的引入，使中国古代的纯文学理论得以发生。汉代学者对《楚辞》的抒情的强调，赋论对"丽"的强调，有力地推动魏晋诗歌本体论的发展。

从以上论述可知，"诗赋"并非简单的目录学分类的一对组合性名词，而是凝结着诗歌与辞赋之间的复杂的关系的汉魏文学的核心概念，它所指向的是以诗赋为核心的一个纯文学的共同体。正是这个诗赋核心共同体，构成中国古代文人文学前期发展的态势，并且规定中国古代文学的基本体性。我们研究汉魏时期的文学与文学观念、批评理论，应该从诗赋整体的观点出发，才能把握住它的基本事实。但是引进西方的四分法体系之后，加上五四新文论对古典主义的批评，诸家在把握汉魏六朝文学时，都将诗赋明显地分开，扬诗歌而贬辞赋。这不仅妨碍了辞赋研究本身，同时也导致文人诗与辞赋的复杂关系难以呈现，同样影响了对诗歌史的完整把握。事实上，不仅是汉魏六朝，即使在整个中国古代文学史中，诗赋两体也是一直联系着。单纯地梳理诗歌史，或者单纯地梳理辞赋史，恐怕都是有所不足的。

七、文人诗创作诗歌本体论发展的基本逻辑

我们所说的文人诗论，就是指从魏晋南北朝时代开始，随着文人诗歌创作传统的确立而发生的诗歌理论与批评活动。从理论的渊源来说，由于中国古代的文人的主体是由奉信儒家的士人构成的，以六经

与周公、孔子为经典作家，所以，文人诗论也奉儒家的诗论为经典。不少诗论家不假思索地以此为他们建构诗歌理论、进行诗歌批评的前提。但文人诗论是以同期发生的文人的诗歌创作为直接的观照对象，即以儒家诗论为经典与以文人诗创作为观照对象，这两点是我们了解文人诗论的要点。

诗歌本体论，即对诗歌本质的抽象的、形而上的认识与概括。当然，这种抽象与概括，是以感性的、具体的诗歌经验为依据的。我们前面说，早期的诗歌本体论受到政教观念的影响。从伦理方面来规定诗歌创作与鉴赏活动，于是我们看到，尽管诗歌创作是一种抒情活动，但中国古代最早形成的诗歌本体论不是强调个体的抒情本质，而是从群体观念出发的伦理价值，也就是言志论。稍后，才从言志衍生出抒情论："诗者，志之所之也。在心为志，发言为诗。情动于中而形于言，言之不足，故嗟叹之。嗟叹之不足，故永歌之。永歌之不足，不知手之舞之，足之蹈之也。"更重要的是《大序》在论述变风、变雅时，提出了"吟咏情性"的理论概括。从此，言志与抒情，时分时合，互相取代又互相弥补，确定了中国古代千年诗学的本体论基础。但是，早期经典诗论毕竟是非作诗者的诗论，到了诗人诗论的时代，诗人一方面继承经典的诗歌本体论，另一方面又结合自己的创作经验，在诗歌本体方面进行新的思考，也有所发展。

文人诗论发源于魏晋，早期比较简单，其中曹操的"歌以咏志""歌以言志"之说，曹丕的"诗赋欲丽"，陆机的"诗缘情而绮靡"三者最为重要。这些观点之间，有一个继承的关系。曹操言志之说，直接来自传统的"诗言志"说，它是从先秦到两汉思想界对诗的性质的基本认识。只是汉儒言志，重视社会伦理的功能，而曹操的言志，则是转向了个体的情志。这一转变，是从群体的诗学向个体转化的关键。曹丕的"诗赋欲丽"，是从扬雄的"诗人之丽以则，辞人之赋丽以淫"里发展出来的。由于汉赋的铺陈摘辞，所以文学作品的修辞艺术得到强烈的显示，从传统的"赋者，古诗之流"（班固）里转化出"丽"这一个概念，但是受到了质疑。曹丕的"诗赋欲丽"，将汉赋的核心概念"丽"字扩展到诗歌方面，这是建安时期诗歌由文向质转化的创作情形的及时的反映，也充分地说明了文人诗创作受到赋体的直接影响的事实。所以，"诗赋欲丽"说是言志说的一个重要补充，它也开启了后来魏晋南北朝尚辞、尚丽风气的先机。陆机"诗缘情而绮靡，赋体物而浏亮"，从内涵来说，正是对曹丕"诗赋欲丽"说的分别诠解。"绮靡""浏亮"都属于"丽"的范畴，但陆机在中间加上一个功能或者说性质的解释，这就是在诗的后面加上"缘情"这样一个功能性的界定，替代了原来的言志。但这个"缘"字，用在文学理论上，也有它的来源，那就是班固《汉书·艺文志·诗赋略》中所说的："自孝武立乐府而采歌谣，于是有代赵之讴，秦楚之风，皆感于哀乐，缘事而发，亦可以观风俗，知薄厚云。"陆机的"缘情"正是对"缘事"的改变。不仅如此，班氏的这个乐府诗论，其实是依照儒家一系的政教诗论（《毛诗大序》等）而来的。陆机的"诗缘情而绮靡"，不仅改"缘事"为"缘情"，而且完全剥掉了政教诗学（伦理诗学）的外壳。曹丕抛开曹操的言志说而提出"诗赋欲丽"说，陆机继承曹丕之说而进一步分解为"诗缘情而绮靡，赋体物而浏亮"，完全摆脱了政教诗学的伦理功能。这两家真可以说是魏晋南北朝诗论的开端。从这里我们可以看到，从汉代到魏晋时代，文论上的确有一个转型。清人纪昀《云林诗钞序》："知'发乎情'而不必止乎礼义，自陆平原'缘情'一语，引入歧途。"[1] 这个转型，从实质上说正是由群体诗学向个体诗学的转型。由此可知，中国古代的诗学，群体诗学明其外，主要是关注诗歌创作的外部关系以及它的外部功能；而个体诗学则主要是阐述诗歌创作内部的艺术规律。

---

[1] 纪昀《纪文达公遗集》卷九，《清代诗文集汇编》第354册，上海古籍出版社2010年，第320页。

南朝时期，诗歌创作风气更加兴盛，诗论也得以更多地展开。此期诗学，主要是沿着陆机的"缘情""绮靡"而发展，又随着元嘉时期山水诗兴起，诗歌与赋体相汇，其实"赋体物而浏亮"也成为诗的一种创作方法。这个时期在诗论方面，核心内容是性灵、情性之说。南朝性灵说与情性说有两个渊源，一是《毛诗大序》在讨论变风变雅之作时提出的国史"吟咏情性，以风其上"之说，这是中国古代影响久远的情性说的开端，也可以说是情性的最经典的表达；二是魏晋玄学、佛学的影响。玄学在很长的时间内讨论才性的问题，才与性原为两个概念，才是才学，性指德性。所以有才性合、才性分等各种不同说法。后来佛学的般若学，也指向心性，称其为性灵之奥。这个时期的哲学思想，是将性灵作为人的一种主体属性，亦即人之所以为人的根本所在。而文学创作从根本来说，正是这种主体性的发挥。刘勰《文心雕龙》开始即以性灵论文学：

　　文之为德也大矣，与天地并生者何哉？夫玄黄色杂，方圆体分，日月叠璧，以垂丽天之象；山川焕绮，以铺理地之形：此盖道之文也。仰观吐曜，俯察含章，高卑定位，故两仪既生矣。惟人参之，性灵所钟，是谓三才；为五行之秀，实天地之心。心生而言立，言立而文明，自然之道也。（《原道》）

　　三极彝训，其书言经。经也者，恒久之至道，不刊之鸿教也。故象天地，效鬼神，参物序，制人纪；洞性灵之奥区，极文章之骨髓者也。（《宗经》）

　　若乃综述性灵，敷写器象，镂心鸟迹之中，织辞鱼网之上，其为彪炳，缛采名矣。（《情采》）

> 岁月飘忽，性灵不居，腾声飞实，制作而已。(《序志》)

性灵为人类之主体特性，文章则为性灵的表现。这是南朝人对文学本体的一种新解释，比起前面的情志之说，更富于哲学的意味。

性灵又称性情，钟嵘《诗品序》是性情诗说的典型表述：

> 气之动物，物之感人，故摇荡性情，形诸舞咏。照烛三才，辉丽万有；灵祇待之以致飨，幽微借之以昭告；动天地，感鬼神，莫近于诗。

性灵说、性情说，此后成为中国古代诗论的核心概念。这是南朝诗论对中国古代诗学的最大贡献。此时又有陶冶性灵之说。颜之推《颜氏家训·文章》："夫文章者……陶冶性灵，从容讽谏，入其滋味，亦乐事也。"[1]

南朝文论在文学本体论方面，继承传统的情志论的同时，发展出性灵之论，成为南朝文论的核心。性灵论与传统的情性论的不同，在于重视个体的才性，也就是丰富的审美能力，这就使得文学的审美特性得以被比较充分地体认。所以，尽管这个时期的文学理论——无论是文论家一派还是史家一派——都继承了政教的文学观，但大多数时候都是将其用作冠冕的。

除了性灵论之外，这个时期的文学思想中，还有一个重要的范畴，就是感物的范畴。钟嵘《诗品序》说："气之动物，物之感人，故摇荡性情，形诸舞咏。"这个感物论，源于《礼记》："凡音之起，由人心生也。人心之动，物使之然也。感于物而动，故形于声。声相应。故生变；变成方，谓之音。比音而乐之，及干戚羽旄，谓之

---

[1] 颜之推撰，刘彦捷、刘石注评《颜氏家训注评》，学苑出版社2000年，第102页。

乐。""乐者,音之所由生也,其本在人心之感于物也。"不过《礼记》感物说,还是从社会学的观念出发的,强调不同的社会造成不同的人心,造成不同的音乐表现。到了魏晋南北朝时期,感物之说成了文学家创作的主要反思范畴。诗人们常有感物之念:

> 陟景山兮采芳苓。哀不惨伤乐不流声。弹羽跃水叩角奋荣。沈微玄穆感物寤灵。(傅毅《七激》所系"歌")

> 朝云不归,夕结成阴。离群犹宿,永思长吟。有鸟孤栖,哀鸣北林。嗟我怀矣,感物伤心。(应场《报赵淑丽诗》)

> 感物怀所思,泣涕忽沾裳。伫立吐高吟,舒愤诉穹苍。(曹叡《乐府诗》)

> 开秋兆凉气,蟋蟀鸣床帷。感物怀殷忧,悄悄令心悲。多言焉所告,繁辞将诉谁。(阮籍《咏怀》)

> 吉士思秋,实感物化。(张华《励志诗》)

> 感物兴怀,愤思郁纡。(曹摅《答赵景猷诗》)

> 祝融解炎辔,蓐收起凉驾。高风催节变,凝露督物化。长林悲素秋,茂草思朱夏。鸣雁薄云领,蟋蟀吟深榭。寒蝉向夕号,惊飙激中夜。感物增人怀,凄然无欣暇。(江逌《咏秋诗》)

> 戚戚感物叹,星星白发垂。(谢灵运《游南亭诗》)

感物思所托，萧条逸韵上。(支遁《咏怀》)

像上述的例子，还有很多。这都是渊源于《礼记》的感物之说，而在大多数时候，是遗落了政教思想的。

可见，性灵说与感物说结合在一起，即是魏晋南北朝文学本体论的全部。

第八章
南朝至唐代"人文化成"文学观的流行历史

"人文化成"是中国古代重要的文学观念。其说源于《周易》,被南朝刘勰、萧统等文论家适时地引证并阐释为具有文学原理性的观点。唐初官修的诸史《文学传》《文苑传》,继承源于《周易》并经刘勰阐释的这种"人文化成"之说,使之成为在初唐时期最为流行的一种文学观,影响有唐一代的文学思想。但在初盛唐复古派兴起后,出于《毛诗》的风雅教化之说更为流行,出于《周易》的人文说逐渐淡出。从南朝到唐代对《周易》人文说的这一接受演绎的历史来看,"人文化成"之说虽然具有重视教化的内在意义,但是就其在本时期的接受历史来看,是与齐梁文学的盛衰密切联系的。近现代的批评史家在评论唐初诸史的"人文化成"观时,多是将它看成一种与强调文学审美价值相对立的教化文学观,而忽略"人文化成"是在齐梁纯文学风气流行、文笔之分说大盛的背景下流行的历史真相,甚至将其简单地归为复古派的主张。这样的评价,其实带有一种片面性,忽略了"人文化成"作为齐梁文学原理的理论与实践的价值。

本章认为,《周易》提出的传统的"人文"范畴,之所以在南朝、初唐时代被适时地赋予文学的内涵,是与汉魏以来的文学发展,尤其是南朝时期文学繁荣的背景下出现的探索文学独立价值、审美特征的文笔说的流行是分不开的。其理论的主要的价值,在以经典的"人文化成"来进一步确立文学的独立价值。在为文学寻找正面价值,甚至追溯其经典的源头的同时,也应对了这个时期曾经出现的质疑、否定纯文学价值的观点,即源于儒家的政教论的观点。唐初文学观念沿承齐梁,以唐初八史为代表的初唐文学论,比较一致地引用"人文化成"的观点。"人文化成"的文学观,不仅整体地赋予南北朝文学的合理的价值,而且指导隋唐文学的发展方向,在唐代文学实践上起到积极的作用。所以,对于自南朝至唐所流行的"人文化成"文学原理,有完整地把握其内涵、重新认识其对于促进文学进一步独立并向理想的境界发展的理论价值必要。从其不足的一方面来说,"人文化成"说虽然表面上突出了文学的教化功能,但最初更多是用来修饰以君主为中心的上层文学,流于空洞、冠冕,这也是其最终被来自《毛诗大序》的风雅教化之说所取代的原因。后者显然包含一种现实性,体现文学的内容价值。

一、《周易》文说、人文说

关于《周易》对后来文学思想的影响,或许应该分为两个层面来讲,就是《周易》中的文说和"人文化成"说。《周易》的这种理论,并非真正意义上的文学理论,相对于齐梁的文说与"人文化成"说,《周易》的文说与"人文化成"说可说是原始的。两者之间的承接变化关系,正显示了中国古代文学及其理论从一种广义的文向狭义的文的发展。

《周易》一书,事实上为后来的文学批评甚至创作实践提供了丰富的思想启示与历史遗留,尤其是对后世文学批评范畴的重要的馈予。如其中"文""辞""意""象",都是后世文学理论的基本范畴。关于这些问题,相关批评史著作多已评述。《周易》中比较多使用"文"的概念。《周易》之文说,既存在于卦辞中,也存在于解释卦辞的"十翼"如《彖》《象》《系辞》《文言》《序卦》等篇中。后者汉儒如班固《汉书·艺文志》认为是孔子所作。此说为古代学者所宗承，今人也有认为其非孔子作，而是儒家一派的解《易》的文字。[1]《周易》的"文"里面，最直接的"文"即易的爻像。《周易·系辞下》："道有变动，故曰爻；爻有等，故曰物；物相杂，故曰文。"[2]一种说法是，"文"也有直接指八卦之义，《易纬·乾凿度》："河图八文。"[3]《论语·子罕》"河不出图"句孔安国注："河图，八卦是也。"[4]而《乾凿度》又认为八卦是"天地风山坎火雷泽"八个古文（字）。"文"本有文字一义，独体曰文，合体曰字。当然，说八卦是八个古文字，只是谶纬家之说，后人如孙星衍《周易集解》，并不相信。[5]"文"也指事物的形象，如《周易·系辞下》"观鸟兽之文"的"文"。[6]就其自然的意义来讲，"文"即一种由内容而形之于外的形式、形象，如《革·象》曰："大人虎变，其文炳也。""君子豹变，其文蔚也。"[7]这个"文"指向一切的形式与形象，故有"天文""地文"之说。《周易》所说"人文"，则与我们今天所说的"文明""文化"之义相近。如《乾·文言》曰："见龙在田，天下文明。"[8]"参伍以变，错综其数，通其变，遂成天下之文。"[9]《周易》的"文"说，具有一种原始的美学的价值，构成后世文质论说基本理论的渊源，也是中国古代文化理论的基本渊源。这也是《周易》"文"的概念在后世文学观念明确后，能够直接转为文学之"文"的基本逻辑前提。可以说，《周易》在

---

[1] 参见潘雨廷《十翼的形成》，载潘雨廷著，张文江整理《易学史丛论》，上海古籍出版社2007年，第90—105页。
[2] 《周易正义》卷一，《十三经注疏》上册，第90页。
[3] 《纬书集成》上册，第7页。
[4] 刘宝楠撰，高流水点校《论语正义》卷十，中华书局1990年，第333页。
[5] 孙星衍《周易集解》，上海书店1988年，第1页。
[6] 《周易正义》卷一，《十三经注疏》上册，第87页。
[7] 《周易正义》卷五，《十三经注疏》上册，第61页。
[8] 《周易正义》卷一，《十三经注疏》上册，第17页。
[9] 《周易正义》卷七，《十三经注疏》上册，第81页。

六朝文学兴盛的历史背景下,得到了强烈的历史呼应。其中的核心即为"人文化成"之说。

《周易》关于"人文化成"的系统表述,见于贲卦的卦辞:

> 贲,亨,小利,有攸往。《彖》曰:贲亨,柔来而文刚,故亨。分刚上而文柔,故小利有攸往,天文也。文明以止,人文也。观乎天文,以察时变;观乎人文,以化成天下。[1]

孔颖达等《正义》:"贲,饰也,以刚柔二象交相文饰也。"所以"贲"也可以说是据文饰、文采取义的一种卦象。南朝谢庄《宋孝武宣贵妃诔》:"修诗贲道,称图照言。"李善注:"《广雅》曰:贲,美也。"[2] 谢庄所说的"修诗贲道",是赞扬宣妃能够修习诗教,以文美其道。所以,"贲"字也就是美、文的意思,指一种审美的意义。"贲"之学,也可以说是美之学。但这种美学,是以道为原则的,即"天文""地文"之意,而"人文"则是以化成为原则。"化成"者,是准天地之道而化成。前面说过,《周易》"文"的范畴,其最初的意义指卦文,即阴阳二爻,以及乾、坤、震、兑、坎、离、巽、艮八卦的卦象,当然也指向八卦所演绎的各种天文、地文等的事物形象。也就是《周易·系辞上》所说的"在天成象,在地成形"[3]。所谓"天文""地文""人文"等范畴,正是从上述具体的"文"即形象提出来的。当然这种具体的文不只是形象,更重要的是还包括了意义,这样就形成了一种宇宙万物的秩序。王弼、韩康伯注"天文"一词曰:"刚柔交错而成文焉,天之文也。"注"人文"一词曰:"止物不以威武而以文明,人之

---

[1] 《周易正义》卷三,《十三经注疏》上册,第37页。
[2] 《文选》,第793页。
[3] 《周易正义》卷七,《十三经注疏》上册,第76页。

文也。"[1]"刚柔交错"即卦象上的阴阳交错,而王、韩将其解为"天文"的原理,亦即"刚柔交错"是"天文"即天地自然之文的原理,而"止物不以威武"即以柔克刚、以文止武的"人文"原理,即人类文明的原理,就是从"刚柔交错"的"天文"的原理中发展出来的。

在《周易·系辞上》也发挥仰观、俯察之论:

> 易与天地准,故能弥纶天地之道,仰以观于天文,俯以察于地理。[2]

仰观天文、俯察地理(即"地文"),是出于探索天地之道的目的。这是说"易"道的功用是弥纶天地、呈现万物的,而其据以呈现的基本内容则是观察天地万物之文,即从"文"的形式的观察、摹状而进乎道。这是哲学的思想,也是一种美学的思想。罗根泽认为这种仰观俯察的观点,包含模拟自然的文学观在内。[3]孔颖达《周易正义》曰:"仰以观于天文,俯以察于地理者,天有悬象而成文章,故称文也。地有山川原隰,各有条理,故称理也。"从后面的论述我们会发现,其实孔氏《正义》的这种看法,已经吸收了南朝文论家以"天文""地文"为文章之原的理论成果。这是南朝的经学与文学汇合的现象之一,即南朝以《周易》文说来阐述文学原理的成果,又为经学中的易学所吸收。

二、《周易》文说在汉魏晋时代的采用情况

本章提出一个基本观点,认为《周易》文说是在齐梁时代才正式地从一种原始文说转化为一种文学理论。在之前的情况是怎么样

---

[1] 《周易正义》卷三,《十三经注疏》上册,第37页。
[2] 《周易正义》卷七,《十三经注疏》上册,第77页。
[3] 罗根泽《周秦两汉文学批评史》,台北商务印书馆1977年,第62页。

的呢?

《周易》贲卦的"人文化成"说,以及仰观天文、俯察地理之说,在汉代的思想家那里,仍然被作为一种广义的文化理论被运用。例如陆贾《新语·道基》篇在论政治时援用《周易》仰观俯察的思想:

> 故知天者仰观天文,知地者俯察地理。跂行喘息,蜎飞蠕动之类,水生陆行、根著叶长之属,为宁其心而安其性。盖天地相成,气感相应而成者也。于是先圣乃仰观天文,俯察地理,图画乾坤,以定人道,民始开悟,知有父子之亲,君臣之义,夫妇之别,长幼之序。于是百官立,王道乃生。[1]

这种解释,主要是开启汉代天人学观念与知识谱系的通路,其所阐述的"人文",主要是一种伦理道德规范与政治制度,与美学思想的距离是比较远的。

王充《论衡》对易的天地之文之说有较多的发挥,并且突出广义的"文"的内涵,他的广义性质的文论,对《周易》的天文、地文、人文之说有较多的继承:

> 候气变者,于天不于地,天文明也。衣裳在身,文着于衣,不在于裳,衣法天也。察掌理者,(在)左不观右,左文明也。占在右,不观左,右文明也。《易》曰:"大人虎变其文炳,君子豹变其文蔚。"又曰"观乎天文","观乎人文",此言天人以文为观,大人君子以文为操也。[2]

---

[1] 陆贾《新语》卷上,程荣纂辑《汉魏丛书》,吉林大学出版社1992年(据明新安程氏刊本影印),第322页。

[2] 《论衡校释》卷二十,第865页。

王充这里讲的是衣裳法天地之文的道理，运用天文、地文及观乎天文、人文等概念，也认为人身尤其是大人君子身体上的某种形象表现，是其内在性质的外在呈现。王充同时继承《论语》中文质彬彬的思想，由天地之文论及"人文"的种种现象，认为文是大人君子的必要表征。《书解》篇针对"士之论高，何必以文"的观点，强调著作之文的重要性。这里的"文"，是指著作文章。他首先从天文、地文来论述大人君子必有"文彩"的原理，然后指出著作之文，是禀天地之文的原理：

> 且夫山无林，则为土山；地无毛，则为泻土；人无文，则为仆人。土山无麋鹿，泻土无五谷，人无文德，不为圣贤。上天多文而后土多理，二气协和，圣贤禀受，法象本类，故多文彩。瑞应符命，莫非文者。[1]

王充又针对有人认为圣贤忙于治理天下，"何暇优游为丽美之文"的观点，认为："夫禀天地之文，发于胸臆，岂为间作不暇日哉？"[2]这就直接将圣贤创作的"文"，理解为秉承天地之文而创造的，为"文"确定了一种逻辑的原理。王充的关于"文"的系列论述，虽然与广义的文象、文化、文明联系在一起，但阐述了著作之文本于天地之文的原理，直接启发了刘勰将《周易》文说改造成文学原理的思路。而像"文德"这样的词，也被刘勰所采用，形成刘勰的文德说。值得注意的是，王充源于周易的天文、地文、人文之说的文说，虽然秉承圣贤述作、文质彬彬的原理，但其所强调的是丽美与文采，这为文学审美价值论奠定了一种哲学基础，也启发我们认识这样一个事实，后世对

---

[1] 《论衡校释》卷二十八，第1007页。
[2] 《论衡校释》卷二十八，第1006页。

《周易》文说的采用，重点在确立"文"的审美价值。在《周易》文说转化为后世文学理论的过程中，王充的相关观点，构成了一个重要的环节。

但是，总的来说，在整个汉代，《周易》文说仍然是广义的文化理论，还没有被改造为一种文学原理。王充所肯定的"文儒"之"文"，是包括了一切文字著述在内的。汉代是文人文学发展的重要时期，其中辞赋的兴盛，可以说是奠定了魏晋南北朝诗赋等文人文学的基础。当然，汉代的"文"与"文章"之说，也是后来魏晋南北朝文论的始基。但是汉代的文学思想仍然包含在大文化及整个道术、学术与制度的整体里，而"文"作为一种审美的特质，虽然在辞赋文学中有突出的表现，但在普遍地持质先于文的观念的汉代思想家那里，仍被视为一种等同于雕篆、女红之类的艺事，这也许是《周易》文说在汉代没有被转化成文学理论的原因，这与论者所说的汉代纯文学观念尚未自觉，也是有关系的。

魏晋是文学理论作为一种独立的学术形态开始确立的时代，其中如陆机《文赋》的文、意、辞之说，也受到了《周易》的影响，但主要是受玄学家解易，如王弼易说的影响，《周易》文说、人文说，似乎并没有一开始就被文学理论所吸收。曹丕著名的"盖文章经国之大业，不朽之盛事"之说，其"经国"之说，似乎与"人文化成"之说有某种渊源关系，但曹丕关心的是作为个体生命价值的文学事业，他所说"经国之大业"，主要还是指个人通过文章来实现生命价值而言，并非将其作为君主的职志，可以说是从后来阐明的作为文学教化观的"人文化成"之说的旁边轻轻地滑过去。两晋总论文章如挚虞《文章流别论》："文章者，所以宣上下之象，明人伦之叙，穷理尽性，以究万物之宜者也。"[1] 所谓"宣上下之象，明人伦之叙"，似受《周易》天

---

[1] 《全上古三代秦汉三国六朝文·全晋文》卷七十七，第1905页。

文、地文、人文说的影响，但并未明确表现援引《周易》文说在叙述文学理论的倾向。此时齐梁文笔说尚未兴起，东晋如李充《翰林论》论文："或问曰：'何如斯可谓之文？'答曰：'孔文举之书，陆士衡之议，斯可谓成文矣。'"[1] 以孔书、陆议为"成文"之典范，则其所说的"文"，仍属齐梁文笔未分之前的文。[2]

作为习惯上被称为文的自觉之说的魏晋文学思想，在从汉代的一种泛文化的"文""文学""文章"的观念中寻求文学创作的独立界域时，其所着重的正是文学不同于文化与学术的独立内涵，其努力的方向正是从以《周易》文说、人文说为代表的文化、文明的观念中脱离出来。或许正是因为这一文学思想发展的逻辑，在独立的文学理论形成之初，《周易》"人文化成"之说没有被及时地从一种广义的文化论、文明论转化成纯粹的文学理论。

三、齐梁时期《周易》"人文化成"说成为一种文学原理

《周易》文说、人文说被系统地纳入文学原理的建构，是从刘勰《文心雕龙·原道》开端的。《原道》主要就是根据《周易》天文、地文、人文之说来阐述文学发生的基本原理。《原道》篇从自然界的"文"即所谓"道之文"出发，论定"文"的必然性与必要性：

> 文之为德也大矣，与天地并生者何哉！夫玄黄色杂，方圆体分，日月叠璧，以垂丽天之象；山川焕绮，以铺理之形；此盖道之文也。仰观吐曜，俯察含章，高卑定位，故两仪既生矣。惟人参之，性灵所钟，是谓三才。为五行之秀，实天地之心。心生而言

---

[1]《全上古三代秦汉三国六朝文·全晋文》卷五十三，第1767页。
[2] 本章有一基本逻辑判断，认为《周易》文说在文学理论上的流行，是与文笔说并行、相关的。

立,言立而文明,自然之道也。[1]

所谓"文之为德",就是文的价值。汉魏以来的文学思想,一直是在一种朴素的文质观里进行的,这种文质观主要是用来分析政治与人物的文质问题的,当然也包括了言辞与文章。整体来说,"文"是从属于"质"的。言辞与文章往往是作为"文"的一方面提出,与忠信等道德本质相对而存在。当然言辞、文章本身也有一个文质的区别。但在汉魏文质论中,这后一方面并不突出。这种文质观,虽然我们现在的文论研究者也将其选入文论之中,但汉魏文质观主要不是一种文学论,其中文章的独立地位没有十分突出。对于南朝的文学论,汉魏文质论可能是其渊源之一,但并非主要的渊源。汉魏的一种狭义的以诗赋等篇章为核心的文学论,就是我们熟悉的曹丕《典论·论文》、陆机《文赋》这一流,南朝文学论是从这里直接发展出来的。

南朝文学兴盛,文学的独立审美价值得以确立,其基本标志就是文笔说的流行。但从理论上说,单纯的"文笔"之说虽然使"文"得以独立,但却失去了"文"的形而上的理论依据。这也说明它不是直接从文质论发展过来,如果从文质论发展为文学论,则其理论可能会比较完整,也不会缺乏原理。刘勰为文学"原道",进而"征圣""宗经",正是为独立后的文学寻找一种形而上的理论依据,并且重构了一个以文学为核心的经典传统。这种理论有两方面的意义,一方面是在齐梁文学绮靡转盛的情况下,将文学挽回到学习经典的道路上;另一方面来看,则是在齐梁文学兴盛的背景下,重认经典的文学价值,并且建构了一种从经典的文学到后世的文人辞章文学的发展历史。正是在这样的背景下,《周易》的文说、"人文化成"说被引进了文学理论领域,当然《周易》文说之为文学家所重视、征引,也与玄学背景有

---

[1] 《文心雕龙注》卷一,第1页。

关，刘勰文学本体说的基本思想范畴属于玄学。刘勰将齐梁文学理论系统地连接到《周易》的文说上，并进而将六朝之文与经典之文进行勾连。虽是以经典之文来规范文人之文，但同时也是在论证纯文学的价值。其基本的逻辑，即是文是天地的基本的属性之一，天地有文，人参天地，其性灵为天地所钟，"心生而言立，言立而文明"。这样就将南朝关于文的两大新理论，即文笔之说与性灵之说，纳入传统的《周易》的文说中来。至此，《周易》的文说被成功地改造为齐梁时代的一种文学原理。

刘勰进一步运用《周易》的人文说来辨析圣贤制作中所体现的"文"的特征：

> 人文之元，肇自太极，幽赞神明，易象惟先。庖牺画其始，仲尼翼其终。而乾坤定位，独制《文言》。言之文也，天地之心哉！[1]

这里追溯文义至庖牺画卦。卦象虽非文字之"文"，但却是"彣彰"之"文"。而由《易》系统所产生的、刘勰等古人认为是孔子所作的"十翼"，则是"圣文"的一种展开，而《文言》一篇，则确立了"言之文"的文学基本原则，这也是后世文学的原则。因《周易·文言》是阐述乾坤的基本的卦义，而又使用了具有审美功能的"文言"的形式，所以刘勰进一步地指出，"言之文"乃"天地之心"。这个"言之文也，天地之心"是评论《文言》的，同时也是进一步论证后世文学之文。这个体现在"言之文"上的"天地之心"，即是南朝至唐代流行的性灵之说的哲学的依据。

梁代《周易》文说最为流行，萧氏兄弟在倡文笔之说的同时，还征引《周易》文说。萧统《文选序》是继《文心雕龙·原道》之后，

---

[1] 《文心雕龙注》卷一，第2页。

进一步运用《周易》"人文化成"说来阐述文学原理的重要理论：

> 式观元始，眇觌玄风，冬穴夏巢之时，茹毛饮血之世。世质民淳，斯文未作。逮乎伏羲氏之王天下也，始画八卦、造书契，以代结绳之政。由是文籍生焉。易曰：观乎天文，以察时变，观乎人文，以化成天下，文之时义远矣哉！[1]

萧氏据《周易》文说，以探索"文之时义"即文学发生及其发展的根本原理。"文之时义"，用我们今天的话来讲，就是文学的原理，与刘氏之说一脉相承。梁简文帝萧纲《昭明太子文集序》亦持此论：

> 窃以文之为义，大哉远矣！故孔称性道，尧曰钦明，武有来商之功，虞有格苗之德。故《易》曰："观乎天文，以察时变，观乎人文，以化成天下。"是以含精吐景，六卫九光之度，方珠喻龙，南枢北陵之采，此之谓天文。文籍生，书契作，咏歌起，赋颂兴，成孝敬于人伦，移风俗于王政。道绵乎八极，理浃乎九垓，赞动神明，雍熙钟石，此之谓人文。[2]

值得注意的是，周易中的"人文"是广义的教化、礼乐等等，相当于我们所说的"文化"，而萧纲将其直接落实到文学上面。虽然从逻辑上讲，他也没有否定《周易》那一层意思，但从实践上，他开启了将文学作为"人文"的重心，甚至用"人文"来代指文学的一种用法，这与六朝文学的发展是密切相关的。

萧纲《答张缵谢示集书》：

---

[1] 《文选》卷首，第1页。
[2] 《全上古三代秦汉三国六朝文·全梁文》卷十二，第3016页。

> 纲少好文章，于今二十五载矣！窃尝论之，日月参辰，火龙黼
> 黻，尚且著于玄象，章乎人事，而况文辞可止。咏歌可辍乎！不为
> 壮夫，杨雄实小言破道，非谓君子，曹植亦小辩破言。[1]

萧纲这里正是引《周易》天文之说，来证明从事纯文学的诗赋创作的合理性，并对扬雄、曹植轻视辞赋的名论进行批驳，其阐发的纯文学的原理。单从萧纲这段文本来说，其所重只在于"文"，甚至不包含《周易》原始文本所具有的"化成"之义。这也说明，《周易》"人文化成"被齐梁文家所征引，其侧重之点在于"文"，而"化成"之义虽然不可缺少，但却是其次的。这是齐梁文学的基本特征所决定的。

萧绎《法宝联璧序》也征引《周易》文说：

> 窃以观乎天文，日月所以贞丽。观乎人文，藻火所以昭发。况
> 复玉毫朗照，出天人之表，金牒空解，生文章之外。虽境智冥焉，
> 言语斯绝，咏歌作焉，可略谈矣！[2]

《法宝联璧》是萧纲主编，众多梁代文人参与编纂的一部佛教类书，其重心虽在佛义，但以文辞之美为宗旨，故称"联璧"。

刘孝绰《昭明太子集序》亦引此说来赞颂萧统的文学成就：

> 若夫天文以烂然为美，人文以焕乎为贵，是以隆儒雅之大成，
> 游雕虫之小道。握牍持笔，思若有神。曾不斯须，风飞雷起。[3]

其所论的"天文""人文"，重在"烂然为美""焕乎为贵"，可见齐梁

---

[1]《全上古三代秦汉三国六朝文·全梁文》卷十一，第3010页。
[2]《全上古三代秦汉三国六朝文·全梁文》卷十七，第3051页。
[3]《全上古三代秦汉三国六朝文·全梁文》卷六十，第3312页。

诸家引《周易》文说，其撷取的重点在于其文美、文采的意义。

上述刘勰及萧氏兄弟，都是文笔说的主要论家。刘勰《文心雕龙·总术》对刘宋以来逐渐流行的文笔之说，有他自己的一种辨析：

> 今之常言，有文有笔，以为无韵者笔也，有韵者文也。夫文以足言，理兼诗书，别目两名，自近代耳。[1]

刘勰对过于偏狭的文笔区分说是有所纠正的。他的《文心雕龙》作为一部文学理论的著作，却是将文笔两体都包括在内的。据范文澜以齐梁文笔说区别之，有"文类"十三种，"文笔杂"两种，"笔类"九种。其排列次序，正是由文而至笔。然《文心雕龙》全书之义，以"文"概此全部文笔两类文体。[2] 所谓"文心"者，即言为文之心，又言文之心，"雕龙"则取《史记·孟子荀卿列传》"雕龙奭"，言齐人邹衍善谈天，邹奭"采驺衍之术以纪文"，刘宋裴骃《集解》引刘向《别录》"驺奭修衍之文，饰若雕镂龙文，故曰'雕龙'"。刘勰以"雕龙"名书，一云为文之事，类乎雕龙，二云文本自然，论者深探秘搜其奥妙心髓，故曰《文心雕龙》，实亦以刻意雕镂之好事者自居也。于此可见，分言虽有文有笔，合而言之，则笔亦文也，文亦笔也，皆是文词之事。萧统的《文选》也致力于论定文学的义限，他以篇翰为其选文的基本标准，将经典、诸子、史传排除在外，认为诸子"盖以立意为宗，不以能文为本"，"至于记事之史，系年之书，所以褒贬是非，纪别异同，方之篇翰，亦已不同"。至于史传的赞、论、序、述，因为具有篇翰即文体的性质，所以也在《文选》选文的范围之内："若其赞论之综缉辞采，序述之错比文华，事出于沉思，义归乎翰藻。与

---

[1] 《文心雕龙注》卷九，第655页。
[2] 《文心雕龙注》卷一，第4—5页。

夫篇什,杂而集之。"[1]这都是明显地强调"文"的宗旨。但他所选的"文",是包括有韵与无韵两体的。于史传中,只选取具有文体性质的赞、论。

萧绎《金楼子·立言》也有从有韵无韵之说来发挥文笔之论,是齐梁纯文学论的典型观点:

> 今人之学者有四:夫子门徒,转相师受,通圣人之经者,谓之儒。屈原、宋玉、枚乘、长卿之徒,止于辞赋,则谓之文。今之儒博穷子史,但能识其事,不能通其理者,谓之学。至如不便为诗如阎纂,善为章奏如伯松,若此之流,泛谓之笔。吟咏风谣,流连哀思者,谓之文。而学者率多不便属辞,守其章句,迟于通变,质于心用。学者不能定礼乐之是非,辩经教之宗旨,徒能扬榷前言,抵掌多识,然而挹源知流,亦足可贵。笔退则非谓成篇,进则不云取义,神其巧惠,笔端而已。至如文者,维须绮縠纷披,宫徵靡曼,唇吻适会,情灵摇荡。[2]

萧绎在这里,首先将学术与文章分为两事。两事各有高低,学术以儒为高,以学为低。文章则以文为高,以笔为低。他的这种分类方法,实源于王充《论衡·书解》等篇(见本书前面相关章节)。他的"文"的内涵中,除了前述篇翰、有韵之外,更加以一种唯美特征与发抒性灵的原则。

由上述各家所论可知,文笔说的真正意义,并不是简单地区分文体,而是努力地探求并界定文学并强调它的一种价值。它是六朝纯文学发展过程中的一种文学自觉说。正是在这样的一种逻辑上,刘勰等

---

[1] 《文选》卷首,第2页。
[2] 萧绎撰、陈志平、熊清元疏证校注《金楼子疏证校注》,上海古籍出版社2014年,第770页。

齐梁文学家，将《周易》的文说及孔门的文章说纳入其中。一方面是扩展萧绎一派的狭窄的文说，另一方面更是为齐梁文说提供一种经典的依据。所以，"人文化成"说是与文笔说逻辑关联的。它们共同构成了齐梁文学理论的完整体系。

从经典的一方面来说，也可以说是《周易》文说在崇尚辞章文学的齐梁初唐时代复活。这种《周易》文说，是对当时流行的文笔之说的一种扩大与提高。将文笔说与经典的文说联系在一起，一方面强调其教化功能，返归儒业；另一方面也是充实文说。所以，这并非简单地重复经典之义。

四、唐初诸史对"人文化成"说的弘扬

唐初八史，即改修《晋书》，以及修撰《梁书》《陈书》《齐书》《周书》《南史》《北史》《隋书》。诸史文论作为唐代文学发端期的文论建设，对唐代文学发展具有极深远的影响。诸史文学理论、批评及文学史建构，是对南北朝后期各种文学批评流派的一种综合与发展。整体上看，其主要的成就是继南北朝的文论家之后，对南朝齐梁与北朝的魏齐周以及隋的文学史做出正面的建构。

唐初诸史论文学的一个基本观点，就是运用《周易》的"观乎人文，以化成天下"之说。诸史在阐述文学原理时，多首先引用此说来确立文学的本体及其基本价值。姚思廉《陈书·文学传序》：

> 易曰"观乎人文以化成天下"，孔子曰"焕乎其有文章"也。自楚、汉以降，辞人世出，洛汭、江左，其流弥畅。莫不思侔造化，明并日月，大则宪章典谟，裨赞王道，小则文理清正，申纾性灵。至于经礼乐，综人伦，通古今，述美恶，莫尚乎此。[1]

---

[1] 姚思廉《陈书》卷三十四，中华书局1972年，第453页。

值得注意的是"大则""小则"云云，这个理论框架是承自《毛诗大序》的。[1] 这里，我看到它将《周易》人文说、孔子文章说、《毛诗》正变说合在一起，构成一种齐梁型的"文学原理"。李延寿的《南史·文学传序》也有大致相同的表述：

> 易云："观乎人文以化成天下。"孔子曰："焕乎其有文章。"自汉以来，辞人代有，大则宪章典诰，小则申纾性灵。至于经礼乐而纬国家，通古今而述美恶，非斯则莫可也。是以哲王在上，感所敦悦。故云"言之不文，行之不远"。[2]

在上述《陈书》《南史》的《文学传序》中，最突出的两个文学思想，就是"人文化成"说与"申纾性灵"说。两者一是从外即自然之道来定义文学的原理，一是从内即主体的精神世界来定义文学的内质与功用。但这两者是以当时流行的天人哲学统一在一起的，这正是刘勰所说的人参天地之道："性灵所钟，是谓三才；为五行之秀，实天地之心。心生而言立，言立而文明，自然之道也。"（《文心雕龙·原道》）即人文是天地之文的展开。今人经常运用的艾布拉姆斯的文学经典之作《镜与灯》，将文学的系统标志为宇宙、作品、艺术家、读者四要素，其中作品为核心要素。[3] 其实南朝至初唐的文学理论中，天文、地文、人文之说，应该说是更深刻地揭示了这种原理。

"人文化成"说是诸史文论的统一观念，或者说一种基本的文学原理。令狐德棻《周书·王褒庾信传论》的开头则大畅人文教化之理：

---

[1] 参考笔者有关《毛诗大序》的论文。
[2] 李延寿《南史》卷七十二，中华书局 1975 年，第 1761—1762 页。
[3] M. H. 艾布拉姆斯著，袁洪军、操鸣译，金惠敏校《镜与灯——浪漫主义理论批评传统》，中国社会科学出版社 1991 年。

两仪定位，日月扬晖，天文彰矣；八卦以陈，书契有作，人文详矣。若乃坟索所纪，莫得而云，典谟以降，遗风可述。是以曲阜多才多艺，鉴二代以正其本；阙里性与天道，修《六经》以维其末。故能范围天地，纲纪人伦。穷神知化，称首于千古；经邦纬俗，藏用于百代。至矣哉！斯固圣人之述作也。[1]

魏征《隋书·文学传序》：

　　《易》曰："观乎天文，以察时变，观乎人文，以化成天下。"《传》曰："言，身之文也，言而不文，行之不远。"故尧曰则天，表文明之称，周云盛德，著焕乎之美。然则文之为用，其大矣哉！上所以敷德教于下，下所以达情志于上，大则经纬天地，作训垂范，次则风谣歌颂，匡主和民。或离谗放逐之臣，涂穷后门之士，道轗轲而未遇，志郁抑而不申，愤激委约之中，飞文魏阙之下，奋迅泥滓，自致青云，振沉溺于一朝，流风声于千载，往往而有。是以凡百君子，莫不用心焉。[2]

诸史运用《周易》文说，并非简单地将其作为一种文学教化之说的冠冕，而是在上述形而上学的观念下，将天地人三文及"人文化成"之说，与南朝以来新发生的性灵之说、文笔之说统合在一起的。这一点，在诸史文论中，当以李百药《北齐书·文苑传序》阐述得最为系统。他先述"人文化成"之理，然后大畅情感、缋饰、雕琢之说：

　　夫玄象著明，以察时变，天文也；圣达立言，化成天下，人

---

[1] 令狐德棻等《周书》卷四十一，中华书局1971年，第742页。
[2] 魏征《隋书》卷七十六，中华书局1973年，第1729页。

文也;达幽显之情,明天人之际,其在文乎? 遐哉三古,弥纶百代,制礼作乐,腾实飞声,若或言之不文,岂能行之远也。子曰:"文王既没,文不在兹?"大圣踵武,邈将千载,其间英贤卓荦,不可胜纪,咸宜韬笔寝牍,未可言文,斯固才难不其然也。至夫游、夏以文词擅美,颜回则庶几将圣,屈、宋所以后尘,卿、云未能辍简。于是辞人才子,波骇云属,振鹓鹭之羽仪,纵雕龙之符采,人谓得玄珠于赤水,策奔电于昆丘,开四照于春华,成万宝于秋实。[1]

李百药是贞观文人的代表,《中说》载其在隋末与王通论诗,"吾上陈应、刘,下述沈、谢,分四声八病,刚柔清浊,各有端序,音若埙篪"[2]。《旧唐书·谢偃传》载贞观十五年谢偃作赋蒙召见时说,"时李百药工为五言诗,而偃善作赋,时人称为'李诗谢赋'焉"[3]。又《旧唐书·李百药传》载:"太宗尝制《帝京篇》,命百药并作,上叹其工,手诏曰:'卿何身之老而才之壮,何齿之宿而意之新乎!'"[4]他的文学观念,在唐初的文论中有代表性。

相比令狐德棻之论,李德林、李百药之论,梳理从天文、圣贤之文到后世辞人才子之文的条理,更加清楚,不仅是沿袭刘勰之论,而且有很大的发展。齐梁文学发达,所谓"波骇云属",当时论文诸家,唯萧氏兄弟一派严文笔之说,将经典诸子排除在文章之外,但正宗的观点,仍是将文章的渊源追溯到经典之文,刘勰甚至认为其为文章之极则,文理之所寓。这一方面是用经典之文章来纠正齐梁的文章的缺失,同时也是因为齐梁文章的发达,使文学家们第一次认真地讨论经

---

[1] 李百药《北齐书》卷四十五,中华书局1972年,第601页。
[2] 王心湛校勘《文中子集解》,广益书局1936年,第8页。
[3] 刘昫等《旧唐书》卷一百九十,中华书局1975年,第4991页。
[4] 《旧唐书》卷七十二,第2577页。

典的文学属性问题，第一次将经典全部建构在文学之中。相比传统所说的汉代经学附庸于文学，此论可以说是以文学重新理解经典。这一点，历来论齐梁文学史学者，尚未加以充分的注意。当然，将经典及诸子史传等纳入文学范围，与北朝文学观念中教化论的强化也有直接的关系。从这里我们可以窥测这样一种情况，在南北文学交融的过程中，北朝将南朝比较狭隘的"文"的范围，扩大到经史子集的大范围。这一种文学观念，应该是北朝文学发展过程中形成的，也使得北朝文学虽然发达后于南朝，但在文学批评的观念上，却因融合南北而取得了更重要的地位。

上述诸史关于"文"的论述，大概有三个层次：

首先阐述"天文"之义。"天文"即天地自然之文，所谓"玄象著明，以察时变，天文也"（《北齐书》），"两仪定位，日月扬晖，天文彰矣"（《周书》）。"文"是自然界的一个本质属性，当然这里的自然界，即"天"，有时带某种先验的、目的论的倾向。但作为一种审美的观念，它并非简单论定"天文"之文，而是强调圣人观天象以察时变。其中是有人类的主体意识的作用在里面的。这是从自然之文来阐述文的原理，也就是刘勰《原道》篇的基本思想。

其次确立圣贤之文的典范。遵天文的原理而首先发生的是圣贤之文，亦即圣贤本着"观乎人文以化成天下"的原理所作之文，"圣达立言，化成天下"（《北齐书》）。圣贤之文，即从"八索""九丘"到六经的文章，其中孔子是代表性的人物，"孔子曰：'焕乎其有文章'"（《陈书》《南史》），"子曰：'文王既没，文不在兹？'"（《北齐书》），"是以曲阜多才多艺，鉴二代以正其本；阙里性与天道，修《六经》以维其末"（《周书》）。这一层的观点，大抵相当于刘勰《征圣》《宗经》两篇所阐述的内容，也就是在后世文人之文学发生之前的圣贤的文章。《征圣》云："夫作者曰圣，述者曰明，陶铸性情，功在上哲，夫子文章，可得而闻，则圣人之情，见乎文辞矣。"又云："然则圣文之雅丽，固衔华而佩实者也。"[1]由天文而明文章发生的自然原理及根本价值，由"圣文"以确立典范。刘勰《宗经》肯定孔子删述之功，论述六经为后世文体之所源，提出"禀经以制式，酌雅以富言"的主张，从经典中提炼出文体的六种制作之义。

诸史论述文学发展的第三个层次，是由"圣文"所衍的后世之文，也就是汉魏六朝的诗赋。在论述这个层次的文学时，诸史特别重视其情感的价值与文辞之美。其基本的观念承自齐梁的文笔说。这是齐梁文学的核心，上述的经典之文、圣贤之文，虽不能包括在文笔说狭义的"文"中，但由"文"的角度来阐释经典与圣贤的著述，却正是立意于纯文学的立场。也就是说，文笔之文的界域生成，圣贤之文的性质才被认识。对于经典、圣贤之后"文"的阐述，各家有所不同，如李百药《北史·文苑传序》强调所谓"辞人才子，波骇云属"云云，是充分地强调文学的审美价值，而《隋书·文学传序》"或离逸放逐之臣"云云，则强调穷贱之士通过文学来申抒"愤激委约"之情的功能，并且能够达到飞声魏阙之下的政治目的，甚至达到"流风声于千载"的人生价值的实现。将两者结合在一起，我们认识到唐初诸史的文学观，对文学的审美功能与抒情功能是充分地重视的。由此我们也看到，诸史"人文化成"及征圣、宗经之说，并非仅仅为文学寻找一个教化观的冠冕，而是强调文学本身的价值。

对于唐初诸史原道于"天文"的"人文化成"之说，传统的评价多着重其强调文学教化之功能的一面。也正因此，诸史的"人文化成"之说，也被视为批评齐梁文学之工具的文学复古之论，郭绍虞的《中国文学批评史》已经较早揭出此义：

> 南朝文学之缺点既如上述，于是或推论文学之源，或进究文学

---

[1] 《文心雕龙注》卷一，第15、16页。

之本。其论文源者则归本于圣典，遂不期然而然的使文学观复返于复古。[1]

其所说文学复古之论，就是诸史所述的"人文化成"说。郭氏并进一步指出："此虽不是古文家的论调，而古文家的论调实本于此。"[2]这一源流的推演，是有所偏差的，归本经典虽有形式上的复古性质，但根本上说，是溯其文章于经典，并非将文章回归经典。又如王运熙等《中国文学批评史》引述诸史"人文化成"说之后有这样的结论：

> "人文"概念不等于今之所谓文学，凡礼乐制度、儒家经典、子史著作以至各体文章，莫不包含在内。文章中又包括偏于议事说理的、实用的和偏于审美愉悦的。上引文字所论，实际上都是就"人文"的政教作用而言。正因"人文"具有这方面的重要作用，才受到重视。[3]

如果仅仅从"人文化成"中所含的文学教化之义来说，这种阐释当然是没有问题的，但是当我们了解齐梁诸家和初唐史家人文说的根本，实植于齐梁体制及其理论的整体中，就可了解上述的解说，只指出人文说流行原因的一方面的事实。所谓"人文化成"实为齐梁文学的冠冕，而非复古文学的先声。

---

[1] 郭绍虞《中国文学批评史》，河南人民出版社2017年，第183页。
[2] 《中国文学批评史》，第185页。
[3] 王运熙、杨明《中国文学批评通史——隋唐五代卷》，上海古籍出版社1996年，第40页。

五、"人文化成"说在唐代文学理论中的流行与变化

"人文化成"之说,主要流行于初唐时期。这固然是唐初诸史之说的流衍,但也与初唐文学整体沿承齐梁陈隋文体的发展特点相联系。初唐四杰虽然是唐诗崇尚骨力的开端,但他们的文体、文风与文法,基本上还在齐梁的修辞艺术范围之内,其举为文学理论的冠冕者,仍为《周易》文说。王勃《平台秘略论·艺文三》:

> 论曰:《易》称"观乎天文,以察时变"。《传》称"言而无文,行之不远"。故"文章经国之大业,不朽之能事"。而君子等(原书校:项本作"所")役心劳神,宜于大者远者,非缘情体物,雕虫小技而已。[1]

我们前面说曹丕的文章经国之说,是从《周易》"人文化成"说旁边轻轻滑过,到王勃这里,则正好将两者结合在一起了,也可以说是两种理论到此结合在一起了。王勃的观点,与前述诸家将《周易》文说与文笔之说、性灵之说连贯而言,似乎有所不同。历来学者也认为其文学观是偏向纯粹教化的一派的。但事实上,王勃这是给君王的文章指出向上一路,并非简单地将否定缘情体物、雕章琢句。论其思想之分野,仍属于齐梁文学理论的范畴。其《平台秘略赞·艺文第三》云:"荣分上邸,业盛文场。争开宝札,竞耸雕章。气陵云汉,字挟风霜。后之来者,其在君王。"[2]

前面曾论到,齐梁以来,时人所作的王公大人、名公巨卿之文集序,多引《周易》"人文化成"之说为冠冕。如许敬宗《为司徒赵国公

---

[1] 王勃著,蒋清翊注《王子安集注》卷十一,上海古籍出版社1995年,第302—303页。

[2] 《王子安集注》卷十五,第428页。

谢皇太子寄诗笺》：

> 蒙寄《叹别》五韵，并垂示《拟古》一首。踪开玉札，炫目澄心；行讽金声，式歌且抃。窃惟化成天下，资系象以导洪源；体物缘情，自风骚而绵列代，莫不咸相祖述，罕见生知。[1]

杨炯的《王子安集序》以《周易》文说叙"文之时义"：

> 大矣哉！文之时义也。有天文焉，察时以观其变；有人文焉，立言以重其范。历年滋久，递为文质，应运以发其明，因人以通其粹。[2]

韩休《苏颋文集序》：

> 《易》有四象，有天文焉，有人文焉，所以察时变而观化成也。《诗》有六义，有大雅焉，有小雅焉，所以陈国风而美王政也。文之时用，其肇于兹。……莫不究情性之微，含风骚之旨。[3]

中唐诸家，尚时踵此论。如梁肃《常州刺史独孤及集后序》：

> 夫大者天道，其次人文，在昔圣王以之经纬百度，臣下以之弼成五教。[4]

---

[1] 董诰等编《全唐文》卷一百五十二，上海古籍出版社1990年，第682页。
[2] 《王子安集注》卷首，第61页。
[3] 《全唐文》卷二百九十五，第1320页。
[4] 梁肃著，胡大浚、张春雯整理校点《梁肃文集》卷二，甘肃人民出版社2000年，第37页。

如权德舆《唐御史大夫赠司徒赞皇文献公李栖筠文集序》云：

> 辰象文于天，山川文于地，肖形最灵。经纬教化，鼓天下之动，通万物之宜，而人文作焉，三才备焉。命代大君子，所以序九功，正五事，精义入神，英华发外，著之话言，施之宪章，文明之盛，与天地准。[1]

权德舆《谏议大夫韦君集序》：

> 然则缘情咏言，感物造端，发为人文，必本王泽。[2]

权氏此条，也是直接以"人文"来称文学。上述诸家，都是略引"人文化成"之说以论文学的原理与功能。其中"人文"二字，有时与文学同义。如权德舆"发为人文"一条，即是其例。又权氏《唐使君盛山唱和集序》中说天子雅知唐使君文采，但"上方以恺悌纾息之为大，人文华国之为细"。"人文华国"，即以文章润饰鸿业。这里的"人文"也可直接理解为文学，在理论上并没有太多的发挥。但我们看到一个现象，诸家在用《周易》"人文化成"之说的同时，常将其与缘情咏物以及风雅之说相结合。事实上，后者是唐代的诗论的重心，而"人文化成"则主要是一种冠冕。

中唐李舟的《独孤常州集序》则以铺张扬厉之辞阐说天文、地文、人文之义：

> 传曰：物生而后有象，象而后有滋，滋而后有数，数成而文见矣。始自天地，终于草木，不能无文也。而况于人乎？且夫日月星

---

[1] 权德舆著，霍旭东校点《权德舆文集》卷二十三，甘肃人民出版社1999年，第315页。
[2] 《权德舆文集》卷二十五，第345页。

辰，天之文也；丘陵川渎，地之文也。羽毛彪炳，鸟兽之文也。华叶彩错，草木之文也。天无文，四时不行矣！地无文，九州不别矣！鸟兽草木之无文，则混然而无名，而人不能用之矣！人无文，则礼无以辨其数，乐无以成其章，有国者无以行其刑政，立言者无以存其劝诫，文之时用大矣哉！[1]

名公巨卿集序之外，时人论文，亦多略引"人文化成"之论。如殷璠《丹阳集序》：

> 李都尉没后九百余载，其间词人，不可胜数。建安末，气骨弥高，太康中体调尤峻，元嘉筋骨仍在，永明规矩已失，梁、陈、周、隋，厥道全丧。盖时迁推变，俗异风革，信乎人文化成天下。[2]

这是诗论方面采用"人文化成"说。李白《早夏于将军叔宅与诸昆季送傅八之江南序》：

> 《易》曰："观乎人文，以化成天下。"穷此道者，其惟傅侯耶？侯篇章惊新，海内称善，五言之作，妙绝当时。陶公愧田园之能，谢客惭山水之美。佳句籍籍，人为美谈。[3]

这个文学批评，与李白《古风》中的复古之论，显然有一定差别，显示出李白文学观点的另一方面，即着眼于"佳句"的齐梁诗歌观。后来杜甫说"李侯有佳句，往往似阴铿"，也是着眼于李白与齐梁这个传统的关系。李白在赞扬傅侯的佳句时，引用"人文化成"之说，沿承

---

[1] 《全唐文》卷四四十三，第2001页。
[2] 傅璇琮、陈尚君、徐俊编《唐人选唐诗新编》（增订本），中华书局2014年，第131页。
[3] 《李太白全集》卷二十七，第1277页。

的仍是齐梁文学的观念，与他出于《毛诗》的大雅及复古道之说，实为两流。这个问题，还可以继续探讨。

于邵（天宝末进士，授崇文馆校书郎）《词场箴》：

> 惟士立德，必先修词。学犹殖也，问以辨之。……文之为大，言不可已。上应天光，下符地理。[1]

以上都可见初盛时期，《周易》文说及"人文化成"之说仍然流行。

《周易》文说流行，并且被用来阐述文学的基本原理，从根本上说，是齐梁时代文笔说流行的结果。齐梁文学相对汉魏文学，有三种新的基本的文学观念，即比较集中地体现在沈约《宋书·谢灵运传论》中的"新变"之说、由玄学的才性之说及佛学启发的"性灵"之说，以及在俳偶、声律等修辞艺术发达情况下形成的"文笔"之说。"文笔"之说与"新变""性灵"两说其实是相通的。性灵之发抒，文体与文风的新变，都包括在文笔之"文"的意义中。

我们还发现这样一个现象，就是明确提倡复古的一派，如陈子昂、李白，他们在阐述文学的教化的原理时，主要是依据来自《尚书·舜典》《礼记》《毛诗大序》的观点，以言志、比兴、风雅为说。而对于《周易》的文说，不太见到明确的征引，可以说在复古派风雅之说盛兴后，逐渐不流行了。向来被引为复古文学之重要理论依据的复古诸家的集序，如卢藏用《陈伯玉集序》、李阳冰为李白作《草堂集序》、元稹《白氏长庆集序》，多已不引此论，而以论风雅之道为主。至中唐古文派的理论，文以贯道之流行，直接用"道"来阐述文的本体。古文家的理论，也基本上不征引《周易》文说。只有李汉《昌黎先生文集序》："文者，贯道之器也。不深于斯道，有至焉者不也？

---

[1] 《全唐文》卷四百二十九，第 1935 页。

《易》繇爻象,《春秋》书事,《诗》咏歌,《书》《礼》剔其伪,皆深矣乎。秦汉以前,其气浑然。"[1]其中列举"《易》繇爻象",似承六朝文论,但也并不畅叙天文、地文、人文之说。其贯道之说,初看与刘勰《原道》《宗经》相近,但刘氏的基本立场在"文",古文家的基本立场在于"《易》繇爻象",其派别自是不同。其重《易》之文,与前此诸家同,但不再举"人文化成"之说。这种现象说明,"人文化成"之说,本身虽具有重视教化的内在意义,但根本上说,是作为齐梁文学的一种旧理论。复古派在超越齐梁文学的同时,对这一齐梁文学的冠冕之论也一并忽略了,而代之以复古派自身的风雅、六义及明道、载道之说。

值得注意的是,中唐春秋学一派的吕温的《人文化成论》,可以说是对南朝以来人文说偏重纯文学的一种清算。他首先立论云:"易曰:观乎人文,以化成天下,能讽其言,盖有之矣!未有明其义者也。"[2]从吕氏之说,可见唐代引"人文化成"之说以论文学的流行。但是吕氏认为文人学者对其真正意义并不明了,所以重新申论,并且大加发挥。他首先立人文之义云:"夫一二相生,大钧造物,百化交错,六气节宣,或阴阖而阳开,或天经而地纪,有圣作则,实为人文。"[3]这是认为人文的根本,在于圣贤经纬天地而施教化之文,所以接下来论夫刚妻柔、父慈子孝的"室家之文",君仁臣义、"予违汝弼,献可替否"的"朝廷之文","三公论道,六卿分职,九流异趣,百揆同归"的"官司之文",宽猛相济的"刑政之文",礼乐相和的"教化之文"。他认为这是"人文"的真正意义。至于为何称这些道德行为与政治制度、礼乐文化为"文"呢?他总结上义说:"文者,盖言错综庶绩,

---

[1] 韩愈撰,马其昶校注,马茂元整理《韩昌黎文集校注》,上海古籍出版社1986年,第1页。
[2] 《全唐文》卷六百二十八,第2809页。
[3] 《全唐文》卷六百二十八,第2809页。

藻绘人情，如成文焉，以致其理，然则人文化成之义，其在兹乎？"[1]他主张的"人文"，就是这种大文，当然也包括了起这种教化功能的文学在内。于是他对六朝以来注重形式的"人文"观进行一种全面的批评：

> 而近代谄谀之臣，特以时君不能则象乾坤，祖述尧舜，作化成天下之文。乃以旂常冕服、章句翰墨为人文也。遂使君人者浩然忘本，沛然自得，盛威仪以求至理，坐吟咏而待升平，流荡因循，败而未悟，不其痛欤！必以旂常冕服为人文，则秦汉魏晋，声明文物，礼缛五帝，仪繁三王，可曰焕乎其有文章矣！何衰乱之多也？必以章句翰墨为人文，则陈后主、隋炀帝雍容绮靡，洋溢编简，可曰文思安安矣！何灭亡之速也？核之以名义，研之以情实既如彼，较之以今古，质之以成败又如此。《传》不云乎？经纬天地曰文。《礼》不云乎，"文王以文治"。则文之时义大矣哉！焉可以名数末流，雕虫小技，厕杂其间乎？[2]

吕温对南朝初唐"人文化成"说的批评，从一种相反立场突出其作为齐梁以降文论家援用《周易》文说以为纯文学原理的实质。其将"人文"阐述为最广大的经纬天地、施展道德教化伦理、刑政、教化之"文"，即文化、文明，是符合《周易》原义的，但却从逻辑上否定了南朝初唐作为文学原理的"人文化成"说的演绎历史。某种意义上可以说是教化派对文笔派的批判。此后的"人文化成"说虽然有时还援引，但其在文学理论中最活跃、最流行的历史已经结束。由此可窥见从南朝至唐代文学思想发展的一个层面。

齐梁"人文化成"之说，在唐代复古文学流派中被淡化，与其原

---

[1] 《全唐文》卷六百二十八，第2809页。
[2] 《全唐文》卷六百二十八，第2809页。

始功能多用以尚论君主之治、君主之文的基本事实相关。五代南唐徐铉所作的《御制春雪诗序》仍用其说："臣闻尧尚文思，《书》有永言之目；汉崇儒学，史称好道之名。所以泽及四海，化成天下。其后迁阔王道，淫荡淳风，正始之音阙而莫续。"[1]又如其作《文献太子诗集序》："王室光启，人文化成。"[2]由此也可例证。"人文化成"之说本身虽然具有深厚的文学教化原理，但在齐梁时代，首先是用来证成文学创作的合理性，其次则是对庙堂、宫廷一类文学的一种颂扬之辞。或者可以说，南朝至唐初文论家引"人文化成"之说，在强调文学的价值的同时，更主要是肯定上层对文学发展的作用，从魏晋以来，君主好文并亲自从事文学创作，是南朝至唐初文学发展的基本机制之一。这个时期的"人文化成"文学理论，也可以说是用来解释这种文学现象，强调君主的政治与文学的关系，含有颂扬上层文学的性质。所以，初盛唐的复古文学的发生，其中一个机制，就是文学家阶层的下移，是齐梁以来贵族文学向寒素文学的转变。所以，具有上层的、贵族色彩的"人文化成"的文学理论，没有被这一派所继承。在文学教化方面，后者更主要是发展了来自《毛诗》的风雅教化之说。

总之，"人文化成"说，是中国古代重要的文学理论，但理论发展的内在脉络及理论的基本性质，一直处于模糊的状态。本章论证具有原始的美学价值的《周易》文说，尤其是"人文化成"之说在齐梁到唐代的流行与逐渐退出文论场围的历史，确认其作为齐梁文学原理，以及作为阐述、揄扬君主中心的上层文学的事实。尤其是指出其与源于《毛诗大序》的风雅教化的唐代复古派文学理论在分野上有所不同，尝试从一个侧面探清齐梁到唐代文学思想发展的一个脉络，并且指出以"人文化成"说为核心的《周易》文说的盛行与齐梁文学风气的内在关系。

---

[1] 《全唐文》卷八百八十一，第4082页。

[2] 《全唐文》卷八百八十一，第4084页。

第九章
唐初史家与诗家对南北朝诗歌史的建构

唐初史家对南北朝诗歌史做出过比较系统的描述，尤其是齐梁至陈隋的诗风，是他们关注的重点；同时他们也注意到南北诗风的相互影响及异同的问题。

一、隋代李谔、王通对南北朝诗风的批评

在南北朝文论家建构的建安至元嘉的诗史中，淡乎寡味的玄言诗是批评的对象。与此相对，发源于南北朝而完成于初唐的史家与文论家们的南北朝诗歌史建构，则是以齐梁绮靡文风为批评对象。首先对这种诗风提出明显的批评意见的是隋代的政治家与文论家。隋文帝禁抑浮华，李谔《上隋文帝书》更是当时批评派的观点的集中表现。虽然他将浮艳文风的渊源追溯到"魏之三祖，更尚文词，忽君人之大道，好雕虫之小艺"[1]，因此对魏晋以降的文学俱有诋疑，但主要的批评对象还是齐梁以降的文坛风气。"江左齐、梁，其弊弥甚，贵贱贤愚，唯务吟咏。遂复遗理存异，寻虚逐微，竞一韵之奇，争一字之巧。连篇累牍，不出月露之形；积案盈箱，唯是风云之状。"[2]这几句虽然是从否定的角度来说，但毕竟是当代之人，对齐梁诗风特点的概括却很到位。齐梁诗歌追求的是一种独立的艺术本身的美，不仅不含

---

[1] 《隋书》卷六十六《李谔传》，第1544页。
[2] 《隋书》卷六十六《李谔传》，第1544页。

有教化、言志的功能，而且连一般的情感表达，也完全是为造成形象的美感服务的。所以，齐梁诗追求的最重要的东西是体物之工与修辞之美。

继李谔之后对浮艳、唯艺术的诗风做出批评的是隋末的王通。他所悬的鹄的，同样是纯正的儒家观点。他虽然没有正面地批评齐梁诗风，但从他自己对于诗歌的观点，可见他对齐梁诗风是否定的。《中说·天地篇》记载："李伯药见子而论诗，子不答。伯药退谓薛收曰：'吾上陈应刘，下述沈谢，分四声八病，刚柔清浊，各有端序，音若埙篪，而夫子不应，我其未达欤？'薛收曰：'吾尝闻夫子之论诗矣，上明三纲，下达五常。于是征存亡，辩得失，故小人歌之以贡其俗，君子赋之以见其志，圣人采之以观其变。今子营营，驰骋乎末流，是夫子之所痛也，不答则有由矣。'"[1]李伯药所倡论的，正是齐梁诗风，尤其是以永明以来的声律诗为核心的。王通的沉默，正表示对这种诗风的否定态度。

二、初唐史家对齐梁诗风基本上持肯定的观点

初唐史家，对于齐梁陈隋诗风的看法，并不像上面李谔、王通等人那样偏激。我们说过，从大的文学史阶段来看，初唐的诗歌，其主流的体制、风格，是属于齐梁陈隋型的。而编写唐初八史的史家中，更有不少是从隋入唐的文人，所以他们对齐梁陈隋诗风的态度，不像前此李谔、王通那样全盘否定，与以陈子昂为首的唐代复古派诗人对齐梁诗风的看法，也有很大的不同。在我们今天看来，他们的评价，比较起来，是比较客观中正的。其中以魏征领衔的《隋书·文学传序》论述得最为周至：

---

[1]　王通《中说》卷二，上海古籍出版社1989年（据宋王逸注本影印），"诸子百家丛书"，第7页。

自汉、魏以来，迄乎晋、宋，其体屡变，前哲论之详矣。暨永明、天监之际，太和、天保之间，洛阳、江左，文雅尤盛。于时作者，济阳江淹、吴郡沈约、乐安任昉、济阴温子升、河间邢子才、钜鹿魏伯起等，并学穷书圃，思极人文，缛彩郁于云霞，逸响振于金石。英华秀发，波澜浩荡，笔有余力，词无竭源。方诸张、蔡、曹、王，亦各一时之选也。闻其风者，声驰景慕，然彼此好尚，互有异同。江左宫商发越，贵于清绮，河朔词义贞刚，重乎气质。气质则理胜其词，清绮则文过其意，理深者便于时用，文华者宜于咏歌，此其南北词人得失之大较也。若能掇彼清音，简兹累句，各去所短，合其两长，则文质斌斌，尽善尽美矣。梁自大同之后，雅道沦缺，渐乖典则，争驰新巧。简文、湘东，启其淫放，徐陵、庾信，分路扬镳。其意浅而繁，其文匿而彩，词尚轻险，情多哀思。格以延陵之听，盖亦亡国之音乎！周氏吞并梁、荆，此风扇于关右，狂简斐然成俗，流宕忘反，无所取裁。

高祖初统万机，每念斫雕为朴，发号施令，咸去浮华。然时俗词藻，犹多淫丽，故宪台执法，屡飞霜简。炀帝初习艺文，有非轻侧之论，暨乎即位，一变其风。其《与越公书》《建东都诏》《冬至受朝诗》及《拟饮马长城窟》，并存雅体，归于典制。虽意在骄淫，而词无浮荡，故当时缀文之士，遂得依而取正焉。所谓能言者未必能行，盖亦君子不以人废言也。

爰自东帝归秦，逮乎青盖入洛，四隩咸暨，九州攸同。江、汉英灵，燕、赵奇俊，并该天网之中，俱为大国之宝。言刈其楚，片善无遗，润木圆流，不能十数，才之难也，不其然乎！时之文人，见称当世，则范阳卢思道、安平李德林、河东薛道衡、赵郡李元操、钜鹿魏澹、会稽虞世基、河东柳䛒、高阳许善心等，或鹰扬河朔，或独步汉南，俱骋龙光，并驱云路，各有本传，论而叙之。其潘徽、万寿之徒，或学优而不切，或才高而无贵仕，其位可得而卑,其名不可堙没。今总之于此,为《文学传》云。[1]

以上虽然不是专论诗史,但诗歌显然是其论述的重点。总括而言,《隋书·文学传序》对齐梁以降诗风之演变,分三大段来论述:其一,南朝永明、天监和北朝的太和、天宝,从南朝方面来看,即是齐代至梁初。作者指出,南北文学虽各有所长与所短,但总评为:"并学穷书圃,思极人文,缛彩郁于云霞,逸响振于金石。英华秀发,波澜浩荡,笔有余力,词无竭源。方诸张、蔡、曹、王,亦各一时之选也。"可以说在魏晋与齐梁两种文学风格之间,并无轩轾。其二,梁大同之后,诗风趋于轻险,不仅南朝梁陈如此,北朝各代也都追逐此风。此为齐梁诗风的绮丽失正的时期。这个看法,与上述李谔、王通是接近的。初唐史家之所以对梁陈诗风有所批评,正是导源于隋代的复古、崇雅的文学思想。其三,隋代的诗文风气有所变化,部分地归于雅正。在这里,作者对炀帝早年创作的雅正倾向及其对同时文风的影响作用,做了充分的肯定。这与后来的论者将炀帝径直划归宫体诗人阵营的做法差别很大。

总的来说,唐初各史的《文学传》或《文苑传》的看法略有出入,但对齐梁诗歌大体上是肯定的,他们集中批评的是梁大同之后的宫体绮艳之风,甚至斥之为亡国之音。这与唐代复古派将齐梁诗风整体否定的看法是不同的。如李百药《北齐书·文苑传序》论云:

> 沈休文云:"自汉至魏,四百余年,辞人才子,文体三变。"然自兹厥后,轨辙尤多,江左梁末,弥尚轻险,始自储官,刑乎流俗,杂沾滞以成音,故虽悲而不雅。爰逮武平,政乖时蠹,唯藻思之美,雅道犹存,履柔顺以成文,蒙大难而能正。原夫两朝叔世,

---

[1] 《隋书》卷七十六,第1729—1731页。

俱肆淫声；而齐氏变风，属诸弦管；梁时变雅，在夫篇什。莫非易俗所致，并为亡国之音；而应变不殊，感物或异，何哉？盖随君上之情欲也。[1]

这里对齐代诗文风气有所褒扬，认为齐末之风，主要在于音乐方面。这一看法，也值得注意，齐梁陈隋的诗风，有一部分是与音乐联系在一起的。初唐诗人之革新对象，主要在于音乐之淫艳，而非通常所说的绮丽诗风。

又《周书·庾信传论》论庾信之渊源云：

> 然则子山之文，发源于宋末，盛行于梁季。其体以淫放为本，其词以轻险为宗。故能夸目侈于红紫，荡心逾于郑卫。昔杨子云有言："诗人之赋丽以则，词人之赋丽以淫。"若以庾氏方之，则又词赋之罪人也。[2]

这也是强调梁季诗文风气的流靡不返。至于将庾信与梁陈宫体诗人完全等同，没有看到庾信入北后的诗风变化，则是初唐时期普遍存在的认识局限。初唐史家对齐梁诗风的批评，主要在于宫体一流。对于齐梁陈隋诗歌艺术的基本风格与体制，则基本上是肯定的，因为他们自己就是这种诗风的继承者。

---

[1] 《北齐书》卷四十五，第602页。
[2] 《周书》卷四十一，第744页。

第十章
唐代儒家诗论及其基本范畴

唐代是儒家的诗教观念与诗论重新发生影响的时期。儒家诗教及诗论对于唐代诗论及诗歌创作影响之巨,是一个基本上没有得到正面阐述的问题。这限制了人们对唐诗发生的历史真相的认识。曾经流行的一种观点是:唐人诗歌创作兴盛而诗学落后,缺少系统的诗歌理论。造成这种误解的一个原因,就是人们没有看到,或者说是忽略了儒家一派的诗论在唐代的活跃情况,尤其是忽略其对唐人创作实践上的巨大影响。唐人论诗必称六义,重比兴,以风雅为旨归;并多举古诗讽喻之义,其创作思想之明确,实非其他时代的诗人所可比拟。事实上,唐人继承儒家诗论的整个体系,有极为成熟、明确的诗歌理论与批评标准。当然,唐人对儒家诗论的接受,是与唐的发展历史紧密联系着的,唐人从实践的角度出发,接受并发展儒家诗论,促进了中国古代诗学思想的成熟。

在本章中,笔者将从儒家诗论的基本理论与重要范畴出发,考察唐人对其接受的情况,并且尽可能从历史发展的视角出发,寻找唐代诗学接受儒家诗教观念与诗论的历史脉络,尤其是在不同时期、不同流派对儒家诗论的不同的接受方式。

一、唐人继承并发展儒家诗论

儒家诗教观念及其相关诗论体系渊源于上古,确立于周代。春秋至两汉的儒家思想家、经学家对之进行积极的阐述与发展,形成一系列诗教观念与诗歌理论主张。它可以说是中国古代诗歌思想的基本理论,对古代诗歌理论、批评与创作都有深远的影响。

儒家诗论以政教为核心,但也对诗歌艺术的体制与创作方法有比较充分的展开。《尚书·舜典》首揭诗教宗旨,提出"诗言志"的诗歌本体论,同时对于诗与歌、声、律乃至乐舞之间的关系也有充分的认识,其实已经揭示中国古典诗歌的基本宗旨与艺术特点。其所阐述的诗之功能及诗歌与音乐、声律之间的关系,一直是后世诗歌批评的基本原则,如宋人在对新兴的倚曲填词的词体进行批评时,就援用了"诗言志""声依永"等原则。[1] 此后,《周礼·春官·宗伯》详细记载了周代乐教的体制,并陈述"风、赋、比、兴、雅、颂"的"六诗"原则,[2] 其实是对《舜典》体系的一个发展,"六诗"具体地展示了言志的方法。这就构成了儒家诗论的主干。大约成于诸子时代的《礼记·乐记》强调先王作乐的事实,本着言志的原则,而对乐本于人心的原理进行了探究,提出情作为志的重要补充,同时提出对后世影响深远的感物之说,可以说是对从远古到周代的乐教、诗教经典事实的一种新的阐发,代表了诸子时代的思辨成果。《毛诗大序》可视为儒家诗学体系在理论上的完成,也是后世论诗的基本依据。《大序》将《舜典》言志说与《乐记》的情感说结合起来,完整地阐述了诗歌的教化功能,并将《周礼》六诗发展为六义之说,使儒家诗学由音义并重转向重义。更重要的是,《大序》对《诗经》的艺术进行总结,提出美刺、正变、吟咏情性等对后世影响巨大的创作思想。根据不同身份的作者,及不同的目的,《大序》作者将诗歌创作分为三种:其一,"上以风化下"的"风化";其二,"下以风刺上"的"风刺";其三,王道不行、政教失落时候的"吟咏情性,以风其上"。这成了后人分析不

---

[1] 《碧鸡漫志》卷一,《中国古典戏曲论著集成》第1集,第105页。
[2] 《周礼注疏》卷二十三,《十三经注疏》上册,第795—796页。

同类型的诗歌创作的一个经典模块。除了经典理论之外，孔子诗论也是儒家诗论的重要构成部分。其所提出的"兴观群怨"之说，"思无邪"之论，是对"诗言志"说的重要补充，但就唐代诗学来讲，它的影响不及六义及"吟咏情性"等理论。但是，与孔子相关的删诗、正乐，以及汉儒所述的周官采诗之说，孟子的"王泽竭而诗不作"，却是唐代儒家诗论的重要构成部分。

儒家诗论是对上古以来政教核心诗论的继承，也是对《诗经》创作现象的一种总结。从它发生之日起，就对文学创作与批评发生直接的影响。儒家诗论曾经直接地影响汉赋创作及汉魏诗人的创作。汉人的"赋出古诗"、赋重讽喻的观点即来自儒家诗教。汉末诸家如郦炎、曹操诸家创作诗歌，也以言志为宗旨，他们将"志"理解为人生的大节取舍与理想诉求，开启了文人诗歌创作的先端。儒家理论在各个不同时期的影响与作用是不同的，或者说各个时期的诗论与诗歌创作对儒家诗教的接受程度及其方式是不同的。晋宋以降的诗学，从重视才性与审美的观念出发，对于政教诗学有一定的偏离。齐梁绮靡琐碎之体流行，是对儒家诗教的较大偏离。尤其是性情之说转化为性灵之说，感物论发展为摇荡鼓舞之说，形成了与言志和六义并驰的另一系统的诗论理论。但从周隋之际开始的对齐梁绮靡诗风的批评，又将文学思想的主脉拉回到儒家诗论的立场之上，成为唐代儒家诗论的发展起点，也造成了唐代儒家诗论的风行。

唐代的儒家诗论不是对传统儒家诗教的简单的传承，而是与唐人探索正确的诗歌发展道路的实践紧相联系的。唐诗继南北朝绮靡甚至"淫放""轻险"的风气之后，其发展在一开始就是伴随着批评与理论的思考而展开的，这就注定了唐诗创作与诗歌本体及创作方法的思考紧密相连的基本生长方式。这种批评与理论思考可推至周隋时代，甚至可推至齐梁时代的刘勰等人。具体来说又有两大流派，一派是渊源于南朝性灵说、文笔范畴，随着声律体的发生而兴起的格式派，其理论的发展进程，是由声律、偶对、格势的探讨，进而提出兴象、境界、幽玄等诗学范畴。此派在理论上有较大的创造，但就其根本来说，仍是渊源于儒家诗学。另一派则是伴随着对于汉魏诗歌的学习而形成的复古派，其进程从六朝拟古到初、盛唐的复古。其理论的发展进程是从汉魏风骨到风雅典范，包括对风骚的辨析，形成了风骨、兴寄、讽喻等重要的诗学范畴。从理论的影响来讲，复古派更直接地继承儒家的诗教观念与诗论范畴，可说是儒家诗学的嫡传。但是格式派事实上也是从儒家诗论中发展出来的，并且仍然以儒家诗论为冠冕，并尝试将儒家诗论与唐诗艺术方法更加有机地结合。

二、唐人正变之说

《毛诗大序》的正变之说，是唐人论诗的基本的依据。唐代第一个儒家诗论的纲领性文献，应该推孔颖达的《毛诗正义》，主要是就正变两方立论的：

> 夫诗者，论功颂德之歌，止僻防邪之训，虽无为而自发，乃有益于生灵。六情静于中，百物荡于外，情缘物动，物感情迁。若政遇醇和，则欢娱被于朝野；时当惨黩，亦怨刺形于咏歌。作之者所以畅怀舒愤，闻之者足以塞违从正。发诸情性，谐于律吕。故曰"感天地，动鬼神，莫近于诗"。此乃诗之为用，其利大矣！[1]

《大序》论《诗》，有正、变之说。其正诗之论，基本上是畅叙《舜典》论乐的宗旨，阐述王道政治下诗的功用，即孔氏所说"论功颂德""止僻防邪"等功用。其变风之说，即所谓国史怀其旧俗，"吟咏情性，以

---

[1] 《毛诗正义》，《十三经注疏》上册，第261页。

风其上"，即孔氏所说的"时当惨黩，亦怨刺形于咏歌。作之者所以畅怀舒愤，闻之者足以塞违从正"。但是孔氏论诗，虽仍沿正变之说，却不再严格地分辨正变，而是合正变为一道而论述之。事实上，孔氏诗论虽为经学，却发生在六朝感物、缘情之说盛行的背景之中，强调了诗的抒情功能，明显地向变风一派，即"吟咏情性"一派倾斜。这可以说是对汉魏以来文人诗侧重抒发个体情志的客观事实的一种接受，反映了儒家诗学在发展的过程中，事实上对同时的诗歌创作历史有所观察，并且适时地做出了理论上的一些调整。这是在我们研究经学诗学的历史时所应该注意到的。由于经学的盛行，孔颖达的经学诗学对唐代诗人产生了很大的影响。邓国光《唐代诗论抉原：孔颖达诗学》对这个问题有比较全面的论述，该文认为："孔颖达《五经正义》是唐代士子的必读书，其涉及诗论的意见颇多，综合整理，发现存在一套有系统的诗学主张。这些诗说，都成为唐代三百年诗学原型，极值得重视。"[1] 所谓"唐代三百年诗学原型"一说，如果用来指儒家诗论的整体，可能会更为准确。应该说对唐人诗学影响最大的，还是我们上面所述的从《舜典》到《毛诗大序》（包括《毛传》）的整个儒家诗论系统，唐人并非以孔氏诗学为接受的起点。

以正变论诗，是唐代诗论的纲领性主张。唐人接受《大序》的论诗方法，认为诗歌具有上可以通教化、下可以理情性的两种功能。前者为正风、正雅，后者为变风、变雅，但都是合乎六义宗旨的。如李隆基《答李林甫等请颁示太子仁孝诗诏》：

诗者，志之所之也。将以道达性情，宣扬教义耳。[2]

---

[1] 邓国光《文原：中国古代文学与文论研究》，澳门大学出版中心1997年，第133页。
[2] 《全唐文》卷三十二，第154页。

白居易《读张籍古乐府》在极力称赞张氏乐府诗符合六义之旨，包含讽喻之旨后，带有总结性地说：

> 上可裨教化，舒之济万民。下可理情性，卷之善一身。[1]

五代之际的徐铉，在诗学上仍然是秉承儒家的，其《成氏诗集序》云：

> 诗之旨远矣，诗之用大矣，先王所以通政教、察风俗，故有采诗之官，陈诗之职，物情上达，王泽下流。及斯道之不行也，犹足以吟咏情性，黼藻其身，非苟而已。[2]

上述的理论表述在唐人那里是很有代表性的。从初盛唐之际的李隆基到中唐白居易，再到唐末五代的徐铉，他们的思想与创作情况、诗歌背景有很大的不同，但他们的理论表述是一致的，都是踵承、演绎《毛诗大序》的思想。同时注重诗歌在"裨教化"与"理情性"两方面的功能，正是唐人诗学的基本观念。

"理情性"在《毛诗》理论中虽为变风的功能，但却是符合儒家诗教原则的合理行为。尤其是其中所包含的"发乎情，止乎礼义"，"发乎情，民之性也；止乎礼义，先王之泽也"这样的辩证原则，大大开拓了儒家诗学的空间，为后世服膺儒术的诗人提供了创作的依据，可以说是传统抒情美学的理论基石。元结《刘侍御月夜宴会》叙述与刘灵源等人的衡阳诗会，"咏歌夜久，赋诗言怀"，慨叹曰："於戏！文章道丧盖久矣。时之作者，烦杂过多，歌儿舞女，且相喜爱。系之风雅，谁道是邪？诸公尝欲变时俗之淫靡，为后生之规范。今夕岂不能

---

[1] 《白居易集》卷一，第2页。
[2] 《徐骑省集》卷十八，《四部丛刊》本（据黄丕烈本影印）。

道达情性,成一时之美乎?"[1] 又独孤及作《检校尚书吏部员外郎赵郡李公中集序》中,称赞李华的作品时说:"公之作本乎王道,大抵以五经为泉源,抒情性以托讽。"又说:"吟咏情性,达于事变,则《咏古诗》。"[2] 从这些地方可见,"吟咏情性"是唐代诗人对自己的诗歌创作的基本定位,也是其"别裁伪体亲风雅"(杜甫《戏为六绝句》)的批评标准的基本依据。在许多场合,唐人是将自己的创作定位在变风之上的,所以,变风的理论对唐诗的实际影响,要远过王化之说,雅颂之论。

三、唐人风雅之说

唐人论诗,深受"四诗"与正变观念的影响。"四诗"即国风、大小雅、颂。唐人对于"四诗",总体上是推重的,韩愈《荐士》所说的"周诗三百篇,雅丽理训诰。曾经圣人手,议论安敢到?"代表了唐代诗人的一般看法。但是在雅颂与国风之间,唐人还是有所区别的。李白《古风》其一云:"大雅久不作,吾衰竟谁陈?王风委蔓草,战国多荆榛。"即代表了重视雅颂的思想。这种重视雅颂的思想,在代表王朝正统的诗论中,表现得更加突出。但在一般的观念中,唐人举以为诗歌宗旨的,还是"风雅"这一范畴。

"风雅"这个概念,经过唐代诗人的接受与领会,基本上可以作为唐人诗学的总纲。对风雅之旨的追求,显示了唐人对儒家诗教最广泛,也最为活泼自由的接受。"风雅"是唐代诗学不同流派共同使用的概念,或者说是唐人共同的诗学原则。复古派的陈子昂提倡"汉魏风骨""兴寄",而最终落实在"风雅不作"的慨叹之上。在陈氏那里,风雅是与风骨、兴寄相兼的,也就是说风雅已经被融合到复古派诗学

---

[1] 元结著,孙望校《元次山集》卷三,中华书局1960年,第37页。
[2] 《全唐文》卷三百八十八,第1746、1747页。

的结构中去了。此后,风雅一直是复古派诗学的主要范畴。李白《古风》其中一方面慨叹"大雅久不作""王风委蔓草",都是提倡风雅的宗旨;另一方面又说"哀怨起骚人",其见解也大致相同。杜甫《戏为六绝句》也以"别裁伪体亲风雅"为宗旨。元结《箧中集序》亦称"风雅不兴,几及千岁"。白居易建构新乐府理论,也是以六义和风雅、比兴为基本原则的。与复古派宗旨不同,他主要着眼于齐梁以降的近体的格式派,其论诗也同样是举风雅为宗旨。署名王昌龄的《诗格》,在分析贾谊辞赋的时候,也说:"谊谪居长沙,遂不得志,风土既殊,迁逐怨上,属物比兴,少于《风》《雅》;复有骚人之作,皆有怨刺,失于本宗。"[1]这里仍以风雅为最高的标准,认为贾谊与骚人多怨刺之词,失去风雅之本。这与李白《古风》的"哀怨起骚人"之叹观点相近。李白虽然没有完全否定骚怨,但也认为相对于风雅传统来讲,已经有所坠失。杜甫论诗,风雅之外,尚有"风骚"一词,如"陶谢不枝梧,风骚共推激",对"风骚"基本上是肯定的。但在《戏为六绝句》中又说"纵使卢王操翰墨,劣于汉魏近风骚",认为四杰等人的作品,与"汉魏风骨"相比,尚有一定的距离,近于风骚之辞。如此看来,"风骚"反不如汉魏。这曾令学者费解。但是当我们了解唐人普遍存在认为骚人哀怨,失风雅之本的看法,就可以理解了。这里的"风骚",是侧重在变风与《楚辞》的,即李白所说的"王风委蔓草,战国多荆榛。正声何微茫,哀怨起骚人"之意。唐人对其虽然基本肯定,但仍然有所保留。大抵来说,唐人论诗,以雅颂为王道之诗的最高境界,以风雅为正,以"风骚"与"吟咏情性"的变风变雅为变。这些都还是属于诗道的范围,即使是变风变雅,也是符合诗教之旨的。事实上,唐人将他们当代的诗歌的主体部分,落实在"变"的层次上。所以,在态度上,既有批评,又有肯定。

[1] 弘法大师原撰,王利器校注《文镜秘府论校注》南卷,中国社会科学出版社1983年,第278页。

风雅在唐代诗人创作中使用得十分普遍：

> 清范何风流，高文有风雅。（王维《送张舍人佐江州同薛璩十韵》）[1]
>
> 飘飘未得意，感激与谁论。昨日遇夫子，仍欣吾道存。江山满词赋，札翰起凉温。吾见风雅作，人知德业尊。（高适《酬司空璨》）[2]

这些例子，都说明唐人日常论诗，每举"风雅"之旨。有时候他们更是以严肃的态度提出风雅的问题。如欧阳詹《李评事公进示文集因赠之》：

> 风雅不坠地，五言始君先。希微嘉会章，杳冥河梁篇。理蔓语无枝，言一意则千。往来更后人，浇荡醨前源。倾筐实不收，朴樕华争繁。大教护微旨，哲人生令孙。……吾其告先师，六义今还全。[3]

这是评论汉代古诗中传说为李陵所作的一些作品，认为其符合风雅之旨，维持了儒家诗学的"大教""微旨"。至于卢仝《赠金鹅山人沈师鲁》"凿儒关决文泉彰，风雅因君不复坠"，徐仲雅《赠齐己》"闷见有唐风雅缺，敲破冰天飞白雪"，则是在表扬作者的同时，也批评了唐代诗坛风雅或缺的情况。可见，虽然存在着以风雅泛指诗歌之事的一般用法，但认真地使用风雅的内涵来批评或指导诗歌创作，在唐人诗学中是普遍存在的。风雅或缺是他们对当代诗歌最严苛的批评意见之一。

---

[1] 王维撰，赵殿成笺注《王右丞集笺注》，上海古籍出版社1984年，第55页。
[2] 高适著，刘开扬笺注《高适诗集编年笺注》，中华书局1981年，第24—25页。
[3] 陈贻焮主编《增订注释全唐诗》卷三百三十八，第2册，文化艺术出版社2007年，第1470页。

但是，在具体的批评实践中，"风雅"并非高不可攀的鹄的，从上面所举可以看到，唐人用风雅评论本朝诗歌的情况也不鲜见。高仲武《唐中兴间气集序》论云："诗人之作，本诸于心。心有所感，而形于言，言合典谟，则列于风雅。暨乎梁昭明，载述已往，撰集者数家，推其风流，正声最备，其余著录，或未至焉。"[1]唐代的诗格、诗式类著作，也按例举风雅为旨，如徐夤《雅道机要》、齐己《风骚旨格》等，都是援引风雅观念来确立唐诗的艺术原则。

四、唐人采诗采风之说

唐人对诗歌王道教化功能的重视，比较集中地表现在他们对周官采诗的传统的积极呼应上。唐人普遍相信周代存在采诗的制度，并且将采诗制度的缺失作为政治失范、诗道不振的一个重要的原因。白居易《与元九书》中说：

> 洎周衰秦兴，采诗官废，上不以诗补察时政，下不以歌泄导人情；乃至于谄成之风动，救失之道缺，于时，六义始刓矣。[2]

《新乐府》中有《采诗官》一诗，将采诗制度的废弃视为"前王乱亡之由"：

> 采诗官，采诗听歌导人言。言者无罪闻者诫，下流上通上下泰。周灭秦兴至隋氏，十代采诗官不置。郊庙登歌赞君美，乐府艳词悦君意。若求兴谕规刺言，万句千章无一字。不是章句无规刺，渐及朝廷绝讽议。诤臣杜口为冗员，谏鼓高悬作虚器。一人负

---

[1] 元结、殷璠等选《唐人选唐诗（十种）》，上海古籍出版社1978年，第302页。
[2] 《白居易集》卷四十五，第960—961页。

扆常端默,百辟入门两自媚。夕郎所贺皆德音,春官每奏唯祥瑞。君之堂兮千里远,君之门兮九重闷。君耳唯闻堂上言,君眼不见门前事。贪吏害民无所忌,奸臣蔽君无所畏。君不见:厉王胡亥之末年,群臣有利君无利?君兮君兮愿听此:欲开壅蔽达人情,先向歌诗求讽刺。[1]

白氏在《与元九书》中系统地批评了六义从缺损到完全失落的过程,这个过程与本诗中所说的"周灭秦兴至隋氏,十代采诗官不置"的时间是完全重叠的。安史之乱后,王纲坠,政教失,国步艰难,民生潦倒,有识之士认识到恢复儒道的重要性。在诗歌创作方面,杜甫、元结就是先驱。杜甫在《题衡山县文宣王庙新学堂呈陆宰》一诗中,就慨叹国家离乱,儒道不振:"旄头彗紫微,无复俎豆事。金甲相排荡,青衿一憔悴。呜呼已十年,儒服弊于地。征夫不遑息,学者沦素志。"[2]他赞扬陆宰在衡山小县中兴修孔庙、行教化:"我行洞庭野,欻得文翁肆。侁侁胄子行,若舞风雩至。周室宜中兴,孔门未应弃。是以资雅才,焕然立新意。衡山虽小邑,首唱恢大义。因见县尹心,根源旧宫闷。"[3]同时也说到"采诗"之事:"南纪改波澜,西河共风味。采诗倦跋涉,载笔尚可记。高歌激宇宙,凡百慎失坠。"[4]元结作新乐府《舂陵行》《贼退示官吏》,重寓讽喻之义,并得到杜甫的赞扬。可见,盛中唐之际,存在着一个复兴儒家诗教的思潮,诗歌创作也从初盛唐的雅颂为主,转向此时的讽喻为旨,可以说是儒家诗教比较明显地影响到诗歌创作的一个事实。采诗之说的盛行,正属于这个诗学体系的一部分。白居易、元稹的新乐府理论与创作实践,堪称唐

---

[1] 《白居易集》卷四,第90页。
[2] 杜甫著,仇兆鳌注《杜诗详注》卷二十三,中华书局1979年,第2079页。
[3] 《杜诗详注》卷二十三,第2079页。
[4] 《杜诗详注》卷二十三,第2081页。

代讽刺诗学的中坚。白居易在《读张籍古乐府》一诗中也感叹"时无采诗官,委弃如泥尘"。这种感叹,在其他诗人那里也同样存在。孟郊《读张碧集》即表达了同样的意思:

> 天宝太白殁,六义互消歇。大哉国风本,丧而王泽竭。先生今复生,斯文信难缺。下笔证兴亡,陈词备风骨。高秋数奏琴,澄潭一轮月。谁作采诗官,忍之不挥发。[1]

这说明唐代诗人,是自觉地运用六义比兴来作诗,追求诗歌对王道教化的裨补功能。但唐人也一直期待采诗制度的恢复。唐代以诗取士,并且士大夫献赋、贡诗之事史不绝书,这在广义上看,也可理解为朝廷推行诗教,也是一种唐代的采诗制度。[2] 所以唐人有时也以周官采诗的说法来颂美当朝,如杨巨源《春日奉献圣寿无疆词》其六有"周官正采诗"之颂。但是在通常的场合,唐人都慨叹采诗制度的废弛,使他们用诗歌来裨补教化、拯救政治缺失的目的不能很好地达到。前面白居易、孟郊的慨叹就有代表性。陆龟蒙"谩欲陈风俗,周官未采诗"(《袭美见题郊居十首因次韵酬之以伸荣谢》其四),唐彦谦作《和陶渊明贫士诗七首》,叙述国计民生,也说"亦无采诗者,此修何可修"。他们还有一种表达方式,是作诗以待采诗者。元白的整个新乐府创作,都贯彻此旨,这一点有关学者已经有深入的研究。他们的其他诗歌,也多本着"待采"的目的,如白居易《太和戊申岁大有年诏赐百寮出城观稼谨书盛事以俟采诗》。其他人也有类似的表达,如刘禹锡作有《太和戊申岁大有年诏赐百僚出城观秋稼谨书盛事以俟采诗者》

---

[1] 孟郊著,华忱之、喻学才校注《孟郊诗集校注》,人民文学出版社1995年,第420页。

[2] 李隆基《幸凤泉汤诏》:"陈诗展义,问俗观风,乃王者之所务也。"(《全唐文》卷二十六,第128页)

一首。皮日休《奉和鲁望樵人十咏》中也说："若遇采诗人，无辞收鄙陋。"陆龟蒙作《南泾渔父》诗，也说"倘遇采诗官，斯文诚敢告"。皮日休《正乐府序》论乐府，上推至上古圣王，称"乐府，尽古圣王采天下之诗，欲以知国之利病，民之休戚者也"[1]。又其《霍山赋序》自称："臣日休以文为命士，所至州县山川，未尝不求其风谣，以颂以文，幸上发轺轩，使得采以闻。"[2] 据此可见，唐人在诗赋创作上，还有观风俗、采风谣以通于上的意图。

汉儒所叙述的周代理想的采诗制度是否存在，是一个学术上还需要研究的问题。但是周代实行诗教，民间风谣归于太师，合于金石丝竹之乐，以及汉武帝设乐府采歌谣，都是客观存在的事实，也是广义的采诗行为。所以采诗说无疑是有历史依据的。中国古代诗歌作为教化及沟通庶民、士大夫与朝廷的一种手段，也是客观存在的事实。唐代统治者重视诗歌创作，从理论上说，也可以视为对诗教传统的自觉继承。

唐人的追慕周官采诗之说，实践上的意义大于学术的意义。采诗之说主要流行于中晚唐，与同期诗风中的重视现实主题、重视风喻的观念直接相关。但采诗之说，只盛行于唐代，此前的六朝此说很少。唐以后的诗坛，采诗之说也基本上消歇了。所以，采诗之说也是唐代诗学的一种特征性的观点。

五、复古与格式两派的"六义"说

唐人诗论直接来自儒家诗论范畴，以六义为最高原则。李隆基"进对一言重，遒文六义陈"（《端午三殿宴群臣探得"神"字》），孟浩然"谈笑光六义，发论明三倒"（《襄阳公宅饮》），钱起"六义惊摘藻，三台响掷金"（《和范郎中宿直中书，晓玩清池，赠南省同僚两

---

[1] 皮日休著，萧涤非整理《皮子文薮》卷十，中华书局1959年，第115页。
[2] 《皮子文薮》卷一，第1页。

垣遗补》)，权德舆"旧友双鱼至，新文六义敷"(《奉和许阁老酬淮南崔十七端公见寄》)、"新诗来起予，璀璨六义全"(《酬李二十二兄主簿马迹山见寄》)，姚合"偶题无六义，聊以达微诚"(《寄华州李中丞》)、"赠诗全六义，出镇饯千峰"(《和门下李相饯西蜀相公》)、"滥得进士名，才用苦不长。性癖艺亦独，十年作诗章。六义虽粗成，名字犹未扬"(《从军行》)，薛能"旧制群英伏，来章六义全"(《酬曹侍御见寄》)，罗隐"闲寻绮思千花丽，静想高吟六义清。天柄已持尧典在，更堪回首问缘情"(《广陵李仆射借示近诗因投献》)。从这些引例可见，六义也是唐人普遍遵循的诗歌原则，中唐诗人李益作有试律赋《诗有六义赋》。可见儒家的诗论，也是唐代科举考试的重要的内容。

  从上述的引例里可见，六义不仅是唐代诗人的诗歌创作理论，更是他们从事诗歌批评的基本原则。或是肯定诗人的作品符合六义，如"来章六义全"，或做出否定的回答："万途皆有匠，六义独无人。"(薛能《送李殷游京西》)这种评论当然有时不是很严格的批评，杂有一些个人的情感与喜好的成分，但我们却不能说唐人说六义只是随缘由例的口头禅。事实上，一些诗人很认真地讨论过六义的问题，如欧阳詹《李评事公进示文集因赠之》"风雅不坠地，五言始君先。……吾其告先师，六义今还全"，这就是以六义为孔子之诗教，庆幸六义尚全。论诗以风雅始，以六义结，可以说是唐人论诗的典型理论。而孟郊《读张碧集》更是严肃地讨论六义消歇的问题：

  天宝太白殁，六义已消歇。大哉国风本，丧而王泽竭。

诗人认为李白之后，六义消歇，并将其与传统的"王泽竭而诗不作"联系起来，认为张碧的诗能"下笔证兴亡，陈词备风骨"，符合六义之旨，可以采入朝廷。这证明"风骨"一词，虽是后起的范畴，但却与六义派有直接的关系。白居易的整个诗歌理论，都是以六义为基本原则而阐发讽喻方法。他的《读张籍古乐府》：

> 张君何为者？业文三十春。尤工乐府诗，举代少其伦。为诗意如何？六义互铺陈。风雅比兴外，未尝著空文。读君学仙诗，可讽放佚君。读君董公诗，可诲贪暴臣。读君商女诗，可感悍妇仁。读君勤齐诗，可劝薄夫敦。上可裨教化，舒之济万民。下可理情性，卷之善一身。始从青衿岁，迨此白发新。日夜秉笔吟，心苦力亦勤。时无采诗官，委弃如泥尘。恐君百岁后，灭没人不闻。愿藏中秘书，百代不湮沦。愿播内乐府，时得闻至尊。言者志之苗，行者文之根。所以读君诗，亦知君为人。如何欲五十，官小身贱贫。病眼街西住，无人行到门！[1]

白氏的这首诗歌，几乎对儒家诗论做了全部的演绎。首举六义，并以"风雅比兴"为说，下论风俗教化之旨，"吟咏情性"的一身之用。最后说到采诗之事，言志之论。当然，最全面阐述其渊源六义的还是著名的《与元九书》：

> 洎周衰秦兴，采诗官废，上不以诗补察时政，下不以歌泄导人情：乃至于谄成之风动，救失之道缺，于时，六义始刓矣。国风变为骚辞，五言始于苏、李。苏、李、骚人，皆不遇者，各系其志，发而为文。故河梁之句，止于伤别；泽畔之吟，归于怨思：彷徨抑郁，不暇及他耳。然去诗未远，梗概尚存：故兴离别，则引双凫一雁为喻；讽君子小人，则引香草恶鸟为比；虽义类不具，犹得风人之什二三焉。于时、六义始缺矣。晋、宋已还，得者盖寡。以康乐

---

[1] 《白居易集》卷一，第2页。

之奥博，多溺于山水；以渊明之高古，偏放于田园。江鲍之流，又狭于此。如梁鸿《五噫》之例者，百无一二焉。于时、六义浸微矣。陵夷至于梁陈间，率不过嘲风雪，弄花草而已。噫！风雪花草之物，三百篇中，岂舍之乎？顾所用何如耳。设如"北风其凉"，假风以刺威虐也。"雨雪霏霏"，因雪以愍征役也。"棠棣之华"，感华以讽兄弟也。"采采芣苢"，美草以乐有子也。皆兴发于此，而义归于彼；反是者可乎哉？然则"余霞散成绮，澄江净如练"；"离花先委露，别叶乍辞风"之什，丽则丽矣，吾不知其所讽焉。故仆所谓嘲风雪，弄花草而已。于时，六义尽去矣。[1]

从陈子昂提倡建安风骨，到李白的《古风》其一以大雅为宗旨，再到白居易的完全以六义来评衡诗史，我们看到，儒家诗教在唐诗的发展中，不是逐步地退出，而是逐步地加强。白居易的诗论，可以说是唐人严肃诗论的典范，最能反映唐人对儒家诗论整体性的接受的事实。

但是，唐人对六义这个范畴，并非只有继承，事实上在具体的理论语境与批评实践中，有很多的发展。与复古派的正面阐述六义有所不同，格式派在运用六义之说时，结合六朝以来缘情体物及以情景交融为主要特征的近体诗的特点，对六义范畴做出比较自由的发挥。如元兢《古今诗人秀句》："至如王中书'霜气下孟津'，及'游禽暮知返'，前篇则使气飞动，后篇则缘情宛密，可谓五言之警策，六义之眉首。"[2] 齐己的《风骚旨格》是典型的格式之作，但却首列"六诗"，将诗分为"大雅""小雅""正风""变风""变大雅""变小雅"，各有对应的状格之语，如大雅为"一气不言含有象，万灵何处谢无私"，小雅则

---

[1] 《白居易集》卷四十五，第960—961页。
[2] 《文镜秘府论校注》南卷，第354页。

为"天流皓月色,池散芰荷香"。又另举"诗有六义"之例:

> 一曰风,诗云:高齐日月方为道,动合乾坤始是心。二曰赋,诗云:风和日暖方开眼,雨润烟浓不举头。三曰比,诗云:丹顶西施颊,霜毛四皓须。四曰兴,诗云:水谙彭泽阔,山忆武陵深。五曰雅,诗云:卷帘当白昼,移榻对青山。又云:远道擎空钵,深山踏落花。六曰颂,诗云:君恩到铜柱,蛮款入交州。[1]

这虽然是诗格论者的一种比附,但也可见格式派同样举儒家六义为宗旨,并且将其融会到具体的格式之中。从元兢评王中书诗为"六义之眉首",到《风骚旨格》的"六诗"格、"六义",隐见格式派将六义之说落实到具体的创作方法的努力过程。这与复古派的主要从作品内容与教化功能来把握六义是不同的诗学方法。可见,六义在唐代诗学里,是一个发展变化的、含义异常丰富的概念。唐代在使用其他儒家诗论范畴时,也存在着类似的现象。

六、唐人以"比兴"为诗之高格

"比兴"也是唐人在"风雅""六义"之外频繁使用的范畴。"风""雅""比""兴"原是六义中的四个范畴,但在唐代诗人的诗学实践中,独立为两对重要性曾次于六义的概念,其使用的频繁性,甚至高于六义。

比兴首先是复古派的一种观念,诗歌存有比兴之旨,被视为一种能复古道的行为,也是高古品格的标志。杜甫《同元使君舂陵行序》

---

[1] 齐己《风骚旨格》,张海鹏辑《学津讨原》,江苏广陵古籍刊印社1990年,第12册,第82页。

中称赞元诗云："不意复见比兴体制,微婉顿挫之词。"[1]这里的"比兴",实与言志、讽喻同义。杜甫称其为"比兴体制",倍加推崇。复古派批评绮靡之风时的一个说法,也是提倡比兴之义。独孤及《检校尚书吏部员外郎赵郡李公中集序》:

> 志非言不形,言非文不彰,是三者相为用,亦犹涉川者假舟楫而后济。自典谟缺,雅颂寝,世道陵夷,文亦下衰。故作者往往先文字后比兴,其风流荡而不返。乃至有饰其词而遗其意者,则润色愈工,其实愈丧。及其大坏也,俪偶章句,使枝对叶比,以八病四声为楷桲,拳拳守之,如奉法令。闻皋繇、史克之作,则呷然笑之。天下雷同,风驱云趋。文不足言,言不足志,亦犹木兰为舟,翠羽为楫,玩之于陆而无涉川之用。[2]

从杜甫、独孤及两家有关比兴的论述可知,比兴是诗学之古义与正道。"志非言不形,言非文不彰",比兴是"文"的主要内涵。比兴之文,才能达到"诗言志"的功能。

但是比兴并非仅属复古派一家之论。唐人比兴观的一个最有价值的发展,是在近体创作中引进比兴、兴寄、兴象等范畴,这是唐诗走出齐梁体格的关键所在。所以,比兴在格式诗学中也同样重要。唐人每论及比兴之旨,俱是比兴并提,如"词蔚古风,义存于比兴"[3],"学贯儒墨,词精比兴"[4],"学综幽赜,词含比兴"[5],"声尘邈超

---

[1] 《杜诗详注》卷十九,第1691页。
[2] 《全唐文》卷三百八十八,第1746页。
[3] 唐代宗《授刘晏吏部尚书平章事制》,《全唐文》卷四十六,第217页。
[4] 苏颋《授卢藏用检校吏部侍郎制》,《全唐文》卷二百五十一,第1119页。
[5] 苏颋《授郑惟忠太子宾客制》,《全唐文》卷二百五十二,第1125页。

越,比兴起孤绝。始信郢中人,乃能歌白雪"[1],"其诗大略以古之比兴,就今之声律,涵咏《风》《骚》,宪章颜、谢"[2],"绍儒门之学行,工诗人之比兴"[3],"有时放言以畅天理,且以园公歌咏于紫芝,宏景怡悦于白云,故属词之中,尤工比兴"[4],"四始五际,今既远矣。会情性者,因于物象;穷比兴者,在于声律"[5]。

上述众多的用例,反映了唐人使用比兴的一个事实,即比兴是被看作诗歌创作的一种基本方法,这是唐人对经学比兴说的一个重要发展。其中将比兴与声律并提的现象最值得注意。它与殷璠《河岳英灵集序》中所说的"声律风骨"兼备一样,都是近体声律与传统诗学原则的结合。代表了唐人对源出齐梁、以咏物俳偶为工的近体诗系统的改造,将古老的比兴方法与兴寄精神引入近体系统之中。

不但如此,在唐人的用例里面,我们发现一个比较普遍的现象,他们多直接用"比兴"来指称诗歌创作。柳宗元《杨评事文集后序》:

> 文有二道:辞令褒贬,本乎著述者也;导扬讽谕,本乎比兴者也。……比兴者流,盖出于虞、夏之咏歌,殷、周之风雅,其要在于丽则清越,言畅而意美,谓宜流于谣诵也。[6]

这里正是以比兴来指称诗歌,也反映了以比兴为诗歌本义的诗学思想。其他如温庭筠《上盐铁侍郎启》:

---

[1] 储光羲《酬李处士山中见赠》,彭定求等编《全唐诗》卷一百三十八,中华书局1960年,第1397页。
[2] 独孤及《唐故左补阙安定皇甫公集序》,《全唐文》卷三百八十八,第1744页。
[3] 常衮《授孙会侍御史制》,《全唐文》卷四百一十一,第1867页。
[4] 权德舆《中岳宗元先生吴尊师集序》,《全唐文》卷四百八十九,第2214页。
[5] 权德舆《右谏议大夫韦君集序》,《全唐文》卷四百九十,第2215页。
[6] 柳宗元《柳宗元集》卷二十一,中华书局1979年,第579页。

第十章 唐代儒家诗论及其基本范畴

> 然素励颛蒙，常耽比兴。未逢仁祖，谁知风月之情；因梦惠连，或得池塘之句。莫不冥搜刻骨，默想劳神。未嫌彭泽之车，不叹莱芜之甑。其或严霜坠叶，孤月离云。片席飘然，方思独往；空亭悄尔，不废闲吟。[1]

其《上封尚书启》也有同样的表达方式：

> 某迹在泥途，居无绍介。常思激励，以发湮沈。素禀颛愚，夙耽比兴。因得诛茅绝顶，薙草荒田；默想劳神，冥搜刻骨。[2]

和他同时的李商隐也有类似的表达方式：

> 某比兴非工，颛蒙有素。然早闻长者之论，夙托词人之末。[3]

从上述引文中"常耽比兴""夙耽比兴""比兴非工"可见，唐人常常直接称写诗为"比兴"。比较接近上述温、李用法的，还有如欧阳詹《送李孝廉及第东归序》：

> 迩来加取比兴属词之流，更曰进士，则近于古之立言也，为时稍称。[4]

所谓"比兴属词"，即指诗赋创作。又如权德舆《送司门殷员外出守均州序》：

---

[1] 《全唐文》卷七百八十六，第3647页。
[2] 《全唐文》卷七百八十六，第3647页。
[3] 李商隐《献侍郎钜鹿公启》，《全唐文》卷七百七十八，第3599页。
[4] 《全唐文》卷五百九十六，第2670页。

且君富于文谊,恬于利欲,比兴声律,播于士林。[1]

又如梁肃《丞相邺侯李泌文集序》:

唐兴九世,天子以人文化成天下,王泽洽,颂声作,洋洋焉与三代同风。其辅相之臣曰邺侯李公泌,字长源,用比兴之文,行易简之道。[2]

唐人直接称诗歌创作为比兴,犹如直接称其为风雅一样。风雅是体而兼有法,比兴是法而兼指体。在唐人看来,比兴即是诗歌的基本创作方法,同时也是诗歌的基本功用。由此可见比兴这一对范畴在唐代诗学中的重要性。

比兴被唐人视为诗学之正道,也是唐人理解的诗教古义之一。它与六义、风雅,当然是相联系的。白居易《读张籍古乐府》中所说的"为诗意如何?六义互铺陈。风雅比兴外,未尝著空文",就是对此间关系最简捷的表达。

弄清楚儒教诗论对唐代诗人的巨大影响,消除了以往人们认为唐人缺乏诗论的误解。事实上,儒家诗论直可视为唐代的诗学教材。中国古代文人诗歌创作的兴盛,自有丰富的多方面的原因,其中六朝才性观念的兴起,促成了群体艺术创作风气的勃兴,当是很重要的一点。但在这过程中,传统诗教对诗歌的重视,以及很早就形成的言志与六义等观念,有力地支撑了诗歌艺术活动,而诗教观念也就很自然地成为唐代诗人进行诗歌创作的合理解释,当然也成了他们的诗歌批

---

[1] 《全唐文》卷四百九十一,第2221页。
[2] 《全唐文》卷五百一十八,第2328页。

评的基本原则。从这个意义上说,唐代诗歌艺术,至少有一部分可以理解为唐人对儒家诗教观念的自觉实践。唐以后,各种诗论蜂起,可以视为文人诗自身创作理论与批评系统的重建时期,所以相对来说,儒家诗论的影响有所减少,常常处于一种冠冕的地位。

第十一章
唐人诗道说：由伦理本体论向艺术本质论的转化

"诗道"是中晚唐时期开始流行的一个诗学术语，包括了诗歌的本体、本质与艺术表现规律等内涵。本书的书名，其实也可以用"中国古代诗道论"这样的题目。"诗之道"的说法，虽然在汉代就已出现，而且是从《尚书·舜典》一直到汉儒、魏晋以降的历代文人诗作者，谈论诗歌的一个主要方式，就是探索诗之道。也就是说中国古代对于诗歌的讨论，始终是在一种本质论或者说本体论的语境中展开的。但是"诗道"一词的流行使用，却是在中晚唐时期。这种情况，与"诗学"一词的流行有些相似。[1] 从诗歌史与诗歌理论批评史的角度来看，"诗道"一词的正式登场并流行，其实是诗学发展的某种阶段性特征的体现，因此值得深入探讨。本节的讨论，拟从两个方面进行，探讨诗道实践的历史与诗道说本身的历史。

唐人论诗道，包括诗道一词本身，其实是源于儒家的，但唐人将其落实在创作实践上。并且，初盛唐复古派到中晚唐各派，唐人对于诗道的内涵及论述、体现诗道的方法，有一种转化。

一、从儒家到钟、刘等人关于诗道的阐述

诗道即为作诗之道，是对诗歌本体和诗歌创作规律的最到位的

---

[1] 参看钱志熙《"诗学"一词的传统涵义、成因及其在历史上的使用情况》，《中国诗歌研究》第 1 辑，中华书局 2002 年。

概括，也是最为直观的表达。事实上，从言志说到六义说，再到缘情说、性情论，都是在论诗道。而一系列揭示诗歌艺术的审美理想及基本方法的概念，如复古派中盛行兴寄、风骨之说，格式派盛行格式、"作用"之说，以及介于两者之间，对两者有所融合的兴象、境界之说，其实都属于诗道的范畴。可以说，诗道说是一个凝练、简括地提挈诗事的概念，属于诗学的形而上的范畴，同时又是一个内涵丰富的开放性的范畴。其在实践上的功用，是不断地提点诗人在从事诗歌的创作与批评时，不断地反省诗的本质及其有效的艺术表现。

《尚书·舜典》"诗言志"、《毛诗大序》、郑玄《诗谱序》其实都在阐说诗道。经典诗论不仅在具体的内容上为后来的诗道说提供了思想，而且在概念的构成与批评的方式上为唐代提供了两个层面的重要内容，一是关于诗歌创作的正始之道，二是"王泽竭而诗不作"的批评方式。《毛诗大序》：

> 然则《关雎》《麟趾》之化，王者之风，故系之周公。南，言化自北而南也。《鹊巢》《驺虞》之德，诸侯之风也，先王之所以教，故系之召公。《周南》《召南》，正始之道，王化之基。[1]

所谓"正始之道"，就是王者正始之风，也就是先王以诗教化的正道与初衷。"正始之道"即是后世诗家论诗的最高的原则，也是"诗道""风雅之道"等词得以生成的初胎。郑玄《诗谱序》是我们现在看到的诗道说的开端：

> 《虞书》曰："诗言志，歌永言，声依永，律和声。"然则诗之道，

---

[1] 《毛诗正义》，《十三经注疏》上册，第272页。

放于此乎？[1]

"诗之道"即诗道，可见"诗道"一词，是依据儒家诗观自然形成的一个概念。

经典作家及其阐述者认为诗的盛衰与王道的盛衰密切联系，正风、正雅是王化之诗，变风、变雅是王道坏后国士吟咏情性之作，而王泽竭则诗亡。《孟子·离娄下》："王者之迹熄而《诗》亡，诗亡然后《春秋》作。"班固《两都赋序》在孟说的基础上还做了这样的概括："赋者，古诗之流也，昔成康没而颂声寝，王泽竭而诗不作。"所谓"诗不作""诗亡"不仅是形式上的诗之亡，也是指符合"正始之道"、六义之旨的诗歌不再出现。[2]孟子的这个说法，无疑是儒家对诗史的一种大判断的方式，对后来的汉儒诗学影响极大，唐人如陈子昂《与东方左史虬〈修竹篇〉序》、李白《古风》其一、白居易《与元九书》等，都是采用这种大判断的方式，其所依据的标准，都是儒家的风雅之道，当然各人对风雅的具体认识各有不同。唐代复古派的文章道丧、风雅不存等诗道说，即是直接发源于儒家经典的批评方法。所以我们说，"诗道"此词虽流行较晚，始胎却在儒家诗学中。但儒家的诗道，是将诗作为教化的内容的诗道，其诗道是治道、化道的体现，而非立足诗歌艺术本身的诗道。唐代的诗道说，虽然源于儒家"正始之道"之说，却是将它移向诗歌艺术的本位。这一点，我们后面会进行具体的阐述。

此后对诗道做出较系统的探索的钟嵘、刘勰两家，同样没有使用"诗道"一词，但其诗论都是从讨论诗道开始的。两家诗道论都是直接

---

[1] 《毛诗正义·诗谱序》，《十三经注疏》上册，第262页。

[2] "诗亡""诗不作"在当时来说，是指王者制礼作乐之迹熄，后世理解为"诗道"之亡，如唐文治《诗经大义·自叙》："孟子曰：王者之迹熄而诗亡，诗亡然后春秋作。夫诗固未尝亡也，彼五言、七言之体，何尝一日熄哉？惟夫太师陈诗之职废，而人心好恶是非之公不明于天下，此其所以为亡耳。"（金山高氏《范庐丛书》本）

采用经典的诗道论而加以发展,同时也是时代的应对性。就这一点来说,他们开启了唐人的诗道说。钟嵘《诗品序》开篇即明诗道:

> 气之动物,物之感人,故摇荡性情,形诸舞咏。照烛三才,辉丽万有;灵祇待之以致飨,幽微借之以昭告;动天地,感鬼神,莫近于诗。[1]

钟嵘是从《礼记·乐记》的感物说开始的。《礼记·乐记》论音乐云:"凡音之起,由人心生也。人心之动,物使之然也。感于物而动,故形于声。"《礼记》的"乐",是包括诗歌在内的,而且可以说古代的乐,诗是其主体部分。所以这个乐论,其实就是诗论,至少在后人论诗的语境中是这样的。感物之说也在魏晋诗人的诗歌创作中有频繁、自觉的使用,他们经常用感物来宣示、省察其创作。此期诗句中,"感物"一词使用频繁,而汉魏晋诗的最重要的模式就是感物兴思。[2]其于物,重于感,而略于写。这与后来晋宋齐梁诗之重于写而乏于兴感,是两种类型。钟嵘在深入地研究汉魏以来五言诗史后,重提感物之说,可以说是对当时诗道偏于体物、咏物而失落汉魏晋感物精神及感物的创作方法的一种提醒。钟嵘的诗道论,同时包括了诗歌的发生原理以及功用。他讲诗的发生原理,是着眼于现实、人性的,但在讲诗的功用时,明显地趋向于超现实、神秘,他不强调现实的教化功能,却强调诗歌致飨灵祇、昭告幽微的功能,并且推及"动天地,感鬼神"的巨大的效果。这似乎是对古老的巫术的诗教的一种呼应。这种巫术诗教,在《齐诗》派中有所表现(参看前面论《齐诗》的相关章节)。所以他这个诗歌功能论,其实是落在虚处了,或者说这是钟嵘以一种神

---

[1] 钟嵘著,陈延杰注《诗品注》,人民文学出版社1961年,第1页。
[2] 参见钱志熙《魏晋诗歌艺术原论》(北京大学出版1993年初版,2005年修订版)。

秘的、玄学式的思考与表达方式来强调诗的功能。在齐梁之际，诗歌的表现对象越来越趋于萎靡、细碎，诗歌表现对象物化的倾向越来严重，诗坛整体状态是沉沦于物质世界而无法超拔，钟嵘的这种诗歌本体论与功能论，大概向大众重新启示了诗之为道的意图。

与钟嵘一样，刘勰的诗道也是继承传统的，但更多地体现儒家的正统之论。在《明诗》篇中，他也开篇即言诗歌之道：

> 大舜云：诗言志，歌永言。圣谟所析，义已明矣！是以在心为志，发言为诗，舒文载实，其在兹乎？诗者，持也，持人情性；三百之蔽，义归无邪，持之为训，有符焉尔。[1]

他的诗道论，首举《舜典》"诗言志，歌永言"之说，同时引《大序》"在心为志，发言为诗"之说。说明在齐梁缘情说及其实践流行的情况下，刘勰是坚定地持言志说的。在他看来，诗歌的本质，《舜典》已经讲得很明确了，"圣谟所析，义已明矣"。当然，刘勰同时用情性说，并且用纬书《诗含神雾》云："诗者，持也。"这其实是《齐诗》派之论。但其情性论，是从属于言志说的，也就是说他是将"吟咏情性"纳入言志之中的。可见他的诗论，比钟嵘更接近于儒家的正统。这还表现在他将孔子的诗无邪说与"持人情性"说结合起来。在理论的阐述中，这是一个发明。也可以看出刘勰对诗歌的理论，更加地平和中正，中规中矩。在汉魏言志之风衰落的时期，刘勰在阐述诗歌本体时主张言志，在论述创作方法时重视比兴，还有专篇言风骨以及声律、情采，至少从逻辑上说，他的诗论是唐代复古派诗论的前驱。钟、刘之论，与儒家经典诗论一样，也是唐人诗论的重要渊源。

但是钟、刘两家的诗道论，相比于《毛诗》派，有比较大的变

---

[1] 《文心雕龙注》卷二，第65页。

化，就是社会教化功能说基本上被弱化了，他们对《毛诗》的继承，主要是国士吟咏情性的变风、变雅，而非先王施行教化的正风、正雅（参见《吟咏情性》章）。历来研究者，也多指出钟嵘论诗虽承《毛诗序》，但更强调诗的纯文学功能。详细观点可参曹旭《诗品集注》，如其引日本高木正一认为："钟嵘虽借用《毛诗·大序》之语，然就以上论气之发动、物之变化、人心感荡来看，钟嵘之诗歌效用论，具纯文学之倾向。钟氏剔除《毛诗·大序》中'经夫妇，成孝敬，厚人伦，美教化，移风俗'之政教、伦理之效用论，删去此小节开头'正得失'一句，鉴乎此，则钟氏之立场、用意即可了然。"[1]

但是，钟、刘虽实在论诗道，但却没有使用"诗道"一词。这与"道"这一词本身的使用历史有关系。"道"原是一个哲学的概念，道家开始正式使用它概括世界本体，诸子各家也各道其道。在这个时期，道是天地之道，人伦法天地，于是有了人伦之道。后来道教流行。道教之本义，即修神仙长生之道。佛教理所当然也使用"道"这一概念来指称佛教自身的本体论与修道之法。由"道"到"法道""道法"，开启了各种人伦事项称"道"的思想大门。但是这个过程其实是缓慢的，魏晋南北朝是文学发达的时期，但是文学创作始终被视为一种艺，他从属于更大的一种本体之道（宇宙自然的，或社会的），但却不能自称为道。所以刘勰论文学，有《原道》篇，其所原的实为文学之道，但却是从天地人三者入手的，亦即文学之发生，源于一种宇宙自然之理，源于事物发生的基本原理。但到了这一步，文学之道，甚至诗之道这样的概念，其实已经隐然可睹了。

---

[1] 《诗品集注》，第4页。

二、孔颖达等《毛诗正义》对诗道的阐述

在现代学者中，钱锺书《管锥编》较早地关注到孔颖达等《毛诗正义》在诗论方面的建树。钱氏这方面的论述，值得专文讨论，主要是强调孔氏在诗歌本体及功能方面的阐述，能够综合经典诸训，对简单的"诗言志"说做出发展，尤其肯定孔氏在诗与乐关系方面所说的"诗是乐之心，乐为诗之声"的"精湛之论"，认为"仅据《正义》此节，中国美学史即当留片席地与孔颖达。不能纤芥弗遗，岂得为邱山是弃之借口"。[1] 认为孔氏在中国美学史上有片席地，历来研究文论者未加注意，不是遗其纤芥，而是弃邱山。自钱氏之论后，渐有究心《毛诗正义》诗论者，邓国光并提出孔氏诗学影响唐诗的问题。《毛诗正义》的诗学的重要价值，并非仅是孔氏及其著作助手们的见解，而是其中包含了南北朝诸家的诗学见解。《四库全书总目》论从魏晋以来《毛诗》之分歧，"袓分左右，垂数百年。至唐贞观十六年，命孔颖达等因郑笺为《正义》，乃论归一定，无复岐途"[2]。孔颖达《毛诗正义序》也对其所资借的历代《毛诗》学者有一个较系统的交代：

> 汉氏之初，诗分为四，申公腾芳于鄢郢，毛氏光价于河间。贾长卿传之于前，郑康成笺之于后。晋宋二萧之世，其道大行；齐魏两河之间，兹风不坠。其近代为义疏者，有全缓、何胤、舒瑗、刘轨思、刘丑、刘焯、刘炫等。……今奉敕删定，故据以为本，然焯、炫等负恃才气，轻鄙先达，同其所异，异其所同。或应略而反详，或宜详而更略。准其绳墨差忒，未免勘其会同，时有颠踬，今则削其所繁，增其所简，唯意存于曲直，非有心于爱增（憎），与朝散大夫行太学博士臣王德韶……凡为四十卷，庶以对扬圣范，垂

---

[1] 《管锥编》，第57—62页。
[2] 《四库全书总目》卷十五，第120页。

训幼蒙。[1]

　　了解《毛诗正义》的删定性质，我们对它在《毛诗》学及一般的诗学史上的位置，就应该定位于从汉魏到南北朝诗学的一个勘正，尤其是孔氏所说的"晋宋二萧之世，其道大行；齐魏两河之间，兹风不坠"，即晋南北朝诗学的重要的文献。钱氏所说的"邱山"，实不能仅属孔氏一人。虽然论述《毛诗正义》时，仍可归名孔氏，并且可以强调孔氏的功绩。当然，我们也无法在一些理论的阐述上分别何者为孔氏独见，何者为前人之论。但大体可以说，《毛诗正义》（简称《正义》）整体上属于南北朝至唐初的诗学成果。这个时期，就诗歌史来讲，正是所谓汉魏古风衰落、晋宋体与齐梁体相继出现的时期。《毛诗》的大行，让我们看到这个时期诗学上的另一方面。事实上，我们前面在叙述钟、刘关于诗道的阐述时，已经分析过他们在经典诗学的基础上对诗道做出各自阐述的情况。孔颖达的《毛诗正义序》，是沿着这样一种传承方式继续推进的：

　　　　夫诗者，论功颂德之歌，止僻防邪之训，虽无为而自发，乃有益于生灵。六情静于中，百物荡于外，情缘物动，物感情迁。若政遇醇和，则欢娱被于朝野；时当惨黩，亦怨刺形于咏歌。作之者所以畅怀舒愤，闻之者足以塞违从正。发诸情性，谐于律吕。故曰"感天地，动鬼神，莫近于诗"。此乃诗之为用，其利大矣！若夫哀乐之起，冥于自然，喜怒之端，非由人事。故燕雀表喃嗻之感，鸾凤有歌舞之容，然则诗理之先，同夫开辟，诗迹所用，随运而移。上皇道质，故讽谕之情寡，中古政繁，亦讴歌之理切。唐虞乃见其初，牺轩莫测其

---

[1]　《毛诗正义》卷首，《十三经注疏》上册，第261页。

始,于后时经五代,篇有三千,成康没而诵声寝,陈灵兴而变风息。[1]

此序所论,自然是糅合《礼记·乐记》及《毛诗大序》诸家,但对经典是有所发展的。最主要的是,作者将《乐记》感物说与南朝的缘情说结合在一起,并且十分重视主体情感的作用。在正统的诗论,并且是以《诗经》为主要的论述的对象的诗道论中,如此重视情感作用,是比较罕见的。与钟嵘的《诗品序》的摇荡性灵说相参看,再结合南朝诸史家、文家之文学论,可以清楚地看出南朝缘情说、性灵论的影响。其对于《毛诗大序》的教化说,虽然有所继承,但多变其词,如"论功颂德之歌,止僻防邪之训","作之者所以畅怀舒愤,闻之者足以塞违从正",其议论远不如《毛诗大序》之正大冠冕,且明显偏向于个体抒情。我们在分析《毛诗大序》"吟咏情性"、变风变雅说时,强调其作为个体诗学原则的奠定。由此而经钟嵘,再到《毛诗正义序》,这种个体诗学原则的发展,是十分明显的。

《正义》论诗,提出两个重要概念,即诗理与诗迹。诗理即我们所说的"诗歌发生及创作的原理",诗迹即我们所说的诗歌发展历史。他认为诗既源于感物缘情,那么从逻辑上说,应该从人类出现就有诗。对此,《正义》甚至引物类为喻,认为燕雀的鸣声有一种发抒啁噍的感觉,同样凤凰的歌舞有一种容颂的表现,既然鸟类如此,则人类也应该从开辟时代就有诗的。但这只是原理,具体到诗的出现,又应该据史而言。这里根据先儒如《毛诗》论诗重政的原则,提出"上皇道质,故讽谕之情寡,中古政繁,亦讴歌之理切"来解释《诗经》之前未见有诗的现象,并认为《诗经》出现在中古时期。这其实还是强调诗是感物的产物,但是这种感物与政治有关系。一定程度上,他们触及诗歌是人类社会生活尤其是政治的矛盾的产物。与这种"道质"

---

[1] 《毛诗正义》卷首,《十三经注疏》上册,第261页。

则无诗,"政繁"则有诗的观点接近,是《正义》对"至于王道衰,礼义废,政教失,国异政,家殊俗"的解释:

> 变风变雅必王道衰乃作者,夫天下有道,则庶人不议。治平累世则美刺不兴。何则?未识不善,则不知善为善。未见不恶,则不知恶为恶。太平则无所更美,道绝则无所复讥。人情之常理也。故初变恶俗,则民歌之,风雅正经是也。始得太平,则民颂之,周颂诸篇是也。若其王纲绝纽,礼义消亡,民皆逃死,政尽纷乱,易称天地闭,贤人隐,于此时也,虽有智者,无复讥刺。成王太平之后,其美不异于前,故颂声止也。陈灵公淫乱之后,其恶不复可言,故变风息也。班固云:成康没而颂声寝,王泽竭而诗不作。此之谓也。然则变风变雅之作,皆王道始衰,政教初失,尚可匡而革之,追而复之,故执彼旧章,绳此新失。觊望自悔其心,更遵正道,所以变诗作也。以其变改正法,故谓之变焉。[1]

《正义》对变风变雅的这种解释,与经典本身是有距离的。他的逻辑起点,是强调诗是情感产物,但并非情感和平的产物,而是情感激荡时的产物,而情感激荡的现象,在上皇太平时代是不会出现的,只有在政治上发生矛盾时才出现,所谓"中古政繁,亦讴歌之理切"。这种说法,可以称之为太平无诗之说。所以,出现诗歌,要么是治道初成,要么是治道初坏。至于治道大坏,则诗即不作。这种结论,虽然是用来解释《诗经》的变风、变雅及"王泽竭而诗不作"等现象,但却来自《正义》作者对《诗经》之后的诗歌史,尤其是汉魏六朝诗歌史的一种观察。这里最令人吃惊的,《正义》作者为了证实其诗出于政治矛盾的观点,居然将风雅正经也解释为"初变恶俗"的产物。这一

---

[1] 《毛诗正义》卷一,《十三经注疏》上册,第271页。

种看法，对儒家来说，是颇可惊讶的。这其实是将正风、正雅拉下到变风、变雅的位置上了。除颂之外，风雅无论正变，其实都是政治与风俗发生问题的产物。在他看来，正风、正雅是初变，而变风、变雅是大变。都是政俗由美变恶，由无为向有为变化的产物。这里其实反映了南朝《毛诗》学者对王朝政治信心的丧失。魏晋以来政治的不理想，当其世之学者，无疑是知道的。但魏晋以来诗之不绝，也是一个事实。但这些诗其实都是变风、变雅之诗。另有一点，《大序》作者论变风、变雅，重在诗之变；而《正义》作者论变风、变雅，则重在政俗之变。是政俗在变化，不是诗在变。诗之道是不变的。所以《正义》在解释"故《诗》有六义焉：一曰风，二曰赋，三曰比，四曰兴，五曰雅，六曰颂"时认为这六义是"通正变兼美刺也"，就是说六义不仅表现在颂与正风、正雅中，也表现在变风、变雅之中。

《毛诗正义》疏释郑玄《诗谱序》及《毛诗大序》时，继续阐述诗道。郑氏《诗谱序》引《虞书》"诗言志"之说以言"诗之道"已见于前，《毛诗正义》结合郑笺，对《虞书》此论做了详细的疏释：

> 诗所以言人之志意也。永，长也，歌又所以长言。诗之意，声之曲折，又长言而为之。声中律，乃为和彼。《舜典》命乐，已道歌诗，经典言诗，无先此者，故言诗之道也，放于此乎。[1]

《正义》又强调经典之言诗，无先于此者。唐人言志之说流行，虽直承经典及汉魏诸家之义，但与《正义》明确以此为经典论诗最早、最具权威的说法不无关系。今人有疑"诗言志"说晚出于春秋乃至汉儒者，观《正义》此论，应省其说之误。《正义》不仅强调诗之言志功能，而且将志与意连言之，开唐人作诗重意之先河。结合前述重感物

---

[1] 《毛诗正义》卷首，《十三经注疏》上册，第262页。

缘情之说，可知《正义》于诸经典之后，对诗道的阐述，既有综合，又有开拓。又《汉书·艺文志》不仅载歌诗，又载歌诗"声曲折"，如《河南周歌诗七篇》《河南周歌声曲折七篇》，[1]《正义》以"声之曲折"论永歌长言，正出于此。

不仅如此，《正义》除了注意为人们所注意的经典外，对于学者不注意的《内则》《纬书》等篇的论诗之语，也有所综合，在此基础上，对"诗言志"有"一名三训"的说法：

> 诗者，《内则》说负子之礼云：诗负之。注云：诗之言承也。《春秋说题辞》云：在事为诗，未发为谋，恬憺为心，思虑为志。诗之为言志也。《诗纬含神务（雾）》云：诗者，持也。然则诗有三训，承也，志也，持也。作者承君政之善恶，述已志而作诗。为诗所以持人之行，使不失队（坠）。故一名而三训也。[2]

钱锺书对"一名三训"中的"诗者持也"，发挥尤多（详见本书论"吟咏情性"篇）。《正义》之所以能对"诗"做出这么多的综合、有所发展的阐述，除了经学本身的详细的原因外（这一点是经学的诗论比纯粹诗人之论更具理论性的原因），当然是由于汉魏以来文人诗歌的兴起与发达，使南北朝及唐初的经师，在诗歌方面比汉儒诸家有更丰富的体验。仅此一端，就能说明不能仅将《正义》仅视为孔氏一家的注经之说，而应看作本期诗学的重要经典。

《正义》重视诗歌创作原理的阐述，对《毛诗大序》的"在心为志，发言为诗"也做出一种玄学化的阐释：

---

[1] 《汉书》卷三十，第 1755 页。
[2] 《毛诗正义》，《十三经注疏》上册，第 262 页。

> 上言用诗以教，此又解作诗所由。诗者，人志意之所之适也。虽有所适，犹未发口，蕴藏在心，谓之为志；发见于言，乃名为诗。言作诗者所以舒心志愤懑而卒成于歌咏。故《虞书》谓之"诗言志"也。包管万虑，其名曰心；感物而动，乃呼为志。志之所适，外物感焉。言悦豫之志，则和乐兴而颂声作，忧愁之志，则哀伤起而怨刺生。《艺文志》云"哀乐之情感，歌咏之声发"，此之谓也。正经与变，同名曰诗，以其俱是志之所之故也。[1]

《正义》论诗重心、重情感，以及认为正变于理为一。是拉近了汉儒所人为区别的风雅颂各类诗的不同，给诗以一个比较统一的解释。

《正义》在注释"情发于声，声成文谓之音"时，对诗与音乐的关系做了较深入的探讨：

> 情发于声，谓人之哀乐之情，发见于言语之声。于时虽言哀乐之事，未有宫商之调，唯是声耳。至于作诗之时，则次序清浊，节奏高下，使五声为曲，似五色成文。一人之身则能如此，据其成文之响，即是为音。此音被诸弦管，乃名为乐……则此声成文谓之音，亦谓乐之音也。[2]

诗歌的本体虽依据于情志，但并非情志的表现、泄露即为诗歌，诗歌与一般的语言表达之不同，以及诗歌与散文的不同，在于诗歌是一种经过文饰的语言，这种文饰，不仅在修辞，更在于调律，即"次序清浊，节奏高下，使五声为曲，似五色成文"，则即是"声成文谓之音"的意思。所以，自然的发声，无论人类还是器乐的发声，都不是

---

[1] 《毛诗正义》卷一，《十三经注疏》上册，第270页。
[2] 《毛诗正义》卷一，《十三经注疏》上册，第270页。

诗歌,也不是音乐。只是"成文"即合律之声,才是诗和乐。中国的诗论出于乐论,《虞典》"诗言志,歌永言,声依永,律和声。八音克谐,无相夺伦",其实已经极为系统地阐述了诗与歌,以及歌的声律的问题,声乐与器乐的配合问题,实是后来中国古代诗乐关系以及声律问题的原则。然世之言声律,多仅知永明声病,而不知追至虞廷之论乐重声律也。

《正义》还对器乐及曲调与诗歌的先后关系做了分析:

> 原夫作乐之始,乐写人音。人音有小大高下之殊,乐器有宫徵商羽之异,依人音而制乐,托乐器以写人,是乐效人,非人效乐。但乐曲即定,规矩先成,后人作诗,谟摩旧法,此声成文谓之音。若据乐初之时,则人能成文,始入于乐,若据制乐之后,则人之作诗,先须成乐之文,乃成为音。声能写情,情皆可见。听音而知治乱,观乐而晓盛衰。故神瞽有以知其趣也。设有言而非志,谓之矫情。情见于声,矫亦可识。[1]

《正义》又强调"声中律,乃为和彼","彼"者,诗文辞也,主言意之功。这其实是歌谣与歌曲的不同。音乐之始,出于歌谣。歌是自然的诗歌,也是自然的歌唱,已能成文。最初的歌谣,没有器乐的配合,但在歌唱发展过程中出现器乐配合的歌唱,于是就形成曲调。曲调确定后,人们的作诗、唱歌,反而要依据曲调。《宋书·乐志》载晋武帝时令傅玄、荀勖等"各造正旦行礼及王公上寿酒食举乐哥(歌)诗"。张华上表云:"按魏上寿食举诗及汉氏所施用,其文句长短不齐,未皆合古。盖以依咏弦节,本有因循,而识乐知音,足以制声,度曲法用,率非凡近所能改。二代三京,袭而不变,虽诗章词异,兴

---

[1] 《毛诗正义》卷一,《十三经注疏》上册,第270页。

废随时,至其韵逗曲折,皆系于旧,有由然也。是以一皆因就,不敢有所改易。"[1]这就是上引《正义》所说"但乐曲即定,规矩先成,后人作诗,谟摩旧法,此声成文谓之音"的一个典型的例子。于是歌诗创作,也有了两种类型,一种先有诗而后配乐,一种是先有乐而后配诗。又《宋书·乐志》述及相和歌的两种类型:"凡此诸曲,始皆徒哥,既而被之弦管。又有因弦管金石,造哥以被之,魏世三调哥词之类是也。"也就是说,汉相和歌、吴歌之类,原来都是出于谣讴,是徒歌,后来配以管弦。这是先有诗,而后入乐。但像魏代三祖三调歌诗等,则是依照"因弦管金石"而作歌,即为音乐演奏而作歌,其中多是为配合已有乐曲作歌,即是先有乐而有曲。《正义》关于诗乐先后关系的说法,显然是吸收了《宋书·乐志》等六朝乐书的影响。但《正义》谈这个问题,实际上是为深入讨论声与情的关系。他们认为最早的发言,言辞可以有伪,但声不可能伪。而先于乐曲的歌谣,也最能体现"诗言志"的原理。但是后来依乐曲而作歌诗,由于有了文饰,就容易有伪的成分。钱锺书认为,《正义》是将言辞与音声两分论之来指出诗(修辞)与乐(歌声)的本质差异:

> 《正义》后半更耐玩索,于诗与乐之本质差殊,稍能开宗明义。意谓言词可以饰伪违心,而音声不容造作矫情,故言之诚伪,闻音可辨,知音乃所以知言。盖音声之作伪较言词为稍难,例如哀啼之视祭文、挽诗,其由衷立诚与否,差易辨识;孔氏所谓"情见于声,矫亦可识"也。[2]

钱氏征引中西相同理论,对《正义》此说给以很高的评价,认为孔氏

---

[1] 沈约《宋书》卷十九《乐志》,中华书局1974年,第539页。
[2] 《管锥编》,第62页。

第十一章 唐人诗道说:由伦理本体论向艺术本质论的转化

光凭此说也应该在中国美学史上占片席之地。

《正义》因为阐发经义，其诗论的体系比诸唐代诗家的诗论为高，是钟、刘之后最系统的诗歌理论，其于六朝《乐志》《文苑》及钟、刘诸家之论，实多有吸取。如其注《诗谱序》"大庭轩辕逮于高辛，其时有亡，载籍亦蔑云焉"云："大庭有鼓籥之器，黄帝有云门之乐，至周尚有云门，明其音声和集。既能和集，必不空弦。弦之所歌，即是诗也。"[1] 此说即出于刘勰《明诗》："黄帝《云门》，理不空弦。"范文澜《文心雕龙注》本作"理不空绮"并附校语："朱云当作弦，孙云：唐写本绮作弦。"[2] 今按《毛诗正义》，可知作"弦"为是。

《正义》诗论，对唐代诗论影响甚大，也可以说是唐代的基本诗论。但唐代引儒家诗论，也不一定都注意及《正义》。其中复古一派的诗论，基本上还是以《舜典》《毛诗大序》为主的。

三、初盛唐复古派对诗道的提倡的论述

初盛唐以复古为宗旨的一派诗学，源于儒家而取鉴于风骚雅颂与汉魏六朝。我们看到的较早使用此一方法论诗道的是卢照邻的《乐府杂诗序》：

> 闻夫歌以永言，庭坚有歌虞之曲；颂以纪德，奚斯有颂鲁之篇。四始六义，存亡播矣；八音九阕，哀乐生矣。是以叔誉闻诗，验同盟之成败；延陵听乐，知列国之典彝。王泽竭而颂声寝，伯功衰而诗道缺。[3]

---

[1] 《毛诗正义》卷首，《十三经注疏》上册，第 262 页。
[2] 《文心雕龙注》卷二，第 65 页。
[3] 卢照邻著，祝尚书笺注《卢照邻集笺注》卷六，上海古籍出版社 1994 年，第 341 页。

卢照邻对于乐府，是追溯雅颂、推崇汉魏而贬低齐梁诸家。他在叙后世乐府之前，推源雅颂，复述了经典诗论中的诗道盛衰之说。在诗道说上，他是陈子昂、李白等人的先驱。

从概念本身来说，"诗道"一词在初盛唐时期还没有流行。但初盛唐论诗，受儒家诗论影响，并且力求走出齐梁诗风笼罩诗坛的困境，所以诸家论诗，首先追溯至诗道。重视诗道而对诗格、诗式等艺术形式相对来说比较忽略，可以说是初盛唐复古派的论诗的基本特点。仅从理论上讲，陈子昂、卢藏用是早期在诗道论上影响最大的两家。陈子昂在《与东方左史虬〈修竹篇〉序》提出"文章道蔽五百年矣"这样的观点，明确地提出"文章道"的概念。这可能也是时人已有的流行的概念。卢藏用进一步推激此论，并且以陈子昂为诗道的恢复者：

> 宋齐之末（一作"以来"），盖憔悴矣！逶迤陵颓，流靡忘返，至于徐庾，天将丧斯文也。后进之士若上官仪者继踵而生，于风雅之道扫地尽矣！易曰："物不可以终否，故受之以泰。"道丧五百岁而得陈君。[1]

卢氏所说的"道丧五百岁"，当然是直接来自"文章道蔽五百年矣"。陈子昂因此而"每以永叹"，开始其复古之业，而卢藏用则是陈氏复古之业的弘扬者，并认为其复古之业已成，至少"文章道""风雅之道"已得以阐明。上官体在流行的同时，受到王勃、卢照邻、杨炯等人的批评，陈子昂、卢藏用进一步从"文章道""风雅之道"的高度对其进行批评，尤其是陈子昂明确地提出以汉魏为典范，并从一个像刘勰这样的丰富的诗学体系中直接提出"风骨""兴寄"等观点，同时对绮靡的理论与实践加以否定。这样一个复古诗学的体系，虽简练但却有着

---

[1] 陈子昂撰，徐鹏校点《陈子昂集》卷首，上海古籍出版社2013年，第5页。

实践上的丰富的启示性与可操作性。而这一切的运思与阐述，实际上都是以"诗道"为核心概念的。可见，文章道、风雅之道、诗道，在这时已经是许多自觉地复古的诗人运思的基本范畴。唐玄宗李隆基也是风雅之道的提倡者，他将风雅之道直接运用于当代的诗歌评论。其《赐徐坚敕》：

> 得所进诗，甚有佳妙。风雅之道，斯焉可观。并据才能，略为赞述。具如别纸，宜各领之。[1]

玄宗所说的风雅之道，即《毛诗大序》的言志及风雅正变之论，其《答李林甫等请颁示太子仁孝诗诏》："诗者，志之所之也。将以道达性情，宣扬教义耳。"[2] 其在诗学方面是带有复古的性质的。玄宗个人的诗风趋于自然，并与臣下多有倡和。唐朝自太宗以来，君主即热衷于诗事，与群臣唱和不断。玄宗可以说掀起了新一轮朝廷雅颂之风，所以他的提倡风雅之道，并非无谓之谈。陶敏、傅璇琮著《唐五代文学编年史·初盛唐卷》"唐玄宗开元十三年"："本年前后，缮赐集贤学士酒宴，学士赋诗，奏上凡数西首，编成卷轴以进。""《职官分纪》卷一五：'时又频赐酒馔学士等，宴饮为乐。韵后赋诗奏上凡数百首。……燕公诗曰："东壁图书府，西园翰墨林。诵诗闻国政，讲易见天心。"当时词人称为尤美。前后令赵冬曦、张九龄、咸廙业、韦述为诗序，学士等赋诗编咸卷轴以进上。'"[3] 殷璠所说"开元十五年后，声律风骨始备矣。实由主上恶华好朴，去伪从真，使海内词场，翕然尊古，南风周雅，称阐今日"[4]，大抵上就是指玄宗开元中期的这些

---

[1] 《全唐文》卷三十七，第121页。
[2] 《全唐文》卷三十二，第154页。
[3] 陶敏、傅璇琮《唐五代文学编年史·初盛唐卷》，辽海出版社1998年，第604页。
[4] 《唐人选唐诗新编》（增订本），第156页。

举动的功效。李白《古风》其一"圣代复元古,垂衣贵清真。群才属休明,乘运共跃鳞。文质相炳焕,众星罗秋旻"[1],也是强调玄宗对开元诗坛的复古之风的影响。从玄宗论诗重言志之旨、风雅之道、"诵诗闻国政"来看,殷、李的这些说法虽有颂圣之意,但也并非没有事实的依据。李白的努力复古,一方面是其个人诗学思想的觉醒,同时跟玄宗朝的这种上下共同提倡风雅之道也是分不开的。

李白进一步将上述陈、卢所论的"诗道"称为"古道"。《本事诗》引李白论诗:

> 白才逸气高,与陈拾遗齐名,先后合德。其论诗云:"梁陈以来,艳薄斯极。沈休文又尚以声律,将复古道,非我而谁与?"故陈、李二集律诗殊少。尝言:"兴寄深微,五言不如四言,七言又其靡也,况使束于声调俳优哉?"[2]

从本段引述李白"将复古道,非我而谁"之言,可见在当时,诗道、风雅之道等词,也应该是李白在诗歌思考与评论方面经常运用的概念。其受儒家诗道之说影响之深,自不待论。从否定声律来说,他的观点是与陈氏一脉相承的,他所说古道,就是指古人的诗道。殷璠《河岳英灵集》则直接提出"风雅之道"的概念,其论储光羲云:"储公诗,格高调逸,趣远情深,削尽常言,挟风雅之道,得浩然之气。"[3]他是通过储光羲这样一个具体的诗人诗作来体认风雅之道,当然也可以说是以他所理解的风雅之道来评价储诗,可见这种风雅之道,是落实在具体的创作与评论活动中的。其具体的内容,各人有不同的感性

---

[1] 《李太白全集》卷二,第87页。
[2] 《历代诗话续编》,第14页。
[3] 《唐人选唐诗新编》(增订本),第239页。"风雅之道",同页本条校:"道,汲本、毛本、丛刊本作'迹',何校作'道'。"按,"挟风雅之迹",殆不成语。

体认，像殷璠所说的"格高调逸，趣远情深，削尽常言"，即是风雅之道的一种。同样，殷璠在对其他诗人进行较正面的评价与评论时阐述的内容，如对孟浩然、王维诗的评论，当然也可以理解为风雅之道的内容。由此可见，强调诗歌有道这样的思考方式，是初盛唐时期就已出现，或者可以追溯到更早的时代。

复古派论诗道，一是重在复古，二是摒弃齐梁。在这种基本宗旨上，他们建立了一种以风雅为宗旨、汉魏为具体的学习对象、齐梁为风雅道失的基本理论结构，这也是他们对诗史的基本判断。诗史观与创作主张完全是结合在一起的。前面说过，道丧之说来自儒家原有的王泽竭而诗绝的模式，只是将这一个模式用于批判六朝的文学，这里面当然也有否定六朝政治的意思。可见这种诗歌批评与诗史建构，是有政治术语隐含在内的。但客观来说，他与诗歌史本身的事实是符合的。另一方面，唐代政治，尤其是睿宗、玄宗两朝恢复李唐皇统，所以玄宗朝有鉴于武后奢华、专制而提倡反朴、与民休养生息的道家政治的局面，又使崇尚复古的文人学士受到鼓舞。这些都使得风雅之道，似乎有实现的可能。

殷璠是比较典型的复古派，也是诗歌艺术上的理想主义者，他所论的诗道，能够代表开元时代诗家们比较一致的认识。他说："夫文有神来、气来、情来，有雅体、野体、鄙体、俗体。编纪者能审鉴诸体，委详所来，方可定其优劣，论其取舍。至如曹、刘诗多直语，少切对，或五字并侧，或十字俱平，而逸驾终存。然挈瓶庸受之流，责古人不辨宫商徵羽，词句质素，耻相师范。于是攻异端，妄穿凿，理则不足，言常有余，都无兴象，但贵轻艳。虽满箧笥，将何用之？"[1] 殷氏与李白不一样，他是主张声律风骨及兴象并存的，但仍认为声律并非诗之必须要素，所以他为声律体产生前的曹、刘辩护，认为他们

---

[1] 《唐人选唐诗新编》（增订本），第156页。

的诗虽不合格律，但"逸驾终存"，远高于后来虽工声律却无兴象的齐梁诸家诗。这是因为他在文章的三来之事中，以"神来"为高，而于四体之中，则唯取"雅体"。曹、刘的佳作，在殷氏的评论中，无疑是属于"神来"与"雅体"的。其整部《河岳英灵集》基本上是按照这个标准的，所以古近体兼重，而常以兴象、风骨为词，但也不废声律之说。这大概是盛唐诸家比较一致的诗道的内涵。

殷璠是通过实际的诗歌，具体展现上述统一的诗道的实现过程的评论家。他对从齐梁到开元十五年诗风的发展的论述，大体上展示了时人对梁陈以来诗道的丧失与回复的一种基本认识：

> 自萧氏以还，尤增矫饰。武德初，微波尚在。贞观末，标格渐高。景云中，颇通远调。开元十五年后，声律风骨始备矣。实由主上恶华好朴，去伪从真，使海内词场，翕然尊古，南风周雅，称阐今日。[1]

殷璠的这种观点，虽然不无推崇本朝即玄宗之意，但也的确反映了开元时期诗家比较共同的看法，与李白《古风》其一在观点上多可相参看，当然也可以上追陈子昂之说。

上述可以说是唐人诗道意识发生的第一个阶段。诗道这个概念的发生，最初是在复古派努力寻找风雅之道、文章之道的情况下酝酿而成的。风雅之道即诗道，其实最初是作为复古诗学家们的运思范畴提出来的，最初是一个统一概念，大家一提到诗道，就会一致地指向风雅、汉魏及兴寄、风骨等内涵，而放弃齐梁陈隋之体，差不多是其共同的旨趣。这种诗道思想，与儒家正统诗论基本上是相接续的，只是在面对具体的诗歌史及诗歌现状时做出新的阐释。所以初盛唐复古派

---

[1] 《唐人选唐诗新编》（增订本），第156页。

的诗道是统一的。但是这种统一认识,大概只存在于复古一派之中,并且在初盛唐之间的先天、开元之际。

从陈子昂等提出复古到先天、开元时期,可以说是盛唐诗风的鼎盛之期,即诗史所说的"盛唐气象"流行的时期。典型的盛唐诗风,在体制上是汉魏齐梁的结合,在审美上是一种以汉魏的风骨与六朝的清新相结合的诗美类型,即王维所说的"盛得江左风,弥工建安体"(《别綦毋潜》)。李白所说"文质相炳焕"(《古风》其一),殷璠说的"声律风骨始备""既多兴象,复备风骨"(《河岳英灵集》论陶翰)、"半遵雅调,全削凡体""无论兴象,兼复故实"(《河岳英灵集》论孟浩然),以及杜甫的"清新庾开府,俊逸鲍参军"(《春日忆李白》),都是盛唐气象的各自阐释。其阐释的方式虽然不同,但是其审美的理想,其实是统一的。反映在创作上,则是诗人各自具有独特的风格创造,在体裁上各有所长,在题材上各有所好,但是在艺术上他们能够以美相尚。最典型的就是杜甫对李白的高度评价。其他如王维、李白、杜甫对孟浩然的赞赏,都体现了在相尚以道的共同的诗美追求上,诗人各自风格的实践。所以盛唐诗人艺术上的追求虽然各俱个性,在题材、体裁风格虽然各有独到之处,但对诗歌的审美理想是统一的。

但是这种情况,不久就发生了变化,天宝时期,唐诗的发展已经开始流派化,所谓"天宝之风尚党"即是指这种现象[1]。虽然,殷璠所说的开元十五年之后的诗风之盛,而李白也曾讴歌圣代复古之盛况,但是一部分提倡复古的诗人,并没有满足于此。李白本人认为梁陈宫掖之风未尽,并且提出"将复古道,非我而谁"的看法。李白派

---

[1] 李肇《唐国史补》:"元和已后,为文笔则学奇诡于韩愈,学苦涩于樊宗师。歌行则学流荡于张籍。诗章则学矫激于孟郊,学浅切于白居易,学淫靡于元稹,俱名为元和体。大抵天宝之风尚党,大历之风尚浮,贞元之风尚荡,元和之风尚怪也。"(上海古籍出版社1979年,第57页)

的诗人有任华、魏颢等,进一步打破声律,以杂言为体,就是其中的一种表现。另一方面,元结及《箧中集》诸家,则复古不已,严守五古讽兴之体,杜甫称其为"比兴体制"(见前论),元结并且上溯到风骚的古歌诗。某种意义上说,李杜既是盛唐诗风的实现者,也是盛唐诗风的突破者。但另一方面,钱起、刘长卿等天宝年间登上诗坛的诗人,则是沿着盛唐的正宗风格来进行创作。以刘长卿为例,他的诗歌是沿着盛唐正宗的王昌龄、王维的风格而来的,其早期所作如《雨中登沛县楼赠表兄郭少府》,览物言情,抒写疏旷之意,与王维相近:"楚泽秋更远,云雷有时作。晚陂带残雨,白水昏漠漠。伫立收烟氛,洒然静寥廓。……小邑务常闲,吾兄宦何薄。高标青云器,独立沧江鹤。惠爱原上情,殷勤丘中诺。何当遂良愿,归卧青山郭。"[1]其《归沛县道中晚泊留侯城》开头四句:"访古此城下,子房安在哉?白云去不反,危堞空崔嵬。"[2]让我们想起高适的《宋中十首》其二:"朝临孟诸上,忽见芒砀间。赤帝终已矣,白云长不还,时清更何有?禾黍满空山。"[3]长卿安史乱前创作,虽常露怨情,但仍是盛平风雅之体,其言及文事之语,如"笑语和风骚,雍容事文墨"(《对雨赠济阴马少府考城蒋少府兼献成武五兄南华二兄》)[4]、"礼闱称独步,太学许能文"(《送孙莹京监擢第归蜀觐省》)[5]。刘长卿在天宝时期的创作,仍多古体,也重古意,其《送薛据宰涉县》赞薛氏"雄辞变文名,高价喧时议。下笔盈万言,皆合古人意"[6]。其乐府诸题,如《平蕃曲》《少年行》《从军六首》等,立意、体格也与王维、王昌龄相近。但整体上说,刘长卿天宝时期的诗歌,能步武诸家,重视思致,

---

[1] 刘长卿著,储仲君笺注《刘长卿诗编年笺注》,中华书局1996年,第1页。
[2] 《刘长卿诗编年笺注》,第2页。
[3] 高适著,刘开扬笺注《高适诗集编年笺注》,中华书局1981年,第5页。
[4] 《刘长卿诗编年笺注》,第6页。
[5] 《刘长卿诗编年笺注》,第15页。
[6] 《刘长卿诗编年笺注》,第28页。

练饰音辞,在自然与风骨上的表现已经有所不足,所谓盛唐气象,在他的诗歌中,已经出现一种变化。这说明即使不发生安史之乱,开元时期的盛唐气象也必然会有所变化,那种诸家以共同的诗道相尚而又能突出显示个性的盛唐诗坛景象,不可能长久地维持。诗坛也会从集大成、自然取法,走向专就某派取法。所谓大历十才子派、元白派、韩孟派、苦吟派、齐梁体等等流派的出现,实是盛唐诗国高潮后必然出现的景象。当然,安史之乱及此后中晚唐的各种社会现实的变化乃至恶化,也是造成中晚唐诗道分歧、百派并生的一些社会文化方面的原因。

四、皎然对复古诗道的质疑

中唐是"诗道"一词开始流行的时期,但也是对于诗道的理解开始走向分歧的时期。

盛唐的复古诗道观,以诗道衰于晋宋、丧于齐梁,欲复诗道,当以风雅为旨,汉魏为典范。而在一部分作者的心目中,陈子昂、李白等人是能复古道者。这一观点,在开、天时期应该是比较流行的。但是格式一派,似乎有另外的一种论诗方式与评价标准。皎然是我们现在所能看到的第一个对复古诗学的上述观念做出质疑的诗论家。皎然《诗式·直用事第三格》专驳复古之论:

> 评曰:卢黄门《序》,评贾谊、司马迁"宪章礼乐,有老成之风";让长卿、子云"'王公大人'之言,溺于流辞"。又云:"道丧五百年而有陈君乎!"予因请论之曰:司马子长《自序》云,周公卒五百岁而有孔子,孔子卒五百岁而有司马公。迩来年代既遥,作者无限,若论笔语,则东汉有班、张、崔、蔡;若但论诗,则魏有曹、刘、三傅,晋有潘岳、陆机、阮籍、卢谌,宋有谢康乐、陶

渊明、鲍明远，齐有谢吏部，梁有柳文畅、吴叔庠，作者纷纭，继在青史，如何五百之数独归于陈君乎？藏用欲为子昂张一尺之罗，盖弥天之宇，上掩曹、刘，下遗康乐，安可得耶？又，子昂《感遇》三十首，出于阮公《咏怀》。《咏怀》之作，难以为俦。子昂诗曰："荒哉穆天子，好与白云期。宫女多怨旷，层城蔽娥眉。"曷若阮公"三楚多秀士，朝云进荒淫。朱华振芬芳，高蔡相追寻。一为黄雀哀，涕下谁能禁？"此《序》或未湮沦千载之下，当有识者，得无抚掌乎？[1]

又《诗式·不用事第一格》：

　　评曰：古人于上格分三品等，有上上、逸品，今不同此评，但以格情并高可称上，上品不合分三。又，虽有事非用事者，若论其功，合入上格；又有三字物名之句，仗语而成，用功殊少，如襄阳孟浩然云："气蒸云梦泽，波撼岳阳城。"自天地二气初分，即有此六字；假孟生之才加其四字，何功可伐，而欲索入上流邪？若情格极高，则不可屈；若稍下，吾请降之于高等之外，以惩后滥。如此，则诗人堂奥，非好手安可扪其枢哉？又，宫阙之句，或壮观可嘉，虽有功而情少，谓无含蓄之情也，宜入直用事中，不入第二格，无作用故也。

　　今所评不论时代近远，从国朝以降，其中无爵命有幽芳可采者，拔出于九泉之中，与两汉诸公并列，使攻言之子"体变道丧"之谈，于兹绝矣！[2]

又《诗式·有事无事第四格》论齐梁诗好处不减建安诸家云：

---

[1] 皎然著，李壮鹰校注《诗式校注》卷三，人民文学出版社2003年，第221—222页。
[2] 《诗式校注》卷一，第93—94页。

评曰：夫五言之道，惟工惟精。论者虽欲降杀齐梁，未知其旨。若据时代，道丧几之矣，诗人不用此论。何也？如谢吏部诗"大江流日夜，客心悲未央"；柳文畅诗"太液沧波起，长杨高树秋"；王元长诗"霜气下孟津，秋风度函谷"，亦何减于建安？若建安不用事，齐梁用事，以定优劣，亦请论之：如王筠诗"王生临广陌，潘子赴黄河"；庾肩吾诗"秦皇观大海，魏帝逐飘风"；沈约诗"高楼切思妇，西园游上才"，格虽弱，气犹正，远比建安，可言体变，不可言道丧。大历中，词人多在江外，皇甫冉、严维、张继、刘长卿、李嘉祐、朱放，窃占青山白云、春风芳草以为己有。吾知诗道初丧，正在于此，何得推过齐梁作者？迄今余波尚浸，后生相效，没溺者多。大历末年，诸公改辙，盖知前非也。如皇甫冉《和王相公玩雪诗》："连营鼓角动，忽似战桑乾。"严维《代宗挽歌》："波从少海息，云自大风开。"刘长卿《山鹡鸰歌》："青云杳杳无力飞，白露苍苍抱枝宿。"李嘉祐《少年行》："白马撼金珂，纷纷侍从多。身居骠骑幕，家近滹沱河。"张继《咏镜》："汉月经时掩，胡尘与岁深。"朱放诗："爱彼云外人，来取涧底泉。"已上诸公，方于南朝张正见、何胥、徐摛、王筠，吾无间然矣！[1]

上述皎然的三大段论述，主要是针对初盛唐诸家的晋宋齐梁诗歌道丧之说的。上面说过，诗道的观念，原出于复古诗学，但在流行之后，也被诗坛所普遍接受，这大概是"诗道"逐渐流行的原因之一。但各家各派在接受了诗道这个范畴后，又各自阐述各自的诗道，不仅内涵、判断标准即审美标准不同，而且使用的方法也各不相同。我们现在仔细地阐述皎然对道丧说的驳论。

其一，皎然认为卢藏用认为"道丧五百岁而得陈君"是不符合事

---

[1] 《诗式校注》卷四，第273—274页。

实的，他举出前面五百年间的一些诗人，认为他们的成就不能否定。这一点其实有故意误解的地方，陈子昂是提倡汉魏的，对建安曹、刘，正始阮籍并未否定，并且也认为晋宋虽然不能全部传承建安之风，但典型犹存。并且卢藏用的"道丧五百岁而得陈君"，其实是一个譬喻性说法，是强调陈氏越齐梁溯汉魏的功绩，尤其是他在开辟唐诗复古方面的功绩，即后来韩愈所说"国朝盛文章，子昂始高蹈"。皎然直接属实了"五百年"一词，不能不说是曲解以申其论。当然皎然还认为陈子昂学阮籍，但《感遇》三十首不及阮之《咏怀》。这一看法还是颇有鉴裁的。但学而未及，不等于不要学。复古之收大功，还在其后的开天诸家。

其二，皎然认为论诗不应以时代，而应该注重实际的作品，并且要承认诗格、诗体是历代变化的。皎然的这一个看法，不能不说是有见地的。如他在论齐梁诗的时候，一方面举诸家诗句为例，证明不逊于建安，认为建安不用事，齐梁用事，是诗格之变，不能用建安诗的标准来评价齐梁。这样的看法，当然也有一定的道理。

其三，皎然认为诗道之丧，是在大历诸公，但诸公后来也发觉，到了大历末，诗道又恢复了。于此他还举了诸公的诗句为例，我们看他举的这些大历末年诗句，有一个特点，多属于叙事咏物之类，并且是以情志为体，比兴为用的。这些诗句，与"窃占青山白云、春风芳草以为己有"是不同的。前一种当然是更接近汉魏盛唐，而后一种则近于晋宋齐梁的传统。可见皎然的诗道观，仍然是接受了复古派的一些观念，包括"道丧"之说本身。他只是不同意将"道丧"与齐梁乃至晋宋画等号。皎然的这种诗道观，与大历以后齐梁诗体的重新流行，是有直接关系的。皎然本人就是齐梁诗风的提倡者之一。

皎然诗道说与复古诸家诗道观念之不同，更值得注意的在于他们在诗学方法上的不同。复古派是持时代论、整体论者，其诗学方法来自儒家一派的根据时代来分别正变盛衰的方法，南朝的文论家如刘飙,以及唐初诸史的《文学传》《文苑传》论文,也基本上是使用这种方法的。中晚唐时许多诗论,如白居易《与元九书》、韩愈《荐士》仍然使用这种方法。如果我们全面地整理唐代关于文学史与诗歌史的众多概论,我们会发现,这种诗学方法是占主流的。但是另有一派的诗学方法,姑且可以说格式派的诗学方法,是打破时代,直接着眼于诗作与诗句本身高下的。前者重视的诗的神与逸,如殷璠;后者重视的是体与格,即注目于工,如皎然贬低孟浩然"气蒸云梦泽,波撼岳阳城"这两句诗,认为其是使用成语,不费工夫。这显然是以苦吟雕琢的标准来衡量孟诗。这是因为皎然虽也重心地、境界,但他的论诗更核心的范畴是"作用"。神气近乎自然,作用邻于匠心,这正是盛唐李白、孟浩然诸家与中唐大历诸家的不同,也是汉魏与齐梁的不同。所以,两者其实是在用不同的审美标准论诗道。

作为格式派诗学的代表,皎然论诗,其实不是重史的整体变迁,而是注重具体的诗句,他用来辩护齐梁的基本方法,是举诗句为例的。作为诗史研究,这种方法,其实是不太科学的。但皎然也不是没有诗史观,他着眼于不同时代诗歌体格的不同,并且重视通中有变,在诗学方法上,超越复古派的拘泥时代,也打消了一说到齐梁就想到"道丧"的成见。皎然平素论诗,亦用"诗道"一词,如其《答权从事德舆书》:"贫道虽名之人,万虑都尽,强留诗道,以乐性情。"其《诗式》一书,正是为阐述其一家之诗道而作。在唐代诗道论由形上的诗歌原理向形下的写作方法的转变,是一个重要的环节。

五、白居易、刘禹锡两家对诗道的不同把握方式

诗道意识进一步发展,并且出现诗道分歧、是非之说,则是中晚唐诗学的一种基本景象。白居易与刘禹锡两家对诗道的不同的阐述方式,在这方面就具有代表性。

白居易早年热衷于讽喻诗的创作，并与元稹一起建立起一种新乐府创作理论体系。但白居易的诗学不局限于新乐府理论，而是运用六义之说的一种整体诗歌理论。在这个理论体系中，"诗道"是一个核心的范畴，也就是说他与前面的复古诸家一样，在对诗歌史进行批评以及对当代的诗歌创作进行规范时，是很明确地在阐明一个诗道。他在《与元九书》书中说：

> 仆尝痛诗道崩坏，忽忽愤发，或食辍哺，夜辍寝，不量才力，欲扶起之。[1]

白居易的诗道崩坏论，正是复古派的核心观点，只是白居易以六义论诗，所悬的标的比陈子昂、李白更高，几乎可以与元结所悬的标的相比。当然在实际的创作上，白居易是有很大的变通的，所以他一方面是新乐府派的主将，另一方面又是中晚唐之际的诗坛的广大教化主。白居易理论与实践上的巨大差异，其实也正反映了复古诗学的一种困境。尤其是其中强调教化的一派诗歌思想的困境。

与白居易不同，刘禹锡的诗道观，则是着眼于诗歌艺术本位。其所论诗道，虽然仍不违儒家诗教，但基本上摆脱了功利的目的，就诗而论诗。其《董氏武陵集序》：

> 片言可以明百意，坐驰可以役万景，工于诗者能之。风、雅体变而兴同，古今调殊而理冥，达于诗者能之。工生于才，达生于明，二者还相为用，而后诗道备矣。[2]

---

[1] 《白居易集》卷四十五，第962页。
[2] 刘禹锡著，《刘禹锡集》整理组点校，卞孝萱校订《刘禹锡集》卷十九，中华书局1990年，第237页。

刘禹锡论诗，首先注目于工诗。这其实是中唐以来论诗的新方式，其受皎然论诗重视"作用""境"、句的方法影响是很明显的。这就将诗道论从复古派的抽象的风雅六义的冠冕说摆脱出来。不仅如此，刘禹锡还将诗道的位置回归诗体的位分上来，认为风、雅是不同的两种诗体。同时，他这里的风雅，不仅专指诗经的风雅，同时指历代的风雅两种诗体。从《诗经》的风、雅、颂到后世诗歌的各种体裁、风格，虽然体在变化，但作为诗的本质性体现的"兴"即诗的根本精神是一致的。他接着还加上"古今调殊而理冥"一句，所谓调即体调，理即诗理，亦即诗歌创作的规律。这两句其实是互文的。合起来说，即是古今诗歌的体调虽然变化不同，但是诗歌的精神及其达到这种精神的规律性的东西，是趋向一致的。刘禹锡论诗强调诗之理，应该是受到孔颖达《毛诗正义序》的影响。《毛诗正义序》论诗虽然也说教化，但更重于感物缘情，明显地受到六朝缘情说的影响。其论曰：

> 若夫哀乐之起，冥于自然，喜怒之端，非由人事。故燕雀表啁噍之感，鸾凤有歌舞之容，然则诗理之先，同夫开辟，诗迹所用，随运而移。上皇道质，故讽谕之情寡，中古政繁，亦讴歌之理切。

可见"诗理"一词的揭出，来自孔颖达。他这里的所说的"讴歌之理"亦即诗歌的发生之理，他认为这种发生之理，是亘古就存在的，"同夫开辟"。而他所说的"诗迹"，即是我们所说的诗歌发展历史。与孔颖达一样，刘禹锡也是将诗的原理与诗体的演变合在一起来讨论。理在迹中，即"古今调殊而理冥"。所不同的是，孔颖达的诗理、诗迹是用来论诗，具体来说是用来论《诗经》的。而刘禹锡的诗兴、诗理，则是用于论具体的创作的。这里最重要的不同，还是在于其提出的"工于诗""达于诗"这样两个概念。他最后得出的结论是，成功的诗歌创作，是"才"与"明"的两相为用。"才"即才具，即作者的创作才能，他当然不完全是先天的，任何才能都是先天禀赋与后天修习的结合。"明"即学识与历练，即通过对古今体调的学习，对包含"体变而兴同""调殊而理冥"的体悟。刘禹锡的这个"明"的用法，有点类似于佛教因明、声明之"明"。"才"与"明"其实是相联系的。所谓"才"，即诗才、诗功，而所谓"明"即"诗学"。诗才与诗学相关，但两者又有区别，此即刘禹锡所说的"二者还相为用"。刘禹锡认为只有做到这一层次，才能说"诗道备矣"。由上述可知，刘禹锡是把"诗道"完全落实在创作上来讲了。

当然，白居易与刘禹锡两人在诗道上，也有相互启发的地方。这种启发，使白居易在论诗时，不只是说"六义""吟咏情性"（见之后有关"吟咏情性"一章），而且也对诗歌的艺术的质味有所阐述。这一点，在白居易的《刘白唱和集解》中表现得比较突出：

> 彭城刘梦得，诗豪者也，其锋森然，少敢当者。予不量力，往往犯之。夫合应者声同，交争者力敌；一往一复，欲罢不能。由是每制一篇，先相视草；视竟则兴作，兴作则文成。……予顷以元微之唱和颇多，或在人口。常戏微之云：仆与足下，二十年来，为文友诗敌，幸也，亦不幸也。吟咏情性，播扬名声，其适遗形，其乐忘老……文之神妙，莫先于诗。若妙与神，由吾岂敢？如梦得"雪里高山头白早，海中仙果子生迟"，"沉舟侧畔千帆过，病树前头万木春"之句之类，真谓神妙。[1]

由此可见，六义、"吟咏情性"只是原则，而进一步指出的"神妙"，则是承杜甫的"神"之说[2]，而不启晚唐诸家以神妙、玄妙论诗的方

---

[1] 《白居易集》卷六十九，第 1452—1453 页。
[2] 关于杜甫的法与神的诗学，参见钱志熙《杜甫诗法论探微》，原载《文学遗产》2001 年第 4 期，后载钱志熙《中国古典诗学源流》，中华书局 2025 年。

第十一章　唐人诗道说：由伦理本体论向艺术本质论的转化

式。事实上,在艺术实践上,"神妙"的追求才是重点。与之相比,"吟咏情性"只是强调一种态度,有时候也是指一种状态。当其强调适性自然的一面时,与神妙之说其实是有一定距离的。神妙才是诗人追求的最高境界,但却当只显现于警句名篇之中。片面地追求"神妙",有时会使艺术的道路狭窄,而走上苦吟一篇的窄狭境地。

六、晚唐诗道说与"诗道"一词的流行

初盛唐诗家探索文章道、风雅之道的意识的明确,是与其对齐梁诗风的反思及复古之道分不开的。中晚唐时期的倡言并探索诗道,同样是与中晚唐诗歌艺术的发展状态紧密相关的。唐诗在盛唐时期完成了经典风格的创造,中晚唐诗人无论继承盛唐经典风格,还是适时地做出发展,都会遇到一些困境。与盛唐诗人基本上是在一种比较自然的观念下进行诗歌创作不同,中晚唐诗人的创作,人工的因素明显地增加。在这样的过程中,诗歌成了一种需要寻索的事物,这种寻索是体现在诗人的风格追求上的,也反映在各种关于诗歌格式的讨论上。其中,如何理解诗的本体与艺术本质,成了大多数成熟诗人自觉意识。而诗的多歧及因世风的影响而造成诗歌精神的某种沉沦,更使许多有识的诗家与诗论家对诗坛景象产生忧虑,诗道之说的流行,正与这种情况相关。

"诗道"一词的进一步流行,应该是中晚唐之际。晚唐诗人的吟咏中经常出现"诗道":

  见说论诗道,应愁判是非。(周贺《赠李主簿》)[1]

---

[1] 《增订注释全唐诗》卷四百九十二,第 3 册,第 1026 页。原校"见说论诗道"《全唐诗》校一作"见说偏论道"。今据本文之论,当然应该是"见说论诗道"。

愁人久委地，诗道未闻天。（朱可名《应举日寄兄弟》）[1]

诗道世难通，归宁楚浪中。（李洞《送张乔下第归宣州》）[2]

诗道揣量疑可进，宦情刊缺转无多。（韩偓《春阴独酌寄同年虞部李郎中》）[3]

诗道将仙分，求之不可求。非关从小学，应是数生修。蟾桂云梯折，鳌山鹤驾游。他年两成事，堪喜是邻州。（杜荀鹤《赠聂尊师》）[4]

发枯穷律韵，字字合埙箎。日月所到处，姓名无不知。莺啼谢守垒，苔老谪仙碑。诗道丧来久，东归为吊之。（林宽《送许棠先辈归宣州》）[5]

按照诗语运用的通常规律，一个名词在诗中运用到这样的一个程度，其在日常的口语与书面写作中，应该有更多的使用。所以根据上述这些用例，我们完全可以说"诗道"一词，在晚唐时代已经流行。

上述诸例可见，周贺的"见说论诗道，应愁判是非"是指诗人之间谈论诗道；而韩偓的"诗道揣量疑可进"则是指通过对自己的整个创作过程的回顾，觉得自己在诗道上仍可以有所进益。这两例都是说明"诗道"这一个概念在具体的创作与批评中的运用。林宽的《送许棠先辈归宣州》，则是在赞扬许棠在诗歌创作上成就卓著的同时，也感

---

[1] 《增订注释全唐诗》卷五百五十，第3册，第1707页。
[2] 《增订注释全唐诗》卷七百一十五，第4册，第1462页。
[3] 《增订注释全唐诗》卷六百七十四，第4册，第1094页。
[4] 《增订注释全唐诗》卷六百八十五，第4册，第1220页。
[5] 《增订注释全唐诗》卷六百，第4册，第408页。

叹"诗道丧来久",希望许氏回到家乡后,凭吊谢朓与李白在宣州的遗迹。这虽然是诗人的吟咏,但也可见他们视谢朓、李白为诗道之所寄。

  初盛唐陈子昂、李白一派的诗道论,是以风雅为体,兴寄为用,风骨为质,其具体的运作方法,则是复汉魏之体并上溯风雅之旨,所以我们称其为复古诗学。它最具操作性的内容,是学古与复古,而诸如风雅、兴寄、风骨等范畴,其实都是存在于创作与批评中的一种活跃却又变动不居的审美体验中,并且是因人而异的。上述所举诸家所言的文章道、风雅之道,当然与"诗道"是完全相叠合的,但都没有直接使用诗道。但中晚唐诗道的内涵在不断地发展,其中一个现象,就是诗道的分歧。所谓"见说论诗道,应愁判是非",就可见关于何谓诗道,时人是存在着分歧与争议的。而周贺与这位李主簿平素之间于诗的理解是有所不同的,所以才有这样的说法。诗的艰难寻索、苦吟冥搜成了晚唐诗人的普遍心态,杜荀鹤《读诸家诗》云:"辞赋文章能者稀,难中难者莫过诗。直应吟骨无生死,只我前身是阿谁?"[1]"诗道"成了诗人的口头禅,正是这种心态的反映。

  在此我们也可以看出来,"诗道"一词是在诗人实际的创作中遇到困境,努力寻找一种通途时产生的,也可以说是诗人在对诗歌艺术获得一种自觉时产生的。这也是诗道说在研究诗人的创作过程及诗歌史的发展过程中的价值。我们抓住诗道说,不是单纯的概念分析及概念史的梳理,而是要通过它来展示诗歌发展中的一些问题。

---

[1] 《增订注释全唐诗》卷六百八十七,第4册,第1242页。

第十二章
"吟咏情性"说在诗学中的主轴地位（上）

近几年来，西方的一些学者强调中国古代诗学的抒情问题。1971年陈世骧先生在美国亚洲研究学会比较文学讨论组做了"论中国抒情传统"的致辞[1]，引起了西方研究中国诗歌的领域比较持续的讨论。这些讨论，主要是从比较文学的角度来提出问题。这个抒情传统，是相对于一般叙事传统而言的。古希腊史诗发达，并且古希腊的戏剧中歌队演唱是一个重要组成部分，所以戏剧尤其是悲剧，也被归入诗歌的范畴，因此学者们普遍认为，作为西方诗歌源头的古希腊诗歌，是以叙事为主。

当然，所谓中国古代诗歌的抒情传统，原是20世纪文学史家普遍认识到的一种事实，[2] 上述以陈世骧先生的论著为起点的关于抒情传统的讨论，只是一种重提，当然也会有新的认识。事实上中国古代诗歌甚至整个文学的抒情特征，即使在创造它的古代文学家那里，也是一种自觉的体认与实践。还有，抒情果然是中国古代诗学乃至整个文学的核心问题，但是，中国古典诗学的抒情理论，并非简单地以情为核心范畴，而是由言志、缘情、吟咏情性乃至"感于哀乐"、感物

---

[1] 陈世骧著，张晖编《中国文学的抒情传统：陈世骧古典文学论集》，生活·读书·新知三联书店2015年，第3页。

[2] 如林庚《中国文学简史》第一章《史前的短歌与神话传说》："而上古的神话——故事的渊泉——的佚亡，但又加深了中国诗歌抒情的传统。"（北京大学出版社1995年，第11页）按，此书为林庚先生1947年在厦门大学自著的基础修订。

兴思等一系列范畴与名言构成的。在具体的语境中，抒情理论更是应境而生、变化无穷的。如果联系抒情目的的诗学观念与方法，则诸如比兴、怨刺、讽喻等范畴也应该纳入其中。再如果联系到审美的品格与效果，则如风骨、境界、兴趣等范畴，也未尝不属于中国古典抒情诗学的讨论范围。所以，简单地用西方的抒情理论来阐述中国古典抒情诗学，难以穷尽其丰富的内涵，更难以展示其实践境界与美学特征。

这里面有没有一个作为中国古典诗学的主轴的范畴或名言呢？我们首先会想到被称为中国诗学开山纲领的"诗言志"，它的确是先秦乃至两汉诗学的主轴，[1]而且在后来的文人诗学的整个历史中，也是被奉为诗歌创作的最高宗旨，不仅在诗方面，即使在词、曲乃至戏剧方面，这个言志说也都有有效的进入与奉行。从正统的理论来说，它无疑是中国古典诗学的轴心。但是，由于它始终指向一种严肃的伦理目标，事实上无法完全概括古典诗学中各种世俗化、人性化的抒情行为，所以在相当多的时候，是作为一种冠冕性的理论，甚至是一种鞭策性、批评性的理论而存在的。至于发生于西晋的陆机的"诗缘情"说，由于其与赋法的绮靡作风联系，而且"缘"字事实上有一种让情感客体化的倾向，无法揭示抒情行为的内在力量所在，所以缘情说本身，一直处在中国古典诗学的边缘，乃至时受质疑。考察上面的这种情况，我们在寻找中国古典抒情诗学的主轴时，不能不将注意力投向由《毛诗大序》提出的吟咏情性说，以及续后在文人诗学中不断传承、演述、实践着的吟咏情性、诗者情性等说法。尤其是从诗歌创作的实践层面上，中国古代文人诗的主体所呈现的实践方式，是以出于《毛诗大序》的"吟咏情性"为主的。相比言志说和缘情说，"吟咏情性"及情性说的讨论还是很不够的。

---

[1] 参看前面《先秦"诗言志"说的绵延及其不同层面的含义》一章。

与"吟咏情性"及由之派生的作为诗学本体论的情性说相对应的，则是中国古代诗歌的变风、变雅传统。《毛诗》论风雅，有正变之说。正与变都包含在风雅之中。后世诗人论风雅，有合正变而论的，也有区分正变而论的。唐宋诗人虽多志在雅颂，但其实际的创作则落实在变风、变雅之上。《毛诗大序》的"吟咏情性"、变风变雅的理论模式，不仅是对《诗经》大部分创作事实的概括，而且也预先地概括了后世文人抒情诗的基本性质。如果说"吟咏情性"是中国古代抒情诗学的主轴，则变风变雅是中国古代诗歌史的主流。两者的相涵，深刻地体现了诗歌艺术的创造规律。

一、"吟咏情性"之说的产生背景与其在先秦两汉诗学中的位置

关于《毛诗大序》在诗歌理论方面的经典价值及"吟咏情性"与个体诗学的形成问题，本书第五章中已经有所论述。现在我们再来讨论，"吟咏情性"说在先秦两汉诗学中的位置，亦即以情、情性为宗旨的诗学理论出现的历史事实与逻辑理路。这里的关键有二：一是从言志论向抒情论的发展，二是"吟咏情性"产生的情感哲学或说情性哲学的背景。

我们首先谈第一个问题，即从言志论向抒情论发展的问题。在谈这个问题的时候，我们必须先确定一个基本的认识，即《舜典》"诗言志"的确是中国古代第一个诗歌本体论，其发生虽然未必在虞舜时代，但肯定在春秋行人诗学与诸子诗学之前，春秋行人诗学中的言志说与诸子的有关"诗志"的各种讨论，是对这个古老的"诗言志"原则的沿承与展开。[1] 有学者认为"诗言志"形成于秦汉之际，是秦汉

---

[1] 参看前面《先秦"诗言志"说的绵延及其不同层面的含义》一章。

之际儒家诗学者对诸子等人"诗志"之论的总结。[1]这是不符合事实的，从春秋到战国诸子不同时期，不同背景、不同学派，却共同涉及"诗志"与"言志"的问题，这种现象，说明他们有一个共同的理论渊源，这个渊源即《舜典》传述的"诗言志"说。总之，诗歌言志之说是在诗歌抒情之说发生之前绵延长久、影响广阔的一个诗歌理论，不可能是后来者的概括，而是一个源头之论。在情感、情性哲学产生之前，志、意的哲学是关于主体的基本哲学概念。"情"这个概念的出现，需要专门考察，至少春秋战国时期，"情"字已经流行。《春秋左传》庄公十年："小大之狱，虽不能察，必以情。"今人多以此"情"为情实之情，亦即真实的情况，也可通"诚"。如《王力古汉语字典》"情况，实情"一条，即引《左传》此语。[2]但杜预《春秋左传集解》注"虽不能察，必以情"曰"必尽己情察审也"，孔颖达正义亦云："言以情审察，不用使之有枉。"[3]由此而论，"情"本心情、情感的意思；实情的意思，是由此心情之义派生的。"情"字作为感情使用，应该是原始之义，而非如学界一般理解那样为后起之义。《孟子·滕文公上》："夫物之不齐，物之情也。"物之情，当由人之情引申而生。

以情论诗，晚于以志论诗。新近出土的上博楚简《孔子诗论》中"情"是一个重要概念，多处可见。《孔子诗论》："《绿衣》之思，《燕燕》之情。"[4]又曰："绿衣之忧，思古人也；《燕燕》之情，以其独也。"[5]"因《木瓜》之报以输其怨者也；《杕杜》则情喜其至

---

[1] 参见陈良运《中国诗学体系论》（中国社会科学出版社1992年）中"言志篇""一、'诗言志'正源""（一）舜曰'诗言志'应予否定""（四）'诗言志'观念形成于秦汉之际"。

[2] 王力主编《王力古汉语字典》，中华书局2000年，第318页。

[3] 《春秋左传正义》卷八，《十三经注疏》下册，第1767页。

[4] 《上海博物馆藏楚简校注》，第6页。

[5] 《上海博物馆藏楚简校注》，第12页。

也。"[1] "《北风》不绝人之怨。"[2] 传世的《论语》记载孔子论诗之语，虽然没有直接出现以情论诗的文字，但诗"可以怨"，以及论《关雎》"乐而不淫，哀而不伤"，都是注重《诗经》的情感状态的。也许正是孔子首倡诗"可以怨"之情论，孔门论诗，愈重于情，才出现《孔子诗论》多以情说诗的现象。这样说来，以情、怨论诗，应该发端于孔子。孔子是中国古代抒情诗学的奠基者。根据历代宗《毛诗》者的说法，《毛诗》传自子夏，诗序是子夏所作，则《毛诗》说诗主情，正是孔门的正传。

情感论原本是论乐之说。中国古代的大宗抒情论，正是从论乐的《礼记·乐记》开端的。《礼记》情感论的逻辑，在于首重人心之感物："音之起，由人心生也；人心之动，物使之然也；感于物而动，故形于声。"又说："乐者，音之所由生也，其本在人心之感于物也。"由此而引出"情"字："凡音者，生人心者也，情动于中，故形于声，声成文，谓之音。是故治世之音安以乐，其政和；乱世之音怨以怒，其政乖。亡国之音哀以思，其民困。声音之道，与政通矣！"后面几句表达的意思，其实就是孔子"诗可以观"之说的发挥。荀子的《乐论》，则从情感需求的角度，强调音乐的必要性及其发生的必然性："夫乐者，乐也，人情之所必不免也，故人不能无乐。"[3]

诗歌是语言的艺术，与理智的志、意更接近，故论诗以言志、言意为主。[4] 音乐通过各种声乐与器乐、舞乐发生效果，更趋感性的状态。所以以志论诗，以情论乐，是合理的分判。但是诗本身就是乐的一部分，歌诗更是乐的一种，所以以情论乐转为以情论诗，几乎是

---

[1] 《上海博物馆藏楚简校注》，第18—19页。
[2] 《上海博物馆藏楚简校注》，第17页。
[3] 《荀子集解》卷十四，第379页。
[4] 《国语·鲁语下》："诗所以合意，歌所以咏诗也。"（《国语集解》，第200页）《史记·五帝本纪》："诗言意。"（《史记》卷一，第39页）

不需要任何过渡的一种自然的逻辑。因此，言志之外，更进一步地产生了抒情之说，并且以"情"来具体地阐述"志"的内涵。当然，这里有一个诗学上的重要背景，即个体作为诗歌言志的主体，被得到更加明确认识。从理论的发展史上，这个关纽，就是由《毛诗大序》展示的。

《毛诗大序》抒情理论有两个层次，第一个层次是由言志说引发出抒情论：

> 诗者，志之所之也。在心为志，发言为诗。情动于中而形于言，言之不足，故嗟叹之。嗟叹之不足，故永歌之。永歌之不足，不知手之舞之，足之蹈之也。[1]

这一段文字，其实仍在演绎《舜典》诗、歌、声、舞一贯之论，对应极为明显。但其中"心""情"两字的加入，正是上述从《孔子诗论》到《礼记》以情论乐之说的继承。可见《毛诗大序》是综合《舜典》与《礼记》的理论，沿承的脉络极为明显。后世关于志、情及言志、缘情，有合与分诸说，事实上也是无论从理论还是从实践来看，都是有合者，有分者的。但《毛诗大序》，却是志、情合论的。以至如孔颖达者笺释，差不多将志与情看作是一回事：

> 包管万虑，其名曰心。感物而动，乃呼为志。志之所适，外物感焉。

> 情谓哀乐之情，中谓中心，言哀乐之情动于心志之中，出口而形见于言。

---

[1] 《毛诗正义》卷一，《十三经注疏》上册，第270页。

孔颖达无疑是属于情志合的一派的。从一般的情感哲学来说，志与情当然是一样性质的，言志说当然也是抒情理论的一种。当然，在具体的诗学实践中，缘情的诗学与言志的诗学是存在着分别的。

《大序》抒情理论的第二个层次，即"吟咏情性"说的提出。"吟咏情性"说，当然是与第一层次的一般的志情论符合的，但对作为变风变雅的特殊的抒情风格的一种进一步界定，具有普通抒情说所没有的一种内涵。我们先来说这里所增加的一个重要范畴"性"。"性"的哲学的发生是一个需要另加专门考察的问题。我们即就一般的理解来说，性、命及性、道之说，的确是春秋至两汉儒家哲学中的重要的范畴。情性或性情的范畴，是先秦儒家的一种哲学。荀子云："生之所以然者，谓之性。性之和所生，精合感应，不事而自然，谓之性；性之好恶喜怒哀乐谓之情。"[1]"性"的本义，应该就是生、生命的意思，两汉用例中，仍有不少"性"同于生的文献依据。但当一般的生命哲学与儒家伦理之道相结合时，"性"除了"生"的一层基本意义之外，又加入《礼记·中庸》"天命之谓性，率性之谓道"[2]这样一种探究生命的伦理本体的理论。《大序》的"情性"之"性"，即包含了上述两层意义。《大序》"发乎情，民之性"。"民性"在《孔子诗论》中曾多次出现，是"情"之外另一重要范畴。其中第十六条："孔子曰：吾以《葛覃》得视初之诗，民性固然。见其美必欲反其本。"第二十四条："《后稷》之见贵也，则以文武之德也。吾以《甘棠》得宗庙之敬，民性固然。甚贵其人，必敬其位，悦其人，必好其所为，恶其人者亦然。"第二十条："民性固然其吝志有以愉也。"[3]这里的"民性"，接近于我们今天所说"人性"，但它更多地指向普通的人自然感发之性。《大序》

---

[1] 《荀子集解》卷十六，第412页。
[2] 《礼记正义》卷五十二，《十三经注疏》下册，第1625页。
[3] 范毓周《上海博物馆藏楚简〈诗论〉的释义、简序与分章》，《上博馆藏战国楚竹书研究》，第176—177页。

"发乎情，民之性也"，与此义最近。常森对先秦至两汉"性"说在诗论中的重要位置有新颖的论述："联系其他新出儒典，可以看出，早期儒家诗学是在'心''性''物'三者构成的体系框架之上建构的'言志''言情'的同一体。'心''性''物'在该体系中的强力凸显，'言志'与'言情'的一体性等，从不同程度上刷新了我们对诗学史的认知。"[1]《大序》情性说，正是将"性"融接进抒情说的重要理论。可以说，儒家一派的原始诗学，一直是在"志""情""心""性"几个主体范畴中展开，然后接以"感物""观政"等主体对应客体的范畴。这一体系在今天极需在历史中进行一种逻辑的重构。

二、南北朝时期情性本体诗学观念的确立

"吟咏情性"说以及由它产生的以情性为诗歌本体的诗学观念的确立，是经历了一个过程的。文人五言诗产生于汉代，但其作为一个诗歌艺术系统的真正确立是在魏晋时期。这个事实，钟嵘、刘勰已经有很生动的展示，尤以刘勰所说的"暨建安之初，五言腾踊"一语为直观[2]。在这个过程中，情性说并没立即确立为主流的诗学观。正如早期的经典诗学中的诗歌本体论有一个从"言志"到"情"论的发展一样，汉魏晋时期的文人的实践性诗学，也经过一个由"志"到"情"的发展，并在南北朝时期确立以"情性"为基本的诗歌本体论。

在经学兴盛的背景中产生的汉魏诗人的五言创作，其所崇尚的基本诗学观念仍是"诗言志"的观念。从许多实例中可以看到，"诗言志"，或者"诗者，志之所之也"这样的经典性的表述，至少在观念的层次上支配着汉魏诗人的创作。早期如傅毅的四言《迪志诗》，汉末

---

[1] 常森《新出土〈诗论〉以及中国早期诗学的体系化根源》，《北京大学学报》2019年第1期，第113页。

[2] 《文心雕龙注》卷二，第66页。

郦炎的《见志诗》[1]，侯瑾的《述志诗》，仲长统的《见志诗二首》，可见汉人作诗，仍秉"诗言志"观，多直接以志名诗，与汉人作歌多畅抒哀乐之情不同。建安诗歌仍以言志为基本观念，并且深受经学影响。曹操虽作乐府歌诗，却反复地说"歌以言志"（《秋胡行》两首）、"歌以咏志"（《步出夏门行》），其乐府多为典型的言志之作。曹操举孝廉、明古诗，所以他用乐府俗乐之体，追附《诗经》宗旨，如其《苦寒行》有"悲彼《东山》诗，悠悠使我哀"，《善哉行》有"古公亶父，积德垂仁"，多依附经语。七子之中，如所传孔融《杂诗·岩岩钟山首》、刘桢《赠从弟三首》，都为言志之体，而王粲四言，作以雅颂国风之体，情志相合，同样受经学的影响。曹植在创作上以"君子之作"自期，并说"与雅颂争流可也"。他的诗歌，多以言志为体。其实汉魏言志之体的境域是很广的，甚至比兴之体及游仙诗的一部分，都属于言志诗的范畴。刘桢《赠从弟》，即以比兴言志。仲长统的《见志诗》所述实道家者，近乎游仙之词。叶适曾以正统儒家立场批评："仲长统二诗，放弃规检，以适己情……自是风雅大坏，而建安、黄初之体出。"[2]按叶适的看法，仲长统的这两首诗，失去风雅言志的正规，但仲长统却以言志自标，这说明到了汉魏晋时代，志的内涵在扩大，从群体的伦理的意义，向个体的独立意志、自由意志这一方向拓展。推及嵇康《赠秀才从军诗》，不但以比兴为体，并且多言放达之志，其实也是言志的一种。观此，可见魏晋游仙，实亦言志的一种。《论语》有"各言其志"之说，不但子路等人的经济之策是志，曾皙的独善之志，也是一种志。志的内容的扩大，容纳了魏晋的多种言志之作。由此可见，游仙、隐逸、山水，无不为言志之体的扩大，也就随有"志"本身扩大，出现种种言志之诗，在实践上突破

---

[1] 有的版本直接作《诗二首》，《广文选》作《见志诗》，逯钦立辑校《先秦汉魏晋南北朝诗》汉诗卷六，第182页。

[2] 《习学记言序目》卷二十五，第357页。

群体意志的伦理政教诗学范畴。这是中国古代言志诗学发展的内在逻辑，也是诗歌发展史的重要事实。

但《乐记》《大序》的"情"论，也同样对汉魏诗人发生直接的影响，并且在实际的创作中，"情"论更加贴切于汉魏之际的诗歌潮流。汉魏的"情"论，就内容而言，多与哀乐结合，就表现而言，多与"丽"旨相通，并且多诗赋合论。最早王符《务本》篇论"诗赋者，所以颂善丑之德，泄哀乐之情也，故温雅以广文，兴喻以尽意"[1]，至曹丕《论文》，承扬雄"辞人之赋丽以则"之语，倡"诗赋欲丽"之旨，陆机《文赋》广其义为"诗缘情而绮靡，赋体物而浏亮"，可以说这一系理论，是最初奠定文人诗抒情原则的。汉魏诗歌，多以怨、哀、愁为旨，如班倢伃有《怨诗》（一作《怨歌行》），张衡有《怨诗》《四愁诗》，阮瑀、王粲都有《七哀诗》，蔡琰有《悲愤诗》，渐至于以"思"名篇，如徐干《室思》，以"情"名篇如繁钦《定情诗》、张华《情诗》，遂于言志之外，另外专重言情之体。至于《古诗十九首》及建安诗人，作诗务尽哀激之情，慷慨之词，常见于篇。曹植《前录序》自称"雅好慷慨，所著繁多"，又《赠徐干诗》"慷慨有悲心，兴文自成篇"，以上哀怨之风，虽源于汉乐府"感于哀乐，缘事而发"[2]，而在创作思想上，正与《乐记》《大序》的说哀乐之情相接。又其时诗人如曹丕、陆机等人，多倡感物之旨，不一而足。直接承继《乐记》中的感物说。[3] 但其中并未明确地提到"情性"两字，这当然是因为"吟咏情性"是在讲述变风变雅的创作情形时提出来的，而文人在创作理论上的祈向，仍在正风、正雅。

前面说到"情"的内涵，有情实、情感之义。"情"字还有一个专门的意义，是指男女之情。这在汉魏晋的一系列情赋、情诗中有突出

---

[1] 《潜夫论笺校正》卷一，第19—20页。
[2] 《汉书》卷三十《艺文志·诗赋》，第1756页。
[3] 参见拙作《魏晋诗歌艺术原论》有关西晋诗人感物说一节。

的体现。当时写男女之事,多用"情"字。当然,并非"情"字局限于此义,男女之情实为诸情之一种,但说其他的情感时,多用定语,而说男女之"情",不用定语。早期似乎多用"色""女色"来指称,汉魏之情,至少在文学中,开始较多地用"情"指称。这也许是一种意识及对男女关系认识的进步,从男性单方面的"女色",到表现了双方的"情"。这甚至有可能具有一种时代的特征,是重视个性与人性的通脱的社会风气的表现。

从东汉至魏晋的诗学,先是直接《尚书·舜典》的言志说流行,然后专承《乐记》缘情、感物之说的流行,后者当然是也实践的一种概括。南朝以降,始多以情性论文学。先是范晔论文,并用情志、情性两个范畴。《宋书·范晔》传载范氏狱中与甥侄书:

> 常谓情志所托,故当以意为主,以文传意。以意为主,则其旨必见;以文传意,则其词不流。然后抽其芬芳,振其金石耳。此中情性旨趣,千条百品,屈曲有成理。自谓颇识其数,尝为人言,多不能赏,意或异故也。[1]

范氏以情志为文章的内容,其《后汉书·文苑列传》赞即云:"情志既动,篇辞为贵。抽心呈貌,非雕非蔚。"[2] 与其书信中所述观点,大致相同。"情性旨趣",则偏于性格、个性、气质,也包括了文章的风格。这里的"情性",与魏晋六朝日常语言的"情性"接近。诗歌与音乐不但表现情性,同时起到正情性、和情性的作用,也就是说对人的情性有熏陶、调和的作用。《南齐书》列传第九:

---

[1] 《宋书》卷六十九,第 1830 页。
[2] 《后汉书》卷八十下,第 2658 页。

> 乐者动天地，感鬼神，正情性，立人伦，其义大矣。

又《北史》列传三十七亦云：

> 是知乐也者，和情性，移风俗，动天地，感鬼神。

可见六朝情性论，比之《大序》情性论，更明显地增加了个性、才性的内涵，以及调和情性、保持情性之正的作用，同时也引向风格即体性。这是我们在把握六朝情性说时必须注意的。自南朝至唐初，史家总论文章，多举情性，已为常识之论。最早是梁萧子显的《南齐书·文学传》史臣之论：

> 史臣曰：文章者，盖情性之风标，神明之律吕也。蕴思含毫，游心内运，放言落纸，气韵天成。莫不禀以生灵，迁乎爱嗜，机见殊门，赏悟纷杂。[1]

其后李延寿《南史·文学传》之论，几乎全用其文。至于《周书·庾信王褒传论》史臣曰：

> 原夫文章之作，本乎情性。覃思则变化无方，形言则条流遂广。虽诗赋与奏议异轸，铭诔与书论殊途，而撮其指要，举其大抵，莫若以气为主，以文传意。[2]

参合而论，《南齐书》作者强调文章是表现人的情性即个体性情

---

[1] 萧子显《南齐书》卷五十二，中华书局1972年，第907页。
[2] 《周书》卷四十一，第744—745页。

旨趣的，此即所谓"情性之风标"。下面是对情性、神明之论的进一步展开，讲述文章虽深沉构思，但总体上说，是人们个性、趣味的自然反映，所以有"机见殊门，赏悟纷杂"之说。他的情性论里，其实含有自然论的因素。南齐文学相比于晋宋文学，风格崇尚趋于自然，当时的声律论、修辞论都以自然论为旨，后世却只看到它人工的一面。萧氏出身于这样的文学环境，遂有此论。这证明文章重情性，是齐梁文学家的共同主张。刘勰《体性》《情采》《才略》诸篇，于文学的情性之旨，阐述甚多：

> 夫情动而言形，理发而文见，盖沿隐以至显，因内而符外者也。然才有庸隽，气有刚柔，学有浅深，习有雅郑，并情性所铄，陶染所凝，是以笔区云谲，文苑波诡者矣！[1]

《体性》提出文章八体之说，但刘勰认为八体之不同，根于情性：

> 夫八体屡迁，功以学成。才力居中，肇自血气；气以实志，志以定言，吐纳英华，莫非情性。[2]

《情采》亦多论情性，如"文质附乎性情"，又提出性灵之说："综述性灵，敷写器象。"[3]性灵即情性之灵，《晋书》列传第二十五："贾论政范，源王化之幽赜；潘著哀词，贯人灵之情性。"[4]而《才略》一篇，则从作家个性论风格，其归结之语，亦曰："才难然乎，性各异

---

[1] 《增订文心雕龙校注》卷六，第375页。
[2] 《增订文心雕龙校注》卷六，第376页。
[3] 《增订文心雕龙校注》卷七，第411页。
[4] 房玄龄等《晋书》卷五十五，中华书局1974年，第1525页。

禀。"[1]这种文学情性论,无疑是魏晋以降情性哲学新发展所引出的理论成果。

六朝文学思想里的情性论,代表着后世文人对《大序》"吟咏情性"说的一种发展形式,即抽出"情性"一词单独加以阐发,引出"情性"论这一文学理论之大宗。或许也可以说这样说,情性论是一种文章(即文学)本体论(或称表现论),而"吟咏情性"则是一种诗歌本体论(或称表现论)。前者除了源于《大序》之外,还有一个魏晋以降情性哲学的背景。从现在掌握的情况来说,文章情性说在六朝时代的流行,早于"吟咏情性"诗论。从这个意义看,也许存在着另一个事实,即六朝的文章情性,可能主要不是直承《大序》的"吟咏情性"说,其源于哲学上的情性,应该是主要的来源。

《毛诗大序》"吟咏情性"之说的发挥,较早的似见于嵇康的《琴赋》:

> 余少好音声,长而玩之,以为物有盛衰,而此无变,滋味有厌,而此不倦。可以导养神气,宣和情志,处穷独而不闷者,莫近于音声也。是故复之而不足,则吟咏以肆志,吟咏之不足,则寄言以广意。[2]

这虽是论琴及琴歌,但其基本表述,实来自《毛诗大序》。东晋南北朝时代,"吟咏情性"逐渐流行。袁宏《三国名臣颂》叙述作颂的宗旨时说:

> 夫诗颂之作,有自来矣。或以吟咏情性,或以纪德显功,虽大

---

[1] 《增订文心雕龙校注》卷十,第573页。
[2] 《全上古三代秦汉三国六朝文·全三国文》卷四十七,第1319页。

指同归，所托或乖。[1]

将"吟咏情性"与"纪德显功"相提并论，则"吟咏情性"在于抒写内心、表露个性。

钟嵘将"吟咏情性"作为诗歌创作的基本功能。他曾依据吟咏情性的原则，批评当时繁缛及用事的创作风气，反映了钟嵘对诗歌艺术本质的认识：

> 夫属词比事，乃为通谈，若乃经国文符，应资博古，撰德驳奏，宜穷往烈。至乎吟咏情性，亦何贵于用事？"思君如流水"，既是即目；"高台多悲风"，亦唯所见；"清晨登陇首"，羌无故实；"明月照积雪"，讵出经史？观古今胜语，多非补假，皆由直寻。颜延、谢庄，尤为繁密，于时化之。故大明、泰始中，文章殆同书抄。近任昉、王元长等，词不贵奇，竞须新事。尔来作者，浸以成俗。遂乃句无虚语，语无虚字，拘挛补衲，蠹文已甚。但自然英旨，罕值其人。[2]

从钟嵘的阐述可见，吟咏情性已经被作为诗歌的基本原则。吟咏情性，也包括情性说、性灵说，其中包括着一种崇尚自然的艺术思想，钟嵘在这里正是依据它来阐述诗歌艺术的这种性质的。应该说，充分的抒情原则，本身就包含着自然原则。钟嵘的这种自然英旨诗学观，对后来梁代萧氏兄弟有直接的影响。萧纲《与湘东王书》正是宗承钟氏之论，继续对上述钟嵘所批评的典雅而不入情的诗风进行批评：

---

[1] 《全上古三代秦汉三国六朝文·全晋文》卷五十七，第1787页。
[2] 《诗品集注》，第174—181页。

> 比见京师文体，儒钝殊常，竞学浮疏，争为阐缓。玄冬修夜，思所不得，既殊比兴，正背风骚。若夫六典三礼，所施则有地；吉凶嘉宾，用之则有所。未闻吟咏情性，反拟《内则》之篇；操笔写志，更摹《酒诰》之作；迟迟春日，翻学《归藏》? 湛湛江水，遂同《大传》。[1]

萧纲将吟咏情性与比兴、操笔写志，都作为风骚的基本性质。其中，吟咏情性显然居于核心位置。

但钟嵘、萧纲一派的理论，虽出于《大序》吟咏情性之说，但至于"摇荡性情"，由吟咏而至于摇荡，反映了汉魏以来变风的创作的实际，其实是属于南朝性灵说的范畴。萧绎《金楼子·立言》有"吟咏风谣，流连哀思者，谓之文"，"至如文者，维须绮縠纷披，宫徵靡曼，唇吻适会，情灵摇荡"。这是对摇荡性情之说的更进一步的推进。这种观点，是与绮靡的创作与实践的观念相关的。齐梁诗由缘情出发，而至于绮靡，其结果却是性情之旨匮。所以唐人重提情性说，每与教化、言志对举，实是对绮靡而情性旨匮的一种根本上的纠正。

刘勰《文心雕龙》继承《大序》之说，以"吟咏情性"来揭示诗歌创作"为情而造文"的特点，与辞赋之"为文而造情"不同：

> 昔诗人什篇，为情而造文；辞人赋颂，为文而造情。何以明其然? 盖风雅之兴，志思蓄愤，而吟咏情性，以讽其上，此为情而造文也；诸子之徒，心非郁陶，苟驰夸饰，鬻声钓世，为文而造情也；故为情者要约而写真，为文者淫丽而烦滥。而后之作者，采滥忽真，远弃风雅，近师辞赋，故体情之制日疏，逐文之篇愈盛。[2]

---

[1] 《全上古三代秦汉三国六朝文·全梁文》卷十一，第3011页。
[2] 《增订文心雕龙校注》卷七，第411页。

我们前面提到，吟咏情性原是变风、变雅的特点，但到刘勰这里，被用来概括诗歌创作的本质特征。刘氏重新演绎《大序》之说而发生的这种意义上的扩大，在吟咏情性观念的发展中是很重要的。这时候重提吟咏情性，不仅仅是传承《大序》之论，更是提出一种诗歌创作的艺术原则，即只有真正做到"吟咏情性"的诗歌，方才是真正有价值的诗歌。与唐人以"吟咏情性"为变风之义不同，刘勰等南朝文人以"吟咏情性"为诗歌艺术的最高也最圆满的原则。此乃南北朝与唐诗歌思想的最大不同点（详下章）。

南北朝人多直接以吟咏情性称作诗之事。《魏书·祖莹传》记载：

> 尚书令王肃曾于省中咏《悲平城诗》，云："悲平城，驱马入云中。阴山常晦雪，荒松无罢风。"彭城王勰甚嗟其美，欲使肃更咏，乃失语云："王公吟咏情性，声律殊佳，可更为诵《悲彭城诗》。"[1]

《梁书·刘孝绰传》：

> 时世祖出为荆州，至镇与孝绰书曰："君屏居多暇，差得肆意典坟，吟咏情性，比复稀数古人，不以委约而能不伎痒；且虞卿、史迁由斯而作，想摛属之兴，益当不少……"[2]

又《北齐书·王晞传》载邢子良与王晞两兄书：

> 贤弟弥郎，意识深远，旷达不羁，简于造次，言必诣理，吟咏情性，往往丽绝。[3]

---

[1] 魏收《魏书》卷八十二，中华书局 1974 年，第 1799 页。
[2] 姚思廉《梁书》卷三十三，中华书局 1973 年，第 481 页。
[3] 《北齐书》卷三十一，第 417 页。

从以上数例可知，吟咏情性已成为当时诗家之常言，并且明显偏向于表现个人的情志与才性。它当然与六朝文学的渐趋个体抒情，并重在炫露性格、才调的事实相关。循着这一内在逻辑，以情性为诗歌乃至一般的文学艺术之本的思想逐渐得以明确。

综上所述，汉魏诗学以言志为根本，六朝诗学则于言志之外，以情性为本的思想开始确立。其理论渊源有二，一是从魏晋品评人物的情性、才性哲学中衍生出来一种文学是情性的反映的一般的文学原理与文学个性论；二是直接从《大序》"吟咏情性"说而来的六朝的"吟咏情性"说。这两种理论，有合有分，共同构成后世作为文人诗歌创作宗旨的情性之说。

三、南朝性灵说的实质

情性、性情、性灵、情灵诸词，齐梁论诗赋者常用。这些词汇的内涵（着重在使用场合），有时候是接近的，如王筠《昭明太子哀册文》："吟咏性灵，岂惟薄伎？属词婉约，缘情绮靡。"[1]他这里的"吟咏性灵"就是"吟咏情性"。但从性灵立论，其实已经与《毛诗大序》的"吟咏情性"有一种意义上的差别。传统诗论这几个概念，在意义层次较少做仔细的区别，只是认为各有词源。如阎采平《齐梁诗歌研究》第三章《齐梁诗歌观念》，主要就是阐述情性说，指出情性源自《小序》，但未多展开。性灵出于六朝，并与佛性相关，这指出了部分的事实，是值得展开的问题。但就情性、性情、性灵诸词来论，大体上未加具体的辨析。[2]

本节暂不多就思想史的层面来探讨，主要是指出性灵说成为文学本体论的事实，尤其是通过以"性情"代替"情性"，以"性灵"代替

---

[1] 《全上古三代秦汉三国六朝文·全梁文》卷六十五，第3338页。
[2] 阎采平《齐梁诗歌研究》，北京大学出版社1994年，第91页。

"性情",乃至出现"情灵"之词,在这过程中建立了一种不同于《毛诗》"吟咏情性"论的齐梁文学本体论。

性灵、情性论,从广义来说,都是一种人性论。情性之说属儒家,但又进入玄学的内容。阎采平对性灵一词的出处有这样的论述:

> 性灵一词,较情性晚出。《诗大序》有"吟咏情性"之语,《白虎通义》有《情性篇》,而性灵则始见刘宋诸人之口,至齐梁乃普泛用之。杨明照先生释《文心雕龙·原道》中的"性灵所钟"一语,引子史经典为据。他认为:"子曰:'天地之性,人为贵。'《春秋繁露·人副天数篇》:'天地之精,所以生物者,莫贵于人。'《汉书·刑法志》:'夫人肖天地之貌,怀五常之性,聪明精粹,有生之最灵者也。'均为此文注脚。"似不尽然,似未顾及到刘宋以来的思想史之发展背景。概念是思想的表现,亦是思想的结晶。因此,不同的时代,因为思想的不同而有不同的语言概念。毫无疑问,性灵一词与中国传统思想有一定的联系,这从前面的论述中已经可以见出这一点,萧洽《侍释奠会诗》称"儒惟性府,道实人灵",似亦可以引为佐证。然则,何以性灵一词自刘宋以后才成为一个常用概念而见诸记载呢?看来,性灵一词之形成概念,既与传统思想有一定的联系,亦或与南朝特殊的社会思潮,准确地说,与流行于南朝的佛性涅槃学说关于佛性的探讨有关。何尚之引范泰和谢灵运之言:"六经典文,本在济俗为治耳,必求性灵真奥,岂得不以佛经为指南耶?"似乎透露出性灵一词与佛学相关的一点消息。刘宋以来诸人使用这个概念,或者因为作者笃佛,如范泰、谢灵运、颜延之、张融、徐勉、刘勰等等;或者用在佛学论辩文字中,如司马筠、庾黔娄、陆琏等等。真正在无关于佛学的意义上使用性灵一词,只是极少数。刘宋以来,三教合流,而佛学尤呈渐占上风之势。时代思潮的走向,必然要影响到概念的形成和运用。性灵一

词，未必不可作为例证。日僧遍照金刚有《遍照发挥性灵集》，作者未及参阅，否则或有新的根据。所以，关于性灵一词的来源，亦不敢遽下断论。[1]

阎采平先生关于性灵与佛教关系的分析比较深入。南朝性灵哲学，受到佛教的影响是无疑的。但这里还有一个问题，南朝性灵说受佛学影响并不等于性灵概念出于佛学。南朝文士讨论佛学及辩论儒道与佛教的同异，其所用的概念多是传统的儒道两家的概念，所举的例证也多来自中国古代的典籍，如谢灵运《辩宗论》论顿悟求宗之说，多援儒说以证佛理。《弘明集》载元嘉十二年宋文帝与何尚之论佛教问题。宋文帝刘义隆见颜延之、宗炳等人信法并著论：

> 帝善之，谓侍中何尚之曰：吾少不读经，比复无暇，三世因果，未辨置怀而复不敢立异者，正以前达及卿辈时秀，率皆敬信故也。范泰、谢灵运每云：六经典文，本在济俗为治耳。必求性灵真奥，岂得不以佛经为指南耶？[2]

宋文帝说范泰、谢灵运求性灵真奥，得佛经为指南。可见"性灵"二字当时常用。范、谢虽说求性灵要以佛经为指南，并不能说明"性灵"二字出于佛教。所以杨明照先生以中国传统原典释性灵的出处，并没有错。上文已论，性灵大抵与性情相类。性灵作为一个哲学概念，还是出于中国传统的性论。性灵即性情与灵智，强调人类独特的灵智。陶渊明《感士不遇赋》："咨大块之受气，何斯人之独灵！禀神智以藏照，秉三五而垂名。"[3] 又《形赠影》："天地长不没，山川无改时。草

---

[1] 《齐梁诗歌研究》，第95—96页。
[2] 僧祐编《弘明集》卷十一，上海古籍出版社1991年，第70页。
[3] 逯钦立校注《陶渊明集》，中华书局1979年，第147页。

木得常理，霜露荣悴之。谓人最灵智，独复不如兹！"[1]而人之灵智，存乎其性，而情则为性之所行，故有"性灵""情灵"之词，虽然尚不能在世典中追寻其出处，若谓原出佛经，或所言即是佛理，则未免偏差。

我们不妨再引阎文所举的庾黔娄诸家用性灵一词的文字，庾黔娄《答释法云书难范缜神灭论》。庾氏持神不灭论，举经典鬼神等语为证，最后说：

> 弟子生此百年，早闻三世，验以众经，求诸故实，神鬼之证，既布中国之书，菩提之果，又表西方之学。圣教相符，性灵无泯。[2]

他这里的"性灵"其实就是指"神"，时人亦称神明。前举萧子显《南齐书》"文章者，盖情性之风标，神明之律吕也"，"情性"即性灵，"神明"是指人的精神。此二字实为互文，或说是一义之重释。只是一派言人的精神随形而灭，一派言精神不灭，于是有如庾黔娄等人言性灵不泯，亦即神明不灭。再举陆琁《答释法云书难范缜神灭论》：

> 谨寻内外群圣，开引殊文。如来说三乘以标一致，言二谛以悟滞方。先王铨五礼以通爱敬，宣六乐以导性灵。或显三世以征因果，或明神感以验应实，岂可顿排神源，永绝缘识者哉！[3]

按此亦引内外典以证成神不灭之说，其宣六乐以"性灵"之说，即艺术理论之性灵说。其以五礼表爱敬，以六乐导性灵，承认了礼乐的人

---

[1] 《陶渊明集》，第35页。
[2] 《全上古三代秦汉三国六朝文·全梁文》卷五十八，第3294页。
[3] 《全上古三代秦汉三国六朝文·全梁文》卷五十九，第3300页。

性本体，与传统侧重教化的礼乐观似相承而实已歧出，正是六朝的一种艺术观。由此可见，性灵为中国原有之义，其激发为一流行的哲学词语，则是辩论神灭神不灭论的启发。至于六朝佛性说流行，则纯属佛教的本体论，或者也可以说佛教之人类本质论。其称众生皆有佛性，为其成佛之根本。这种思想在齐梁佛教徒中的确流行，也可以与性灵说有某种呼应的关系，尤其是对于有佛教信仰的文人来说。但却绝非可以简单地说六朝艺术本体之性灵说之"性灵"是以佛性说为其哲学基础的。因佛性之辩性极于细，以无余、无漏、无知为体，而艺术本体之"性灵"则立足人类的基本的精神现象，即情性、性情。如六朝性灵说真以佛性说为其哲学基础，则与吟咏情性之旨大相违背。其艺术之趋向，将会回归玄虚之道，甚至较玄言更为虚幻。六朝文学果然有受佛教观念影响者，但诸家言性灵，基本的宗旨，仍在缘情致性之事，亦与六朝性灵说及吟咏情性、缘情诸说是一致的。所以从佛性论艺术之性灵本体，不免于偏差。更重要的是，六朝的信佛之文士，其思想、生活、艺术之各方面，既相互影响，但根本上说又是独立的。当他们从事儒学、佛学、诗歌等不同的领域时，还是各守其领域的规范。谈空释玄与缘情体物，并不矛盾，并且各有其道。艺术虽受佛教之影响，但要想从佛教解释艺术的全体，或者说用佛教解释基本艺术观念，未免弃本逐末。

  范泰、谢灵运等信仰佛教的文学家认为"六经典文，本在济俗为治耳。必求性灵真奥，岂得不以佛经为指南耶"的看法，最多只属于性灵说的一种，当时有另一种性灵论，将其渊源追至儒家经典。如刘勰《文心雕龙·宗经》："三极彝训，其书言经。经也者，恒久之至道，不刊之鸿教也。故象天地，效鬼神，参物序，制人纪；洞性灵之奥区，极文章之骨髓者也。"[1]这里认为经典能够"洞性灵之奥区"，

---

[1] 《增订文心雕龙校注》卷一，第26页。

似乎是针对当时以佛经为求性灵真奥之说的。此点极可注意。在此逻辑上,谢灵运提出以文章"会性通神"之说。其"通神"之"神",就完全落实到当时流行的佛学的神明之说上了,也与他在《辩宗论》中的宗极之说相通。

谢灵运《山居赋》中自述其创作云:"伊昔龆龀,实爱斯文。援纸握管,会性通神。诗以言志,赋以敷陈。箴铭诔颂,咸各有伦。爰暨山栖,弥历年纪。幸多暇日,自求诸己。研精静虑,贞观厥美,怀秋成章,含笑奏理。"[1]可见作者仍承古人"诗言志"之传统,但对创作的性质的认识,在于会性通神,并且认为从隐逸山栖之后,自求诸己,并贞观山水之美,以观美、会性、抒情为主,其实质已是更接近于性情之论。其实谢灵运对自己的创作,是有一种变的认识的。他意识到其山居诗赋与传统的言志、敷陈有所不同,而以素朴自然的适性情为务。他以此来解释其《山居赋》"去饰取素",与汉赋敷陈尚丽不同。他明确地表现,虽然古人认为出处同归,名教等于自然,但根本来讲还是不同的:"言心也,黄屋实不殊于汾阳;即事也,山居良有异乎市廛。"其实他是选择了自然的一边,他选择山居,"抱疾就闲,顺从性情"。也因此其创作也不同于从前,"敢率所乐,而以作赋。杨子云云:诗人之赋丽以则。文体宜兼,以成其美。今所赋既非京都宫观,游猎声色之盛,而叙山野草木水石谷稼之事,才乏昔人,心放俗外,咏于文则可勉而就之,求丽邈以远矣。览者废张左之艳辞,寻台皓之深意,去饰取素,傥值其心耳。意实言表,而书不尽,遗迹索意,托之有赏"。[2]作者认为其自己的《山居赋》,因为主体方面心态的不同,表现对象的不同,不同于传统的以润饰鸿业、经纶世务为目的的都邑赋,而是一种趋向自然,更求适于性情的创作,因此风格上也放弃艳丽的特点。这种自处于变体的创作意识,作者用顺适情性、

---

[1] 《全上古三代秦汉三国六朝文·全宋文》卷三十一,第 2608 页。
[2] 《全上古三代秦汉三国六朝文·全宋文》卷三十一,第 2604 页。

会性通神来概括。其会性通神的观念也体现在，甚至可以说更主要体现于山水诗创作之中。所以，谢灵运的山水诗，后人虽认为其偏重人工之美，俳偶用事，涂饰工绘，但在他自己却自觉是对当时雅丽工饰的风格的放弃。即与颜延之、鲍照相比，谢氏山水诗之崇尚自然的倾向还是很明显的。这也是汤惠休所以说"谢诗如芙蓉出水，颜如错彩镂金"（钟嵘《诗品·中·宋光禄大夫颜延之诗》）的原因。谢氏是开出六朝清新之体的重要作家。李白的清新观念直接受谢灵运的影响。当然谢的清新，仍是从东晋雅丽工饰之体出来的。正如他的《山居赋》，根本来说，是从汉赋中出来的。唯其如此，所以我们说谢灵运是一种"变"，而这种变，是基于其"适性情"的生活与写作的观念。这样来说，谢灵运是以儒家的言志、情性之说，而通以佛教的性灵真奥之旨，从而提出"会性通神"新论。

  文章性灵说的基本意义有二，一是性灵是文章之本。刘勰《文心雕龙·原道》论文与天地并生，人文出于天地之文云："仰观吐曜，俯察含章，高卑定位，故两仪既生矣。惟人参之，性灵所钟，是谓三才；为五行之秀，实天地之心。心生而言立，言立而文明，自然之道也。"其论性灵为文章本体之理，莫此为明。二是文章之用在于陶写性灵，钟嵘《诗品·晋步兵阮籍》："其源出于《小雅》。无雕虫之功。而《咏怀》之作，可以陶性灵，发幽思。"[1]这是以文章为陶写性灵之具。

  综上所述，吟咏情性为第一层。从"吟咏情性"中脱出"情性"二字，又生"性情"二字，则成为一种独立的情性本体论。性灵论则是情性本体论的另一种表达，但重在灵智，与情性又有所差异，事实上更强调文学创作的才性本质。所以性灵说，也可以说是偏重于才性的情性本体论。后来所说严羽"诗有别才"，以及袁枚性灵派的重视艺术的敏感与灵感，都是从才性之义中引发出来的。而齐梁诗学的最主要的宗旨，也可以说是体现以上性灵之说的。

---

[1] 《诗品注》，第23页。

第十三章
"吟咏情性"说在诗学中的主轴地位(下)

一、唐代诗人:吟咏情性与裨补教化并举

鉴于齐梁倡情性、性灵而流荡不返,唐代诗人的主流诗论,重新提出《毛诗大序》的整个体系,即裨补教化与吟咏情性并举。唐人崇尚风雅的意识十分明确,但其创作的实绩,仍在于变风、变雅之盛。

唐宋以降的情性说,流为经学与诗学两种,时有分合。孔颖达《毛诗正义序》是一个经学的表述,但从诗歌史的意义来看,其实就是肯定了汉魏文人由哀怨而至缘情绮靡的诗歌史事实:

> 夫诗者,论功颂德之歌,止僻防邪之训,虽无为而自发,乃有益于生灵。六情静于中,百物荡于外,情缘物动,物感情迁。若政遇醇和,则欢娱被于朝野;时当惨黩,亦怨刺形于咏歌。作之者所以畅怀舒愤,闻之者足以塞违从正。发诸情性,谐于律吕。故曰"感天地,动鬼神,莫近于诗"。此乃诗之为用,其利大矣![1]

其论诗虽仍承教化之说,但深受齐梁"情灵摇荡"之说影响,并且归

---

[1] 《毛诗正义》卷首,《十三经注疏》上册,第261页。

于"发诸情性,谐于律吕",即性情与声律兼重的齐梁诗学的宗旨,确立了后来以情性为本的诗歌本体论。作为一个经学的诗论,孔氏的这个诗论,源于《大序》的事实是很明显的,但是与《大序》有一个很大的不同,就是偏重对变风、变雅的论述。这其实不仅来自对《诗经》的一种考察,事实也是对汉魏以降文人诗史的一个评述。这是经学观点受到文学影响的一个例子。

《大序》论正风、正雅之功在于通上下之情,成教化之旨;而认为变风、变雅的功能在于吟咏情性。唐人上自帝王,下至一般的文士都接受这一认识,将文学的最高功能理解为"化成天下",其意义与《毛诗大序》的观念是一致的,如李隆基《答李林甫等请颁示太子仁孝诗诏》:

> 诗者,志之所之也。将以道达性情,宣扬教义耳。

白居易《读张籍古乐府》在论六义、讽喻之后,对诗的基本功能也做了这样的概括:

> 上可裨教化,舒之济万民。下可理情性,卷之善一身。[1]

五代北宋之际徐铉的《成氏诗集序》:

> 诗之旨远矣,诗之用大矣,先王所以通政教、察风俗,故有采诗之官,陈诗之职,物情上达,王泽下流。及斯道之不行也,犹足以吟咏情性,黼藻其身,非苟而已。

---

[1] 《白居易集》卷一,第2页。

总结诸家之言，诗有两用，其宣扬教义、济万民、通政教者，是诗之大用；而道达性情、理情性、吟咏情性，黼藻其身，则为诗之小用。后者为变风、变雅，但宗旨仍归于正。两者之间，实有高下。所以白居易分其诗歌为四种，以讽喻列首，而以感伤、闲适居后。以讽喻为裨补教化，而感伤、闲适为理情性之用（《与元九书》）。元稹论其诗作，则认为其诗有寓讽与吟咏情性、流连风物之别。其寓讽之作，据体制之不同，分为古讽、乐讽与律讽。其不寓讽兴之意的古体、乐流、杂律，则属吟咏情性、流连风物之作（《叙诗寄乐天书》）。由此可见，元、白以寓讽喻者为正，以不寓讽喻即吟咏情性者为变。前者即《毛诗大序》所说的风刺、风化之诗，属于裨察王道教化的创作，后者即吟咏情性的变风、变雅之作。这种诗学思想或说诗歌批评方式，在唐代近于一种共识。

上述的评论方法与标准，都来自《大序》。在正统的诗歌评论中，唐人与单提吟咏情性的南朝文人之不同，正在于此。也说明唐人在创作与评论中，具有自觉的风雅正变的意识。这一点，对唐诗艺术的发展是重要的。

唐人在主观的认识上，强调正风、正雅的教化功能。他们对《诗经》以后的整个文人诗史多有否定性评价。其所持的就是正风、正雅与六义的立场。这些文献是大家熟悉的，如李白《古风》其一、白居易《与元九书》、韩愈的《荐士》，基本的看法是认为后世的文人诗，没有继续《诗经》六义之旨，其实是属于一种变风、变雅，甚至诗道衰落的状态。其中以白居易的《与元九书》评论最为严苛：

> 洎周衰秦兴，采诗官废，上不以诗补察时政，下不以歌泄导人情；乃至于谄成之风动，救失之道缺，于时，六义始刓矣。国风变为骚辞，五言始于苏、李。苏、李、骚人，皆不遇者，各系其志，发而为文。故河梁之句，止于伤别；泽畔之吟，归于怨思；彷徨抑

郁，不暇及他耳。然去诗未远，梗概尚存：故兴离别，则引双凫一雁为喻；讽君子小人，则引香草恶鸟为比；虽义类不具，犹得风人之什二三焉。于时、六义始缺矣。晋、宋已还，得者盖寡。以康乐之奥博，多溺于山水；以渊明之高古，偏放于田园。江鲍之流，又狭于此。如梁鸿《五噫》之例者，百无一二焉。于时、六义浸微矣。陵夷至于梁陈间，率不过嘲风雪，弄花草而已。……于时，六义尽去矣。唐兴二百年，其间诗人，不可胜数。所可举者，陈子昂有《感遇》诗二十首，鲍昉有《感兴》诗十五首。又诗之豪者，世称李、杜。李之作才矣，奇矣，人不逮矣；索其风雅比兴，十无一焉。杜诗最多，可传者千余首，至于贯穿今古，觇缕格律，尽工尽善，又过于李。然撮其《新安》《石壕》《潼关吏》《芦子》《花门》之章，"朱门酒肉臭，路有冻死骨"之句，亦不过三四十。[1]

白居易完全是以"补察时政""泄导人情"为标准来评价六义，体现在他在提倡创作谏诤式新乐府诗时狭隘的诗歌观念。这里的"泄导人情"，与他自己曾提倡的"下可理情性"也有所不同，后者即"吟咏情性"之意，前者仍重指摘时弊以疏导人情，侧重通政情。白居易可说是严格地执持正风、正雅的标准来论诗史，但却发现，如果按照这个标准，整个诗史都处于缺如的状态。这也反过来证明，《诗经》之后文人诗的主流，如以《毛诗》正变而论，正是属于变风、变雅的。或者以白氏的严苛之论，连变风、变雅也有所不及。这就又回到"诗亡"或"诗道亡"这个问题上来了。

所谓正风、正雅，按《大序》原旨，也是王道政治的产物，唐人对于汉魏以来的政治与道统评价是不高的。事实上，所谓王道政治甚至诗歌的教化作用，从根本上是说儒家对于社会理想与诗歌理想的构

---

[1] 《白居易集》卷四十五，第960—961页。

筑，其实是一个空中楼阁。《诗经》的主要成就在于变风、变雅，所以不但六朝乱世中实现不了正风、正雅，就是诗人曾歌颂其变六朝之乱而反之正的唐代政治，也不是真正的王道之世，最多只能供诗人想象王道政治的蓝图。这想象的蓝图，在诗歌方面的呈现，就是载于《唐书》的那些典礼性的雅颂歌曲。

依照雅颂正变论唐诗，从初唐到盛唐，也有一个从正向变的发展过程。初唐的诗风，向来被认为是沿承齐梁陈隋的绮靡，为诗风变之极。但是如果从产生机制来说，初唐诗歌主要是在朝廷礼乐与宫廷雅颂的体制中存在的，雅颂是其基本的性质。格以《毛诗》正变之论，正仿佛于雅颂与正风。从初唐后期开始，诗坛从宫廷中心走向宫廷之外，诗人群体的阶层也开始下降。我们现在所说的初盛唐具有程度不同的复古主张的这个群体，其基本的阶层特点是属于寒素一族。具有政治诉求的寒素一族的特点，就是关心政治，并且都有一定的政治理想。陈子昂、李杜都有突出的政治理想。甚至像王维、高适、岑参等一批诗人，也都有一定的政治理想。他们的一些诗歌关注现实，评论时事，甚至提出某些政治主张。更重要的是，与初唐诗风的趋向于外在世界雅颂之旨与缘饰之格不同，初盛唐之际的诗人提倡风骨寄兴，都是将诗歌的世界引向诗人的内在的心灵境界。因此初盛唐的复古诗风及所谓盛唐气象的本质，是在于变风之盛，而变风实际代表真正的诗歌艺术。

唐人虽推崇诗歌的教化功能，但诗与政治的关系，也不应该只取一种狭窄的意义。如张说所说"诵诗闻国政"（《恩制赐食于丽正殿书院宴赋得林字》），察其用典，正是据《春秋左传》季札论乐之事。此句并非专就正风正雅而言，而是认为整个诗歌领域，无论变风、变雅，讲诵之余，都对了解国家政治有所补察。有了这种观点，唐人就从一种严肃的雅颂、正风正雅中解放出来，获得一种自由地抒情即吟咏情性的巨大创作空间。而事实上，他们的诗歌虽然有自觉体察风雅讽喻精神的部分，但更多是属于吟咏情性的。并且，随着他们与政治的关系的改变，即从较有作为的政治中退下来的时候，在人生阶段上处于"穷则独善"的位置上时，其创作模式往往自觉地转化为吟咏情性，《旧唐书·白居易传》记载白居易人生态度的一种转化：

> 初对策高第，擢入翰林，蒙英主特达顾遇，颇欲奋厉效报，苟致身于訏谟之地，则兼济生灵。蓄意未果，望风为当路者所挤，流徙江湖。四五年间，几沦蛮瘴。自是宦情衰落，无意于出处，唯以逍遥自得，吟咏情性为事。[1]

所谓"唯以逍遥自得，吟咏情性为事"，正是史家对白氏后来创作情形的一个概括。《旧唐书》此说实出于白居易的自述，其《刘白唱和集解》云："予顷以元微之唱和颇多，或在人口。常戏微之云：仆与足下，二十年来，为文友诗敌，幸也，亦不幸也。吟咏情性，播扬名声，其适遗形，其乐忘老。"[2] 所以，以作品创作最多的白居易来说，其真正体现六义、风雅精神的，只有讽喻诗一种。其余如感伤、闲适以及大部分的杂律诗，都是属于吟咏情性之作，亦即变风变雅之作。所以，按照白居易的评价标准，李白、杜甫，包括他自己，他们的一部分作品也许可以归之于"正风"，也就是体现讽喻之旨，具有教化功能的那部分，但是大部分的创作都是属于变风、变雅。

这种在人生艰窘或说政治上失位的情况下，自觉地退回到吟咏情性的情况，并不只发生在白居易的身上，而是带有普遍性的。如《旧唐书·刘禹锡传》记载刘氏在朗州的创作情况：

---

[1] 《旧唐书》卷一百六十六，第4353—4354页。
[2] 《白居易集》卷六十九，第1452页。

> 禹锡在朗州十年，唯以文章吟咏，陶冶情性。蛮俗好巫，每淫祠鼓舞，必歌俚辞。禹锡或从事于其间，乃依骚人之作，为新辞以教巫祝。故武陵溪洞间夷歌，率多禹锡之辞也。[1]

中唐的贞元、元和的诗风，随着政治上永贞革新等事件的发生，在诗歌创作上，也有一个由崇尚讽喻比兴的六义之旨向达于事变而怀其旧俗的"吟咏情性"的方向转变的趋势。文人诗创作对《大序》吟咏情性说的进一步自觉的接受，或者说中唐之后诗人自觉地以变风、变雅来定位自己的创作，刘、白两家是具有代表性的。

又如果以《大序》的评价标准，正风、正雅的先王行施教化的成果，是王道政治的产物，则连唐人上述体现讽喻之旨的作品，也都只能归于变风、变雅。而唐诗中作为《诗经》大雅、三颂嫡传的，就只有那些郊庙、燕射的歌诗了，因为只有那些诗歌，是在假想一个神圣政治的模式中创作的，但是显然不符合真正的王道政治下正风、正雅的标准。唐诗是这样，后来的宋、元、明、清的诗歌，对风雅正变的认识虽然代有变化，派有不同，但不能上及于正风、正雅，而实际处于吟咏情性、变风变雅的位置，也概可论定。

立志于正风、正雅，甚至如李白所标举的"大雅"，而终止于以吟咏情性的变风、变雅自处，而竟至于流荡不返，连情性也不能有所持，最终失去风雅之道。这是唐人对于前代，甚至也是对于他们自己的创作的一种认识，也可以说是儒家诗教观念让他们处于一种实践与认识的困境。这种困境，其实也程度不同地存在于此后历代诗人观念中。

---

[1] 《旧唐书》卷一百六十，第4210页。

二、唐人的"情性""性灵"之说

唐人情性、性灵之说，承自六朝，是唐人基本的创作观念。前面我们说过，《大序》吟咏情性之说，其实包括了一种与已有的言志抒情论有所不同的一种新的诗歌本体论。这种本体论在南朝时代初步确立，但齐梁诗歌在文笔说的片面的"文"的追求的诱导下，专重藻饰、隶事、对偶、声律等形式，最后由原本认识到文学源于性灵，到繁文缛绮中性情的隐匿，以致让唐人对之产生风雅道丧之叹。所以，从范畴与实践两方面达到比较圆满的结合的情况来说，"情性"本体思想的真正清晰，是在唐诗创作中达到的。

除了承传"吟咏情性"之说外，唐人还有一个陶冶性灵的思想。前章已论，性灵与性情、情性，其意思是大体相近的。杜甫的创作中，就有以诗歌来陶冶性灵的观念：

陶冶性灵存底物，新诗改罢自长吟。(《解闷》)[1]

高适诗句有"性灵出万象，风骨超常伦"(《答侯少府》)[2]。前举杜甫有"缘情慰漂荡"一语，侧重感激，近于魏晋人的诗学观；此处"陶冶性灵"则偏于平和地调适，与《大序》"吟咏情性"之说更接近。杜甫晚年的创作中，的确有一种用诗歌陶冶、陶写情性的倾向。他的诗中，多次使用"遣兴"(六题)、"遣意"(一题)、"遣忧"(一题)、"释闷"(一题)、"遣闷"(三题：《遣闷奉呈严公二十韵》《遣闷戏呈路十九曹长》《遣闷》)、"拨闷"(一题)、"遣怀"(一题)、"解闷"(一题：《解闷十二首》)、"遣遇"(一题)、"解忧"(一题，据《杜诗详注》)。这一例的诗题，比较直观地呈现了杜甫诗歌创作中陶

---

[1] 《杜诗详注》卷十七，第1511页。
[2] 《高适诗集编年笺注》，第223页。

冶性灵的特点，这种观念到晚年尤其突出。如果说高适的"性灵出万象，风骨超常伦"比较典型地体现了盛唐正宗派的诗歌审美观念，那么杜甫这种陶冶性灵的创作倾向，与杜诗内容上的日常生活化，构成杜诗对盛唐诗风的一种突破，直接影响了中晚唐诗风的变化。

杜甫之后，唐人以性灵说诗者不绝于篇：

都子新歌有性灵，一声格转已堪听。（白居易《听都子歌》）

无子抄文字，老吟多飘零。有时吐向床，枕席不解听。斗蚁甚微细，病闻亦清泠。小大不自识，自然天性灵。（孟郊《老恨》）

自觉心貌古，兼合古人情。因为二雅诗，出语有性灵。（曹邺《寄监察从兄》）

酒蕴天然自性灵，人间有艺总关情。（方干《赠美人》）

祇将清净酬恩德，敢信文章有性灵。（贯休《寄匡山大愿和尚》）

由上述可见，中晚唐以降，诗歌性灵之说大行，近乎成为主流。这里有六朝的性灵说的影响，同时与杜甫的开启是分不开的。

白居易一方面传承《大序》的吟咏情性思想，另一方面在杜甫的陶冶性灵的思想基础上，结合他自己的创作体验，提出了适情性的思想：

情性聊自适，吟咏偶成诗。（《夏日独直寄萧侍御》）

新篇日日成，不是爱声名。旧句时时改，无妨悦性情。（《诗解》）

> 百事尽除去，尚余酒与诗。兴来吟一篇，吟罢酒一卮。不独适情性，兼用扶衰羸。(《对酒闲吟赠同老者》)

白居易的这种观念与他的整个创作倾向是一致的。白氏在《与元九书》中，对儒家的诗论有系统的演述，其创作新乐府、古风等讽喻诗歌，是以正风、正雅自居的。其闲适、感伤之作，则属于变风、变雅之流，对《大序》吟咏情性的思想有自觉的接受。白居易从《大序》的吟咏情性出发，总结文人诗创作中以诗歌陶冶性灵、舒忧娱愤的事实，并加上自己的创作体验，提出"吟玩情性"的说法。其《与元九书》云：

> 自拾遗来，凡所适、所感，关于美刺兴比者；又自武德讫元和，因事立题，题为新乐府者，其一百五十首，谓之"讽谕诗"。又或退公独处，或移病闲居，知足保和，吟玩情性者一百首，谓之"闲适诗"。又有事物牵于外，情理动于内，随感遇而形于叹咏者一百首，谓之"感伤诗"。[1]

"吟玩情性"属于"吟咏情性"的范畴，但"吟玩"与"吟咏"一字之差，却反映了诗学实践上的重要变化。白氏自己所分三类诗，如按照《毛诗大序》的风雅正变之说，其讽谕一类虽是依风刺观念而作，似乎可以归于正风正雅。但是其所刺都是反常的事实，亦即"王道衰，礼义废"的风衰俗怨之事，所以其实也应该归于变风之作。至于感伤诗，随感遇而形于叹咏，以"感遇"为旨，更是典型的吟咏情性的变风。现在白氏独以闲适诗归于"吟玩情性"，则其所说的"吟玩情性"是侧重陶冶性情、以闲适为旨的一种诗歌。此种创作，渊源于陶渊明

---

[1] 《白居易集》，第964页。

之平淡、杜甫之"遣兴""遣闷",而后为北宋初白派诗人李昉、王禹偁等人所承。而其后理学家诗人如邵康节的《击壤集》,也是远追陶渊明,近效白居易,都属于"吟玩情性"的一派。而宋人情性说普遍存在的以诗适情性、持情性的观念,也可以说是始于白居易的"吟玩情性"之说。

上述唐人"情性""性灵"之说,都是对《大序》吟咏情性说的实践上的发展。其中其实已包含着儒家的情性哲学的内涵,也与当时佛教的"见性"(各种流派共有)和"自净其性"(南禅宗独特的教义)不无关系。具体考察其关系,则当落实到各个具体的作家的思想与创作的层面上。但总的来讲,唐人情性、性灵中,还没有直接注入一种"理"的因素,其基本的倾向仍是情感论与自然论,也可以是一种才性本质之论,甚至包含着一种个性论。

虽然唐人在正统的诗教观念的影响下,并不把吟咏情性的变风、变雅之作看作最理想的诗歌。但是唐代诗人在诗歌艺术上超越齐梁,取法汉魏,提倡风骨、兴寄,这一系列的诗学观点,其核心的目的,不是要恢复正风、正雅,而是要达到《毛诗大序》中"国士"们吟咏情性的变风变雅之作的水平。从实际的成果来讲,唐诗的成就正在于以情性为诗的变风之作。

情性、性情、性灵这一系列范畴及其所体现诗歌观念,还明显含有重视诗人的创作个性、崇尚真实自然的情感表达与审美趣味的体现这样的思想因素在内。这在上述诸家的论诗话语中显然可见。司空图《二十四诗品·实境》一篇,就比较集中地体现这种审美观念:

> 取语甚直,计思匪深。忽逢幽人,如见道心。晴涧之曲,碧松之阴。一客荷樵,一客听琴。情性所至,妙不自寻。遇之自天,泠然希音。[1]

---

[1] 司空图《二十四诗品》,何文焕辑《历代诗话》,中华书局1981年,第42—43页。

所谓"情性所至，妙不自寻"，正是唐人诗歌情性说的精髓所在。《诗品》各品，分之则各立风格，合之则体现一种共同的诗歌审美理想。"情性所至，妙不自寻"虽为《实境》一品之语，但作为一种崇尚自然神到的境界追求，不能说不体现司空图的整个创作思想。所谓唐诗主情，唐诗崇尚自然，这一切的根本，在于唐人自觉实现了情志为本、吟咏情性的诗歌观念。与言志、缘情两说相比，情性、性灵、吟咏情性之说，无疑是更贴合唐代诗人的创作实践的。

三、宋代《诗经》学继承《毛诗》一派情性说：
二程与永嘉学派

宋人诗学情性论，有两种基本的进程，一是原本经学，即对经学情性论的继续阐发；二是直接立足于诗学的立场，即一般诗学中的情性论。两者都与前面汉魏六朝《诗经》学、诗学有继承关系，但都有很大的变化。

宋代《诗经》学的情性说大体上可分两派。一为总体上属于尊传立场的一派。此派的情性说，基本上继承《毛诗大序》的"吟咏情性"与变风变雅之说。此派实为宋代《诗经》学情性之常，即宋代的《诗经》学总体上说，是仍然维护汉唐以来的经义。同样，宋代一般诗学的情性说，也是踵承汉唐经义传统，即基本上属于《毛诗》"吟咏情性"与变风变雅说的范畴。另一为疑传立场的一派，即对《毛诗》序传系统取质疑的态度。但是两派有一些共同的特点，即宋人不是纯粹从经学立场阐释《诗经》，而是将《诗经》放在一般的诗歌的立场上进行阐释，所以宋代《诗经》学的诗歌论，与一般诗学的诗歌论是相通的。无论是从欧阳修到朱熹等人质疑《毛诗》的一派，还是从二程到永嘉学派的基本维护《毛诗》的一派，其共同的表现是都将经学诗论与一般的诗歌创作论打通。这是因为宋代学者，一般都兼有经学家与诗人、诗歌批评者的身份。

本节先述基本维护《毛诗》的二程与永嘉学派的情性与变风变雅之说。

二程对《诗经》的认识,与后来的疑经派不同。首先他们认为《诗经》具有载道的价值,"《诗》《书》载道之文","《诗》《书》只说帝与天","《诗》兴起人志意"。[1]他们于韩愈有非议,但对他的"《诗》正而葩"之说则十分赞赏:"韩愈言'《春秋》谨严',深得其旨。韩愈道佗不知又不得。其言曰:'《易》奇而法,《诗》正而葩,《春秋》谨严,左氏浮夸。'其名理皆善。"[2]另外,从《诗》学来讲,二程对《毛诗》序传系统整体上是维护的,认为《大序》是圣人之作。《河南程氏遗书》卷十八《刘元承手编》载程颐之语:

> 问:"《诗》如何学?"曰:"只在《大序》中求。《诗》之《大序》,分明是圣人作此以教学者,后人往往不知是圣人作。……"[3]

又《河南程氏经说·诗解》:

> 夫子虑后世之不知《诗》也,故序《关雎》以示之。学《诗》而不求《序》,犹欲入室而不由户也。[4]

这是认为《诗大序》是孔子所作。二程尤其强调《大序》"发乎情,止乎礼义"之说:

---

[1] 程颢、程颐著,王孝鱼点校《二程集》,中华书局2004年,第19、61、86页。
[2] 《二程集》,第43页。
[3] 《二程集》,第129页。
[4] 《二程集》,第1046页。

> "《诗》者，志之所之也。在心为志，发言为诗。情动于中而形于言，言之不足，故嗟叹之，嗟叹之不足，故咏歌之；咏歌之不足，不知手之舞之足之蹈之也。"有节故有余，止乎礼义者节也。[1]
>
> 至周而世益文，人之怨乐，必形于言；政之善恶，必见刺美。至夫子之时，所传者多矣。夫子删之，得三百篇，皆止于礼义，可以垂世立教，故曰"兴于《诗》"。[2]

其于《小序》，虽然认为有后人之言，但认为其主要是渊源有序的原始诗说，是国史所作：

> 史氏得《诗》，必载其事，然后其义可知，今《小序》之首是也，其下则说《诗》者之辞也。[3]
>
> 《诗》前序必是当时人所传，国史明乎得失之迹者是也。不得此，则何缘知得此篇是甚意思？《大序》则是仲尼所作，其余则未必然。要之，皆得大意，只是后之观《诗》者亦添入。[4]
>
> 《诗序》必是同时（一作国史）所作，然亦有后人添者。[5]
>
> 《诗小序》便是当时国史作。如当时不作，虽孔子亦不能知，

---

[1] 《二程集》，第130页。
[2] 《二程集》，第1046页。
[3] 《二程集》，第1047页。
[4] 《二程集》，第40页。
[5] 《二程集》，第92页。

况子夏乎？如《大序》，则非圣人不能作。[1]

《诗大序》，孔子所为，其文似《系辞》，其义非子夏所能言也。《小序》，国史所为，非后世所能知也。[2]

二程之时，欧阳修否定《诗序》的诗本义之说已出，并时苏辙又立《小序》首句为渊源有自，其后面多后人添说之论。二程不同意欧阳氏否定《诗序》的观点，于并时苏氏说诗略有所取。后来朱熹受郑樵之说的影响，诋疑《毛诗》序传，与程氏诗说大相径庭。二程诗说，以"发乎情，止乎礼义"为原则，以兴起人的善意为诗之用。二程对于《大序》"吟咏情性"及变风变雅之说，虽未加发挥，但即以《大序》为孔子所作，则自然是传承的。

南宋永嘉学派的学术，源于北宋元丰九先生等人。九先生传承关洛之学，尤其是二程之学。到了薛季宣、陈傅良、叶适诸家，发展为事功义理之学。所以，在朱熹承欧阳修的"本义""辨妄"之方法，对《毛诗》传统大加批评的同时，永嘉学派诸家，则多维持《毛诗》，其对情性之说的阐发，亦与朱熹等人不同，溯其渊源，正出于二程。陈傅良、叶适之论《诗》，与朱熹多有异同。如叶适论《诗序》：

作《诗》者必有所指，故集《诗》者必有所系；无所系，无以《诗》为也。其余随文发明，或记本事，或释《诗》意，皆在秦汉之前，虽浅深不能尽当，读《诗》者以其时考之，以其义断之，惟是之从可也。专溺旧文，因而推衍，固不能得《诗》意；欲尽去本序，自为之说，失《诗》意愈多矣。[3]

---

[1]　《二程集》，第256页。
[2]　《二程集》，第312页。
[3]　《习学记言序目》卷六，第61页。

基本的态度，是肯定《毛诗》序传原始记载价值，其说正是从二程国史作序之说来的。他认为不可"专溺旧文"，虽略有疑古之意，但与欧阳修、朱熹等人尽去本序而自为之说是不同的。

南宋永嘉学派在阐释《诗经》时，也是深受《毛诗大序》的教化说和性情说的影响。其宗旨第一是为了求性情，第二即是为了考治化，进而起到陶冶性情、济助教化的作用。永嘉学派以性情论诗，始于薛季宣，《书〈诗性情说〉后》云：

> 走述诗反古说，州人项颐用中不吾与。曰："子，今人也，为古诗传，安知古之不如今也？而以反古为说，不亦虚乎？"走初不入其语，久而思之曰：用中之言，正中吾过。夫人者中和之萃，性情之所钟也。遂古方来，其道一而已矣。修其性，见其情，振古如斯，何反古之云说？项规吾过，不亦宜乎？更以"性情"名篇，而书其后曰：情生乎性，性本乎天。凡人之情乐得其欲，六情之发是皆原于天性者也。先王有礼乐仁义养之于内，庆赏刑威笃之于外，君子各得其性，小人各得其欲。于是时也，君臣吁谟庙堂，尊德乐道，其民养老慈幼，含哺鼓腹。雅颂之作不过写心戒劝，告厥成功而已。后王灭德，而后怨慕兴焉。于《书》，虞之"敕天""元首"，夏之"五子之歌"；于《诗》，《豳》《颂》《雅》《南》，皆是物也。言之不足，至于形容歌咏，有不可以单浅求者。此《二南》之风，为先王之高旨。上失其道，监谤既设，道路以目，雅风世变，触物见志，往往托之鸟兽草木虫鱼。是非盛世之风，有为为之也。其发乎情，止乎礼义，吟咏以讽，怨慕之道存焉。仲尼参诸风雅之间，以情性存焉。尔危行言孙，将以顺适其性，而用之利导，五谏以讽为上，兹其理也。周士赋诗见意，骚人远取诸物。汉之乐府，托闺情以语君臣之际，流风余俗，犹有存者。诗家之说变风变雅，一诸雅正，先王之风，意怨谤为性情，指斥言为礼义，近求诸内，自有

不能堪其事者，远又不能参诸楚骚、乐府之意，其何性情之得，而又奚以上通古人之志？用情正性，古犹今也，然则反古之说，未若性情之近也。曰性情说，古人其舍诸？[1]

薛季宣自述："走初本之《诗序》述广《序》"，并"因其说而次第之，名之《反古诗说》。或者尤之曰：'《诗》古无说，今子尽掊先儒之说而自为之说，真古之遗说乎？抑亦未能脱于胸臆之私乎？'"[2]薛氏之《反古诗说》即返古说，自以为这是一种"古说"，即汉儒四家诗说之前的原始的诗说，即欧阳修所说的"诗本义"。但这实在是一种自我作古，并非真正的古说。所以受到友人的质疑。于是薛氏将返古说的意义，推演到返到性情之上。并认为古今性情相同，所以可以从性情求诗。他认为，诗歌生于性情之际，而采诗、编集诗者，所依据的也是性情，所谓"仲尼参诸风雅之间，以情性存焉"，就是这个意思。那么后人的学诗、说诗，也要从性情出发："人之性情，古犹今也。可以今不如古乎？求之于心，本之于《序》，是犹古之道也，先儒于此何加焉！"

陈傅良《五经论·诗》从泄导的功能来论诗，认为天下之祸，在于"怨生于有所忌"，民众有不满而因有所忌而不敢，最后会酿成"腹心之隐疾"，诗的作用就在于泄导人情，"节公卿大夫以礼，而宣民以诗"：

> 尝观于诗，政刑之苛而赋役之重，天子诸侯朝廷之严，而后妃夫妇衽席之秘，匹夫匹妇皆得以肆言之。圣人为诗，而肆天下之匹

---

[1] 薛季宣撰，张良权点校《薛季宣集》卷二十七，上海社会科学院出版社2003年，第360页。标点参考吴文治主编《宋诗话全编》第6册周伟民编纂《薛季宣诗话》，江苏古籍出版社1998年，第5880—5881页。

[2] 《薛季宣集》卷三十，第430、431页。

夫匹妇皆得以言其上，疑于积天下轻君之心。及至于幽厉之小雅，邶鄘卫陈郑之风，亟谏而不怍，显讥而不戾。相与携持去之而卒不忍。然后知圣人使之言而至于不敢尽言，而何况于教叛。是故汤武之兴，其民急而不敢先；周之衰，其民哀而不敢离。盖其堙郁不平之气舒焉，而亡聊之意不蓄也。呜呼！诗不作，天下之怨极矣。卒不能胜，共起而亡秦。秦亡而后快，于是始有匹夫匹妇存亡天子之权。呜呼！春秋之衰以礼废，秦之亡以诗废。吾固知公卿大夫之祸速而小，民之祸迟而大，而诗所以维君臣之道之功也深。[1]

这里认为《诗》是圣人用来泄导人情的工具，东周虽衰，但以有《诗》可泄导，"民哀而不敢离"，等到"诗不作，天下之怨极矣"，而终至于王朝失落，下民作乱，王朝颠覆。这里将诗的治化功用强调到无以复加的程度，是对《毛诗大序》教化之说的进一步发挥，其对于诗的维持政教的功能，比汉儒强调得更厉害。《毛诗》属于古文学派，古文学派强调实事求是，选择的是一种历史立场与文献学方法。从这一点上看，永嘉学派与古文学派在精神与治学方法上是很接近的。

陈傅良曾对朱熹的注诗有所质疑，建议朱氏不要急于注诗，而是要讲明诗之"箫勺群慝"即陶冶性情的功能。其《与朱元晦书》云："区区愚见，但以雅颂之音（箫）勺群慝，训故意句，付之诸生。"[2]汉《安世房中歌》："海内有奸，纷乱东北，诏抚成师，武臣承德。行乐交递，箫勺群慝。肃为济哉，盖定燕国。"这首诗是写汉初与匈奴交战的事情，汉高祖被匈奴困于平城，后来赖陈平以秘计解之，本是狼

---

[1] 不著编辑者名《十先生奥论注》后集卷四，《文渊阁四库全书》集部"总集类二"，第1362册，台湾商务印书馆1986年，第152页。

[2] 《止斋先生文集》卷三十八，《四部丛刊初编》影印明正德本。"箫勺"字原出汉唐山夫人《安世房中歌》"行乐交逆，箫勺群慝"，陈傅良这里正是用这一句。又孙诒让《温州经籍志》卷一《诗类》引陈本作"消铄群慝"。《止斋集》现在最早的版本为明正德刻本，为据明代永嘉王瓉从内府抄出的本子刊刻，原书多空缺。

狁的事情，但这首雅诗则宣扬以乐教化解群慝。"箫勺"，旧注一般都解为《箫》《勺》之乐，以此代汉庭雅乐。但是王先谦《汉书补注》引李光地之说："箫勺，即销铄也。注谬。先谦曰：……《楚辞》'质销铄以汋约兮'，王注'销铄，化其渣滓也'。《战国策》'秦劫韩包周，则赵自销铄'，与此同意也。箫勺与销铄同声字，故取相代。'"[1]观陈傅良此处的用法，正是销铄涤荡的意思。"但以雅颂之音（箫）勺群慝"，孙诒让《温州经籍志·经部·诗类》引止斋此段文字，注云："明本'勺'上缺一字，陈本作'消铄'。《朱子语类》一百二十三载作'箫勺'。案：'箫勺群慝'，本《汉书·礼乐志》《安世房中歌》，语类及明本并不误。陈本作'消铄'，盖臆改。今不从。"[2]按据上述李光地之说，"箫勺"与"消铄"是联绵字，陈本并不误。而止斋之文，正可证李光地之说。陈傅良说"但以雅颂之音（箫）勺（消铄）群慝"也就是用《诗经》来陶冶性情，涤荡心灵的浊乱，一归于平正。可见语虽简约，却是永嘉学派《诗经》思想的根本所在。

由于以性情论诗，重视《诗》的教化功能，所以永嘉学派说诗，也是以纯正为本，魏了翁《白石诗传序》，称钱文子解诗，凡"旧说之涉乎矜己、讪上，伤俗害伦者，皆在所不取"[3]，而戴溪的《续吕氏家塾读诗记》也是力主"平实简易，求圣贤用心，不为新奇可喜之说"[4]。《毛传》说诗，是一本教化之旨，至郑玄注《毛诗》，于古人教化之旨，已经时有参差之处。宋儒郑樵、朱熹等家，摆脱《毛诗》解诗系统，务为新说，由疑序、疑传进而疑经，提出里巷歌谣之说，淫奔之诗之说，这在永嘉学派的《诗》学观念中，正属于"矜己、讪上，伤俗害伦"诸端，最多也不过是"新奇可喜之说"。论及此点，

---

[1] 王先谦补注《汉书补注》卷二十二，书目文献出版社1995年，第464页。
[2] 孙诒让撰，潘猛补校补《温州经籍志》，上海社会科学院出版社2005年，第67页。
[3] 魏了翁《鹤山先生大全文集》卷五十四，《四部丛刊》本。
[4] 王叔果《（嘉靖）永嘉县志》卷七，明嘉靖四十五年（1566）刻本。

我们已经发现，永嘉学派的《诗经》研究，在相当大程度上可以与郑（樵）、朱一派《诗》学相抗衡的。从基本的宗旨来看，我们甚至可以将永嘉学派的《诗》学称为宋代的《诗经》汉学。在南宋日趋新变的《诗经》学格局中，它是属于维护传统的一派。

上述基本上维护《毛诗》及其"吟咏情性"之说的一派，代表宋代学者的一般的观点，即宋代的《诗》学，在普遍的情况，仍然是维护汉唐传统的。这对于我们了解宋代诗学中的情性说有重要的参考价值。

四、宋代《诗经》学质疑《毛诗》一派的情性说： 欧阳修、朱熹

宋代《诗经》学的另一派，或者也可以说是摆脱传统经学的一派，是从欧阳修、郑樵到朱熹、王柏等人的一派，由疑传进而疑经。在这一派的诗学思想中，《毛诗》"吟咏情性""发乎情，止乎礼义"等观点也受到相当程度的质疑。

魏晋以降，三家《诗》逐渐亡佚，郑氏《毛诗传笺》遂成为后世解释《毛诗》的唯一依据。到了唐代，孔颖达奉敕修定《五经》，作《毛诗正义》，恪守《毛诗》序传与郑笺，成为唐人学习《诗经》的唯一读本。只有韩愈提出了子夏不可能作序的看法，成伯玙《毛诗指说》提出《毛诗》的每篇《小序》，只有第一句是子夏所裁的说法。[1]其后宋人疑序、辨序的风气，即始于此。

正式开启宋学解诗纷纷疑序、竞立新说的，还当推北宋中期的欧阳修作《诗本义》《诗解统》。但欧氏对于毛郑诗学，在整体上仍是肯定的。只是不再像唐人那样奉如圭臬，而是开始对其有所质疑，这种质疑的理由，当然是认为其不尽是圣人所传。《诗谱补亡后序》：

---

[1] 成伯玙《毛诗指说》，《通志堂经解》本。

> 昔者圣人已没，六经之道几熄于战国，而焚弃于秦。自汉已来，收拾亡逸，发明遗义，而正其讹缪，得以粗备，传于今者岂一人之力哉！后之学者因迹前世之所传，而较其得失，或有之矣。若使徒抱焚余残脱之经，伥伥于去圣千百年后，不见先儒中间之说，而欲特立一家之学者，果有能哉？吾未之信也。然则先儒之论，苟非详其终始而抵牾，质于圣人而悖理害经之甚，有不得已而后改易者，何必徒为异论以相訾也。毛、郑于《诗》，其学亦已博矣。予尝依其笺、传，考之于经而证以序、谱，惜其不合者颇多。[1]

欧阳修对《毛诗》的认识有两个方面，承认以《毛诗》为代表的汉人的《诗经》解释系统的功用，认为后人不能完全抛开汉儒的解诗，于去圣千百年之后，特立一家之说。这是一个很正确的观点，而且预言了后来那些完全抛弃《毛诗》、自立新说的说诗者的误区。后来维持《毛诗》系统、在《毛诗》序传的基础上说诗的吕祖谦的《吕氏家塾读诗记》、严粲《诗缉》，以及后来的众多属于《毛诗》系统的《诗经》学著作，从理论上看，与欧阳氏上述观点都是一致的。但在另一方面，欧阳修从圣人的立场出发来质疑《毛诗》和郑笺，其以恢复圣人之说为标榜的新解读，又开启了以郑樵、朱熹等人为代表的进一步否定《毛诗》序传的说诗之风。这一派的发展，甚至由疑序、辨难传笺，到直接对《诗经》的经文编辑与文字提出异议。如王柏的《诗疑》[2]，不仅处处驳难序传，而且在朱熹论定"淫奔之诗"的基础上，进一步提出要将淫奔之诗三十二篇干脆删却，他的理由是这些都是孔子已删之诗，"容有存于闾巷浮薄者之口"，"汉儒病其亡逸，妄取而撺杂，以足三百篇之数"。又多论《诗经》本文，认为有窜入、错简等

---

[1] 《欧阳修全集》卷四十一，中国书店1986年，第286页。
[2] 王柏《诗疑》，《丛书集成初编》本。

情况,《召南·行露》首章文字为窜入。他这样做,当然是十分主观的,但却自认为是在恢复圣人所编所传的《诗》三百篇的本来面目。《诗疑》全书中频繁地以"圣人"为标榜,实际上却是典型的理学的立场。虽然每一位否定《毛诗》之说的学者,都认为自己是在寻找符合圣人之旨的解说,并且都像欧阳修一样,认为自己的解释符合《诗经》的本义。但后人当然不可能轻易地相信去圣已远者的解释,一定是符合圣人之旨、符合《诗》之本义的。如宋人林光朝、陈振孙都对欧阳氏的《诗本义》提出批评,认为不是真正的本义。[1]但朱熹还是取得了权威的地位。自朱说出后,从南宋至元明,踵附者纷纷。尤其是到了明代,朱氏的《诗集传》成为官方诗学的准的,悬为科举考试的功令。"毛苌、辕固生辈,其谈多舛驰,惟朱考亭注袤然树葩经之的,以故国朝颁功令,业诗者以朱考亭为印证,不禀考亭之说,罢勿用,

---

[1] 林光朝《艾轩集》(《四库全书》本)卷六《与赵著作子直》:"《诗本义》初得之才廿五岁,如洗涤肠胃。读之三岁,旋觉得有未稳处。大率是欧阳、二苏及刘贡父谈经多如此。若补亡郑氏所序,此为无用之学,若铅山坐得,定当作数段去,大家评看如何。古人著书,直是百世以俟圣人而不惑,岂如此苟作也。"又曰:"欧阳不当谓之'本义',若论'本义',何尝如此费辞说?且如《关雎》云:'视其居则常有别,此一段却是为先儒之说所乱,若在本义不应尔。'又云:'以其有不妒忌之行,而左右乐助其事。'又云:'能如此,则宜有琴瑟、钟鼓以友乐之。'此皆支蔓语。如引太史公'周道缺而《关雎》作',又不然。当时三家说《诗》,各有师承,今齐、韩之《诗》字与义多不同,毛公为赵人,未必不出于《韩诗》。太史公所引者,乃是一家之说,岂可便以此为定说?古文《尚书》与子长并出,今所引者非古文,如所谓'祖饥''惟刑之谧',此当有来处,非口口传授之失也。则《关雎》自不当据一家为说。又如《卷耳》云:'因其勤劳而宴犒之。'又《樛木》云:'不嫉妒则妾无怨旷。'又《兔罝》以言'周南之君,列其武夫以为守御',此皆赘辞,断然非'本义'。如《汉广》《汝坟》意义全失。《麟之趾》只是周南之人目之所见如公子也,乃人中麒麟,故以此引譬,此在六诗为比,比则有义,兴则无义可寻也。《麟之趾》乃以比公子,'于嗟麟兮',此叹美之辞,二章、三章只是说麟已说趾,又须说一件,乃为角。《大序》所谓'言之不足,故嗟叹之,嗟叹之不足,故永歌之',所以一篇而三致意焉。今乃云:'以蹄角自卫,如我国君以仁德为国,犹须公族相辅卫尔。'如此说诗,谓之'本义'可乎?"

二百余年来《诗经》大明。"[1] 所谓"《诗经》大明",并非真正是《诗经》解释大明,无非朱《传》一统天下,所有的《诗》学著作都遵朱义,无复疑惑。历久而以为朱氏之传,无非真解者。也就是说,朱熹的解诗系统完全取代了《毛诗》系统。而《毛诗》序传与郑笺,在朱熹的继承者那里,其地位比在朱熹那里还要下降得多。所以,不仅欧阳氏对《毛传》的基本肯定无法保持,而且朱熹对毛传乃至郑笺的稍为辩证的态度,也没有被其后继者所理解。朱熹直接成了圣人的代言者。这是朱熹有幸呢,还是朱熹的悲哀?这个问题,且存而不论。

欧阳修对情性之说的重要发展,就是提出"诗出于民之情性"说,《经旨十八首》在论王道废后《诗》之息时说:

> 古诗之作,有天下焉,有一国焉,有神明焉。观天下而成者,人不得而私也;体一国而成者,众不得而违也;会神明而成者,物不得而欺也。不私焉,《雅》著矣;不违焉,《风》一矣;不欺焉,《颂》明矣。然则《风》生于文王,而《雅》《颂》杂于武王之间。《风》之变,自夷、懿始;《雅》之变,自厉、幽始。霸者兴,变风息焉;王道废,诗不作焉。秦、汉而后,何其灭然也?王通谓"诸侯不贡诗,天子不采风,乐官不达雅、颂,国史不明变",非民之不作也,诗出于民之情性,情性其能无哉?职诗者之罪也。通之言,其几于圣人之心矣。[2]

《大序》以变风变雅为"吟咏情性"之作,欧阳修进一步认为"诗出于民之情性"。他认为所谓"王道废,诗不作焉",不是诗本身不作,而是采风贡诗的制度不行。王通《中说·问易篇》:"文中子曰:诸侯不

---

[1] 方从哲等编著《礼部订正诗经正式讲意合注篇》卷首礼部左侍郎刘楚先序,日本前田育德会尊经阁文库藏明万历版。

[2] 《欧阳修全集》卷十,第434页。

贡诗，天子不采风，乐官不达雅，国史不明变。呜呼，斯则久矣。诗可以不续乎？"[1]王通的观点中，包含着无代无诗的意思，包含着诗歌发生的原理。欧阳修进一步发挥为"诗出于民之情性，情性其能无哉"之说，强调战国秦汉非无诗，而是朝廷采诗之职废。事实上，汉代武帝立乐府采各地谣讴，就是一种采诗。但欧阳氏拿儒家诸侯贡诗、天子采风、乐官达雅、国史明变等作为标准，并不认可汉武帝采谣讴的价值。

《大序》以变风变雅为"吟咏情性"之作，欧阳修进一步认为"诗出于民之情性"，这种观点，更具诗歌本体论的意味。他的这个理论，其实有为诗歌情感论正本的意味。他认为《诗》只是表达一般意义的情感，并非根于性理，所以他认为"《诗》三百五篇不言性，其言者政教兴衰之美刺也"[2]。

"诗出于民之情性"之说，对《大序》"发乎情，止乎礼义"之说有所突破。汉儒承孔子"诗无邪"说，认为《诗》三百篇皆圣贤之作。《毛诗大序》在论变风变雅时，更有"发乎情，止乎礼义"之说，作为诗的伦理道德的一种界域。欧阳修认为《诗经》作者是一般民众，其言庞杂：

> 《诗》三百五篇，作者非一人。羁臣与弃妾，桑濮乃淫奔。其言苟可取，庞杂不全纯。[3]

这与孔子的"《诗》三百，一言以蔽之，曰思无邪"的观点完全不同，这其实已经将《诗经》从圣人经典的地位上降下来了。《诗》三百篇作者庞杂，其中不乏羁臣、弃妾、桑濮淫奔之人。这种说法，开启

---

[1] 《文中子集解》，第36页。
[2] 《答李诩第二书》，《欧阳修全集》卷四十七，第319页。
[3] 《酬学诗僧惟晤》，《欧阳修全集》卷四，第26页。

了宋代《诗经》学疑经的一派。联系欧阳修序梅尧臣诗所发的"诗穷而后工"之论,可见欧阳修理解的"诗出于民之情性"的"情性",是偏向于纯粹的抒情之说的。庆历诸家的诗学,锐意扫除宋初诸体,取法中唐韩愈,以奇崛、豪放为旨,可以说他们对诗主情性的定位,比唐人更偏向于变风变雅。

欧阳修"诗出于民之情性"及三百篇作者"庞杂不全纯"的观点,动摇了儒家传统的诗学,尤其是《毛诗》的权威地位。朱熹《诗集传序》正是本着"诗出于民之情性"这一观点来论诗歌创作的本质:

> 或有问于予曰:诗何为而作也。予应之曰:人生而静,天之性也;感于物而动,性之欲也。夫既有欲矣,则不能无思。既有思矣,则不能无言。既有言矣,则言之所不能尽,而发于咨嗟咏叹之余者,必有自然之音响节族(音奏)而不能已焉。此诗之所以作也。
>
> 曰:然则其所以教者何也?曰:诗者,人心之感物而形于言之余也。心之所感有邪正,故言之所形有是非。惟圣人在上,则其所感者无不正,而其言皆足以为教。其或感之之杂,而所发不能无可择者,则上之人必思所以自反,而因有以劝惩之,是亦所以为教也。[1]

他这里是将诗的创作与教化两者分开来解释,诗本是人心感物而动而发于语言之有音响节族者,是一种自然的行为。原本不必然地含有一种伦理的内涵与教化的功能。所以所感有纯,也有杂。圣人择焉以为教化之具。这一套说法,初一看与《毛诗大序》所论并无不同,实际上是有很大的差别的,甚至让人联想起嵇康的"声无哀乐"论那一类

---

[1] 《诗集传》卷首,第1页。

的玄学自然派的艺术思想。但欧阳修、朱熹等对诗抒情本质显然有更自觉的认识,并且没有对诗的抒情本质加以一种伦理的规范。于是就强调了这样一个事实,即《诗经》从作者到作品都是有纯有杂的,诗可以是伦理具备的圣贤之作,可以是圣人用以行教化礼乐之作,也可以是普通人之作。于是就有朱熹下面这一个对《诗经》学具有革命性质的观点:

> 吾闻之,凡诗之所谓风者,多出于里巷歌谣之作,所谓男女相与咏歌,各言其情者也。[1]

由此出发,朱熹沿着欧阳修《诗本义》、郑樵《诗辨妄》的思路,进一步地对《毛诗》序传展开质疑。《朱子语类》卷八十载朱熹论《诗经》,倡言《毛诗小序》之误者,不一而足。如认为"《诗序》实不足信"[2]、"《诗小序》全不可信"[3]。"《诗》本易明,只被前面《序》作梗。《序》出于汉儒,反乱《诗》本意。且只将四字成句底诗读,却自分晓。见作《诗集传》,待取《诗》令编排放前面,驱逐过后面,自作一处。"[4]

朱熹不仅疑《小序》,对于《大序》也有否定:"《诗大序》亦只是后人作,其间有病句。""《大序》亦有未尽。如'发乎情,止乎礼义',又只是说正诗,变风何尝止乎礼义!""问'止乎礼义'。曰:'如变风《柏舟》等诗,谓之'止乎礼义',可也。《桑中》诸篇曰'止乎礼义',则不可。……'""'止乎礼义',如《泉水》《载驰》固'止乎礼义';如《桑中》有甚礼义?《大序》只是拣好底说,

---

[1] 《诗集传》卷首,第 2 页。
[2] 《朱子语类》卷八十,中华书局 1986 年,第 2076 页。
[3] 《朱子语类》卷八十,第 2074 页。
[4] 《朱子语类》卷八十,第 2074 页。

亦未尽。"[1]

由上述观点出发，朱熹虽然仍然也提"吟咏情性"之说，但在他这里，"吟咏情性"就是一般意义上的抒情，不再含有《毛诗》作者所说的"发乎情，止乎礼义"的伦理内涵：

> 大率古人作诗，与今人作诗一般，其间亦自有感物道情，吟咏情性，几时尽是讥刺他人？只缘序者立例，篇篇要作美刺说，将诗人意思尽穿凿坏了！[2]

虽然在学术上，朱熹的理学与二程并论，被称为程朱理学，但朱熹具有诗人的本质，其《诗经》学却是承欧阳修的"诗家诗学"，并承郑樵的"史家诗学"。其对二程的诗学，多有质疑之辞。其论云："六义自郑氏（按指郑玄）以来失之，后妃自程先生以来失之。后妃安知当时之称如何！"[3] "《诗大序》只有'六义'之说是，而程先生不知如何，又却说从别处去。如《小序》亦间有说得好处，只是杜撰处多。不知先儒何故不虚心子细看这道理，便只恁说却。后人又只依他那个说出，亦不看《诗》是有此意无。若说不去处，又须穿凿说将去。"[4] 从这里可以看出朱熹一派《诗经》学的基本思路，他们于《毛诗》，只继承其六义之说，于六义之外的各种说法，多所怀疑，于《毛诗》序传，则多不信从。其基本的原则，则仅从《诗经》文本来求得诗之本义。但正如欧阳修说的那样，徒抱焚余之论，"不见先儒中间之说，而欲特立一家之学者，果有能哉？"事实上，《诗集传》还是大半采取《毛诗》序传的。

---

[1] 《朱子语类》卷八十，第2072页。
[2] 《朱子语类》卷八十，第2076页。
[3] 《朱子语类》卷八十，第2070页。
[4] 《朱子语类》卷八十，第2072—2073页。

真德秀的情性之说，对朱熹有所纠正，反映了理学家的同情诗学的一种观点。《西山真文忠公文集》（《四部丛刊》本）卷三《问兴立成》：

> 古之诗出于性情之真。先王盛时，风教兴行，人人得其性情之正。故其间虽喜怒哀乐之发微，或有过差，终皆归于正理。故大序曰："变风发乎情，本乎礼义。发乎情，民之性也，本乎礼义，先王之泽也。"三百篇诗，惟其皆合正理，故闻者莫不兴起其良心，趋于善而去于恶，故曰兴于诗。

从诗歌理论的发展来说，欧阳修、朱熹的《诗经》学的一系列理论，较多地摆脱了儒家诗学的体系，将《诗经》纳入诗歌艺术范畴中来阐释，将"吟咏情性"重新纳入一般的抒情理论中来，是对传统情性论的革命性的发展，其对后来元明清诗学的影响值得全面地探讨。

五、宋代诗歌创作与批评中的情性论

宋代一般诗学理论中的情性说，从其基本表现来看，与《毛诗大序》的"吟咏情性"、变风变雅之说是一脉相承的。情性为诗仍是宋人的基本思想，"情性"及"吟咏情性"等诗学范畴，在宋代诗学理论与实践中仍有重要的地位。严羽《沧浪诗话》在阐发妙悟、兴趣之说时，重新回顾了"吟咏情性"之说：

> 诗者，吟咏情性也。盛唐诸人，惟在兴趣，羚羊挂角，无迹可求。故其妙处，透彻玲珑，不可凑泊，如空中之音，相中之色，水中之月，镜中之象，言有尽而意无穷。[1]

---

[1] 严羽著，张健校笺《沧浪诗话校笺》，上海古籍出版社2012年，第157页。

严羽倡诗禅之说，认为盛唐唯在妙悟，汉魏天然而不假于悟。他所说的"兴趣"，与兴寄、兴象一样，都是由比兴而派生的诗学范畴。值得注意的是，严羽将这一种后来认为是很新颖的诗歌审美观，放在传统的吟咏情性的诗歌本体论中阐述。这给我们一个重要的启发，即"吟咏情性"及由其派生的情性说，其实是宋代诗学中最重要的，也是得到普遍运用的一种诗歌本论。另一方面，严羽之说，也是遥应前述钟嵘之说。钟嵘强调诗歌创作吟咏情性的原则，批评宋、齐、梁时期有失自然抒情原则的过度用典作风。严羽同样据吟咏情性来阐述诗歌艺术的性质，以盛唐诸人的重在兴趣，来否定宋诗中资书为诗、奇特解会等作风。还有，严羽的观点中包含着一个更加重要的事实，即严羽认为诗之根本于情性，正宗亦在吟咏情性，则不仅《诗经》如此，汉魏至盛唐的诗歌经典，莫不是吟咏情性。至此，我们已经很清楚地看到，吟咏情性之说，不但贯穿于诗歌本体论中，而且贯穿于诗史与批评史之中。但此义之明，则在宋代。

宋人论诗，仍多持风雅正变之说。与欧阳修同时的释契嵩论李白诗，自述"见其乐府诗百余篇，其意尊国家，正人伦，卓然有周诗之风，非徒吟咏情性，呫呻苟自适而已"[1]。前者尊国家、正人伦是正风雅的价值，而后者吟咏情性、呫呻自适则是变风的性质。他认为李白的乐府有周诗之风，言外似认为他的其他诗歌，有属于吟咏情性、呫呻自适的。这里所体现的评价标准，与元白接近。释契嵩非用世之人，而其论李白诗，仍为《毛诗》正变之说，强调李白诗歌具有正风的性质。

在宋人的诗学讨论中，始终蕴含着对理想的诗的追求，对理想的诗的定义。欧阳修的《诗》学观中，明显地带有贬低变风、变雅的观点，苏轼在其《王定国诗集序》中，其实是在欧阳修观点的基础上，

---

[1] 释契嵩《镡津文集》卷十六，《四部丛刊》本。

提出变风、变雅非诗之最高境界的看法：

> 太史公论《诗》，以为"《国风》好色而不淫，《小雅》怨诽而不乱"。以余观之，是特识变风、变雅耳，乌睹《诗》之正乎？昔先王之泽衰，然后变风发乎情，虽衰而未竭，是以犹止于礼义，以为贤于无所止者而已。若夫发于性止于忠孝者，其诗岂可同日而语哉！古今诗人众矣，而杜子美为首，岂非以其流落饥寒，终身不用，而一饭未尝忘君也欤？[1]

苏轼完全接受《毛诗大序》的观点，认为诗歌创作虽然是一种发乎情的、自然的抒情行为，但这个抒情，是有"止乎礼义"与"无所止"的不同。变风变雅是"止乎礼义"，一般的诗歌则多为"无所止"，即没有体现礼义的原则。这种"止乎礼义"的境界，并非创作过程中的一种措施，而是由诗人主体的伦理道德造成的。于此，苏轼模仿"发乎情，止乎礼义"的理论，提出"发于性，止于忠孝"之说，并且举杜甫作为后世诗人中能体现这原则的典范。比起欧阳修的看法，契嵩、苏轼等人似乎又退回到《诗大序》的立场上了。

宋代的诗学体现宋学的一般性格，尤其是义理之学兴起后，宋代诗学也普遍地具有义理之学的特点。其与唐代诗学这种原本经典之论的不同，在于更重视范畴本身，并且长于思辨，即并非原本经典文本，而是对其重要范畴，进行思辨性的阐述，同时也切近实践，明显地以范畴来轨范创作与批评的实践。从这个意义上，可以说宋代是诗歌思想更加活跃，也更有新的创造的时期。但是其基本的思想原则，尤其在本体论的层面，仍然是秉承儒家诗学的。不但宋诗，就是宋词，其批评与实践的理论，也深受儒家诗学的影响。

---

[1] 孔凡礼点校《苏轼文集》卷十，中华书局1986年，第318页。

宋代的情性论，更多地是脱离《毛诗大序》的风雅正变的认识方式，将"情性"作为更独立的范畴来使用于诗歌创作与批评。中唐以来新儒学中的情性哲学的活跃讨论，对传统的情性哲学有很多发展。所以宋代诗学的情性论，一方面继承传统诗学中的情性说，同时也受到当代情性哲学的深刻影响。由于哲学情性说的各种不同流派及艺术上的不同主张，尤其是对《诗经》的不同认识，宋代情性说呈现出不同的倾向。大体上有两种，一种是发挥情性说中自然的观念，一种则是发展其义理的观念。后者也可以说是侧重从"发乎情，止乎礼义"来认识情性作为诗歌本体的意义。

经典情性论中，原本含有一种自然的观念，六朝发挥性灵之说，突出情性自然的观念。上述欧阳修一派"诗出于民之情性"说，倾向于情性自然的观念，与《毛诗大序》"礼义"之说有所不同。具体论述创作问题时，持情性自然之说者，如张耒为贺铸作《东山乐府序》，就颇承欧阳修"诗出于民之情性"之说：

> 文章之于人，有满心而发，肆口而成，不待思虑而工，不待雕琢而丽者，皆天理之自然而情性之道也。世之言雄暴虓武者，莫如刘季、项籍。此两人者，岂有儿女之情哉？至其过故乡而感慨，别美人而涕泣，情发于言，流为歌词，含思凄婉，闻者动心焉。此两人者，岂其费心而得之哉？直寄其意耳！[1]

所谓"天理之自然而情性之道"，此处对"情性"内涵的理解，与王通、欧阳修接近，而与《毛诗》以"发乎情，止乎礼义"为情性之旨有所不同。从逻辑理路来讲，从南朝至唐之情性说，都是以自然为宗旨。所以南朝大倡性灵，而唐人置吟咏情性于补裨教化之下，虽然对

---

[1] 张耒撰，李逸安等点校《张耒集》卷四十八，中华书局1990年，第755页。

情性自然的评价有所不同,但强调其自然宗旨则是一致的。

宋代诗学情性说的主流的发展方向,则是在《大序》"发乎情,止乎礼义"的基础上,更加强调诗歌的伦理功能。与《大序》将伦理功能的前提寄之于诗人主体一样,宋代诗学情性说,也是从主体的伦理道德修养来阐述诗歌的情性本质的。从这一点来说,这种情性论,其实是一种作家修养论。这种情性论,与上面重自然的观念相对,可以说是一种重理的观念。

宋代诗学家通过对情性及吟咏情性的内涵做出新的阐述,即强调吟咏情性是一种具有调适情绪、达到平和中正的个体心理的作用。杨亿《温州聂从事云堂集序》首发此论:

> 若乃《国风》之作,骚人之辞,风刺之所生,忧思之所积,犹防决川泄流,荡而忘返,弦急柱促,掩抑而不平。今夫聂君之诗,恬愉优柔,无有怨谤,吟咏情性,宣导王泽,其所谓越《风》《骚》而追二《雅》,若西汉《中和》《乐职》之作者乎![1]

这种观点,其基本的精神来自《毛诗大序》,其所说的"吟咏情性",并非一般意义上的抒情,而是在中和观念下的情绪表达,即所谓的得性情之正。从此观念出发,忧思、怨刺、讪谤被视为有违于情性之旨的一种过分的艺术表达。这种思想,在宋人那里,几乎是具有普遍性的。

宋代诗歌创作论中的情性本体论,尤以黄庭坚的情性论为代表。黄庭坚《胡宗元诗集序》分诗为国风雅颂、楚人之言、末世诗人之词三类:

---

[1] 《宋诗话全编》第1册,第85页。

> 寒暑相推,草木与荣衰焉。庆荣而吊衰,其鸣皆若有谓,候虫是也;不得其平则声若雷霆,涧水是也;寂寞无声,以宫商考之,则动而中律,金石丝竹是也。维金石丝竹之声,国风雅颂之言似之;涧水之声,楚人之言似之;至于候虫之声,则末世诗人之言似之。[1]

他在三种诗中,推崇的是国风雅颂,他形容其如雅乐之"动而中律",即符合性情之作。黄庭坚强调诗人的道德本质,提倡"君子之诗",其《与晁元忠书》云:

> 未识足下之面,因诸昆弟得足下之诗。兴托深远,不犯世故之锋,永怀喜怨,郁然类《骚》,想见足下岂悌于学问。……昨所谕,怨与不怨,论事似不当耳。苟志于仁矣,其余存乎其人,不可听以一律。《君子阳阳》《考槃》与《北门》《褰裳》,同为君子之诗。夫争名者于朝,争利者于市,观义理者固于其会,怨与不怨,去道远矣。庄周所谓九万里则风斯在下矣,足下以为如何?[2]

宋人重理,主张平和中正的情性表达,所以对于怨刺之风有所反思。但怨刺是《国风》与《楚辞》中客观存在的。像黄庭坚所举的《国风》中这四首诗,据《毛诗》的解说,都是属于怨刺国政之作。《王风·君子阳阳》,《小序》云:"闵周也,君子遭乱,相招为禄仕,全身远害而已。"[3]《卫风·考槃》,《小序》云:"刺庄公也,不能继

---

[1] 黄庭坚《宋黄文节公全集》正集卷十五,刘琳、李勇先、王蓉贵校点《黄庭坚全集》,四川大学出版社 2001 年,第 410 页。
[2] 《宋黄文节公全集》正集卷十八,《黄庭坚全集》,第 462 页。
[3] 《毛诗正义》卷四,《十三经注疏》上册,第 331 页。

先公之业，使贤者退而穷处。"[1]《邶风·北门》，《小序》云："刺仕不得志也，言卫之忠臣不得其志尔。"[2]《郑风·褰裳》，《小序》云："思见正也，狂童恣行，国人思大国之正己也。"[3] 黄庭坚依据《毛诗》之说，认为这四首诗都是有所怨刺的，并且怨刺之情状各有不同，但其作者都是君子，所以发之为诗，都是志于仁义之心。可见宋人诗学，最重视主体的伦理道德性质。在这样的前提下，黄氏《书王知载〈朐山杂咏〉后》对诗人主体的伦理本质与诗歌的情性本旨进行了全新阐述：

> 诗者，人之情性也，非强谏争于廷，怨忿诟于道，怒邻骂坐之为也。其人忠信笃敬，抱道而居，与时乖逢，遇物悲喜，同床而不察，并世而不闻，情之所不能堪，因发于呻吟调笑之声，胸次释然，而闻者亦有所劝勉，比律吕而可歌，列干羽而可舞，是诗之美也。其发为讪谤侵陵，引颈以承戈，披襟而受矢，以快一朝之忿者，人皆以为诗之祸，是失诗之旨，非诗之过也。故世相后或千岁，地相去或万里，诵其诗而想见其人所居所养，如旦莫与之期，邻里与之游也。[4]

这是对上面所引的《与晁元忠书》中"兴托深远，不犯世故之锋"的主张的更具体的阐述。黄庭坚的情性论，与当时思想与现实的关系很深，有它的针对性。其中包含着极丰富的实践体验，寄托了他对于诗歌艺术的审美理想，也是他对于风诗、陶诗、杜诗等一系列中国古典诗歌经典的创作状态与艺术境界的一个总结。这些问题，在这里暂不

---

[1] 《毛诗正义》卷三，《十三经注疏》上册，第322页。
[2] 《毛诗正义》卷二，《十三经注疏》上册，第309页。
[3] 《毛诗正义》卷四，《十三经注疏》上册，第342页。
[4] 《黄文节公全集》正集卷二十五，《黄庭坚全集》，第666页。

讨论。我们现在只将它作为一种具有普遍性的理论主张来看待，它其实在指向一种诗的本质，一种诗美的理想。情性论的最重要的实践价值就在这里，它引导我们去体会诗的本质，体认一种理性的诗之美。从其思想的渊源来讲，正是对《大序》变风、变雅创作思想的发挥，即黄氏将诗歌创作定位为具有道德追求的个体的一种抒情行为。显然，比之欧、苏两家，黄庭坚对变风、变雅的审美价值与伦理功能有一个更加统一的认识。这个思想，解决了中国古代文人诗立足于变风、变雅而又指向雅颂与教化宗旨的内在矛盾。从多种现象来看，宋人更注重从伦理内涵上阐述情性及吟咏情性的行为，理学家甚至将吟咏情性与修养德性联系起来，如二程说："'兴于诗'者，吟咏性情，涵畅道德之中而歆动之，有'吾与点'之气象'。"[1] 正是宋人对情性本质的重新阐述和自觉体认，造成宋诗的情理相融的新境界。所谓唐诗主情，宋诗尚理，正是由唐宋诗人对情性本质的不同体认造成的。

吟咏情性在《大序》那里，并非作为全部诗歌的创作方式，而是只作为变风变雅的一种创作方式提出来的（《大序》作者对变风变雅创作现象的一种概括）。在六朝文人诗创作发展过程中，吟咏情性有被扩大到整个诗歌创作的倾向，但远没有到形成一种情性本体论的阶段。唐人继承这一理论，与唐代尊经的整体倾向一致，似乎对《大序》理论有一种更加忠实于原文的引用态度。唐人正统理论的诗学，仍沿用《大序》辅弼教化与黼藻其身两分的方式，这在唐玄宗、白居易、徐铉诸家对吟咏情性如出一辙的表述中可以看得很清楚。如果说《大序》提出吟咏情性之说作为诗之一种，并且将之放在政教辅弼之下，唐人基本上仍然沿承这个结构。那么，宋代诗学性情理论的一个发展，就是直接以性情为诗歌的本体。这里面其实有一个重要的哲学背景，即哲学上的情性说的发生。

---

[1] 《二程集》，第366页。

我们知道，在汉魏六朝时期，情性二字，带有质性、禀性的内涵，它只是一个中性的名词。在其时人们的表述中，情性有优劣甚至善恶之分。从哲学分野上说，六朝使用的情性范畴，也许可以理解为荀子一派的性恶论的流脉。其时孟子及《中庸》的"性"说并未流行。一直到中唐以后，在禅学明心见性之说的启迪下引出儒家一派对性的讨论，尤以李翱《复性论》为代表，可以说是直承思孟一派的性善论，使性作为道德本体得以确立。这其实是为宋代以欧阳修、黄庭坚为代表的情性本体的诗学思想奠定了基础。在这种思想的启迪下，宋代诗学不经意中摆脱掉了从《大序》到唐人的将辅弼教化与吟咏情性两分，并置吟咏情性于辅弼教化之下的传统儒家诗教理论体系，直接将情性上升为覆盖整个诗歌创作的诗学本体论。而黄庭坚的理论，又明确地将情性阐释为一种士人个体的道德本体。在这样一个逻辑前提下，情性被赋予一种道德的内涵，这种道德内涵指向理性。由此可见宋人的情性论对唐人情性论的最大变化，在于由情向理的转变。这一点对于我们了解宋诗的特质是很关键的。由此也可证明，诗学本体论与诗歌实践的深层的联系，或者说本体论对实践有直接的影响。

六、元明清诗学中性情、性灵的理论与实践

经过宋代经学与诗学两方的阐述，情性本体的诗歌思想完全确立。

元明清的诗学家们，仍然沿承"吟咏情性"之说。但是到了宋代以后，"情性""性情"被单提出来作为一个具有诗歌本体的范畴。上引黄庭坚的情性很典型。其后诗人论诗，多单提情性为本，而不再在《毛诗大序》王道教化与吟咏情性的整体上讲情性。可以说，情性说为作为诗歌本体论，在元明清三代更加成熟且流行。

以下试略举之，如元刘敏中《江湖长短句引》："声本于言，言本

于性情。吟咏性情莫若诗,是以《诗》三百皆被之弦歌。"[1]再如元明之际宋濂《答章秀才论诗书》:"诗乃吟咏性情之具,而所谓风雅颂者,皆出于吾之一心,特因事感触而成,非智力之所能增损也。"[2]其所遵循的仍然是唐宋诗学中性情为诗歌本体的观念。何良俊说:"诗以性情为主,三百篇亦只是性情。"[3]说三百篇亦只是性情,即是对《大序》变风、变雅是国史吟咏情性之作的观点的继承,又是与欧阳修论《诗经》"诗出于民之情性"的看法有相近的内涵。又云:"诗苟发于情性,更得兴致高远,体势稳顺,措词妥贴,音调和顺,斯可谓诗之最上乘矣。"[4]屠隆《唐诗品汇选释断序》:"夫诗由性情生者也。诗自三百篇而降,作者多矣!乃世人往往好称唐人,何也?则其所托兴者深。非独其所托兴者深也,谓其犹有风人之遗也。非独谓其犹有风人之遗也,则其生乎性情者也。"[5]屠氏以性情论三百篇与唐诗,并将其与托兴相结合,可谓深得诗本性情之原则,非泛泛之论可比。谭元春说:"诗以道性情也,则本末之路明,而今古之情见矣。"[6]他对性情做了自己的解释:"夫性情,近道之物也,近道者,古人所以寄其微婉之思也。"[7]看他对性情内涵的阐述,与黄庭坚很接近。其于"性情"是以性主情的。黄宗羲《寒村诗稿序》云:"诗之为道,从性情而出,性情之中,海涵地负,古人不能尽其变化,学者无从窥其隅辙。"[8]

  明清诗学的性情论,也是一种带有思辨性的思想。其中一种重要表现,就是通过诗主性情的辨析,推开复古模拟的重幕。明代后期林

---

[1] 刘敏中《中庵集》卷九。
[2] 《宋文宪公全集》卷三十七,严荣校刻本。
[3] 何良俊《四友斋丛说》卷二十四,中华书局1959年,第213页。
[4] 《四友斋丛说》卷二十四,第213页。
[5] 屠隆《由拳集》卷十二,明刻本。
[6] 谭元春著,陈杏珍标校《谭元春集》卷二十三,上海古籍出版社1998年,第613页。
[7] 《谭元春集》卷二十三,第613—614页。
[8] 黄宗羲著,陈乃乾编《黄梨洲文集》,中华书局1959年,第351页。

烃《敬和堂诗序》所阐述的性情说,就是针对复古模拟之风而发的:

> 今海内之谈诗者至多矣。明兴学士大夫先后以诗名家者亦甚众矣。……驰骋汉魏,骎骎乎轶元而上之,大历而下卑卑无论矣。岂不彬彬称盛哉。然而徐按其词,绅绎其旨,率皆缛章绘句,刿目钬心,模拟为工,追琢致巧,侈连篇累牍之富,竞片言只字之奇。求之三百篇遗意,盖百不得一焉。何也?以远于性情,无裨于教也。夫诗道性情者也。古之为诗或出于岩廊,或采之闾巷,本温柔敦厚之意,为咏歌嗟叹之词,美刺形焉,劝惩寓焉。然皆发乎情,止乎礼义,故可兴可观可群可怨而不失其正,是则诗之为教也。诗不系于教,诗也云乎哉?[1]

林氏正是以传统情性说来推开模拟之习的,这种学说的进一步发展,就是性灵说的出现,从这里我们可以看到明清之际性灵说的一种逻辑理路。如孙原湘《杨遁飞诗稿序》:"诗主性情,有性情而后言格律。性情者诗之主宰也,格律者诗之皮毛也。"[2]可以说,在元明清三代整体以复古为重的诗学氛围中,时人正是以性情、性灵为基本的范畴,重新探寻诗歌的本体。南朝性灵论就是与新变的文学主张联系在一起的。明清提倡性灵者,也是重在个性与新变。由此可见性灵论的本质在于新变,与情性论又有所异。

明清人仍以情性论为诗学本体,但在继承古人的同时有所发展,如谭元春以道释性情,黄宗羲认为性情之中海涵地负,都带有心学思想的影响。其实,唐人讲性情,宋人讲性情,后来的性灵派像袁枚、张问陶他们也讲性情。但唐诗的性情之美,宋诗的性情之美,性灵诗

---

[1] 林烃《林烃文稿》卷一,上海图书馆藏手抄本;转引自魏宁楠《明代福州林浦林氏家族与文学研究》,福建师范大学2019年博士学位论文,第237页。

[2] 孙原湘《天真阁集》卷四十二。

之情或性灵之美，都不是一样的。大体来讲，唐诗之性情，更带有古典诗美的理想，同时也更接近普遍的人性与人情。宋诗之性情，带有思想家的人性人情，尤其是心性本体的思辨的意味在内。明清性灵派之讲性情，是为突破复古与格调、格法肌理之重围，重新创作一种诗人之诗、之真诗。但是他们所说的性情，显然是更多地体现灵感、灵性，类似一种灵感论。性灵派一个重要诗人张问陶有一首论诗之作："名心退尽道心生，如梦如仙句偶成。天籁自鸣天趣足，好诗不过近人情。"[1]但性灵派诗人，对于诗本性情之理解，与传统有两点显著的变化。一是强调个性，如张问陶之论："诸君刻意祖三唐，谱系分明墨数行。愧我性灵终是我，不成李杜不张王。"[2]同时，他们的性灵说比较接近灵感说，如袁枚之论云："但肯寻诗便有诗，灵犀一点是吾师。"[3]"我不觅诗诗觅我，始知天籁本天然。"[4]这一派与晚唐贾姚、晚宋四灵等人的敛情约性，以苦吟而见性情，磨镌而见警策，恰好形成鲜明的对比，论其渊源，也是导源于杨万里的诚斋活法。相对唐宋诸大家、名家之论，两派对于诗本性情的理解，各有偏至，而未得其全。

结 论

"吟咏情性"是《大序》作者对变风变雅的创作行为的一种概括，它是在孔门发生的诗歌情感论及哲学上的情性论的背景上发生的，作为《毛诗》整体抒情说的一个独特部分出现，其理论的价值是树立了一种个体抒情理论，因此对中国后来的文人诗创作影响巨大，并且先后发展出南朝性灵论、唐宋情性论及明清性灵说等重要的诗学范畴及

---

[1] 张问陶《船山诗草》卷十一，中华书局1986年，第262页。
[2] 《颇有谓予诗学随园者笑而赋此》，《船山诗草》卷十一，第278页。
[3] 袁枚《遣兴》，周本淳标校《小仓山房诗文集》卷三十三，上海古籍出版社1988年，第932页。
[4] 《老来》，《小仓山房诗文集》卷二十五，第628页。

理论。虽然"吟咏情性"作为一种个体抒情的创作行为,一直没有占据诗歌创作最为正统的地位,因此"吟咏情性"及其所衍生的各种诗歌本体论,在理论上一直居于言志说之下,吟咏情性的行为也一直被视为风雅教化行为的一种不得已的补充,带有一种权宜性。但是纵观整个中国古代诗史的实际,人们所期待的、推崇的作为王道政治教化工具的正风、正雅的诗歌并没有真正出现过,更没有成为主流,纵有也只是像历代郊庙乐歌这样的雅颂的赝品。所以,整个文人诗史的重心,实际上是落在变风变雅之上的。这也是吟咏情性之所以成为中国古代抒情诗学的实际上的主轴的原因。当然,下降到秦汉以降的封建王朝以治乱兴衰为框架,以王朝统治的理想统治为核心,中国古代诗歌还是建构了一种正风、正雅的传统。但整个王朝时代诗歌的重心,仍为变风变雅。

第十四章
风雅正变的诗歌史

《诗》三百篇原为周代乐歌,在运用于礼乐及诗教的过程中,形成风、雅、颂的体系。《左传》襄公二十九年载季札在鲁国观周乐,有各国之风、小雅、大雅、颂等,《论语·子罕》载孔子自述:"吾自卫反鲁,然后乐正,雅颂各得其所。"可见风、雅、颂是周诗的固有种类,其分类的来源,也可能早于周代。儒家根据周乐风、雅、颂的结构,阐述出以"风、赋、比、兴、雅、颂"为基本范畴的儒家诗学体系。从汉代以来,这个风、雅、颂的诗歌类型及其所体现的诗歌创作理念,被后起的文人诗学所运用,启迪、规范着整个中国古代诗歌的发展历史。同时,风雅正变也成了中国古代诗歌批评的基本方法,后世文人学者不仅继汉儒之后,进一步讨论《诗经》本身的风雅正变,提出新的看法,同时更重要的是,这种风雅正变的批评方法,也被运用在后世文人诗歌批评中。20 世纪引进西方诗学理论与批评方法后,这种传统批评方法遂告衰歇。

《诗经》风、雅、颂是一种明确分类,风、雅、颂作为不同的诗歌体制及其不同功能、不同风格也是清晰可辨的。其中最复杂的问题,就《大序》的变风、变雅之说。《大序》以"吟咏情性"来概括变风变雅的抒情特点。吟咏情性的观念与变风、变雅的实践,共同构成中国古代文人诗学的轴心。

一、雅颂的理论及其后世延续

《诗经》的大雅、小雅与周颂、鲁颂、商颂，是后世雅颂类诗歌创作的典范。在诗学中，雅与风结合在一起，称为"风雅"，向来被视中国古代诗学的主流，也是诗学的代名词，其义倾向于正风、正雅。其次则风与骚结合，称为"风骚"，其义实倾向于变风、变雅。与上述两种倾向不同的是"雅颂"，则在正统的封建政治体系中被视为一种最为正统、崇高的诗歌。"风雅""风骚""雅颂"构成中国古代诗人实践与认识诗歌的三种基本界域。本节所阐述的正是与风雅、风骚并列的雅颂，即《诗经》中的颂与正雅，又衍为后世王朝雅颂之流。

《毛诗大序》论"风雅"之义云：

> 是以一国之事，系一人之本，谓之风。言天下之事，形四方之风，谓之雅。[1]

又论"雅颂"之义云：

> 雅者，正也。言王政之所由废兴也。政有小大，故有小雅焉，有大雅焉。颂者，美盛德之形容，以其成功，告于神明者也。[2]

雅颂诗学可以说是典型的王道政治的诗学，据王道、王政以论诗。但是经典的雅与颂仍有区别，雅不仅强调言王政之废兴，而且认为政有小大，皆可入诗。只有颂，才是美盛德、夸成功、告神明。所以，后世继承《诗经》雅颂体系的历代郊庙祭祀、正旦朝会、仪仗鼓吹的歌诗，实是属于颂之流。所以，就后世雅颂创作的事实来说，是

---

[1] 《毛诗正义》卷一，《十三经正义》上册，第272页。
[2] 《毛诗正义》卷一，《十三经正义》上册，第272页。

雅衰而颂盛，雅之义模糊而颂之义明确。又据"颂"之本义为"美盛德之形容"，则后世对无盛德者亦施颂美，则"颂"之本义，实亦失去。

二、《毛诗》系统的变风变雅说

变风、变雅是儒家学者对《诗经》中一部分作品的评价，相对于正风、正雅而言。所以我们要正面地阐述《诗经》正变的问题。

《诗经》的正变之说，应该是有渊源的。《春秋左传》襄公二十九年载吴公子季札在鲁国观乐，从国风与大小雅中，判断诗歌反映的政治情况，赞美宗周及各侯国政治盛时之诗，并有"自《郐》以下无讥焉"之语，可见以诗观政，或以政说诗，由来已久，其中已经隐含区别正变的意思。孔子、孟子、高叟等人都对诗的内容有过讨论，涉及诗歌伦理价值有无或者多少的问题。孔子曾有如"《诗》三百，一言以蔽之，曰思无邪"的无邪说，就透露出孔门或者其他学者们，对《诗》的内容的正邪即是否合乎伦理有过讨论。[1] 这些都是《毛诗》正变说的渊源。

---

[1] 孔子"思无邪"语，似出于《诗经·鲁颂·駉》"思无邪，思马斯徂"一语。朱熹《诗集传》："孔子曰：《诗》三百，一言以蔽之，曰思无邪。盖诗之言美恶不同，或劝或惩，皆有以使人得其情性之正。然其明白简切、通于上下，未有若此言者。故特称之，以为可当三百篇之义，以其要为不过乎此也。学者诚能深味其言，而审于念虑之间，必使无所思而不出于正，则日用云为，莫非天理之流行矣。苏氏曰：昔之为诗者，未必知此也。孔子读《诗》至此，而有合于其心焉，是以取之，盖断章云尔。"（《诗集传》卷二十，第238页）按朱氏解孔子"《诗》三百，一言以蔽之，曰思无邪"与传统的看法有所不同，这是因为朱氏认为诗非尽圣贤所作，所以其内容纯驳美恶有异，但可观而得性情之正，所以孔子以此《駉》诗之"思无邪"来概括。所概括的并非《诗》三百篇本身的内容，而是读三百篇的一种态度与方法，即禀"思无邪"之旨以观诗。又《朱子语类》卷八十《《诗》一》："只是'思无邪'一句好，不是一部《诗》皆'思无邪'。"（《朱子语类》，第2065页）这是对传统三百篇"思无邪"的更加明确的否定，认为孔子此语，只是赞《駉》诗中的这一句。这可能是朱熹原本想彻底否定传统之说，但到了《诗集传》正式注解时，又做了上述的折中。

后儒论风雅正变，各有不同的理解。略举郑玄、朱熹两家之说以见其概。郑玄《诗谱序》论《诗经》之正变：

> 陶唐之末，中叶（按，此指姬周之中叶，相当于陶唐之末）公刘亦世修其业，以明民共财。至于大王、王季，克堪顾天，文武之德，光熙前绪，以集大命于厥身，遂为天下父母，使民有政有居。其时诗，风有《周南》《召南》，雅有《鹿鸣》《文王》之属。及成王、周公致大平，制礼作乐，而有颂声兴焉，盛之至也。本之由此风雅而来，故皆录之，谓之诗之正经。后王稍更陵迟，懿王始受谮亨，齐哀公夷身失礼之后，邶不尊贤。自是而下，厉也，幽也，政教尤衰，周室大坏，《十月之交》《民劳》《板》《荡》，勃尔俱作，众国纷然刺怨相寻。五霸之末，上无天子，下无方伯，善者谁赏，恶者谁罚，纪纲绝矣！故孔子录懿王、夷王时诗，讫于陈灵公淫乱之事，谓之变风、变雅。[1]

郑玄论变风、变雅为孔子所定，如果真是这样的话，风雅正变就是孔门的诗歌理论了。郑玄是根据《大序》正变之论来对《诗经》全部作者做正变的区别，核心的判断标准，仍是王道政治。但这可能是汉儒解诗的一般看法，如司马迁《史记·周本纪》："共王崩，子懿王囏立。懿王之时，王室遂衰，诗人作刺。"[2] 司马贞《索隐》："宋忠曰：懿王自镐徙都犬丘，一曰废丘，今槐里是也。时王室衰，始作诗也。"按宋忠（汉末荆州学者）认为王室衰而始作诗，这里的"诗"，并非一般所说的诗，而是特指变风之类。因为《史记》本篇后载懿、夷之后厉王时，召公谏厉王弭谤，即有"故天子听政，使公卿至于

---

[1] 《毛诗正义》卷首，《十三经注疏》上册，第262页。
[2] 《史记》卷四，第140页。

列士献诗"之说,所以说懿王时王室衰始作诗是不符合事实的。所以"王室衰,始作诗",准确的意思应该是王室衰而始作变风之诗。

风雅正变之说,四家《诗》可能也有所不同。如《关雎》,《毛诗》认为是文王妃忧在进贤,而《鲁诗》则认为是康王后晏朝。刘向《列女传》及《史记·诸侯年表》《儒林列传》皆有相近的说法。如果这样说,"周南"也不尽是正风了。可见《关雎》为文王之说,是《毛诗》一家之说。[1]可见正变之区分,四家有所不同。此事复杂,姑置待论。

总之,大略而论,诗之"正经"即颂与正风、正雅是周朝王道之政施行时产生的作品,其正式形成系统在成王之世周公制礼作乐之时,也包括了歌颂此前公刘及文王、武王等先王功业的作品。如风诗中的二《南》,以及大雅中"文王之什",都是正风、正雅之作。而大雅中《板》《荡》等反映周政之衰的作品,及小雅中的大部分作品,十五国风中的作品,有一部分是属于变风、变雅的。

假如接受郑玄之说,我们会看到这样一个事实,整部《诗经》,其艺术的质量高的部分,都在变风变雅的范围内。所以,一部《诗经》本身其实已经奠定了中国古代诗歌虽然推尊正风、正雅,而实际的成果却是在变风、变雅的基本格局。

朱熹《诗集传》也承前人之说,论正风与变风:

> 旧说二南为正风,所以用之闺门乡党邦国而化天下也。十三国为变风,则亦领在乐官,以时存肄,备观省而垂监戒耳。合之凡十五国云。[2]

朱氏又论雅之正变:

---

[1] 参考拙文《汉儒经学、纬学诗论述要》,《兰州大学学报》2019年第5期。
[2] 《诗集传》卷一,第1页。

> 雅者，正也，正乐之歌也。其篇本有大小之殊，而先儒说又各有正变之别。以今考之，正小雅，燕飨之乐也，正大雅，会朝之乐，受厘陈戒之辞也。故或欢欣和说，以尽群下之情，或恭敬齐庄，以发先王之德，词气不同，音节亦异，多周公制作时所定也。及其变也，则事未必同，而各以其声附之。其次序时世，则有不可考者矣。[1]

至少就今天研究者的观点来说，风诗体现了《诗经》最高的艺术成就，风诗高于雅颂，小雅高于大雅，大雅高于颂。但十五国风之中，属于正风的只有二《南》。至于大、小雅何者为正，何者为变，朱熹也没有加以分别。但既以"正小雅，燕飨之乐"为言，燕飨则以和乐为旨，如《鹿鸣》。但小雅中也有大量的怨刺之词，这一部分作品，就应该属于变雅。钟嵘《诗品·晋步兵阮籍》认为阮诗"其源出于《小雅》"，又说它"颇多感慨之词，厥旨渊放，归趣难求"。而后世论阮诗，多将其放在魏晋易代的历史背景中把握。所以钟嵘所说阮诗出小雅，正是指变小雅，侧重怨刺。还有一种看法，认为大雅无正变，小雅有正变。还有一种说法认为大雅为正雅，小雅为变雅。无论是哪一种看法，也不管古今对诗歌的评价不同，我们都可以得出这样的结论，虽然儒家诗教的理想是正风、正雅，但《诗》三百篇的主要成就，在于变风、变雅。

无论是《毛诗》，还是朱传，还有其他的种种《诗经》评论，都认为《诗经》的风雅中存在着正变两种。而这两者，虽然反映了王道的存亡与兴衰，但《毛诗》派认为都是有充足的理由存在的诗歌，都是必然发生的诗歌。所以，虽有风雅正变的高下之别，但实际的创作中，并没有否定变风、变雅。李白曾经很高调地提倡大雅，"大雅久不

---

[1] 《诗集传》卷九，第99页。

作"，似乎推崇雅颂，但据李商隐之说，当时学者"推李、杜则怨刺居多"[1]，可见虽然提倡大雅及正风，李白的实际创作还是落实在变风、变雅之上。

虽然一些极端强调正风、正雅的诗学家，有非议《诗经》的部分变风的言论，如朱熹的淫奔之诗说，而他的后学王柏进一步删弃淫诗之说。但是对于大部分作者，也可以说大多数场合中，中国古代诗人是将《诗》三百篇全部作为一种经典来看待的。这就是说明一个事实，也就是中国古代诗人，是正面地接受《诗经》变风、变雅的，并且将其作为一种诗歌艺术的经典。这对于他们自己的创作意义是重大的，因为文人诗歌主体的性质是抒情，而其诗歌虽可定位于情性之咏、流连风物之思，但却不能都体现儒家诗学的教化宗旨。这种创作的事实，只有吟咏情性与变风、变雅才可能很好地概括。换言之，吟咏情性理论与变风、变雅的实践，为中国古代诗人体会诗歌艺术本质的基本方式。通过它们，个体抒情的诗歌创作，与群体的伦理原则要求之间，基本上达到了一种调和。

变风、变雅虽非儒家期待的理想之诗，但仍为合作之诗。这一点还可以从《诗》亡的观点得到证明。《孟子·离娄下》："孟子曰：王者之迹熄而《诗》亡，《诗》亡然后《春秋》作。"《诗》亡不是正风、正雅之亡，而是指变风、变雅之亡。即李白所说的"王风委蔓草，战国多荆榛"[2]。王风自属变风，可见李白是承郑玄《诗谱》之说的。"王风委蔓草"，即变风不作。班固《两都赋序》："王泽竭而诗不作。"孔颖达《毛诗正义序》："成康没而诵声寝，陈灵兴而变风息。"都是这个意思，其论都渊源于孟子之说。孟子是战国人，其说更能反映《诗》亡的一种实际景象。由《诗》亡而观变风、变雅，则变风、变雅

---

[1] 李商隐《献侍郎钜鹿公启》，刘学锴、余恕诚《李商隐文编年校注》，中华书局2002年，第1188页。

[2] 《古风》其一，《李太白全集》卷二，第87页。

虽不如正风、正雅，但仍然是符合于诗道流行的标志。所以后世论诗道，不仅以正风、正雅论，也以变风、变雅论。这也是后来中国古代的诗人，自觉地定位吟咏情性的变风变雅的理由，因为其仍然是符合儒家风雅诗道的。

所谓"诗不作"后来发展出另一意义，是指诗歌完全脱离了吟咏情性之道，如齐梁雕琢绮靡之体、轻险淫放之体，他们受到批评，正是由于其失去变风变雅的吟咏情性之道。这个时候，站在正统的儒家诗学的立场，也可以是说一种"诗亡"。上述李白《古风》其一之论诗史，还有白居易《与元九书》之论六义之由缺失而至尽去，都是这种"诗亡"说的体现。这时期的诗歌，不仅失去教化的宗旨，同时也失去情性。在这样的时候，提倡吟咏情性，认为情性为诗之本体，就不是一种极为正面的诗歌思想，也可以说是一种批评，对失去了风雅之道的那些诗歌的批评。这一种"诗亡"说，构成中国古代文人诗批评传统最严苛的一种理论，鲜有诗人、诗作能够完全避免这种批评。这可以说是世界诗歌史上鲜见的中国古代诗人的"自律"。

所以，中国古代诗歌史，大抵上体现三种层次，一是王道教化之诗，其落实在文人创作层面上，主要是由言志观去承接的。二是吟咏情性之诗，即变风变雅之作。三是变而失去情性宗旨的诗，即绮靡、淫溢之体。三个层次的诗歌，王道之诗空洞，绮靡之体泛滥，真正能充分体现诗歌艺术精神的是吟咏情性的变风、变雅之作。

三、汉代王朝雅颂兴起于文人个体创作之前

在系统地论述文人诗歌以变风、变雅为主流之前，我们有必要论述继承雅颂体制的一种诗，即历代王朝的雅颂，阐述它们的创作性质及其在诗史上应占的地位，着重于其虽异常崇重而实非据于诗史主流的事实，以反证变风、变雅之为主流。

从汉朝开始，夤缘周代礼乐制度以儒家的王道诗学为宗旨的雅颂诗史，就已推行，并且绵历了整个王朝时代。后代雅颂制作，虽沿汉制，但却每不以汉制为足，因为汉代雅颂中，其实杂入骚、风的成分，这也正是其价值所在。黄节《汉魏乐府风笺序》指出，传统上被认为是汉雅诗的短箫铙歌、魏雅诗鼓吹曲辞，其实不是真正意义的雅诗。其论汉铙歌非雅云：

> 铙歌非"雅"也。郑夹漈谓：《上之回》《圣人出》君子之作也，雅也；《艾如张》《雉子斑》野人之作也，风也。夹漈不辨"风""雅"矣。铙歌皆边地都鄙之谣，有音制，崎岖淫僻，止可度之鼓、吹、笛、笳，为马上之曲，不可被之琴、瑟、金、石，为殿廷之乐也；是故汉"雅"亡矣。[1]

又其论魏晋鼓吹曲非雅云：

> 文帝使缪袭造短箫铙歌十二曲，用汉曲而易其名，如《朱鹭》为《楚之平》，《思悲翁》为《战荥阳》是也。夹漈谓魏晋仿汉铙歌短箫，叙其创业以来伐畔讨乱肇造区夏之事，即古之"雅""颂"矣。岂知声为乐体。刘彦和云："辞虽典文，而律非夔旷。"短箫铙歌乃军中马上所奏，汉制尚不可登之殿廷，况仿为之耶！是故魏"雅"亦亡矣。[2]

雅乐之亡，是汉儒如班固等人之常论，即使是被视为汉代雅颂正宗的《安世房中歌》《郊祀歌》，如论其声乐和辞章，也是雅颂之体与楚声相

---

[1] 黄节《汉魏乐府风笺》，中华书局 2008 年，第 1 页。
[2] 《汉魏乐府风笺》，第 1 页。

杂的。所以，后世雅颂以此为不足，不断地就正于周代的礼乐，不断地向《诗经》的三颂、大雅等传统靠近，当然也深受《毛诗》等汉儒《诗》传的雅颂、教化思想的影响。但是，就诗歌功能来讲，我们仍然应该承认，汉魏的郊庙、祭祀、仪礼乐章，仍然是本着雅颂的观念而创作的。而且我们发现，这个可称雅颂诗史的特殊的诗歌史，并非由文人诗传统派生，而是早于文人诗传统确立之前就存在。也可以说，《诗经》对后世的诗史首先产生影响的，是雅颂的传统，其后当文人诗创作发达后，风诗的传统才发生作用。其唯一原因，就是它是周代礼乐制度及儒家诗学等与现实政治结合的产物。

汉代虽然乐府流行，但却缺少文人创作诗歌的传统。文人诗的传统是魏晋时期奠定的。[1]但在此之前，我们看到与汉代的王朝政治相结合，汉代文人除创作润饰鸿业的辞赋之外，也曾主动或被动创作诗歌。唐山夫人写作《安世房中歌》，司马相如等人撰作《郊祀歌》十九章，班固《东都赋》中所系《明堂诗》《辟雍诗》《灵台诗》《宝鼎诗》《白雉诗》，都是禀雅颂之旨，以献上为目的制作，还有更典型的例子，就是汉宣帝时的王褒。《汉书·王褒传》：

> 神爵、五凤之间，天下殷富，数有嘉应。上颇作歌诗，欲兴协律之事，丞相魏相奏言知音善鼓雅琴者渤海赵定、梁国龚德，皆召见待诏。于是益州刺史王襄欲宣风化于众庶，闻王褒有俊材，请与相见，使褒作《中和》《乐职》《宣布诗》，选好事者令依《鹿鸣》之声习而歌之。时汜乡侯何武为僮子，选在歌中。久之，武等学长安，歌太学下，转而上闻。宣帝召见武等观之，皆赐帛，谓曰："此盛德之事，吾何足以当之！"[2]

---

[1] 参考笔者《中国诗歌通史·魏晋南北朝卷》等论著关于这个问题的一些阐述。

[2] 《汉书》卷六十四，第2821页。

由此可见，在文人个体创作诗歌的传统确立之前，在王朝政治的框架中，雅颂诗风已经有所发生。这种创作，所依据、所秉承的就是儒家的礼乐与诗教的思想，即《大序》所说的"颂者，美盛德之形容，以其成功，告于神明者也"，"雅者，正也。言王政之所由废兴也"。后面"王政""废兴"四字虽然在理论上包括宽广的内容，但在历代王朝制作的雅颂中，主要是歌颂王朝之兴，或叙前朝之废、新朝之兴。我们看魏、晋、宋历代朝廷制作的具有王朝开国史性质的鼓吹曲辞，正是这样的内容。

汉代雅颂之直接《诗经》雅颂的性质，班固《两都赋序》叙之尤详：

> 或曰：赋者，古诗之流也，昔成康没而颂声寝，王泽竭而诗不作。大汉初定，日不暇给。至于武宣之世，乃崇礼官、考文章，内设金马石渠之署；外兴乐府协律之事。以兴废继绝，润色鸿业。是以众庶悦豫，福应尤盛；白麟、赤雁、芝房、宝鼎之歌，荐于郊庙；神雀、五凤、甘露、黄龙之瑞，以为年纪。故言语侍从之臣，若司马相如、虞丘寿王、东方朔、枚皋、王褒、刘向之属，朝夕论思，日月献纳。而公卿大臣御史大夫倪宽、太常孔臧、大中大夫董仲舒、宗正刘德、太子太傅萧望之等，时时间作。或以抒下情而通讽谕，或以宣上德而尽忠孝，雍容揄扬，著于后嗣，抑亦雅颂之亚也。故孝成之世，论而录之，盖奏御者千有余篇，而后大汉之文章，炳焉与三代同风。[1]

由此可见，汉代诗赋的首要之义为雅颂，是汉代文人自觉继承并比附《诗经》雅颂传统、实践儒家雅颂诗学的成果。虽然班氏也强调其中有

---

[1] 《文选》，第 21—22 页。

"抒下情而通讽谕"的功能，但主要的宗旨，在于雍容揄扬的颂体。

魏晋南北朝历代的雅乐歌诗，与汉代的雅颂不同，是在文人个体的诗歌创作兴起之后的一种创作，如果从其诗歌系统来看，也可以说这以后的雅颂诗歌，是依附于文人诗艺术系统的，但却与文人诗个体抒情的原则相违。就其立意与动机来看，都是以雅颂自居的，其文体承自《诗》、楚歌，制度则沿用汉代雅颂。只是文体更加板结，文辞更为经诰化，雅而不润，正而不绮。虽是文人精心结撰之作，却总输于文人自己以言志、吟咏情性为体的个体创作。它们在艺术上普遍的失败，深刻地反映了诗歌抒情艺术的规律。

从汉代以来，王朝按照周代的礼乐制度，创作郊庙、燕射、鼓吹等雅颂性质的诗歌，构成了一部独特的雅颂诗史。这些诗歌，从《汉书·礼乐志》以降，大多完备地记载在正史的《礼乐志》与《乐志》里面，作为王朝政治最珍贵的史料得以记载，也可以说是站在正统的、原则上属于传承于周代礼乐观念的诗歌史的，唯一合理的、不须质疑的一种诗歌。可以说，这是根据儒家的王道诗学而确立的一种评价标准，也可以说是儒家根据雅颂所建构的王道诗学在后世的衍生。

历代《礼乐志》《乐志》，都会阐述这种雅颂诗歌的意义。最初司马迁《史记·乐书》，采用《礼记·乐记》的观念，还是从人性来认识音乐产生的必然性，提出儒家的一种音乐与教化及政治的关系的一套比较系统的理论。班固《汉书·礼乐志》承接《乐记》与《乐书》的观念，还用一定篇幅来阐述人性与音乐的关系，强调先王制礼作乐，移风易俗的作用。这样一套理论，其实是关注音乐与诗歌的整体的，可以视之为古代最具系统的一种艺术理论。这也可理解为马、班所论述的仍是一种整体的艺术史。但后来正史《礼乐志》的作者，对于雅乐之外的俗乐，以及广义上应该归之于乐的整个诗歌创作，全部排除在《礼乐志》《音乐志》这一系列的史书之外，其所记载与叙述的，只是曾经用之于庙堂、施之于礼制的这一部分诗歌。这种《礼乐志》

当然也就失去作为整体的艺术史或者一种真正的诗史著作的立场。所以，从司马迁、班固之后，大部分的《礼乐志》《音乐志》不但不能成为完整的音乐史与诗歌史，其关于礼乐的论述失去了真正的艺术理论的价值。另一方面，真正代表音乐艺术发展方面的各种俗乐艺术，以及代表了诗歌史主流的文人的个体抒情的诗歌，却被这种建基于王道教化的诗学排除在外，迟迟建构不了完整的音乐史与诗歌史。比如中国古代的戏剧史的建构，远远地滞后于戏剧史的实际发展。诗歌史在这方面虽然优于戏剧史，但总体来讲，也是滞后的。中国古代虽有若干个体的诗史著述，但与中国古代诗歌史弘富而生动的发展局面远远不能相比。这样的情况，都得归结于王道教化诗学观念的一种控制。

从上述的这两点，即第一，在正统的王朝政治观念上，只有历代雅颂才是符合王道观念的诗歌；第二，大量的俗乐歌辞或文人之作，是被弃置在这唯一合理的王朝诗史之外的。从逻辑上，我们就已经发现，所有的雅颂诗歌之外的诗乐创作，都是属于变风、变雅的性质的。从这种观念出发，这些诗乐的价值，都是待定的。因为它们都是依据个体的吟咏情性的原则创作，而非依据王道诗学原则创作的。这种变风变雅中的一部分，或许具有可采的价值。这也是唐代诗人不断地追用经典著作的采诗、采风之说的原因。也就是说，在唐代繁荣的个体诗歌创作中，在大部分作者，尤其王朝制礼作乐已定之后的作者，他们想要跻身于儒家的礼乐风雅、补察王政的这个系统，唯一希望就是其所作诗歌被采入宫廷。众多的唐代诗人对采诗的呼吁，有没有被朝廷所接受，是一个需要研究的问题。但却导致了中晚唐元、白等人撰作时事乐府的热情。同时，像元结等人补古歌、补风雅的创作，自然也是对儒家礼乐观的一种实践。可见，除了王朝施之于礼制雅颂乐章这样一种自上的创作之外，又有文人自下主动要求配合王朝政治的这种采诗、补风雅的类型。这两部分，都是以王朝政治为中心的，也可以说都是自觉地实现《大序》颂美、正风、正雅的观念。但是从实际的成效来看，这几部分的诗歌，却无法构成唐代诗歌繁荣的主流。但从这里也可以看出，风、雅、颂的观念还是深刻地支配着唐人的创作。而让他们能够在这种严格的雅颂观念、王道政治的理念中突破，进行自由诗乐创作的，不能不说《大序》的吟咏情性、变风变雅的观点，起了一种十分重要的作用。只有在这种观念中，他们才能放手创作诗歌，中国古代文人诗的抒情传统才得以确立，并获得举世罕见的发展。

前面已经指出过，雅颂传统早于文人诗传统。如果把《诗经》中主要由贵族士大夫制作的颂、大雅也包括在内，或许能够更加清楚地认识这个事实，即文人的主动的诗歌创作始于雅颂，前面我们曾引用过黄节《诗学》的观点，认为诗学始于颂，其实也是对这个事实的揭示。这样的诗史发展特点，可以帮助我们理解，为何中国古代文人有那样深的制作雅颂的情结，但是其自身又是处于变风、变雅的创作机制中的，并且大多数人失去了制作雅颂的资格，而后世雅颂体在艺术上又是有缺陷的。这一切，使一些推崇雅颂传统的文人诗作在诗歌评论方面陷入矛盾的境地。在一些著名的诗人，比如李白、白居易等人那里，我有时甚至看到一种进退失据的感觉。文人诗创作之基本机制为变风、变雅，但对于大多数文人诗作者来说，要他自觉地承认这种处境，是很难做到的。他们往往将变风、变雅的理论运用于批评方面。

四、汉魏文人诗对风雅传统的继承：崇正而实变

以《毛诗》为代表的儒家一派的诗歌理论及批评实践，主要是以《诗经》为对象而展开的，是一种说诗、解诗的理论。这种理论真正在实践上得以展开，是在文人的诗歌创作之中。就魏晋南北朝文人诗歌发展史来说，首先是接受儒家诗学的雅颂、正风观念，即雅颂及言志的观念，后来逐渐地发展为对经典诗学中抒情理论的自觉实践。

汉代盛世，只有少量的、形不成发展态势的雅颂之诗，还有个人创作如韦孟《讽谏诗》《在邹诗》、韦玄成《自劾诗》这样的四言作品。这些作品实际上依照正风、正雅的讽刺原则创作，是正面地表达政治及伦理的主题，并且是有明确的讽谏对象的，所以不是依据"吟咏情性"的原则。这些诗歌，是踵风雅之轨迹，并非启文人诗的先鞭，本身也没有形成一种创作风气。

我们现在阐述汉末文人五言诗的兴起，它与东汉后期桓灵时代政治失范而又崇尚文艺、以悲哀为主的世风有关系，可见文人诗起于汉政衰废之时。对比炎汉盛时的雅颂及韦孟等人以讽喻为主的雅诗，如果采用《毛诗大序》的理论框架，也可以说是"王道衰，礼义废"后的一种变风之作。事实上，现在可以看到的有名氏如郦炎、侯瑾、秦嘉、赵壹，无名氏如《古诗十九首》的作者及传为李陵、苏武录别诗的作者这一批诗人，吟咏情性，意多怨慕，"文温以丽，意悲而远""虽多哀怨，颇为总杂"（《诗品·上·古诗》），"文多凄怆，怨者之流"（《诗品·上·汉都尉李陵》）。其作为变风的性质，极为明显。

紧接汉末文人诗的建安诗人之作，是同一系统的继续发展，并且初步确立文人诗的传统。刘勰《时序》篇评论解释建安诗赋云：

> 观其时文，雅好慷慨，良由世积乱离，风衰俗怨，并志深而笔长，故梗概而多气也。[1]

可见，建安诗歌发生的背景，正是属于王道变衰之世。刘勰对建安诗歌的这个评论，尤其是强调其在风衰俗怨中发生的创作特点，让我想起《大序》强调变风变雅是在王道衰的背景下产生的评论。事实上，刘勰这个评论方式，正是采用《大序》变风变雅的理论。

---

[1] 《文心雕龙注》卷九，第673—674页。

邺下时期，也发生过一种以统治者为中心的雍容和雅之作，《文心雕龙·明诗》对此有所评述：

> 暨建安之初，五言腾踊，文帝陈思，纵辔以骋节；王徐应刘，望路而争驱；并怜风月，狎池苑，述恩荣，叙酣宴，慷慨以任气，磊落以使才。[1]

但怊怅叙情之风，多于雍容谀颂之体，这些作品仿佛正雅，但因为具有慷慨任气的特点，高于后来同样的托乘应制之作。总体上看，仍是汉魏之变风变雅兴起的延续。

正始前后，魏代政治又由曹丕、曹叡的君权至上的状态，进入权臣专政的模式，先是曹爽等人，又由司马氏取缔曹爽的亲曹魏一党，开始司马氏的更为强权专制的时代。所以，政治上也有一种类似"王道衰，礼义废"的局面，其时产生的诗风，被刘勰称为"正始明道，诗杂仙心"的阮、嵇等人的诗歌，其基本性质就是变风、变雅。阮诗钟嵘称其"源出于《小雅》"，正是典型的代表。阮籍在司马氏的高压政治下，自我吟哦，作为《咏怀》八十二首，多写人情之变、风俗之衰，时有玄真之思、神仙之想，正是一种典型的变风、变雅创作，作者是在自觉地实践"吟咏情性"的创作原则的。《毛诗大序》对《诗经》变风变雅的描述，也完全符合阮籍、嵇康等正始诗人的创作情况。所以，由建安诗人某种揄扬风雅的意识与类似的风雅之作，到阮、嵇的着重于吟咏情性，有一种由正向变的逻辑变化，其中又构成一个由正向变的变化环节。北周时期庾信仿阮籍作《拟咏怀》二十七首，初唐陈子昂提倡汉魏晋宋诗风而作《感遇》三十八首，张九龄继之作《感遇》十二首，李白大倡复古而作《古风》五十九首。这一诗

---

[1] 《文心雕龙注》卷二，第66页。

歌史中的重要流脉，正是对"吟咏情性"的变风、变雅之流的自觉实践。

汉魏之际如此，其后的两晋南北朝时代，也是战乱频仍的时代，所谓风衰俗怨，更甚于刘勰笔下所描写的。在这一种整体的乱世背景下，尽管有所谓的王朝升平，或以霸道冒充王道的情况，也造就了若干雅颂或作者自己理解为正风、正雅之作，如西晋前中期、刘宋前期，多有雅颂之作。从著名诗人来说，傅玄、张华、陆机、潘岳、颜延之、谢灵运、鲍照，都曾有雅颂之体。齐梁陈隋诗家，亦多为其君上及上位者奉献雅颂。但他们诗歌艺术真正成就之处，正在于表现自己的个性与情感遭遇的吟咏情性之作。而西晋后期的张协、郭璞、左思、刘琨，东晋后期的陶渊明，其诗歌创作多成于衰乱之际，都是典型的吟咏情性之作。西晋诗歌中取得成就的，不是前期始于雅颂的拟古典雅之风，而是西晋末的变风之作。这个时期，八王乱政，五胡乱华，连表面形式的以周汉正统自居的王朝政治样式都无法维持，所以两晋后期诗歌是典型的"王道衰，礼义废"时期的诗歌。原本西晋的北方地区，尤其是正北与西北一带，就是胡戎杂处，江统曾有《徙戎论》之议。当西晋政治相对稳定时，匈奴、氐、羌等民族，颇受汉化，但当西晋灭亡，游牧民族的政治上升为主流，战乱频仍，民不聊生。汉族士大夫虽然仍在北方地区生存，在坞壁时期或有若干经学与礼仪的传承，但本身属于自由的个体抒发并需要有一定文人群体与交际方式为物质基础的诗赋创作，无法在这种坞壁文化中持续，同样也很难在频繁更替、没法很好地建立起汉文化秩序的异族政权中存在。所以，十六国至北朝前期，可以说是孟子指出过的"王者之迹熄而《诗》亡"的一个典型。

由上述论述可知，从东汉中晚期到西晋，这个相当于文人诗传统确立的时期，我们可以看到，文人诗从整体上看，是一种变风变雅，以"感于哀乐，缘事而发"为基本的创作方式的乐府诗，以及慷慨悲心、慷慨言志的建安诗，绮靡缘情的西晋诗，从本质来说，都是典型的变风之作。

但是，在整个魏晋时代，从诗人们的观念上看，雅颂及正风的意识还是很突出的，诗人群体并未自觉地接受这个变风、变雅的事实。"吟咏情性"的观点，在这个时期也没有流行。这里的重要原因，是这个诗人群体，是来自经学发达时代、深谙儒家诗教的一个创作群体，曾努力追摹《诗经》的正风正雅传统，并且比较自觉地运用了儒家的诗学范畴。在具体的创作中，自觉地体认《虞书》《毛诗》等经典中的诗歌观念。从许多实例中可以看到，"诗言志"，或者"诗者，志之所之也"这样的观念，至少在观念的层次上支配着汉魏诗人的创作。可以说，在情志两论上，魏晋文人首先据以自处的，是"诗言志"之观。没有根据其变风、变雅的创作实际，主动地调整到"吟咏情性"的观念上来。

五、历代王朝政治的循环规律与诗风的正变

《毛诗大序》所构建的，或者说它部分揭示的政治与诗歌关系，即王道政治的盛衰与风雅正变的关系。在一定程度上，也可以用来揭示历代的王朝政治与诗风的关系，即所谓王朝政治的盛衰与一代诗风的关系。这里体现一个基本的规律，即一个比较正规、具有必要的长度的王朝，如唐、宋、明、清这样的王朝，其诗风的发展，与王朝政治的发展，体现出一种由"正"向"变"的规律。如唐初的诗风，是与一种雅颂的功能结合在一起的，而盛唐的复古，从某种意义上，是变风的兴起。所以李白将自己的一部分创作，名之为"古风"。只是从这里我们看到，诗风之正，不一定就是诗歌之盛，其盛往往在于变风的突起。不管是复古之变，还是纯粹的新变之变（两者往往不能完全分开）。

一个王朝的诗歌，无论是从空间（即群体）还是从时间（历史）来看，都可以按正变来加以区分。空间方面，我们可以看到，同时存在的群体中，靠近王朝政治核心的群体，与远离这个政治中心的群体，两者之间，倘以雅颂正变而论，则前者近于雅颂，而后者近于变风。比如唐初君臣与王绩之间，就有这样的区别。王绩的那首《野望》，就是典型的变风之作，是怨刺之词，我们从同时期太宗君臣的作品中，找不到类似风调的诗歌。相反，太宗君臣以雍容为美，以揄扬政教为旨的诗歌，也不可能出现在像王绩这样的诗人的笔下。但是当我们梳理唐诗的主流时，却不能说，在唐初属于非主流的王绩，在整个的唐诗中却是属于主流的。这再一次让我们认识了唐诗以变风、变雅为主流的事实。

可见，论风雅正变的问题，并非简单地将属于王朝的雅颂体系与文人个体创作的诗歌两者之间做区分就够了。因为风雅正变的思想，同样存在于文人的个体创作中。这就使此问题变得十分地复杂。在朝廷制作及文人主动创作的雅颂诗歌之外，一个更加广大的诗歌史，仍然有一个风雅正变的观念作用的问题。

相对稳定的政治局面，或者王朝政治的兴盛期，虽然不能说是真正意义上的王道政治；但一方面，统治者主动造成雅颂创作的体制，即挚虞在《文章流别论》所说的："王泽流而诗作，成功臻而颂兴。"[1]挚虞此说，不仅是描述他所理解的《诗经》中的事实，同时也是后世王朝雅颂创作的基本理论。这种狭义的雅颂创作理论，在每一个王朝的开端期鼎盛期，都有相当程度的流行，从而形成中国古代诗歌史中颇有势力的以雅颂为诗歌之正宗的一种理论。其中的一种阐述方式，就是以《诗经》的雅颂为依据来提倡当代的雅颂创作。如曾巩《移沧洲过阙上殿札子》历举《诗经》中歌颂大王、王季、文王的一系列诗

---

[1] 《全上古三代秦汉三国六朝文·全晋文》，第 1905 页。

歌，认为应该创作本朝的雅颂：

> 今大宋祖宗，兴造功业，犹太王、王季、文王。陛下承之以德，犹武王、成王。而群臣之于考次论撰，列之简册，被之金石，以通神明、昭法式者，阙而不图，此学士大夫之过也。盖周之德盛于文武，而《雅》《颂》之作皆在成王之世。今以时考之，则祖宗神灵固有待于陛下。臣诚不自揆，辄冒言其大体。至于寻类取称，本隐以之显，使莫不究悉，则今文学之臣，充于列位，惟陛下之所使。[1]

曾巩这种创作本朝雅颂的倡议，反映了中国古代大部分文人，尤其是在位者的文人的创作理念。倡此论者，历代不乏其人。

与王朝开创期、鼎盛期礼乐上的雅颂制作流行同时，朝廷文士乃至于不在其位的在野文士，也多自觉向雅颂的传统靠近，这种情况甚至也影响到在野的部分文士。这时期，诗风也会变得雍容典雅，平和温丽。即使不是直接以歌功颂德为目的的平常之作，也以平和温丽为体，比如清代乾嘉时期，就有一种雍容和雅的诗风。龚自珍《己亥杂诗》中有一首注为"王秋垞大堉《苍茫独立图》"的诗："诗格摹唐字有棱，梅花官阁夜锼冰。一门鼎盛亲风雅，不似苍茫杜少陵。"[2] 这首诗深刻地指出，这位"一门鼎盛亲风雅"的诗人，虽然图写成题为"苍茫独立"的绘画以示志，但他们所说的"苍茫"，与杜少陵的"苍茫"根本不是一回事。龚自珍的这首诗，正是对乾嘉时期流行的盛平风雅的准确的评论。这种盛平风雅，其实也是他自己早年也曾经从事的。但我们所熟悉的龚自珍的诗风，也包括比他稍早的舒位、王昙，

---

[1] 《曾巩集》卷三十。

[2] 龚自珍著，夏田蓝编《龚定盦全集类编》卷十六，中国书店1991年，第390页。

以及与他同时的魏源等人的诗风，非复盛平风雅的气象，而是变风变雅之作。我们研究中国古代王朝，尤其是一些比较重要、历史较长的王朝的诗歌史，大体都可以看到这种由正向变的发展。

  但我们看到一种事实，即各个王朝的诗歌之盛，事实上多盛在变风、变雅，而非雅颂及正风、正雅。其与王朝的政治之盛，往往是错开的。如汉衰而有五言腾踊，魏祚将移而有正始阮、嵇之作，晋祚将移而殷仲文、谢混、陶渊明等人兴起。而王朝雅颂大兴之时，也不是诗风兴盛之时，唐诗的兴盛，是在走出初唐的雅颂、宫廷的体制之后。宋诗之盛，也正于熙宁至元祐宋政多变的时期。合元、明、清三代之诗而论，其成就最高者，在于元明之际、明清之际与清末这三个时期，都具有"王道衰，礼义废""世积乱离"等特点，其基本性质，都在于变风变雅，而作者之旨，则在吟咏情性，而非期于教化及润饰。

后　记

　　我比较自觉地思考并研究中国古代诗论，开始于对黄庭坚的诗论的探讨。从黄庭坚那里发现一个基本的事实，即中国古代在诗歌艺术上有独特追求的诗人，其创作总是在一种自觉的诗歌观念支配下进行，其中关于诗歌本体的思辨、探索与实践，又是最核心的部分。但也发现一个让人纳闷的现象，即仅从理论的表述形式来看，中国古代的整个诗歌发展史，关于诗歌本体的表述，一直是由一些基本的观念支配着，其中最显见是言志论，而实际上影响最大的则是情性论。但另一方面，中国古代的诗歌创作，诗体与诗风又在不断地变化。理论上的超稳定性与实践上的活跃性，形成了中国古代诗歌史的最巨大的反差。这应该是中国古代诗歌史与诗论史研究最需要解释的问题。本书尝试做出一些解释，但主要是说明了一些现象。

　　2016年下半年，接受香港大学中文系学院邀请做访问教授，开设了诗论课，促使我对中国古代的诗歌理论进行较系统的阐述。其后又在北大继续开设"中国古代诗歌理论发展史"课程，使本书的内容得以更加充实。作为课题列入"北京大学人文学科文库·北大人文学古今融通研究丛书"时，更加以拓展，遂成现在所看到的本篇的规模。感谢郑子欣博士为本书的编辑付出了很大的心力，其认真的工作精神值得嘉许。

我的本意，是想通过对诗歌本体论发展历史的梳理，尽可能地展示诗歌本体观念作为诗歌史的灵魂的意义。但是这个目标显然没有达到。理论与艺术的生命之树的关系，真是一种难以揭示的境界。"方其搦翰，气倍辞前；暨乎篇成，半折心始"！兹为记。

2022年12月30日

北京大学人文学科文库·北大人文学古今融通研究丛书

陈晓明　彭锋　主编

《形似神异——〈三国演义〉在泰国的古今传播》
金勇　著

《追寻诗道：中国诗歌本体论的发展历史》
钱志熙　著